세계를 움직인 100인

일신서적출판사

첫·머·리·에

볼테르(Voltaire)는 1726년 영국 체재 중 저술한《영국서한(Letters on the English)》에서 다수의 식자(識者)들이 시저, 알렉산더 대왕, 티무르와 크롬웰 중 누가 제일 위대한가에 대해 논의하고 있는 것을 엿들었다고 적고 있다. 그 중 한 사람의 발언자는 의심없이 뉴턴이 위대하다고 주장했고 볼테르도 이에 찬성했다. 왜냐하면 "우리가 진정으로 존경하는 사람은 폭력으로 인간의 정신을 노예화하는 사람이 아니라 진리의 힘으로 인간의 마음을 지배하는 사람"이기 때문이다.

그러면 볼테르는 정말로 뉴턴을 인류역사상 가장 위대한 사람이라고 확신하고 있었던 것일까. 아니면 단순히 그의 철학적 견해의 단편을 나타내 보이려고 했던 것일까. 중요한 것은 결국 이 지구상에 생존했던 수백억의 사람들 중 이 인류의 역사상 가장 영향을 미친 사람은 누구인가 하는 것이다.

이 의문에 대해 나는 이 책에서 역사상 가장 영향력이 있었던 인물 백 명의 리스트를 밝힘으로써 그에 답하고 싶다. 이것은 역사상 가장 영향력이 있었던 사람들의 리스트일 뿐 결코 위인의 리스트가 아님을 강조해두고 싶다. 예를 들면 성도(聖徒) Mother Cabrini는 실지 않았으나 스탈린 같은 사악하고 냉혹한 인물을 이 리스트에 올린 것은 그의 막강한 영향력 때문이다.

이 책은 다만 역사상 세계의 추이에서 볼 때 "가장 영향력이 있었던 인물 백 명을 들면 누구인가?"라는 문제로 일관하고 있으며 인류사 및 일상생활에 미친 그들 백 명의 영향력에 따라 순서를 나열했다. 아무래도 예외적인 사람들의 집단은 흥미의 대상이 되지 않을 수 없다. 그리고 그러한 사람들이 우리들의 생활을 형성하고 오늘날의 세계를 창조했던 것이다.

　이제 이러한 리스트를 만들기 전에 먼저 적합한 인물선택의 기본 룰을 확립하는 것이 필요하다. 최초의 룰은 먼저 실재 인물일 것. 하지만 이 룰을 실제로 적용하면 곤란한 점이 있다. 예를 들어 중국의 성인 노자는 실재 인물인가 혹은 전설상의 인물인가. 고대 그리스 시인 호메로스와 이솝 이야기의 작자인 이솝은 어떤가. 이렇게 되면 진실은 불확정한 것이 되지 않을 수 없다. 따라서 소위 지식·정보에 기초하여 지금까지 알고 있는 범위 안에서 추측할 수밖에 없다.

　익명의 인물도 물론 대상으로는 부적합하다. 만약 차바퀴가 특정 개인의 발명에 의한 것이라면 그 발명자는 분명히 가장 영향도가 높은 인물이며 이 책에 언급된 인물 중에서 최고의 순위에 들어갈 것이다. 그러나 될 수 있는 대로 문자를 발명한 사람이라든가 그 밖에 이러한 인류에 은혜를 베푼 사람들도 대상에서 제외했다.

　이 리스트 작성에 있어 역사상 가장 고명(高名)하다든가 위신이 있다든가로 선택된 사람은 없다. 명성도 재능도 특이한 성격도 아닌 그저 영향력만으로 대상을 선정했기 때문에 이 명예로운 백 명의 리스트에 뽑힐 만한 프랭클린, 베이브 루스, 다 빈치조차 제외되었다. 한편 그 영향이 반드시 박애적(博愛的)으로 미치지 않았던 히틀러 같은 악의 화신이 선택의 기준에 적합한 경우도 있다.

　우리들이 생각하는 영향력은 세계적인 규모로 평균화되어 있지 않으면 안 되기 때문에 특정지역에 한정되어 있는 유명한 정치가들의 경우도 제외되었다. 하지만 어떤 중요한 나라에 중대한 영향을 주고, 그것이 전지역에 그 나름대로의 영향을 미치게 되는 것이므로 그 영향이 자국 내에밖에 미치지 않았으나 표트르 대제는 이 리스트에 포함시키기로 했다.

　또 나는 인류의 현재 상황에 영향을 미친 사람만으로 이 리스트를 한정하고 있지 않고 과거 세대에 미친 영향도 똑같이 계산에 넣고 있다.

　그러나 미래는 어떤가. 이 책에서 남녀를 불문하고 순위를 매기는 동안 나는 이들이 달성했던 것이 금후 세대와 미래의 정세에 미칠 영향에 대해서 생각해보았다. 미래에 대한 우리들의 지식에는 상당한 제약이 있으므로 확정도(確定度)에 기초한 어떤 수단으로 현재도 지속 중인 영향력을 올바르게 평가하는 것은 분명히 불가능하다. 그럼에도 불구하고 예를 들어 전기는 금후 5백 년이 지나더라도 중요한 것이다. 따라서 패러데이라든가 맥스웰 같은 과학자의 공헌은 다음 세대의 일상생활에도 계속 영향을 미치리라는 것은 틀림없다.

특정 인물을 정확히 어떤 순위에 둘 것인가를 결정할 때 나는 그 인물의 공헌도를 역사적 흐름 속에서의 중요도에 의해 평가했다. 일반적으로 중요한 역사적 발전이 한 개인만의 행동에 의한 것은 결코 없다고 한다. 그래서 이 책에서는 개인의 영향도나 하나의 발전에 대한 명성을 각 개인이 계획에 참여한 공헌도에 따라 분배를 해보기로 했다. 따라서 여러 사람이 관련되어 중대한 사건이나 운동이 있었을 경우 동일한 순서로 이 사람들의 순위를 매기지 않도록 했다. 그래서 때로는 다소 유의적이지만 소사건·소운동에서 거의 독점적인 책임을 가진 사람이 중대한 운동에서 중요하지 않은 역할밖에 하지 못했던 사람보다 순위가 높은 경우도 있다.

그 좋은 예로서 예수보다 마호메트의 순위가 높다. 그 주된 이유는 예수가 기독교를 만들었을 때의 예수 개인의 영향력보다도 마호메트가 회교를 만들어냈을 때의 개인적 영향이 더 컸다고 생각했기 때문이다. 물론 이것은 내가 예수보다 마호메트 쪽이 더 위대하다고 생각하고 있기 때문은 아니다.

많은 사람들이 함께 공헌하여 달성한 중요한 발전이 몇 개 있으나 그 중 특정 개인이 다른 사람보다 압도적인 중요성을 가졌던 적은 아직 없다. 그 좋은 예가 화약이라든가 소화기(小火器)의 개발이며 또 하나는 힌두교의 발생, 발전이다. 이러한 발전은 각각 매우 중요한 것이기는 하지만 그 영예라든가 명성을 다른 많은 공헌자들에게 분배한다면 이 리스트에 들어갈 자격이 있는 인물은 한 사람도 없게 돼버리고 만다.

이러한 역사적 대발전 중에서 대표적인 개인을 뽑아 모든 명예를 그 인물에게 주는 것이 현명할까. 나는 그렇게 생각하지 않는다. 만약 그러한 절차를 밟는다면 인도의 철학자 샨카라(Shankara 700?~750? 일원론에 입각한 힌두교 신학자)가 힌두교의 대표로서 리스트의 상위에 올라 있어야 한다. 그러나 샨카라 자신은 결코 유명하지 않을 뿐 아니라(인도 이외에서는 거의 알려져 있지 않다.) 현저한 영향력이 있지도 않다. 마찬가지로 개틀링(R.J. Gatling 1818~1903)은 오늘날 쓰고 있는 기관총의 최초 발명자이지만 이 소화기의 개발이 상대성이론보다 중요도가 높다고 해서 아인슈타인보다 상위에 둘 수는 없다. 나는 "동등한 것 중에서 1위"를 뽑으려고 하는 것은 아니다. 이 책에 포함된 인물은 하나의 중요한 흐름 중에서 대표로서가 아닌 각 개인의 현실적인 영향을 기초로 하여 선택했다.

　두 사람이 밀접하게 협력하여 공동사업을 성공시킴으로써 특수한 역할을 한 경우가 있다. 예를 들어 라이트형제처럼 서로 협력하여 비행기를 개발한 경우, 각각의 공헌도를 나누는 것은 불가능하다. 이러한 경우 각각 영예를 할당하거나 또는 리스트에 따로따로 분리하여 랭크시키는 것은 의미가 없다. 그래서 두 사람을 함께 취급하기로 했다.

　라이트형제와 마찬가지로 마르크스와 엥겔스를 하나의 장으로 할당하여 마르크스의 이름을 제목으로 사용한 것은 두 사람 중 마르크스 쪽이 중요하다고 내가 간주했기 때문이다. 그 외에도 2,3인의 공동 공헌자가 있으나 모두 같은 맥락으로 취급했다. 여기서 강조해두고 싶은 것은 이 공동 채택에 관한 룰은 단순히 일반적인 동일 분야에서 활약했던 사람에게만 적용하는 것이 아니라 협력을 긴밀화시키려는 점에 있다.

　이 랭크를 결정하는 데 또 한 가지 생각해둬야 할 것이 있다고 본다. 만약 마르코니(Guglielmo Marconi. 1874~1937)가 라디오를 발명해내지 않았더라면 누군가가 몇 년 안에 발명했을 것이라고 본다. 마찬가지로 코르테스(Hernán Cortez 1485~1547)가 없었더라도 멕시코는 다른 스페인 사람에게 정복당했을지도 모른다. 또 다윈(Charles

Darwin 1809~1882)이 없었더라도 진화론은 탄생했을지도 모른다. 그러나 이들의 대사업은 마르코니, 코르테스, 다윈이 현실적으로 성취한 것이다.

한편 드물기는 하지만 그 인물이 없었다면 결코 일어나지 않았을 것 같은 중요한 사건에 대해서 크레디트를 가지고 있는 인물도 리스트에 올렸다. 칭기즈 칸, 베토벤, 마호메트, 정복왕 윌리엄(William Ⅰ. 1027?~1087. 영국 노르만왕조의 초대 왕)처럼 기묘하게 혼합된 그룹에 들어가는 인물의 순위매김에 있어서는 그 업적의 특수성에 의해 비중을 크게 두었다. 왜냐하면 이들 인물은 가장 심원한 의미에서 '개인적으로 영향력을 가진 인물'이기 때문이다.

이 지구상에는 오늘날까지 수백억의 인간이 생존하고 있으나 커다란 인명사전에서도 그 중 백만 명에 한 명 비율로도 기록할 수 없다. 그 중 2만 명 정도는 아마 인명사전에 실릴 만큼의 가치있는 업적을 가진 사람이지만 본서에서는 그 1%의 반밖에 기록할 수 없다. 그리고 본서상의 인물은 정말로 역사상 불후의 인물이라고 할 수 있을 것이라고 나는 생각한다.

여성이 인간 그 자체에 미친 영향은 남성이 인간 문명에 초래한 공헌과 마찬가지로 본서에 리스트 넘버를 붙여 랭크시킬 수 없을 정도로 위대한 영향력이 있다는 것은 명백하다. 하지만 본서의 기라성 같은 인물 리스트는 막대한 영향력을 미칠 만한 재능과 기회를 겸비한 인물로 구성할 수밖에 없었다. 역사를 통해 여성은 일반적으로 이 기회를 누리지 못했던 것 같다. 내가 두 사람의 여성을 이 책에 실은 것은 다만 개탄하고 싶지 않은 진정의 반영이다. 그렇다고 해서 이 리스트에 명목상 2명의 여성을 실어 차별이라는 불유쾌한 사실을 덮어서 숨기려는 것은 아니다.

이상을 요약하면 이 영향력이야말로 인물의 랭크 결정에 유일한 기준이라는 것을 강조해두고 싶다. 물론, 명성, 권위, 재능, 다재성(多才性), 고귀성이라는 다른 기준으로 '현저한 인물'의 리스트를 구성하는 것도 가능할 것이다.

　나는 독자 여러분 나름대로 독창적인 리스트를 만들어보길 바란다. 그 선택기준은 영향력이나 현저성 또는 특정분야의 최상급 인물이어도 좋다. 가장 영향력이 있었던 백 명의 인물을 기초로 이 책을 창작하는 것이 나에게는 매우 매혹적이며 즐거운 작업이었기 때문에 독창적인 리스트를 기록한다는 지적노동은 여러분에게도 반드시 즐거운 것이 될 것이라고 나는 확신한다. 독자 여러분이 선택한 리스트상의 인물과 나의 것과는 일치하지 않을 것이고 또 일치할 필요도 없다. 예를 들어 독자는 역사상 가장 강력한 인물 또는 일반 대중의 지지를 얻었던 비범한 능력의 인물 백 명에 대해서 생각해보는 것도 좋을 것이다. 하지만 만약 여러분이 가장 영향력이 있는 인물을 선택하고 지명한다고 한다면 그 일로 인해 역사상 하나의 새로운 조망이 열려올 것이라고 나는 생각한다.

　그리고 특히 각 인물이나 역사상의 중요성에 대해 나에게 조언해주었던 리차드, 고드 박사에게 감사하고 싶다. 또 해리슨 로스와 도날드, 아처와의 토론은 나에게 매우 큰 도움이 되었다. 부모님과 여동생의 격려에 진심으로 감사하며, 그 중에서도 자료조사, 집필에 걸쳐 본서의 출판에 큰 도움을 준 아내 셸리에게 감사하고 싶다.

　　　　　　　　　　　　　　　　　　　　1986년 3월
　　　　　　　　　　　　　　　　　　　　　마이클 H. 하트

차례

- 첫머리에 ... 2
- 1. 마호메트 ... 12
- 2. 뉴턴 ... 18
- 3. 예수 ... 24
- 4. 석가모니 ... 29
- 5. 공자 ... 34
- 6. 바울 ... 38
- 7. 채륜 ... 42
- 8. 구텐베르크 ... 47
- 9. 콜럼버스 ... 51
- 10. 아인슈타인 ... 55
- 11. 마르크스 ... 62
- 12. 파스퇴르 ... 68
- 13. 갈릴레이 ... 71
- 14. 아리스토텔레스 ... 77
- 15. 레닌 ... 82
- 16. 모세 ... 86
- 17. 다윈 ... 89
- 18. 시황제 ... 94
- 19. 아우구스투스 시저 ... 99
- 20. 모택동 ... 105
- 21. 칭기즈 칸 ... 109
- 22. 유클리드 ... 114
- 23. 루터 ... 117
- 24. 코페르니쿠스 ... 122
- 25. 와트 ... 125

차 례 2

- 26. 콘스탄티누스 1세 ▶ 129
- 133 ◀ 27. 워싱턴
- 28. 패러데이 ▶ 136
- 139 ◀ 29. 맥스웰
- 30. 라이트 형제 ▶ 142
- 147 ◀ 31. 라부아지에
- 32. 프로이트 ▶ 151
- 154 ◀ 33. 알렉산더 대왕
- 34. 나폴레옹 ▶ 160
- 167 ◀ 35. 히틀러
- 36. 셰익스피어 ▶ 173
- 176 ◀ 37. 애덤 스미스
- 38. 에디슨 ▶ 180
- 182 ◀ 39. 레벤후크
- 40. 플라톤 ▶ 185
- 189 ◀ 41. 마르코니
- 42. 베토벤 ▶ 191
- 195 ◀ 43. 하이젠베르크
- 44. 벨 ▶ 198
- 201 ◀ 45. 플레밍
- 46. 볼리바르 ▶ 203
- 207 ◀ 47. 크롬웰
- 48. 로크 ▶ 213
- 217 ◀ 49. 미켈란젤로
- 50. 우르바누스 2세 ▶ 219
- 222 ◀ 51. 우마르 1세

차 례 3

- 52. 아소카 ▶ 225
- 228 ◀ 53. 아우구스티누스
- 54. 플랑크 ▶ 232
- 234 ◀ 55. 칼뱅
- 56. 모턴 ▶ 239
- 244 ◀ 57. 하비
- 58. 베크렐 ▶ 247
- 251 ◀ 59. 멘델
- 60. 리스터 ▶ 256
- 258 ◀ 61. 오토
- 62. 다게르 ▶ 264
- 267 ◀ 63. 스탈린
- 64. 데카르트 ▶ 274
- 280 ◀ 65. 카이사르
- 66. 피사로 ▶ 285
- 291 ◀ 67. 코르테스
- 68. 이사벨 1세 ▶ 296
- 302 ◀ 69. 윌리엄 1세
- 70. 제퍼슨 ▶ 309
- 315 ◀ 71. 루소
- 72. 제너 ▶ 321
- 324 ◀ 73. 뢴트겐
- 74. 바흐 ▶ 327
- 330 ◀ 75. 노자
- 76. 페르미 ▶ 333
- 337 ◀ 77. 맬서스

차 례
4

78. 베이컨 ▶	341
347	◀ 79. 볼테르
80. 케네디 ▶	352
356	◀ 81. 핑커스
82. 수 문제 ▶	360
364	◀ 83. 마니
84. 바스코 다 가마 ▶	369
376	◀ 85. 카를 대제
86. 키루스 2세 ▶	382
388	◀ 87. 오일러
88. 마키아벨리 ▶	392
397	◀ 89. 조로아스터
90. 메네스 ▶	400
402	◀ 91. 표트르 대제
92. 맹자 ▶	408
411	◀ 93. 돌턴
94. 호메로스 ▶	415
419	◀ 95. 엘리자베스 1세
96. 유스티니아누스 1세 ▶	426
430	◀ 97. 케플러
98. 피카소 ▶	434
437	◀ 99. 마하비라
100. 보어 ▶	440
446	◀ 후기
부록 ▶	461

1 마호메트
Mahomet (570~632)

가난하고 보잘것없는 집안에서 태어난 마호메트(원명은 Muhammad)는 세계 최대의 종교의 기초를 만들고 그것을 포교하는 동시에 광대한 지역에 걸친 사실상의 통치자가 되었다. 그리고 그가 죽은 후 13세기나 지났지만, 그 영향력은 지금도 여전히 강력하게 파급되어 있다.

이 책에 실린 인물의 대부분이 문명 사회의 중심에서 태어나고 자랐다는 이점을 가지고 있으며 고도의 문화 또는 정치적으로도 중추적인 역할을 하는 나라에서 나오는 경우가 많은 데 비해 마호메트는 당시 무역, 예술, 학술의 중심에서는 멀리 떨어진 후진지역이었던 아라비아의 남부, 메카(Mecca)라는 도시에서 570년에 태어났다.

그리고 그는 6세 때 고아가 되었고 그 이후는 주변의 자비로운 사람들의 손에 의해 길러졌다. 회교의 기록에 의하면 마호메트는 무학(無學), 문맹(文盲)이었다. 그러다가 25세 때 돈많은 미망인과 결혼하고 난 이후는 경제적으로 풍부해졌다. 그러나 40세 가까이 되어도 아직 종교 창시자로서의 현세적(現世的)인 징후는 나타나지 않았다.

당시 대부분의 아라비아 인은 미개한 우상(偶像)의 신자였고 다신교(多神敎)를 숭배했다. 그러나 메카에는 소수의 유태인과 기독교도인이 살고 있었다. 처음에 마호메트는 그들로부터 전우주를 지배하는 단일 전능신(全能神)의 존재를 배웠다고 보아야 한다. 그리고 그는 40세가 되었을 때 단일신(單一神: 알라)이 신앙을 포교하기 위해 신이 자신을 택했다는 계시를 받았다고 확신했다.

처음 3년간은 친한 친구라든가 동료들에게만 설교를 했다. 그러다가 서기 613년이 되어서 비로소 대중을 상대로 설교를 시작했다. 서서히

마호메트 13

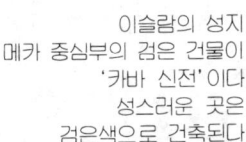
이슬람의 성지. 메카 중심부의 검은 건물이 '카바 신전'이다. 성스러운 곳은 검은색으로 건축된다.

개종자(改宗者)가 많아지자 메카의 당국은 그를 위험하고 귀찮은 존재로 간주하게 되었다. 그는 622년에 신변의 안전이 위협받게 되자 메디나(Medina ; 메카에서 북방 2백 마일 떨어진 도시)로 도망쳐 거기서 어느 정도의 정치적 힘을 얻게 되었다.

이 도피행은 헤지라(Hegira)라고 불리며 마호메트의 예언자 생활상의 전환점이 되었다. 메카에서는 제자가 거의 없었지만 메디나로 온 다음부터는 급증하여 그는 사실상의 종교 지도자가 될 정도의 세력을 얻게 되었다.

그 후 2, 3년 동안 마호메트의 제자는 급증하여 메디나와 메카 사이에서 몇 번의 확산운동이 계속되었다. 그리고 630년에 전쟁은 끝나고 마호메트는 승리자의 모습으로 다시 의기양양하게 메카로 개선했다. 그 후 남은 2년 반 동안 아라비아 민족은 신종교로 급속히 개종해갔으며 632년 마호메트가 죽었을 때는 남부 아라비아 전역이 사실상 이슬람교의 지배하에 놓여 있었다.

아라비아의 베두인(Bedouin ; 아라비아의 유목민)인은 사냥의 전사(戰士)로 유명하다. 그러나 적은 인원과 불안하고 심각한 내전에 시달리고 있었기 때문에 북부 아라비아의 정주(定住) 농경지에 퍼져 있는 거대한 왕국의 군대에는 도저히 대항할 수 없었다.

그러나 사상 처음으로 마호메트에 의해 통일되고 진짜 유일신에 대한 열렬한 신앙에 의해서 고무(鼓舞) 격려된 이 소수의 아라비아 군은 인류사상 경이적인 연전연승의 전쟁에 나서게 되었다. 아라비아의 북동부는 사산 왕조(Sassanid ; 페르시아 최후의 왕조)가 지배하는 거대한

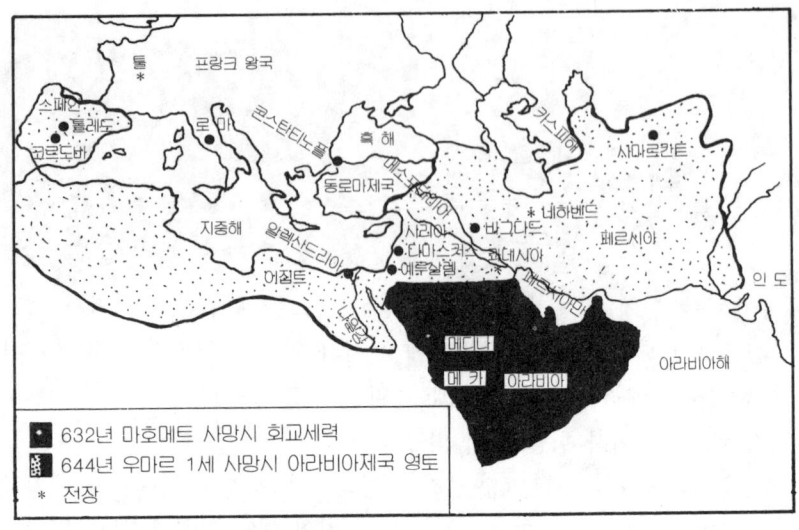

마호메트와 아랍의 정복 지도

신페르시아 제국과 접해 있었고, 북서부에는 콘스탄티노플에 중심을 둔 비잔틴제국 또는 동로마제국이 있었다.

아라비아 군은 숫자상으로는 도저히 적을 당할 수 없었다. 그러나 전장에서 사기가 오른 아라비아 군은 메소포타미아, 시리아, 팔레스티나 등 모든 지역을 신속하게 공략하여 정복해나갔다. 642년에 이집트는 비잔틴제국에 빼앗기고, 페르시아 군은 637년 콰데시아(Qadisiya), 642년에 네하벤드(Nehavend)에서 중대한 전쟁에서 패배했다.

그런데 이 아라비아 군의 강력한 정복 작전은 마호메트의 친한 친구와 직접적인 후계자인 아부 바크르(Abu Bakr ; 573~634, 마호메트의 장인으로 메카 최초의 칼리프(caliph))와 우마르 이븐 알카타브(Umar ibn al-khattab) 등의 지휘 아래 계속해서 진행되었다. 그러므로 아라비아 군의 진격을 저지할 징조는 어디에도 없었으며 711년에는 마침내 북아프리카를 완전히 석권하고 대서양으로까지 진출했다.

거기서 진격방향을 북으로 돌려 지브롤터 해협을 넘어서 스페인의 서(西)고트왕국(Visigoth ; 게르만 종족의 한 지족(支族), 4세기말에 이탈리아로 침입하여 피레네 산맥의 남북에 걸친 왕국을 건설, 711년에 아라비아 인에게 멸망당함)을 제압했다.

　잠시 동안이지만 마호메트 교는 기독교가 지배했던 유럽 전지역을 제압한 것처럼 보였다고 해도 좋을 정도였다. 그러나 732년의 유명한 투르 싸움(Tour ; 프랑스 서부의 소도시)에서 프랑스 중앙부까지 진출한 아라비아 군은 마침내 프랑크 족(Frank ; 라인 강 유역에 살고 있었던 게르만 계 종족으로 살리아노(Saliano)는 500년경에 서부 유럽에 광대한 프랑크 제국를 건설하여 후세의 프랑스, 독일, 이탈리아의 기원이 되었다)에 의해서 패배했다.

　그럼에도 불구하고 소수 병력이지만 예언자의 말에 격려된 베두인 인은 인도 국경으로부터 대서양까지 넓혀 일찍이 없었던 대제국을 건설했다. 그리고 아라비아 군이 정복한 지역의 주민은 모두 새로운 신앙으로 개종을 하였으며 그것이 훌륭하게 꽃피었다.

　그런데 이런 침략은 모두 영원히 계속되는 것이 아니라는 것이 곧 증명되었다. 페르시아 인은 한때 아라비아 예언자의 종교를 충실히 믿고 있다가 곧 아라비아로부터 독립을 쟁취하게 되었다. 스페인에서는 7세기 이상 싸운 결과 다시 기독교가 전반도를 정복하게 되었다.

　그러나 고대 문명의 발상지인 메소포타미아와 이집트는 북아프리카의 전해안선과 마찬가지로 여전히 아라비아의 세력권하에 머물러 있었다. 물론 요 몇 세기 동안은 본래 세력이었던 회교도가 정복한 지역을 훨씬 뛰어넘어서 자꾸 확산되어나갔다. 그리고 현재 회교도는 아프리카와 중앙아시아에 약 1천만 명, 북부 인도, 인도네시아에는 더 많은 신자가 있다. 인도네시아의 국가통일 요인은 사실 이 새로운 신앙에 있었다. 한편 인도에서는 지금도 여전히 회교와 힌두교의 분쟁이 국가통일의 큰 장애 요소로 남아 있다.

　그러면 인류 역사상 마호메트가 끼친 모든 영향력의 평가를 어떻게 내리면 좋을까. 다른 모든 종교와 마찬가지로 마호메트교는 그 신자의 일상생활에는 헤아릴 수 없을 만큼 큰 영향을 미치고 있다. 이 책에서

마호메트 지휘하의 이슬람 군은 알라 신의 이름 아래 침략했다.

도 지구상에 있는 종교 창시자를 특히 부각시켜 파악하고 있는 것은 이 이유 때문이다. 예수보다 마호메트를 상위에 올렸다고 해서 당혹해하는 독자도 있을지 모르지만 대체로 기독교도가 회교도보다 두 배나 많은 신자가 있기 때문임을 염두하기 바란다.

이 순위매김에 있어서는 두 가지 이유가 있다. 하나는 마호메트는 회교 발전에 중요한 역할을 했다는 점에서, 그것은 예수가 기독교의 발전에 미친 역할보다 훨씬 중요한 요소를 가지고 있다. 확실히 예수는 기독교의 윤리적·도덕적인 이념을 세우는 데 있어서 훌륭한 책임을 완수하고 있다(그 점이 유태교와 다르다). 그러나 기독교 신학을 발전시킨 이는 성(聖) 베드로이며 그야말로 가장 중요한 전도자이고 신약성서의 주요한 부분의 저자이기도 하다.

그러나 마호메트는 회교신학은 물론 그 윤리적이고 도덕적인 원칙까지 책임을 지고 확립한 인물이다. 거기다 새로운 종교로의 개종이나 회교의 종교적 행사에도 역시 중요한 임무를 완수했다. 더구나 회교의 성서 코란은 그의 저서로, 알라 신으로부터 직접 그에게 계시된 것이라고 믿어지고 있으며 마호메트의 깨달음과 직관을 기록한 것이다.

코란은 대부분 마호메트가 살아 있을 때 한 말로 구성되어 있으며 그가 죽은 후에 곧 권위와 신뢰가 가미된 형태로 다시 편집된 것이다. 따라서 코란은 마호메트의 사상이나 교의(敎義)를 정확하게 나타내고 있으며 대부분 그의 말 그대로 수록되어 있다.

기독교의 교리에는 이만큼 상세하게 편집된 것은 남아 있지 않다. 따라서 성서가 기독교도에게 있어서 중요한 것과 마찬가지로 코란은 회교도에게 있어서 중요하며, 마호메트의 영향은 코란을 매체로 해서 헤아릴 수 없는 크기를 가지고 있다고 본다. 마호메트가 회교에 미친 영향력은 아마 예수와 성 베드로가 하나가 되어 기독교에 미친 영향보다 크다고 할 수 있을 것이다. 설사 종교적 수준에서만 보더라도 마호메트는 인류 역사에 예수와 같은 정도의 영향을 미치고 있다고 생각한다.

거기다 마호메트는(예수와는 달리) 종교상의 지도자인 동시에 속인(俗人)이기도 했다. 그는 아라비아 민족이 행한 침략 원정에 있어서, 정치적으로 가장 중요한 배후 지도자로 있었다.

사람들은 흔히 지금까지 일어난 역사상의 중요한 사건은 그것을 유발시킨 특정 정치가가 없더라도 불가피적으로 발생되었을 것이라고 한다. 예를 들면 볼리바르(Simon Bolivar ; 1783~1830. 남미 식민지를 스페인으로부터 해방하여 콜롬비아, 베네수엘라의 두 공화국을 창설했다)가 없더라도 남미 식민지는 스페인으로부터 독립을 쟁취했을 것이라는 것이다.

그렇지만 아라비아의 침략에 대해서 같은 말을 할 수는 없다. 마호메트 이전에는 같은 사건이 하나도 발생하지 않았다. 마호메트가 없더라도 침략이 성공했으리라고 믿을 이유는 없다. 그러나 유일하게 인류사상 비교할 수 있는 정복이 있다. 그것은 13세기 몽고에서 일어난 일로 두말할 것 없이 칭기즈 칸이 이룬 정복이다. 그러나 이것은 아라비아인의 정복보다 훨씬 넓은 지역에 이르고 있지만 영구적인 것이 아니며, 현재의 몽고인이 점유하고 있는 지역은 사실은 칭기즈 칸 시대 이전부터 유지되었던 지역이었다.

　이것은 아라비아 인의 정복과는 다르다. 이라크에서 모로코까지 아랍 연합의 여러 나라가 연결되고 있으며, 그것은 신앙이란 점에서 뿐만 아니라 언어, 역사, 문화에 의해서 맺어져 있다. 회교 내부의 코란의 구심력과 코란이 아라비아 어로 쓰여져 있다는 사실, 그것이 아라비아 어가 서로 이해할 수 없는 방언으로 분열되는 것을 방지했다. 그것이 없다면 그 후 13세기 동안에 분열이 일어났을 것이라고 생각된다.

　물론 현재의 아라비아 여러 나라 사이에는 상당한 차이도 있고 분열도 있다. 그러나 부분적인 통일만 있다고 해서 지금까지 계속되어온 중요한 통일의 요소를 무시할 수는 없다. 예를 들면 이란과 인도네시아는 모두 산유국이고 회교국이지만 두 나라 모두 1972에서 1974년 겨울에 행해졌던 석유수출 금지에 참가하지 않았다.

2 뉴 턴

Isaac Newton (1642~1727)

　　　　　자연과 자연법칙은 밤의 장막 속으로 사라졌다.
　　신(神)은 뉴턴을 살려두라! 그렇게 하면 모든 것이 밝아진다고 말했다.
　　　　　　　　　　　　　　　　　　　　　—알렉산더 포프—

　역사상 가장 큰 영향력을 미친 과학자 뉴턴은 1642년 크리스마스날에 영국의 울스소프에서 태어났다. 마호메트와 마찬가지로 아버지가 죽은 후에 태어났다.

　어릴 때부터 기계 만지는 데 관심이 있고 손재주가 많던 영리한 아이였으나 학교에서는 그다지 공부를 열심히 하지 않았기 때문에 어머니는 공부를 단념시키고 농부로 키워 생계를 유지하게 하려고 생각하고 있었다. 그러다가 어머니는 그에게도 선천적인 재능이 분명히 있을 것이라는 생각을 하기 시작했다. 18세 때 케임브리지 대학에 입학한 그는 거기서 과학, 수학 등 모든 지식을 습득하고 곧 독자적인 연구를 시작했다. 그는 21세부터 27세까지 과학이론의 기초를 확립했는데 그 지식은 머지않아 세계를 혁신시키는 기초가 되었다.

17세기 중엽의 과학은 동란(動亂)의 시대였다. 17세기 초기에는 망원경이 발명되어 천문학 연구 전반에 걸쳐 혁신이 시작되었다. 그리고 영국의 철학자 베이컨과 프랑스의 철학자 데카르트 등이 전유럽의 과학자들을 몰아내며 종래의 아리스토텔레스에 대한 이론에 종지부를 찍고 자력으로 실험과 관찰을 할 것을 주장했다.

이 베이컨과 데카르트가 주창(主唱)하는 바를 그대로 실천에 옮긴 사람이 바로 위대한 과학자 갈릴레오였다. 그는 스스로 고안한 망원경을 사용해 천체를 관측했으며, 그것이 천문학 연구에 혁신을 가져왔다. 그리고 그 기계기구적인 실험에서 오늘날에도 유명한 뉴턴 운동의 제1법칙(정지 또는 한결같은 직선운동을 하는 물체는 이것에 힘이 작용하지 않는 한, 그 상태를 유지한다는 이론)이 확립된 것이다.

그 밖에도 많은 과학자들이 나타났다. 예를 들면, 하비는 인체내의 혈액순환을 발견했고, 케플러는 태양 주위에 있는 행성의 운동법칙을 발견했다. 이것은 당시의 과학계에 새로운 기초정보를 가져왔다.

그러나 당시의 순수과학은 거의 '놀이 단계'였으므로 베이컨이 주창하고 있는 것처럼 그 과학이 기술에 응용되었을 때, 인류의 일상생활 양식까지 혁신시키게 된다고는 아무도 증명하는 사람이 없었다.

코페르니쿠스와 갈릴레오는 고대과학의 잘못된 개념을 일소하고, 우주 전반에 대해 구애받지 않고 더 넓게 이해시키는 데 공헌했다. 그러나 이처럼 무관계, 무통제로 모아진 과학적 사실의 집합체로부터 과학적 단정으로까지 이어지는 통일적 이론체계로 만들기 위한 원리 원칙은 아무것도 설정되어 있지 않았다. 그 후 그 이론을 통일시켜 오늘날까지 현대과학으로 올려놓은 이가 바로 뉴턴이다.

뉴턴은 자기의 연구 성과를 공표하는 것을 좋아하지 않았다. 그리고 그의 업적의 거의 전부를 뒷받침하는 기본개념은 1669년까지 이미 체계화되어 있었지만, 이론의 대부분은 그보다 훨씬 뒤에 발표되었다.

발견에서 최초로 공표된 것은 빛의 성장에 관한 기공식적(起工式的)인 연구 성과였다. 그 후에도 주의 깊은 실험을 계속하여, 보통 빛은 무지개와 같은 여러 가지 색의 혼합체라는 것을 발견했다. 그리고 다시 빛의 반사와 굴절의 법칙에서 오는 여러 가지 결론을 꼼꼼하게 분석했다.

이런 여러 가지 법칙을 이용해서 1668년에 최초의 반사망원경을 설계하고 실제로 제작했다. 이것이 오늘날 대부분의 천체 관측에 사용되고 있는 망원경의 형(型)이 되었다. 이러한 발명과 발견 이외에 그가 한 광학적 실험의 성과는 28세 때 영국 학사원(學士院)에서 발표했다.

뉴턴은 이 광학연구의 성과만으로도 이 리스트에 오를 자격이 있지만 사실은 그 광학상의 공헌도 순수과학과 역학에 있어서의 그의 성과에 비한다면 상당히 비중이 낮은 것이라고 할 수 있다. 우선 수학상의 주요한 업적을 들면 적분학(積分學)의 발명을 들 수 있다. 사실, 이 적분도 23, 4세 때 거의 완성시켜놓았던 것이었다. 이 발명은 현대수학상 가장 중요한 성과로 이것이 씨가 되어 많은 현대수학이론이 싹텄을 뿐만 아니라 만약 이 발명이 없었더라면 현대과학의 그 후의 진보는 더 이상 바랄 수 없을 만큼 중요한 방법이기도 했다.

그러나 뉴턴의 가장 큰 발견은 물체가 어떻게 움직이느냐 하는 것을 증명한 역학 분야이다. 갈릴레오는 운동의 제1법칙을 발견하고, 만약 외부로부터 힘의 작용을 받지 않는다면,이라는 가정 아래 물체의 운동에 대해서 설명했다. 그러나 물론 현실적으로 모든 물체는 외부로부터 힘의 작용을 받고 있으며, 역학상의 가장 중요한 과제는 그런 환경하에서 물체가 어떻게 움직이느냐 하는 것이다.

이 문제를 뉴턴이 풀었으며, 그것이 곧 유명한 제2법칙이 되어 지금까지도 고전물리학상 가장 기본적인 법칙으로 남아 있다. 이 제2법칙

뉴 턴 21

뉴턴의 광선 분석

(수학적으로는 $F=ma$ 등식으로 표시된다)은 물체의 가속(예를 들면 속도의 변환)은 물체의 질량으로 분할된 물체에 가해지는 실제의 힘과 같다고 하고 있다.

 이 제1, 제2의 법칙에다가 제3의 법칙(작용이 있으면 반드시 반작용이 생기며 그 크기는 같고 방향은 반대이다)을 추가했다. 그리고 여기에 다시 가장 유명한 만유인력의 법칙을 추가했다. 이 4가지 법칙을 설정하고, 다시 그것을 짜맞춤으로써 힘의 법칙을 더한 태양의 궤도상의 행성 운동에 이르기까지 사실상 모든 거시적(巨視的)인 기구역학적(機構力學的) 시스템을 조사할 수 있도록 통일된 시스템을 만들어내어 그 행동을 예측했던 것이다.

 뉴턴은 그저 단순히 역학상의 법칙을 말했을 뿐만 아니라 스스로 미적분을 위해 기계와 도구를 써서, 이 기본법칙이 현실적 문제 해결에 어떻게 활용될 수 있느냐를 실증했다.

 이렇게 해서 뉴턴의 여러 법칙은 과학적 문제와 기술적 문제에 매우 광범위하게 적용되고 또한 실제로 응용되었다. 그의 생존시에 이들 법칙의 응용에서 가장 절정이었던 것은 천문학 분야였다. 이 분야에서 뉴턴은 너무나도 진보적이었다.

 1687년에 출판한 명저(名著) 《자연철학의 수학적 원리》에서 인력의 법칙과 운동의 법칙을 설명했다. 그는 이 법칙으로 태양의 주변에 있는 행성의 운동을 어떻게 정확하게 예측할 수 있느냐 하는 방법을 말했다. 별의 위치와 운동을 정확하게 예측하는 이 천체역학의 근본 문제는 뉴턴의 이 법칙으로 인해 완전히 해결되고 말았다. 그 때문에 그는 최고의 천문학자로 여겨지고 있다.

그럼 뉴턴의 과학상의 중요도에 대한 우리의 평가는 어떤가. 과학백과사전의 색인(索引)에서 뉴턴의 항목을 보면, 그의 법칙과 발견에 관한 소개기사는 다른 어떤 과학자보다도 훨씬 큰 공간이 할애되고 있다. 그러면 여기서 다른 과학자는 뉴턴을 어떻게 보고 있는지 생각해볼 필요가 있다.

라이프니츠는 뉴턴의 친구는 아니지만, 그에 대해서 다음과 같이 높이 평가하고 있다.

"이 세상의 시작부터 뉴턴이 태어날 때까지 수학을 모두 없애버려라. 그렇게 하면 뉴턴은 다른 분야에서 더 좋은 일을 했을 것이다."

또 프랑스의 위대한 과학자 라플라스는,

"뉴턴의《자연철학의 수학적 원리》는 다른 천재 과학자가 만들어낸 무엇보다도 탁월하다."고 말하고 있다.

또 라글랑즈도 자주 뉴턴을 사상 최대의 천재라고 말했으며, 또 마하는 1901년에 쓴 책에서,

"뉴턴의 시대 이래 수학상의 성과는 모두 뉴턴의 법칙을 기초로 한 역학의 연역적(演繹的), 공식적, 수학적 전개에 지나지 않는다."고 말했다.

이것이 아마도 뉴턴의 위대한 업적 중에서도 가장 중요한 포인트일 것이다. 즉 그는 과학이란 고립된 개개의 사실이나 법칙이 어수선하게 섞인 것이며, 그 때문에 일부분의 현상은 어느 정도는 설명할 수 있지만 아주 조금밖에 예측할 수 없는 것이라고 보고 있었다. 그래서 이들 여러 법칙을 통합한 시스템으로 주고 그것을 광대한 물리현상의 전영역에 응용할 수 있도록 하고 정확한 예측도 가능케 한 것이다.

이 책과 같은 적은 지면에서 뉴턴의 발견, 발명의 전부를 자세하게

기술(記述)할 수는 없기 때문에 중요도가 낮은 것은 그 발명상에서의 의미는 중요하더라도 거의 생략하지 않을 수가 없다.

뉴턴은 열역학, 음향학(音響學)에도 큰 공헌을 했다. 거기다 운동량 보존의 법칙(외력의 작용이 없을 때는 역학계의 전운동량은 보존된다)과 각 운동량 보존의 법칙(한 개의 전자에 있어서의 전체의 각 운동량은 두 가지 각 운동량의 벡터합계 L+S=J로 중심력의 장(場)에서 보존된다)이라는 매우 중요한 물리학적 원칙을 발표했다. 또 수학에서 이항정리(二項定理)(n이 정(正)의 정수일 때 $(a+b)^n = a^n + \binom{n}{1}a^{n-1}b + \cdots\cdots + \binom{n}{k}a^{n-k}b^k + \cdots\cdots + b^n$의 전개식(展開式)이 성립되는 것)를 발견하여 양(量)의 기원에 대해서 처음으로 사람들을 승복시키는 설명을 했다.

독자들은 이것으로 뉴턴이 지금까지의 과학자 중에서 가장 영향력이 크며 위대하다는 것을 납득했을 것으로 생각한다. 그러나 왜 알렉산더 대왕이나 워싱턴과 같은 대정치가보다 순위를 위로 하느냐, 또 예수나 석가와 같은 대종교가보다도 위에 두느냐 하는 의문이 남을 것이다.

개인적 견해로는 정치적 변혁은 확실히 중요한 요소이기는 하지만 알렉산더 대왕이 죽은 후 500년간 이 세계에 사는 인류는 그가 생존했을 때인 5세기 전의 조상들과 마찬가지로 오늘도 생활하고 있다. 이렇게 인간의 일상생활면에서 보면 기원전 1500년의 생활양식과 기원후 1500년의 생활양식과는 거의 변함이 없지 않는가.

그렇지만 1500년부터 5세기간에는 현대과학이 발생하여 인간의 일상생활이 완전히 개혁되었다. 우리는 각각 다른 옷을 입고, 다른 음식을 먹고, 다른 직장에서 일하고 1500년대의 사람들보다 훨씬 긴 여가시간을 보내고 있다. 과학적 발견·발명은 기술이나 경제에 변혁을 가져왔을 뿐만 아니라 정치, 종교, 사상, 예술, 철학까지도 완전히 바꾸어 버렸다.

인간적 활동이라는 점에서 이 과학혁명도 변화하지 않고 머물러 있는 면은 거의 없다. 그 이유는 이 책에 많은 과학자·발명가가 나오고 있는 것으로도 알 수 있다. 뉴턴은 전체 과학자 중에서도 가장 빛나는 인물일 뿐만 아니라 과학이론의 발전에 공헌한 점에서 그 이상의 인물은 없다.

1727년에 사망하여 웨스트민스터 사원(寺院)에 매장되었다.

3 예 수
Jesus (C6? B.C.~A.D. 30)

예수가 역사상 인간에게 미친 영향은 명백하고 거대한 것이어서, 아무도 높은 순위를 매기는 데 대해 의문을 갖지 않을 것이다. 오히려 의문을 갖게 될지도 모르는 것은 역사상 영향도가 강한 종교의 지주인 예수를 왜 제1위에 두지 않느냐 하는 것일 것이다.

확실히 기독교는 역사적 시간의 경과에 따라 다른 어떤 종교보다도 뿌리 깊은 신자를 가지고 있다. 이 책에서의 평가대상은 다른 각 종교의 상대적 영향력이 아니라, 오히려 개개인의 상대적인 영향력에 있다.

기독교는 회교와 달리 한 사람이 만들어낸 것이 아니라, 예수와 성 베드로 두 사람이 만들어낸 것이다. 따라서 기독교 발전의 진짜 영예는 이 두 사람에게 배분되어야 한다.

예수는 인간의 행위·행동의 기본적 전망과 주요한 사고방식 그리고 기독교의 근원적인 윤리사상을 체계를 세워서 설명한 인물이다. 그리고 기독교 신학은 주로 성 베드로의 손에 의해서 형성되었다. 예수는 정신적인 메시지를 제시하고, 베드로가 그것에 그리스도(구세주란 뜻)의 숭배를 가미했다. 그 위에 성 베드로는 신약성서의 상당 부분의 집필자이기도 하며, 처음 1세기간은 기독교 전도의 주요한 원동력이었다.

예수는(석가나 마호메트와 달리) 젊은 나이로 죽었기 때문에, 남은 제자의 수는 한정된 적은 인원수에 불과했다. 예수가 죽은 시점에 있어서 예수의 신봉자는 아직 작은 예수의 분파(分派)를 형성할 정도밖에 안 되었다. 이 작은 분파가 다이내믹하게 더욱 확대된 운동으로 되어 유태인뿐만 아니라 비(非)유태인에게까지 미쳐, 마침내는 사실상 세계 최대의 종교 중 하나로까지 발전한 것은 성 베드로의 저술활동과 그의 꾸준한 전도활동의 노력이 크다.

이와 같은 이유 때문에 진짜 기독교의 창시자는 예수가 아니라 성 베드로라고 주장하는 사람도 있을 정도다. 이런 논리로 결론을 이끌고 가면, 이 책에서도 예수보다 성 베드로를 상위에 놓아야 한다는 논리도 성립된다. 성 베드로의 영향이 없었더라면 기독교는 어떻게 되었을지 그것은 분명히 알 수가 없다. 그렇지만 적어도 그리스도가 없다면 기독교의 존재를 생각할 수 없다는 것은 명백하다.

그러나 그 후 기독교회와 개개의 기독교인이 그리스도의 이름에 있어서 행한 모든 일에도 예수가 책임을 지는 것은 합리성이 없다. 더구나 그 행동의 대부분을 예수는 분명히 찬성하지 않을 것이다. 그 중에 예를 들면 여러 기독교 분파간의 종교전쟁이나 유태인에 대한 야만스러운 대학살, 박해 따위는 분명히 예수의 정신과 교의(敎義)에 위배되고 있으며, 그런 일을 예수가 고무하거나 격려할 리가 없다고 생각한다.

마찬가지로 현대과학이 처음으로 탄생한 곳은 서유럽의 기독교 국가였지만, 그렇다고 해서 예수에게 과학의 발생에 대한 책임을 지우는 것도 적당하지 않다.

확실히 초기의 기독교도인 중 예수의 교의를 물리적 세계의 과학적 연구조사의 요청이라고 해석한 사람은 한 사람도 없다. 사실 대로마세계가 기독교로 개종(改宗)한 것은 로마세계의 전반적인 기술수준과 과학에 대한 관심도가 급격히 저하되었을 때였다.

실제로 과학이 유럽에 탄생한 것은 유럽문화의 유산 속에 뭔가 과학적 사고에 가장 적합한 것이 있었다고 단정짓는 사람도 있다. 그 뭔가라는 것은 예수의 말이 아니라, 오히려 아리스토텔레스나 유클리드의 연구활동으로 대표되는 고대 그리스의 합리주의였다. 현대과학이 발생

렘브란트 작 〈그리스도의 기도〉

한 것은 교회 세력이나 신도가 신을 공경하는 마음이 최전성기였을 때 가 아니라, 오히려 르네상스의 말기 유럽이 그리스도 이전의 유산에 대한 관심이 돌아온 체험을 통해서였다는 것은 주목할 만하다.

신약성서에 나와 있는 것처럼, 예수의 생애는 누구나 잘 알고 있기 때문에 여기서 되풀이할 필요도 없을 것이다. 그러나 두세 가지 점에 대해서는 적어둘 가치가 있다.

우선 첫째로, 예수의 생애에 대해서 우리가 알고 있는 정보는 거의 전부가 부정확하다는 것이다. 예수의 본명조차 확인되지 않고 있다. 가장 확실하다고 하는 것은 유태인이 흔히 쓰는 이름 요슈아(Yehoshua 영어로는 Joshua)라고 되어 있다. 그가 태어난 날짜도 확실하지 않다. 그럴듯한 것으로서 기원전 60년으로 되어 있지만, 예수의 신봉자나 제자 등이 당연히 알고 있으며 후세에 전해야 할 그가 사망한 해는 오늘날까지도 명확하지 않다. 예수는 죽은 후에 아무런 저작도 남기지 않고 있기 때문에 예수의 생애에 대한 정보는 신약성서의 기술(記述)을 근거로 해서밖에 얻을 수가 없다.

　불행하게도 복음서(신약성서의 처음 4장)에는 여러 가지 점에서 서로 모순된 곳이 있다. 예를 들면 마태복음과 누가복음에는 예수의 마지막 말에 대해 전혀 다른 역문(譯文)으로 되어 있다. 이 두 개의 역문은 우연하게도 구약성서 속에서 인용되고 있다.

　예수가 구약성서로부터 인용할 수 있는 것은 조금도 이상하지는 않다. 기독교의 교조(敎祖)라고는 하더라도 예수도 한 사람의 믿음이 깊은 유태인이었다. 흔히 지금까지 지적되고 있지만, 예수는 여러 가지 점에서 구약성서의 헤브루 인의 예언자를 닮았으며, 또한 이 예언자들로부터 강한 영향을 받고 있다. 예수는 한번 만난 사람에게 뿌리 깊고 영속(永續)적인 인상을 심어주는 인상적인 인물이었던 것 같다. 즉 예수는 진짜 의미에서 카리스마(일반 대중의 지지와 후원을 받는 이상한 능력)적인 능력을 가지고 있는 사람이었다.

　그렇지만 정치적 권위와 종교적 권위를 모두 행사했던 마호메트와는 강렬한 대조를 가지면서, 예수는 생존 중에는 물론 사후의 다음 세대에 있어서도 정치상의 전개에는 사실상 아무것도 영향을 미치지 않고 있다.(물론 두 사람 다 장기적으로는 정치적 전개에 가져온 간접적 영향이 매우 컸었다) 예수는 전체적으로 윤리적·정신적인 지도자로서 영향을 행사했던 것이다.

　예수가 이 세상에 남긴 것이 첫째로 윤리적 지도자로서의 의미라고 한다면, 도대체 그의 윤리사상이 세계에 어느 정도의 영향을 미치고 있을까 하는 의문이 생기는 것은 당연하다. 예수 사상의 중심을 이루는 것은 산상수훈(山上垂訓)을 이루는 황금률(黃金律)이다. 오늘날 이 황금률은 기독교인이나 비기독교인을 불문하고 거의 모든 사람에게 받아들여지고, 또한 일상의 합리적인 도덕기준으로서 여겨지고 있다.

　우리는 반드시 이 황금률에 일치한 행동을 취하고 있지는 않다. 그러나 항상 그렇게 하려고 노력은 하고 있다. 현재 보편적으로 널리 받아들여지고 있는 원칙이 사실상 예수가 창시(創始)한 것이라면, 이 책에서도 예수를 상위에 두어야 할 것이다.

그러나 실제로 이 황금률은 예수가 태어나기 훨씬 이전에 이미 유태교에서 받아들여지고 있던 개념이었다. 기원전 1세기에 유태교의 라비(유태교의 율법과 전례(典禮)를 관장하는 사람들)의 지도자인 라비 힐렐*(Rabbi Hillel)은 명쾌하게 이 황금률을 선언하고, 유태교에서 가장 중요한 규칙으로서 공언했다.

이것은 서양세계에만 알려졌던 생각이 아니다. 중국의 공자(孔子)도 기원전 500년경에 같은 내용을 주창하고 있으며, 인도의 고대시 마하바라타(Mahabharata, B.C. 5세기경, 인도 북부의 Ramayana Ka-urava 양가간에 일어난 왕조의 싸움을 노래한 것으로 문화·정치의 근본 성전)에도 같은 말을 하고 있다. 사실 황금률의 배경에 있는 철학은 거의 모든 주요한 종교단체에서 받아들여지고 있다.

이 점에서 보더라도 예수는 윤리사상의 창시자가 아니라는 것을 의미하고 있는 것이 아닐까. 그러나 천만의 말씀이다. 매우 특수성이 있는 견해가 마태복음 5 : 43과 44에 나와 있다.

"네 이웃을 사랑하고 네 원수를 미워하라 하였다는 것을 너희가 들었느냐, 나는 너희에게 이르노니 너희 원수를 사랑하며 너희를 핍박하는 자를 위하여 기도하라."

이보다 몇 줄 전에 '악한 자를 대적지 말라. 누구든지 네 오른편 뺨을 치거든 왼편도 돌려 대라'는 말이 있다.

그런데 이 사상—예수 생존시대의 유태교에는 어디에도 없으며, 다른 종교에도 눈에 띄지 않는다—은 확실히 지금까지 제시된 일이 없는, 매우 특징이 있는 오리지널한 윤리사상이다. 만약 이 사상이 널리 퍼져 있었다면 나는 주저하지 않고 예수를 제1순위로 했을 것이다.

---

* 힐렐(Rabbi Hillel) ; 통칭 Ha-zaken, 기원전 1세기 후반부터 기원후 1세기에 활약한 유태인. 바빌로니아 출신. 바리새파. '당신이 기뻐하지 않는 일을 이웃 사람에게 해서는 안 된다'고 주장하여, 율법을 마음대로 해석했다. 그렇지만 '신의 나라'로 들어갈 수 있는 것은 율법을 해석할 수 있는 율법학자라고 했다.

그러나 현실은 그렇지가 않다. 이 사상은 널리 알려져 있지도 않고 또 현실사회에 받아들여지지 않고 있다. 기독교인들이라도 대부분은 '너의 적을 사랑하라'는 훈령(訓令)으로 간주하고 이것은 고작 어떤 완전한 이상사회에서만 실현할 수 있는 이상이며, 우리가 사는 이 현실사회에서는 행동의 지침으로서 합리적인 것이 아니라고 생각하고 있다.

우리는 이 사상을 정직하게 실시하지 않고 있으며, 또한 다른 사람에게 그 행동을 기대하고 있지도 않다. 따라서 예수의 특색있는 가르침은 사람을 당혹케 하고, 더구나 기본적으로는 아직 시도해본 일이 없는 것을 제시하고 있는 데 그치고 있다.

4 석가모니
Sakyamuni (B.C. 563?~483?)

성은 고타마 본명은 싯다르타(Siddhartha, 悉達多)라고 하며, 세계 4대 종교의 하나인 불교의 창시자이다. 싯다르타는 인도 북부의 네팔 국경 근처에 있는 카필라바투(Kapilavatu)라는 도시를 통치하고 있던 왕의 아들이었다. 싯다르타 자신은 사카(Sakya) 종족으로 현재의 네팔 국경내에 있는 룸비니(Lumbini)에서 기원전 563년에 태어났다고 전해지고 있다.

16세 때 동갑인 사촌누이와 결혼했다. 대단히 호화스러운 궁전에서 자랐기 때문에 물건에 대한 욕심은 아무것도 없었다. 그럼에도 불구하고 그는 뿌리 깊은 불만에 시달리고 있었다. 그리고 인간이라는 것은 본래 가난하며 끊임없이 욕망에 시달리는 존재라고 보게 되었다. 풍부한 사람도 좌절하여 불행해지며, 인간은 모두 노화하고 병에 걸리며, 결국은 쓰러져 죽는다. 싯다르타는 모든 사람이 곧 병에 걸려 사망해서 말살되는 생애에서 일시적이고 덧없는 즐거움보다 더 높은 가치가 있는 무엇인가가 틀림없이 있다고 생각했다.

25세 때 첫 아이가 태어났다. 그 직후에 자기 생활을 버리고 한결같이 진리탐구를 위해 자기를 바치지 않으며 안 된다고 결심했다. 그리고 자기 궁전에서 떠나 처자는 물론 현세적(現世的)인 소유물 일체를 버리고 무일푼의 방랑자가 되었다.

얼마 동안 당시 유명한 성인이라는 말을 듣고 있던 사람들 밑에서 공부를 했다. 그러나 그 교양을 완전히 마스터해도 인간의 운명문제를 해결할 수가 없다는 것을 알았다. 곧 고행(苦行)이야말로 깨달음으로 가는 길이라고 믿게 되었다. 싯다르타는 고행자가 되어 몇 년 동안은 극단적인 절식(絶食)과 금욕주의를 해보았다. 그 결과 자기 육체를 아무리 괴롭혀봤자, 그것은 오직 머리를 흐릿하게 할 뿐 진정한 깨달음의 세계로 이끄는 것이 아니라는 것도 알았다. 그래서 다시 정상적인 식사를 하기 시작하고 금욕생활도 중지했다.

혼자 살면서 인간의 본질문제와 씨름하여 그 해결에 힘썼다. 어느 날 저녁때 커다란 보리수 밑에 앉아 있는데, 그때까지 난문(難問)으로 되어 있던 여러 가지 문제의 단편이 각각 적당한 장소에 떨어져서 해결되는 것처럼 느꼈다. 싯다르타는 밤새도록 이 깊은 명상에 잠겨 지내다가 이튿날 아침에 모든 것이 해결된 것을 깨닫고 자기는 이젠 불타(佛陀, Buddha) 즉 '득도(得道)한 사람'이라고 확신했다.

이때 벌써 그는 35세가 되어 있었다. 남은 인생 45년간은 북부 인도를 샅샅이 여행하고, 진심으로 그의 설교를 들으려고 하는 사람이면 이 사람 저 사람 가리지 않고 이 새로운 철학을 설명하고 다녔으며 기원전 483년에 사망할 때까지 수천 명의 신자가 따랐다. 그 자신의 말은 쓰여져 있지는 않지만, 많은 제자들이 이 설교를 기억하고 구전(口傳)으로 다음 대의 사람에게 전해졌다.

석가모니의 주된 교의(教義)는 4가지 진리 즉 사제(四諦)로 집약된다. 첫 번째는 인간은 본래 불행한 것이라는 것, 두 번째는 이 불행의 원인은 인간이 이기심과 욕망을 가지고 있기 때문이며, 세 번째는 개인의 이기심과 욕망은 완전히 소멸할 수 있다. 다시 말해서 현세적인 욕망 일체가 제거된 결과 도래하는 상태를 열반(涅槃, nirvāna ; 단어상의 의미는 '불어 끈다'든가 '소화(消火)'라는 뜻)이라고 한다. 네 번째는 이기심과 욕망에서 벗어나는 방법으로서 '팔정도(八正道)'라는 것이 있다.

이 팔정도란 정견(正見), 정사유(正思惟), 정어(正語), 정업(正業), 정명(正命), 정정진(正精進), 정념(正念), 정정(正定)의 여덟 가지로 수업의 기본 실천덕목, 바른 견해, 결의, 말, 행위, 생활, 노력, 신념, 명상 등을 말한다. 불교는 인종에 관계없이 모든 사람에게 개방되고 있으며 인도교와 달리 카스트(인도의 세습적 계급제)에 의한 차별을 인정하지 않고 있다는 것을 부기(附記)해둔다.

석가모니가 죽은 지 얼마 후에 이 새로운 종교는 차차 보급되기 시작했다. 기원전 3세기경에 인도의 아쇼카 왕이 불교로 개종(改宗)하고 난 후 이 왕의 지지에 의해 불교의 영향과 교의는 인도 전역에 급속하게 보급되어 이웃 나라로까지 퍼졌다.

불교는 남하해서 실론(스리랑카), 동진해서 버마(미얀마)까지 이르렀다. 그리고 다시 동남아시아의 전지역, 말레이시아, 현재의 인도네시아에도 보급되었다. 또 북진해서 티베트로 직접 퍼지고, 북서로 나아가 아프가니스탄과 중앙아시아로도 뻗어나갔다. 또 중국으로도 들어가서 대다수의 신자를 확보했을 뿐만 아니라 다시 한국·일본으로 확대되었다.

그러나 인도는 오히려 기원 500년경부터 쇠미(衰微)하는 경향을 보이다가 1,200년경에는 거의 소멸되고 말았다. 이에 반해서 중국이나 한국·일본에서 불교는 중요한 종교로서 남아 있으며 티베트와 동남아시아에서도 최근 몇 세기부터 현재까지 주요한 종교로 되어 있다.

석가모니의 교의는 그의 사후 몇 세기 동안에 아무것도 써서 남긴 것이 없다. 그래서 당연한 일이지만 불교교단은 수많은 분파로 분열되었다. 불교는 크게 두 가지로 나눌 수 있다. 그 하나는 남아시아를 지배하는 소승불교*(小乘佛敎, Theravada)로 이것이 석가모니의 본래의 교의에 가장 가까운 것이라고 서양의 학자들 사이에서는 생각되어지고 있다. 또 하나는 대승불교*(大乘佛敎, Mahayana)라고 하며, 이것은 티베트, 중국, 북아시아로 퍼졌다.

세계의 4대 종교의 창시자로서 석가모니는 분명히 이 책의 리스트 상위에 위치할 자격이 있다. 현재 이 세계에 불교신자는 불과 2억 정도이며, 회교의 5억이나 기독교의 10억으로, 마호메트나 예수보다 훨씬 적은 사람들에게밖에 영향이 미치지 않고 있음은 명백하다. 그러나 숫자만으로 판단한다면 잘못을 범하게 될 우려가 있다. 그 한 가지 이유는 불교가 인도에서 소멸된 원인에는 인도교가 불교의 사상이나 원리를 흡수했기 때문이다. 또 중국에서는 스스로를 불교도라고는 부르지 않고 있는 대다수의 민중이, 사실은 불교철학으로부터 강한 영향을 받고 있다.

불교는 기독교나 이슬람교보다도 평화주의적 성격을 훨씬 강하게 띠고 있다. 비폭력에 대한 지향은 불교국의 정치사상에 매우 중요한 역할을 하고 있다.

다음과 같은 일이 자주 화제에 오르는 수가 있다. 만약 예수가 이 세상에 되살아나 예수의 이름으로 행하여진 수많은 일들과, 스스로 기독교인이라고 일컫는 사람들의 분파간의 피비린내 나는 싸움 등을 본다면, 예수는 쇼크를 받아 오싹해질 것이다. 석가모니도 역시 불교도라고 하면서 제시하는 대량의 여러 가지 경문(經文)을 보고 놀랄 것이다.

확실히 불교에도 분파가 많이 있고, 분파간의 교의에는 큰 차이도 있지만, 기독교가 유럽에서 일으킨 것 같은 피비린내 나는 종교전쟁과 간접적으로나마 비할 수 있는 것 같은 종교전쟁 따위는 불교사상에는 하

---

* 소승불교 : 해탈(解脫)의 이상에 달하기 위한 수단 중 뒤떨어진 것. 속세를 초월해서 수행과 사변(思辨)에 전념하는 출가집단의 불교에 대해서 대승불교 사람들이 붙인 명칭이다.

* 대승불교 : 해탈의 이상에 달하기 위한 위대한 수단. 모든 중생을 구제해서 부처님의 경지로까지 이끄는 것을 이상으로 삼는 불교의 경향.

Nanda Lal Bose 작
〈부처의 재래(再來)〉

나도 없다. 이런 관점에서 본다면 석가모니의 교의는 예수의 교의보다 훨씬 그 신봉자에 대한 영향이 큰 것처럼 생각된다.

석가모니와 공자는 거의 같은 영향을 세계에 주고 있다. 두 사람 다 거의 동시대에 생존했고, 신자의 수도 그다지 차이가 없다. 내가 공자보다도 석가모니를 먼저 뽑은 것에는 두 가지 이유가 있다.

첫째는 공산주의가 도래하여 공자의 영향이 감소되었으며, 장래는 공자보다도 석가모니가 더 중요성이 커진다고 보았기 때문이고, 둘째 유교가 중국으로부터 외국으로 잘 확산되지 못한 것은 공자의 사상이 얼마나 선재적(先在的)인 중국인의 생활양식에 뿌리박고 있었는가를 보여주기 때문이다. 그러므로 불교의 교의는 절대로 전부터 있었던 인도철학을 다시 말한 것이 아니다.

　불교가 인도의 국경을 넘어서 널리 퍼진 것은 석가모니의 사상에 독창성이 있고, 그 철학에 대한 광범위에 걸친 사람들에게 매력이 있었기 때문이다.

5 공자
孔子 (B.C. 552~479)

　위대한 중국의 철학자인 공자(孔子)는 중국인의 기본사상을 통합해서 하나의 신앙으로까지 발전시킨 최초의 사람이다. 이 철학은 개인도덕에 뿌리박고 또 주민에게 봉사하는 정부라는 개념을 기초로 하고 있다. 그리고 도덕적 규범으로 통치한다는 기본개념에 입각한 이 사상은 과거 2천 년 동안이나 중국인의 생활 전반과 문화에 깊이 침투했으며 세계 인구의 대부분에게 커다란 영향을 미쳤다.

　공자는 기원전 552년에 중국의 북동부, 현재의 산동성(山東省)에 해당되는 노(魯)라는 조그만 나라에 태어났다. 아버지가 어릴 때 죽었기 때문에 어머니와 가난한 생활을 했으며 젊을 때 조그만 지방관청의 사무원으로서 일한 적이 있으나 몇 년 후에 사직했다.

　그 후 16년간은 상당수의 제자를 모아 그의 철학을 호소하고 가르치는 일로 시간을 보냈다. 50세경이 되어서 노나라 정부의 높은 지위를 받았으나 약 4년 동안에 궁정 내의 정적(政敵) 때문에 면직당하고 사실상 그 나라로부터 추방당하고 말았다. 그 후 13년간은 순회설교를 하고, 죽기 5년 전에 고향으로 돌아가 B.C. 479년에 사망했다.

　공자는 종교의 창시자로서의 성격을 가지고 있다고 구미인들 중에는 믿고 있는 사람이 있지만, 그것은 잘못이다. 그는 천제(天帝)로서 소개된 일도 없으며, 사후의 문제를 논하는 것은 거부하고 온갖 형식의 형이상학적(形而上學的)인 사색(공상)을 피하고 있다. 다시 말해서 기본적으로 개인도덕, 정치도덕 그리고 행동에 관심을 가졌던 세속적인 철학자라고 할 수 있다.

공자에게 있어 가장 중요한 두 가지 도덕은 인(仁)과 예(禮)이다. 그리고 뛰어난 사람은 이 두 가지 도덕으로 자기의 행동을 제어한다. 인은 가끔 '사랑'으로서 번역되고 있지만, 공자의 신봉자에 대한 자선적(慈善的) 관계(마음)라고 한정하는 것이 더 명확할지도 모른다. 예는 규범, 의식(儀式), 습관, 예의범절 등을 합친 것으로서 표현되고 있다.

공자 이전에 있었던 중국의 원시종교는 조상숭배이지만 이것이 공자에 의해서 임금에게 충성, 부모에게 효도로 바뀌졌을 뿐만 아니라 한층 강조되었다. 공자는 또 존경, 순종은 아내가 남편에 대해서, 부하가 주인에 대해서 가져야 한다고 가르쳤다.

그렇지만 중국의 역사 이야기나 무용전(武勇傳)에는 전제정치를 시인하지 않고 있다. 공자는 국가는 국민의 이익을 위해 존재하는 것이지, 그 반대가 아니라고 믿고 있다. 그리고 되풀이해서 강조하고 있는 것은 지배자는 자신의 힘이 아니라 도덕규범에 의해 통치해야 한다는 것이다. 공자의 또 한 가지 주장은 '너희는 자기가 당하고 싶지 않은 일을 다른 사람에게 하지 말라'고 하는 황금률과는 다소 다른 데가 있다.

공자의 사상의 근본은 매우 보수적이라고도 할 수 있다. 공자는 황금시대가 과거에 있었다고 믿고, 군주와 주민에 대해서 그 옛날의 좋은 시대의 도덕수준으로 돌아가자고 했다. 그러나 공자가 이상으로 삼는 도덕규범에 의한 정치라는 것은 그 이전의 시대에도 실제로 행해진 일이 없다. 그런 의미에서 공자는 흔히 말하는 것 이상으로 혁신적인 개혁자였다.

공자는 중국에서는 춘추시대라고 하여 지식계층이 굉장히 혼란한 주왕(周王) 때 생존했다. 당시의 군주들은 그의 강령(綱領)을 채용하지 않았다. 그러나 기원전 221년에는 진왕조(秦王朝)에 퍼져 보급되었다. 진

맹자(孟子)와의 회견

왕조의 도래와 함께 유교는 암흑시대로 떨어졌다. 진나라 최초의 황제인 시황제(始皇帝)는 공자의 영향을 뿌리째 뽑아버리고 과거와 단절시켰다. 시황제는 공자의 교의를 억압·금지하라고 명령하고, 공자의 저서를 전부 불태워버리라고 명령했다. 그러나 이 억압은 결국 실패로 끝났으며, 그 후 몇 년이 지나 진왕조의 종말이 다가왔을 때 유학자들은 다시 자유롭게 공자의 학설을 주창하기 시작했으며, 그리고 다음의 왕조인 한왕조(漢王朝)는 국가의 공식 철학으로서 인정했다.

한왕조와 함께 역대의 황제는 차차 행정사무시험(문관등용 국가시험)에서 관리를 뽑는 방식을 채용하게 되었다. 그리고 시대와 함께 이 국가시험은 공자의 고전지식이 기본으로 되었다. 정부의 관료직에 오르는 것은 중국 왕국에서는 가계를 풍족하게 하는 경제적 성공자이며, 또한 사회적 특권계급이 될 수 있는 주된 출세가도였기 때문에 이 시험은 매우 좁은 문이 되었다.

그 결과, 중국에서는 교양과 야심이 있는 젊은이라면 다년간에 걸쳐 고전인 논어 공부에 몰두했으며, 또한 몇 세기에 걸쳐 전체 행정관료는 근본사상으로서 공자철학이 배어들고 있었다. 이러한 시스템은 중국에서는 기원전 100년경부터 1900년까지 약 2천 년간(다소의 중단은 있었지만)이나 계속되고 있었다.

그러나 유교는 단순히 중국 행정의 공식적인 철학일 뿐만 아니라, 공자의 사상은 대다수의 중국 대중에게 받아들여져 2천 년 이상이나 민중의 생활과 사상에 깊은 영향을 미쳐왔다.

중국인에게 공자가 아주 큰 매력이 있는 존재라는 데에는 몇 가지 이유가 있다. 우선 첫째는 그의 성실성과 고결함에 있다. 둘째로는 절도와 실행적 성격에 있으며, 가능할 것 같지 않는 일은 다른 사람에게 요구하지 않았다. 또 정직을 요구했다 하더라도 성도(聖徒)가 되기를 남에게 바라지 않았다. 이 점이 바로 중국인 전반의 행동주의적인 기질을 반영하고 있다는 것을 보여주고 있는 것이며 또한 공자의 사상이 중국에서 대성공을 거둘 수 있었던 이유였다고 할 수 있을 것이다. 공자는 중국 민중이 옛날부터 가지고 있던 기본적인 신조를 바꾸려고 하지 않았다. 그렇기는커녕 민중이 가지고 있던 기본적·전통적인 이상을 더 명확하게 정리해서 민중 속으로 파고들었다. 아마도 공자만큼 중국인의 근본 사상과 밀접한 관련을 가지고 있었던 철학자는 역사상 없을 것이다.

개인의 권리보다도 개인의 책임을 중요시하고 강조하는 유교는 소화가 되지 않는 것을 먹고 체한 듯한 느낌이어서, 현대 서양의 사고 방식으로 볼 때는 그다지 매력이 있는 것이 아닐 것이다. 통치의 철학으로서도 그것은 실제로도 커다란 효과가 실증되었다. 2천 년 동안 중국은 국내적으로는 평화스럽고 번영을 유지해왔다. 그 점에서는 아마도 지구상 가장 좋은 통치국일 것이다.

중국문화와 밀접한 관계를 가지고 있는 공자의 사상은 아시아로 퍼지지 않았지만, 한국과 일본에는 커다란 영향을 미쳐 양국 모두 중국문화의 영향이 크다.

그러나 현대의 중국에서는 유교가 퇴조를 보이고 있다. 과거와 완전히 단절하려고 노력하는 중국공산당은 공자와 공자의 교의에 대해서 통렬한 비판을 가하고 있다. 그렇지만 역사적으로는 공자 영향하의 시대는 종말에 접어들고 있다고는 할망정 과거에 있어서의 공자의 사상은 중국대륙에서 매우 깊은 뿌리를 가지고 있기 때문에 금후 50년 내지 100년 사이에 이제부터 나타날 중국의 철학자가 공자와 모택동의 두 사상의 통합에 성공하더라도 우리는 놀라지 않을 것이다. 그럴 가능성은 충분히 있다.

6 바울

St. Paul (?~64?)

　사도(使徒) 바울은 예수와 동시대의 사람이지만, 예수보다 연하로 기독교라는 신흥종교 최초의 개종자(改宗者)가 된 사람이다. 기독교 신학에 미친 그의 영향은 지금까지의 모든 기독교 관계 학자나 사상가들은 도저히 따를 수가 없을 정도로 가장 영속적(永續的)이다.

　사울(Saul)로서도 알려져 있는 바울은 실리시아(Cilicia, 현재의 터키)에 있는 타르서스(Tarsus)라는 도시에 태어났으며, 몇 년 후에 기독교 시대로 들어갔다. 로마의 시민권은 가지고 있었지만 유태인 태생이어서 어릴 때부터 헤브루 어를 배우고 철저한 유태적 교육을 받았다. 또 천막을 만드는 상법(商法)도 배웠다.

　젊을 때 예루살렘으로 가서 당시 유태인 교육자로서 유명했던 라비 가말리엘(Rabbi Gamaliel ; 바리새 인으로 유태의 율법박사) 밑에서 공부하게 되었다. 바울은 예수와 같은 때에 예루살렘에 있었지만, 그때 두 사람이 만났는지 어떤지는 의심스럽다.

　예수가 죽은 직후에 원시 기독교인들은 이단자로 간주되어서 박해를 받았다. 그는 다마스쿠스로 여행하는 도중에서 환영(幻影)을 보았다. 그 속에서 예수가 그에게 말을 걸어왔다. 그리고 유태인이었던 그는 새로운 신앙으로 개종했다. 이것이 그의 생애에서 전환점이 되었다. 한때 기독교의 적이었던 그가 곧 가장 강력하고 영향력이 있는 동지가 되었다.

　바울은 여생을 기독교에 관한 사색과 집필로 지내면서 개종자들의 수를 늘려나갔다. 전도활동을 하면서 소아시아, 그리스, 팔레스티나, 시리아 등 여행하는 곳을 넓혔다. 초기 기독교인들을 전도할 때만큼 유태인에 대한 전도는 잘 되어가지 않았다. 오히려 때로는 그의 행위가 민

〈성 바울의 개종〉
바티칸의 프레스코 벽화
미켈란젤로 작

중에게 큰 적의를 일으키게 하여 몇 번인가는 생명의 위험을 받기도 했다.

그렇지만 바울의 비유태인에 대한 설교는 그 자신이 자주 '비유태인의 사도'라는 말을 들을 정도로 성공을 거두었다. 기독교의 설교에 이만큼 큰 역할을 한 인물은 아마도 없을 것이다.

바울은 다시 예루살렘으로 돌아왔다. 거기서 그는 다시 체포되어 로마로 송치되고 재판에 회부되었다. 그 후 그대로 로마에 남게 되었는지 어떤지는 분명하지 않지만 기원 64년경에 로마 근처에서 처형당했다.

기독교의 발전에 미친 바울의 영향은 다음의 3가지로 요약할 수 있다. (1) 전도자로서의 성공 (2) 대부분의 신약성서 저술 (3) 기독교 신학을 발달시킨 역할 등이다.

신약성서 중 적어도 14서 이상은 바울의 저술이다. 오늘날의 학자들 중에는 그 중 4~5서는 다른 사람이 썼다고 믿는 사람도 있기는 하지만, 어쨌든 간에 바울은 신약성서의 가장 중요한 한 사람의 저작자임에는 의심의 여지가 없다.

바울이 기독교 신학에 미친 영향은 헤아릴 수 없을 정도로 크다. 그의 사상은 다음과 같은 점에 포함되어 있다. 예수는 단순히 영감(靈感)을 받은 인간 예언자가 아닌 진실한 신(神)이다. 예수는 우리들의 죄 때문에 죽었고 예수의 수난에 의해서 우리들은 구제받았다. 사람은 오직 성서의 가르침을 지키는 것만으로는 구제받을 수 없다. 그리스도를 받아들임으로써만 구제받는다. 바울은 원죄(原罪)의 가르침을 알리고 있다. (로마서 5 : 12~19)

또 계율(戒律)을 준수하는 것만으로 구제받을 수 있는 것이 아니라고 말하고, 바울은 기독교로 개종하기 위해 유태교처럼 식사를 제한한다든가, 모세의 계율이나 의식을 하게 한다든가, 할례(割禮)를 할 필요는 없다고 주장했다.

이 점 때문에 고대 기독교의 지도자들 중에는 바울에게 심한 불만을 가지고 있는 사람도 있었다. 그러나 그들이 이겼더라면 기독교가 그만한 속도로 로마제국 전역을 석권할 수는 없었을 것이다.

바울은 미혼으로 생을 마쳤다. 그것을 증명하는 것은 없지만 그가 여성과 성관계가 없었음은 명백하다. 성과 여성에 대한 그의 견해는 성서 속에 포함되어 있으며 그 후 그의 태도에 명확한 영향을 미치고 있다. 이 건(件)에 대해서 그의 격언은 다음과 같다. 고린도전서 7 : 8~9에 "내가 혼인하지 아니한 자들과 또 과부들에게 이르노니, 나와 같이 그냥 지내는 것이 좋으니라. 만일 절제할 수 없거든 혼인하라. 정욕이 불같이 타는 것보다 혼인하는 것이 나으니라."

또 바울은 여성의 미래에 대해서 굳은 신념을 가지고 있었다.

"여자는 일절 순종함으로 조용히 배우라. 여자의 가르치는 것과 남자를 주관하는 것을 허락지 아니하노니, 오직 조용할지니라. 이는 아담이 먼저 지음을 받고 이브가 그 후며……"(디모데전서 2 : 11~13) 같은 생각이 고린도전서 11 : 7~9에도 더 강하게 표현되고 있다. 이 인용에서 명백한 것처럼 바울이 동시대의 많은 사람들에게서 지지를 얻을 수 있는 견해를 가지고 있었던 것에 비해 예수에게는 이와 같은 종류의 말이 어디에도 눈에 띄지 않는 데 대해 주목할 만한 일이다.

예루살렘의
Via Dolorosa에서의
'성 금요일의 행진'

　기독교를 유태교의 일분파로부터 세계의 종교로 개혁했다는 점에서 다른 어느 사도보다도 그는 많은 공헌을 했다. 예수를 신으로 만들고 신앙에 대해서만 죄가 용서된다고 하는 바울의 중심적 사상은, 그 후에 개재(介在)하는 전세기에 걸쳐 기독교인들에게 일관된 기본신조로서 남아 계속되어왔다.
　그 후 아우구스티누스, 루터, 캘빈과 같은 유명한 신학자나 종교개혁자는 모두 바울의 저서로부터 큰 영향을 받았다. 사실 바울의 사상의 영향이 너무나도 크기 때문에 예수보다도 바울 쪽이 기독교의 진짜 창시자로 간주되어야 한다고 주장하는 학자까지 나타났다.
　물론 그런 견해는 너무 극단적이다. 그렇지만 예를 들면 바울의 영향은 예수와 동등한 것이 아니라 하더라도 다른 어떤 기독교 사상가보다도 훨씬 위대하다고 할 수 있을 것이다.

7 채 륜

蔡倫 (?~121?)

대부분의 독자들은 종이의 발명자, 채륜(蔡倫)이라는 사람의 이름을 모를 것이다. 이 발명의 중요성을 생각한다면 그가 서구에서 무시당하고 있었던 점은 정말로 놀랄 만한 일이다.

그는 105년경 중국 후한 중기의 환관(宦官)으로 검과 도구 제작에 뛰어났으며 당시의 화황제(和皇帝)에게 종이의 견본을 헌상(獻上)했다. 그 당시 황제는 이 발명을 대단히 기뻐하고 그에게 파격적인 승격을 시켜 귀족의 칭호를 주는 등 그는 대단한 부자가 되었다. 그러나 그 후에 그는 궁정 내에서 벌어진 음모에 관련되어 음독 자살하였다. 기록에 의하면 목욕하기를 좋아하고 최고급의 예복(옷자락까지 늘어뜨리는 헐렁한 겉옷)을 입고 마약을 상습하고 있었다고 되어 있다.

종이의 사용은 2세기경에는 중국 내로 퍼지고, 그 후 2~3세기가 지나서 아시아의 다른 지역으로도 수출되었다. 오랜 세월 동안 중국인은 종이의 제조기술을 비밀로 하고 있었다. 751년에 어떤 중국의 종이 제조업자가 아라비아 인에게 붙잡힌 후 사마르칸트와 바그다드에서 제조되었다.

종이 제조법은 차차 아랍 세계로 퍼졌고 12세기가 되자 유럽 인이 아랍 인으로부터 그 기술을 배웠다. 이렇게 해서 종이의 사용이 차차 보급되어, 구텐베르크가 현대의 인쇄기술을 발명한 후에는 그때까지 서양에서 글씨를 쓰는 재료로 가장 많이 쓰이고 있었던 양피지(羊皮紙)를 대신하게 되었다.

오늘날 우리는 당연히 종이를 쓰고 있다. 그러므로 그 종이가 이 세상에 없다면 어떨까 하고 마음속에 그려보는 것도 어렵다. 중국에서는 채륜이 태어나기 전까지 책은 거의 대나무로 만들고 있었다. 그런 책은 무겁고 부피가 컸을 것이다. 또 비단천에 쓰여진 책도 있었다. 그러나 이것은 비싸서 도저히 일반인은 쓸 수 없었다.

　서양에서는 종이가 도입되기까지는 대부분 양피(羊皮) 또는 베람에 써서 책으로 만들었다. 양피지와 베람은 특수가공한 양가죽 또는 송아지 가죽이었다. 이 재료가 그리스 인, 이집트 인이 애용하고 있던 파피루스로 바뀌었지만 양피지나 파피루스도 자원이 부족할 뿐만 아니라 비싸게 먹혔던 것이다.

　책과 그 밖의 집필재료가 오늘날처럼 싸게, 더구나 대량으로 생산될 수 있게 된 것은 종이의 출현에 있다. 그렇지만 오늘날의 인쇄기계가 없었더라면 종이는 그다지 중요한 것이 될 수 없었을 것이다. 반대로, 싸고 대량으로 인쇄하는 재료가 없다면 인쇄기계의 중요성이 별 것 아니게 될 것도 확실하다.

　그러면 채륜과 구텐베르크 어느 쪽을 상위에 두어야 하느냐? 다만 나는 이 두 사람 모두 거의 같은 중요도가 있다고 보고 있지만 다음과 같은 이유로 채륜 쪽을 약간 높게 평가한다.

　(1) 종이는 집필재료 이외에도 많은 용도로 쓰인다. 종이는 놀랄 만큼 융통성이 있는 재료로 오늘날 생산되고 있는 종이의 대부분은 인쇄 이외의 용도에 쓰이고 있다.

　(2) 채륜은 구텐베르크보다 앞서 있다. 채륜의 종이가 없었더라면 구텐베르크는 인쇄기술도 발명하지 않았을 것이라는 것은 전반적으로 수긍할 수 있다.

　(3) 두 가지 중 한 가지밖에 발명할 수 없다고 한다면 책은 가동(可動)의 활자와 양피지의 짜맞춤에 의해 목판(구텐베르크보다 전부터 알려져 있었다)과 종이의 짜맞춤으로도 가능하다고 생각한다.

　그런데 역사상 가장 영향이 컸던 10인 중 채륜과 구텐베르크를 넣는 것이 과연 적당한 것일까? 종이와 인쇄의 발명이 전면적으로 중요하다는 것을 이해하기 위해, 동양과 서양의 발명 문화의 발전을 생각해볼 필요가 있다. 2세기까지 중국문명은 일관해서 서구문명보다 발전 정도가 낮았다.

처음 천 년간 중국의 문화상 업적은 서구의 그것보다 앞서 나가고 있었다. 특히 7~8세기에 모든 면에서 중국의 문명은 지구상 최첨단에 있었다. 그렇지만 15세기 이후에는 서구가 중국을 앞지르게 되었다. 이 변천에 대한 문화상의 해석에는 여러 가지가 있고 각각 선진적이지만, 많은 이론은 내가 믿고 있는 것 같은 매우 단순한 해석을 무시하고 있는 것 같다.

물론 농업에 대해서는 중국보다 중동이 확실히 먼저이다. 그렇다손 치더라도 중국문명은 왜 일관해서 서양문명에 뒤떨어진 거리로 따라왔는지 그 설명이 없다. 그 결정적 요인은 중국에는 채륜 이전에 집필용재가 아무것도 없었기 때문이라고 나는 믿고 있다.

그러나 서양에서는 파피루스가 사용되고 있었다. 파피루스는 재료로서의 결함도 있었지만, 파피루스의 두루마리는 나무 껍질이나 대나무로 만든 책보다는 훨씬 뛰어나 있었다. 적당한 집필용재가 없다는 것은 중국의 문화 향상에 결정적인 장애였다. 현재의 우리들이라면 스스로 들고 나를 수 있을 정도의 책을 중국의 학자는 마차로 운반했다. 나무 껍질이나 대나무의 부피가 큰 집필용재를 기초로 한 행정업무나 서류를 관리하는 것은 대단히 어려운 작업이라고 상상된다.

그렇지만 채륜의 종이 발명은 이런 사정을 완전히 바꾸어 놓았다. 적절한 집필용재를 쓸 수 있게 되자 중국의 문명은 급속히 진보하였고 2~3세기 동안에 서양을 따라잡을 수가 있었다.(물론 그것에는 서양에 있어서의 정치적 혼란이 한몫을 하고 있지만, 그것만으로 모든 것을 설명할 수는 없다. 4세기의 중국은 서양보다 정치적으로 더 어수선했었다. 그럼에도 불구하고 문명적 측면은 급속히 발전을 계속하고 있었다.) 그 후의 몇 세기 동안 서양의 진보는 비교적 속도는 늦었지만 중국은 나침반, 화약, 목판인쇄 등의 대발명으로 진보하고 있었다. 종이가 양피지보다 싸져서 대량으로 사용할 수 있게 되자 지금까지의 입장

● 종이의 제조공정 ●

대나무 펄프의 온침작업(溫浸作業)

제지작업

종이의 가압작업(加壓作業)

종이의 건조작업

은 반대로 되었다.

서구 여러 나라가 종이를 쓰기 시작하자, 서구 여러 나라와 중국과의 그 문명적 거리는 좁아졌다. 마르코 폴로의 저서에 의해서도 13세기의 중국은 유럽보다 훨씬 번영하고 있었던 사실을 확인할 수 있다.

그럼 어째서 중국은 서구에 뒤떨어졌을까?

이것에 대해서는 여러 가지 복잡한 문화상의 해석을 하고 있지만, 아마도 단순한 기술적 해석이 도움이 될 것이라고 생각한다. 13세기 후반에 구텐베르크라는 천재가 책을 대량생산하는 기술을 개발했다. 그 후의 유럽문화는 급속한 발전을 이루었다. 중국에는 구텐베르크가 없었기 때문에 목판(木版)에 그쳤고, 그 때문에 중국문화의 진보는 상대적으로 늦어졌던 것이다.

만약 지금까지의 분석을 납득한다면 채륜과 구텐베르크 두 사람은 인류사상 중심인물이라는 결론을 내릴 수밖에 없다.

실제로 채륜은 다른 이유에서도 일반적인 다른 발명자보다도 두드러져 있다. 대부분의 발명은 설사 그것을 실제로 발명한 개인이 없더라도 그 시대의 산물이며, 그것이 오늘날까지 이어받아져 내려올 것이다. 그러나 종이에 관해서는 아무래도 사정이 다른 것 같다.

유럽 인은 채륜 이후 천 년간 종이를 만들지 못하다가 겨우 아라비아 인으로부터 그 제조방법을 배워 만들기 시작했다. 그런 점으로 보아, 중국의 제지업자가 만든 종이를 보기만 해서는 다른 아시아 인도 자기 힘으로 이 제조방법을 발견하는 것은 불가능했을 것이다.

확실히 진짜 종이를 제조하는 기술을 발명하는 것은 매우 곤란한 일이며, 적당히 진보된 문화사회에서는 도저히 일어날 수 있는 것이 아니다. 오히려 매우 천부적인 재능을 가진 사람이라는 명확한 공헌자가 요구될 것이다.

채륜은 그런 사람이며, 그가 채용한 제조법은(기계화를 별도로 한다면 기원 1800년까지 계속되었다) 그 이후에 채용되고 있는 종이 제조법과 기본적으로는 같은 기술인 것이다.

이상의 이유로 구텐베르크와 채륜 두 사람을(채륜을 상위에 두고) 이 책에서는 상위 10명 안에 넣었다.

8 구텐베르크
Johannes Gutenberg (1397~1468)

　구텐베르크는 인쇄의 발명자로 되어 있다. 그의 업적은 가동식(可動式) 활자의 이용법과 그것에 의한 다양성 있는 필기재료가 스피드와 정확성을 가지고 인쇄할 수 있는 인쇄기를 처음으로 개발한 일이다.
　한 개인의 머리에서 완전히 완성되어서 솟아나오는 발명 따위는 없다. 인쇄도 확실히 그렇다. 목판인쇄와 같은 원리로 사용되고 있는 도장 또는 약식 도장이 붙은 반지는 먼 옛날부터 사용되고 있었다. 중국에서는 목판인쇄가 구텐베르크보다 몇 세기나 전부터 발명되어 사용되고 있었다. 목판인쇄로도 책은 상당히 대량으로 생산할 수 있었다. 그렇지만 공정상에 한 가지 큰 결점이 있다. 새 책을 만들 때마다 새 목판 또는 목판화를 준비하지 않으면 안 되기 때문에 매우 다양성이 있는 책을 만들기는 어렵다.
　구텐베르크의 주된 공헌은 가동식 활자의 발명이라고들 말한다. 그러나 가동식 활자는 중국에서 발명되었으며, 11세기 중엽에 피셍(Pi Sheng)이라는 사람이 발명했다. 그 최초의 것은 도기(陶器)로 만들어져 그다지 내구성(耐久性)이 없었다. 그 후 중국과 한국에서 개량된 활자는 구텐베르크보다 상당히 전에 한국에서는 금속 활자가 사용되고 있었다. 한국 정부는 15세기 초기에 인쇄활자 생산을 위한 주조(鑄造)를 증거로 제시하고 있다.
　그러나 이런 일이 있었다 하더라도 피셍이 영향이 있었던 사람이라고 말하는 것은 잘못이다. 첫째로 유럽은 가동활자를 중국으로부터 배우지 않았으며, 유럽 독자적으로 개발했다. 둘째로 가동활자에 의한 인쇄는 바로 최근까지 중국 자체에서는 일반에게 보급되지 않고 있으며 오히려 근대적인 인쇄기법을 서양으로부터 배우고 있다.

근대의 인쇄기법에는 4가지 기본 구성요소가 있다. 첫째는 가동활자와 붙박이 등의 순서, 둘째는 인쇄기계 그 자체, 셋째는 적절한 잉크, 넷째는 인쇄하는 용지 등 재료이다. 종이는 이미 상당히 전에 중국에서 (채륜에 의해서) 발명되고, 그 이용은 구텐베르크보다 전에 서양에 보급되고 있었다.

구텐베르크는 기성품인 종이를 발견하여 인쇄공정에 도입했다. 종이 이외의 요소 3가지에 대한 연구는 그에 의해서 행해지고 있었다. 예를 들면 활자에 적합한 합금의 개발과, 정밀하고 정확하게 활자를 부어 넣기 위한 합금의 개발, 오일 베이스의 인쇄 잉크, 인쇄에 적합한 프레스 기계의 개발 등이다.

구텐베르크는 그 개개의 발명이나 개량면에서보다도 인쇄 전체에 걸친 공헌이 크다. 인쇄를 위한 모든 요소를 효율적인 시스템에 짜넣었다는 점에 근본적인 중요성이 있다. 한 자루의 라이플총은 그것만으로 한 개의 활보다 훨씬 유효한 무기이다. 그러나 한 권의 인쇄본은 한 권의 손으로 쓴 책과 비교해 그 유효성에 있어서 아무런 차이가 없다.

따라서 인쇄의 이점은 오직 대량생산에 있다. 구텐베르크의 개발은 단순히 묘안이라든가 연구라든가 연속적 개선과 같은 종류의 것이 아니라 완전한 제조과정에 중요성이 있다.

구텐베르크에 대해 알려진 정보는 거의 없다. 알려져 있는 것은 독일의 마인츠(Mainz)에서 1400년에 태어났고 15세기 중엽에 인쇄기술상의 공헌을 했다는 것이다. 그 중에서도 가장 유명한 작품은 소위 구텐베르크 바이블로, 1454년경에 마인츠에서 인쇄되었다.(이상하게도 인쇄자 구텐베르크의 이름은 그가 인쇄한 어느 책에도 나와 있지 않으며 이 바이블에도 없다. 그렇지만 분명히 그의 인쇄기로 찍은 것이다.)

구텐베르크 49

막 인쇄되어 나오는 것을 조사하는 구텐베르크와 친구

그는 아무래도 실업가, 경영자로서의 재능은 그다지 없었던 것 같으며 자기의 발명품으로 돈벌이를 할 생각은 전혀 없었던 것 같다. 몇 번인가 소송(訴訟)에 관련되고 그 중 한 번은 그의 파트너인 요한 푸스트에 의해 기계에 관한 일로 벌금을 낸 일도 있었다. 1468년에 마인츠에서 사망했다.

세계 사상에 미친 그의 영향을 중시하는 생각은 그 후의 중국과 유럽 문화상의 발전상태를 비교하면 알 수 있다. 구텐베르크가 태어난 시점에서는 두 지역 모두 기술적으로는 같은 정도의 진도였다. 그것이 그의 근대적 인쇄기계가 발명되자 유럽에서 급속한 발전을 이루었다. 한편 중국은(그 후에도 당분간 목판인쇄가 계속되었다) 진보의 템포가 비교적 늦어졌다.

인쇄기법의 개발만 가지고 이렇게 분기(分岐)의 원인이라고 단정짓는 것은 약간 과장된 일이지만 그것이 중요한 요인이 되었다는 것은 부정할 수 없다고 생각한다.

구텐베르크 성서의 원전(原典)

    이 책의 리스트에서는 구텐베르크보다 앞선 5세기에 생존한 사람은 겨우 3명인 데 비해, 구텐베르크가 죽은 후의 5세기 동안에는 67명이나 되는 인물이 올라 있는 것은 주목할 만하다. 이것은 구텐베르크의 발명이 현대의 혁신적 발전으로의 방아쇠를 당긴 주요한 요인 — 아니 결정적 요인 — 이라고 할 수 있다.

    알렉산더 그래햄 벨(Alexander Graham Bell)이 이 세상에 태어나지 않더라도 전화는 역시 대체로 같은 시점에서 발명되었을 것이라는 것은 틀림없이 옳다. 다른 많은 발명에 대해서도 같은 말을 할 수 있을 것이다.

    구텐베르크가 없었더라면 근대적 인쇄기술의 발명은 몇 세기 늦어졌을지도 모른다. 그러나 발명 후의 역사상에 압도적인 영향력이 있었다고 하는 견지에서 보면, 구텐베르크는 이 리스트에서 당연히 높은 순위에 둘 자격이 있다.

9 콜럼버스
Christopher Columbus (1451~1506)

  콜럼버스는 유럽에서 동양으로 가는 서방항로의 발견을 계획하다가 우연히도 아메리카 대륙을 발견했다. 그 결과 그가 생각했던 것 이상으로 세계사에 커다란 영향을 미치게 되었다. 이 발견은 신세계에 대한 탐험과 식민지화라는 신시대를 구분지은 것으로, 그야말로 역사상의 중요한 전환점이었다.

  두 개의 신대륙을 유럽 인에게 개방해서 증대되는 인구를 처리하기 위한 개척지로서 광물자원과 원재료의 자원을 제공케 하고, 그 때문에 유럽 경제의 변혁을 가져왔다. 반면 이 발견에 의해서 아메리카 인디언의 문화는 붕괴하게 되었다. 다시 말해서 지금까지 그 땅에 정주하고 있던 인디언 민족과는 전연 다른 새로운 모습의 민족을 서반구(西半球)에 구성하게 되었다. 이것이 구세계의 민족에게 다대한 영향을 미쳤던 것이다.

  콜럼버스는 1451년 제노바에서 태어났다. 뛰어난 기술을 가진 항해사가 된 그는 대서양을 서쪽으로 서쪽으로 항행하면 동아시아로 가는 항로를 발견할 수 있다고 확신하고 있었다. 그리고 그 생각을 끈질기게 추구하고 있었다. 그 결과, 마침내 카스틸라 왕국(스페인)의 이사벨 여왕을 설득해서 탐험항해의 자금을 원조받는 데 성공했다.

  콜럼버스의 배는 1492년 8월 3일에 스페인을 출범(出帆)했다. 첫 번째 기항지(寄港地)는 아프리카 해안 앞바다의 카나리아 섬이었으며, 9월 6일에 이 섬을 출범하여 다시 서쪽으로 항해했다. 이때부터 장기적인 항해로 접어들자 수부(水夫)들은 심한 불안을 느끼기 시작했고 되돌아갈 것을 요청했다. 그러나 콜럼버스는 항해의 속행을 강행하여 마침내 그 해 10월 12일에 대륙을 발견했다.

　이듬해 3월에 콜럼버스는 스페인으로 귀항(歸航)했고 의기양양한 탐험가를 스페인은 최고의 영예로써 맞아주었다. 그 후 그는 직접 중국, 일본과 접촉하기 위해 세 번이나 대서양을 건넜지만 실패로 끝났다. 콜럼버스는 대부분의 사람들이 이젠 가망없다고 생각하고 있는 동아시아로 가는 항로 발견에 오랫동안 집착하고 있었다.

　이사벨 여왕은 콜럼버스를 그가 발견한 육지의 총독으로 임명했다. 그러나 총독으로서는 실패하여 사실상 그 직책을 파면당한 채 구금상태로 스페인으로 송환되었다. 정확하게 말하자면 그는 거기서 자유가 되었던 것이다. 그에게 두 번 다시 행정권은 주어지지 않았다. 일반적인 소문으로는 가난해져서 죽었다고도 하지만 그 근거는 없다. 1506년에 그가 죽을 당시는 그런 대로 풍족한 생활을 하고 있었다.

　콜럼버스의 첫 번째 항해가 유럽사상 혁명적인 충격이었으며, 아메리카에도 강력한 영향을 주었던 것은 명백하다. 1492년이라는 해는 누구나 알고 있다. 그렇다손치더라도 콜럼버스를 이렇게 높은 순위에 올려놓았다는 것에는 수많은 반대론이 있을 것으로 생각된다.

　첫 번째 반대론은 콜럼버스는 신세계를 발견한 최초의 유럽 인이 아니라는 것이다. 북유럽 바이킹의 항해사인 리프 에릭슨*(Lief Ericson)은 콜럼버스보다도 몇 세기나 전에 아메리카 대륙에 도착했었다. 또 이 바이킹과 콜럼버스와의 시대적 간격에도 대서양을 넘은 유럽 인이 몇 사람 있었다는 것은 지당한 일이다.

　그렇지만 역사적으로 보아서 리프 에릭슨은 비교적 중요한 인물이 아니다. 그의 발견에 대한 정보도 일반에게 퍼져 있지 않으며, 또 유럽에도 미국에도 아무런 변화를 가져오는 계기가 되지 못하고 있다. 그것에 비하면 콜럼버스의 발견 소식은 유럽 전역에 금방 퍼졌을 뿐만 아니

＊리프 에릭슨 : 생사 연월 불명. 아이슬랜드의 탐험가로 그린랜드의 발견자 에이리크의 아들. 아이슬랜드의 서사시에 의하면 100년경에 신대륙 아메리카를 탐험, 빈랜드라고 명명했다고 한다.

Vacslav Brozik 작 〈이사벨 여왕 앞의 콜럼버스〉

라 그가 귀국한 지 2, 3년간에 그 발견의 결과로서 많은 탐험가들이 잇따라 신세계로 항해, 새로운 영토의 정복과 식민지화가 시작되었다.

두 번째 반대론은 이 책에 든 다른 인물과 마찬가지로 콜럼버스가 행한 일은 설사 그가 이 세상에 없더라도 누군가가 행했을 것이라는 논의에는 약점이 있다. 유럽은 이미 상업 활동이 활성화되어 탐험이 불가피해졌다. 사실 포르투갈은 콜럼버스보다도 상당히 전에 인도로 가는 항로를 활발하게 찾고 있었다.

실제로 아메리카 대륙은 조만간 유럽이 발견할 가능성이 높았다. 설사 발견이 늦어졌다 하더라도 그것은 크게 늦어진 것은 아니다. 그렇지만 프랑스나 영국의 탐험가가 말하고 있는 것처럼, 아메리카가 만약 콜럼버스에 의해 1492년 발견되지 못하고 1510년 이후에 발견되었다면, 그 후의 발전은 전혀 다른 양상이 되었을 것이다. 어쨌든 간에 콜럼버스는 실제로 아메리카를 발견한 사나이이다.

세 번째 반대론은 15세기의 유럽 인들은 콜럼버스의 항해보다 앞서 이미 지구가 둥글다는 것을 알고 있었다는 점이다. 이 논(論)은 그보다

니냐 호, 핀타 호,
산타마리아 호로
신세계로 출항

John Vanderlyn 작 〈콜럼버스의 상륙〉

몇 세기나 전에 그리스의 철학자들이 암시하고 있었으며, 아리스토텔레스의 가설(假說)이라는 확고한 뒷받침이 있기 때문에, 1400년대 교육을 받은 유럽 인이라면 충분히 받아들일 수 있는 것이었다.

콜럼버스는 지구가 둥글다는 것을 증명했기 때문에 유명해진 것이 아니다(사실상은 그는 그것에서는 성공하지 못했다). 그는 신대륙의 발견으로 유명한 것이며 15세기의 유럽 인도 아리스토텔레스도 아메리카 대륙의 존재를 알지 못했다.

네 번째는 콜럼버스의 인격은 전면적으로 칭찬할 수 있는 것은 아니라는 것이다. 그는 이상하게 욕심이 많은 사나이였다. 그 중요한 한 가지 예로서, 이사벨 여왕으로부터 재정적 원조를 얻기 위한 설득이 어렵고 잘 되지 않자, 다음에는 극단적으로 탐욕스러운 계약을 몰아부친 일이 있었다. 오늘날의 윤리기준으로 그를 심판하는 것은 옳지 않을지도 모르지만, 그는 신대륙의 원주민인 인디언들을 몹시 잔학하게 다루기도 했다.

그러나 이 책은 역사상의 고매(高邁)한 인격자의 리스트가 아니라 영향력이 있었던 사람들의 리스트이기 때문에 그 기준에서 콜럼버스는 이 리스트의 상위에 둘 자격이 있다고 생각한다.

10 아인슈타인
Albert Einstein (1879~1955)

아인슈타인은 20세기 최대의 과학자이며, 전 시대를 통해서 최고 지식인의 한 사람으로 상대성 이론으로 유명하다. 이 이론에는 두 가지가 있는데, 1905년에 완성한 특수 상대성 이론과 1915년에 완성한 일반

상대성 이론이다. 두 개를 합쳐서 아인슈타인의 인력의 법칙이라고 하는 편이 좋을지도 모른다.

두 이론 다 매우 복잡하고 난해(難解)하기 때문에 여기서 그것을 해설할 생각은 없다. 그러나 특수 상대성 이론에 대해 아주 간단하게 정리해서 설명하면 다음과 같이 된다.

누구나 알고 있는 격언에 '모든 것은 상대적이다'라는 것이 있다. 그러나 아인슈타인의 이론은 그런 철학적인 틀에 박힌 말의 반복이 아니다. 과학적 관측은 상대적이라고 하는 방향에서 매우 정밀한 수학적 기술(記述)로, 어떤 시간과 공간의 주관적 개념은 관측자에 따라 다르다는 것은 명백하다.

그렇지만 아인슈타인 이전에는 대부분의 사람들이 이 주관적인 인상의 배후에는 정밀한 측정기로 객관적으로 측정할 수 있는 진짜 거리와 절대시간이 있다고 항상 믿고 있었다. 그것을 아인슈타인의 이론에서는 절대시간의 존재를 부정함으로써 과학사상에 혁명을 가져왔다. 다음의 예에 의해서 그의 이론이 시간·공간에 대한 우리의 생각을 얼마나 철저하게 수정시켰는가가 실증된다.

우선 우주선을 생각해보자. 100,000km/s의 속도로 지구를 날아오르는·우주선 X호이다. 이 속도는 우주선 내와 지구상의 양쪽에서 관측자가 관측하면 이 측정치는 일치한다. 다음에 또 하나의 우주선 Y호를 X호와 정확하게 같은 방향으로 날아가게 한다. 다만 속도는 X호보다 빠르게 한다. 만약 지상의 관측자가 우주선 Y호를 관측하니 Y호는 180,000km/s의 속도로 지구로부터 떨어져 나가는 것을 알았다. Y호상의 관측자도 같은 관측결과가 나올까.

그런데 두 우주선은 같은 방향으로 이동하고 있기 때문에, 두 우주선의 속도차는 80,000km/s이며, 빠른 쪽의 우주선은 그 비율로 늦은 쪽의 우주선으로부터 떨어지게 된다.

그러나 아인슈타인의 이론은, 두 우주선에서 관측하면 두 우주선상의 관측자는 두 우주선간의 거리가 80,000km/s가 아니라 100,000km/s의

1945년 8월 6일
히로시마의 원자폭탄

비율로 증대된다고 하는 관측결과에서 일치한다고 예측했던 것이다.

그런데 이 문면(文面)으로부터 이런 결론은 어리석은 것이며, 독자는 표현에 뭔가 트릭이 있는 것이 아닐까, 혹은 뭔가 중요한 세부적인 점이 생략되고 있지나 않을까 하고 의심할지도 모른다. 천만의 말씀이다. 이 결과는 구조 세부에도 관계가 없으며, 추진에 사용하는 원동력에도 관계가 없다. 또 관측상의 잘못도 없을 뿐 아니라 측정기에도 결함이 없다. 일체의 트릭이 없다.

아인슈타인에 의하면, 앞에서 말한 결론(이것은 그의 공식에서 속도의 기구가 계산할 수 있다)은 시간과 공간의 기본적 성질로부터의 단순한 귀결인 것이다.

그런데 이런 것들 전부는 고도의 이론이며, 실제로 다년간 사람들은 상대성 이론을 일종의 '상아탑'적 가설이며 전연 실용적 가치가 없는 것이라고 관심을 두지 않았다. 물론 히로시마와 나가사키에 원자폭탄이 투하되고부터는 이런 착각을 하는 사람은 한 사람도 없게 되었다.

이 상대성 이론의 결론 중 하나는 질량과 에너지 양자의 관계는 $E=$

MC^2라는 공식으로 성립된다는 것이다. E는 에너지, M은 질량, C는 빛의 속도를 나타낸다. 30,000,000km/s라는 광속 C는 대단히 큰 수이지만, C^2(C×C)은 더 거대한 수이다. 따라서 물질 속의 극히 소량이라도 부분적인 변천이 있으면 막대한 양의 에너지가 해방되는 것이다.

물론 $E=MC^2$라는 공식으로 원자폭탄이나 원자핵 생산설비를 만들 수 있는 것은 아니다. 원자에너지의 개발에 많은 사람들이 각각 중요한 역할을 해왔다는 것을 유의하지 않으면 안 되지만, 아인슈타인의 공헌이 얼마나 크냐 하는 것은 두말할 것도 없다.

1939년에 그는 당시의 대통령 루스벨트에게 보내는 서한에서, 원자무기 개발의 가능성을 지적하는 동시에 이 무기를 독일보다 먼저 미국이 개발하는 것이 중요하다는 것을 강조하고 있다. 이것으로 맨해튼 계획을 촉진하여 세계 최초의 원자폭탄 개발로 이끌었던 것이다.

특수 상대성 이론은 굉장한 논전을 일으켰지만 누구나가 합의한 점은 지금까지 발명이나 발견된 것 중에서 가장 기가 죽는 과학이론이라는 것이다. 그러나 그것은 잘못된 생각이다. 왜냐하면 아인슈타인의 일반 상대성 이론에서는 중력효과는 통상적인 의미에서의 물리적 힘에 의한 것이 아니라는 것을 출발점으로 삼고 있다. 그리고 우주공간 그 자체의 변형에 의한 것이라는 전제에 서 있다. 참으로 놀랄 만한 발상이 아닌가!

그럼 우주공간의 변형은 어떻게 해서 측정할 수 있는 것일까. 또 공간이 만곡(灣曲)되고 있다는 것은 도대체 무엇을 의미하고 있는 것일까. 아인슈타인은 이렇게 이론을 발전시킬 뿐만 아니라 자기 이론을 명확한 숫자상의 공식으로 만들고, 게다가 명백한 단정을 할 수 있게 그 가설(假說)이 테스트된다. 그 후의 관측―그 중에서도 유명한 것은 개기일식(皆既日蝕) 중에 실시된 관측―에서 아인슈타인의 방정식이 옳다는 것이 되풀이해서 확인되었다.

일반 상대성 이론은 다른 많은 과학이론과 여러 면에서 다른 점이 있었다. 우선 최초에 주의 깊은 실험을 바탕으로 유추(類推)하면서 이론을 확립하는 것이 아니라 오히려 조화를 이룬 수학적 우아함이라는 고대 그리스 철학자나 중세의 스콜라 철학자가 한 것처럼 해서 끌어낸 것이다.(그 점이 현대과학의 기본으로 되어 있는 실험중심주의관에 어긋나고 있다)

고대 그리스 철학자는 미(美)와 조화를 바라고 연구를 했을 뿐 엄격한 실험 테스트로 살아남을 수 있는 수학적 이론을 찾아내려고는 하지 않았다. 그것에 비하면 아인슈타인의 이론은 모든 테스트에 견딜 수 있도록 확고한 것이다. 그의 연구 어프로치의 한 가지 성과는, 일반 상대성이 가장 아름답고 우아하며 힘차고 모든 과학이론까지도 만족시키고 있다는 것이 일반에게 인정되었다는 것이다.

일반 상대성 이론은 그 밖에서도 다른 이론과 데가 있다. 다른 대부분의 과학법칙은 거의 전부가 근사적(近似的)인 타협성밖에 없으며 수많은 환경조건에 지탱할 수 있다 하더라도 모든 조건에 지탱할 수 있는 것이 아니다. 그러나 우리가 알고 있는 한에서는 하나도 예외가 없다. 일반 상대성 이론이 단순히 근사적 타당성이라는 사실은 이론적으로도 실험적으로도 하나도 실증되지 않고 있다. 다만 금후의 실험에 의해서 이 이론의 완벽한 기록에 흠을 내는 일이 있을지도 모른다. 그러나 일반 상대성 이론에 한해 어느 과학자가 끌어낸 연구 성과보다도 최종적으로 가장 진리에 가까운 데 머무를 것이다.

아인슈타인은 상대성 이론으로 유명하지만 그에게는 또 하나의 과학적 업적이 있으며 그것이 한층 과학자로서의 명성을 높게 만들고 있다. 실제로 아인슈타인은 당초 그때까지 물리학자들을 괴롭히고 있던 중요한 물리현상으로 되어 있던 광전효과(光電效果)에 관한 논문으로 노벨상을 수상했다. 이 논문에서 광자(光子) 또는 빛의 입자(粒子)의 존재를 자명한 것으로서 가정하고 있다. 그때까지는 간접실험으로 빛은 전자파(電磁波)로 구성되어 있으며 전파와 입자는 완전히 정반대의 개념이었음은 명백하다.

아인슈타인의 가설은 종래의 고전물리 이론에 급진적이고 역설적인 단락을 제시하게 되었다. 그의 광전자 법칙은 그 후 중요한 일에 실지로 응용될 뿐만 아니라, 광자에 관한 그의 가설은 그 후의 양자론(量子論)의 발전에 커다란 영향을 미쳤으며, 오늘날에 있어서는 양자론 전반에 영향을 미치고 있다.

아인슈타인의 중요성을 평가할 때, 흔히 뉴턴과 비교하는 일이 있다. 뉴턴의 이론은 기본적으로 이해하기 쉽다. 그의 특징은 그 이해하기 쉽도록 이론을 발전시킨 최초의 사람이다. 그에 대해서 아인슈타인의 상대성 이론은 아무리 평이(平易)하게 설명하여도 이해하기가 어렵다. 따라서 그런 어려운 것을 발명하는 것은 더욱더 어려운 일일 것이다.

뉴턴의 사상 속에는 당시의 일반적 과학사상에 강한 반성을 촉구하는 것도 있었지만, 그의 이론에는 자기 모순되는 것은 결코 눈에 띄지 않는다. 이것에 반해서 상대성 이론은 역설로 가득 차 있다. 아인슈타인의 특징은 당초, 다시 말해서 그의 생각이 아직 누구에게도 알려져 있지 않은 10대의 아직 테스트되지 않은 가설이었을 때, 이런 명백한 모순이 있음에도 불구하고 그 이론을 버리려고 하지 않았다는 것에 있다. 그리고 오히려 이런 모순은 당연한 것이며, 그 하나하나에 대해서 역설을 해명하는 난해하지만 바른 방법이 있다는 것을 보여줄 수 있을 때까지 철저히 그리고 깊이 연구했다.

오늘날 우리는 아인슈타인의 이론이 뉴턴의 이론보다도 기본적으로는 보다 '옳다'고 생각하고 있다. 그럼 어째서 이 책에서는 아인슈타인을 뉴턴보다 밑에 두었을까? 우선 첫째로 현대의 과학기술의 기본원리로 되어 있는 것은 뉴턴의 이론이라는 것이다. 다시 말해서 현대기술의 대부분은 뉴턴이 한 것을 그대로 하면 같은 것이 되지만, 아인슈타인은 그렇지가 않다.

이 책에서 아인슈타인의 위치를 결정한 것은 다른 이유가 있다. 대부분의 경우 한 가지 중요한 아이디어를 발전시키는 데는 많은 협력자가 있는 법이며, 그것은 사회주의의 역사에서도 또 전기나 자기의 발전에 있어서도 분명한 일이다. 아인슈타인조차도 상대성 이론의 개발에 대해

아인슈타인 61

아인슈타인의 강의

서 100%의 명예를 받을 가치는 없지만, 그 대부분을 받을 자격이 있음은 분명하다. 상대성 이론은 첫째로 오직 한 사람의 탁월한 천재가 창조한 것이라는 점이 그 밖에 어깨를 겨루는 다른 많은 발상보다도 한 층 차원이 높은 것이라고 해도 좋다.

아인슈타인은 1879년에 독일의 울름(Ulm) 시에서 태어났다. 처음에 스위스의 고등학교에서 공부하여 1900년에 스위스 국적으로 들어갔다. 1905년에 취리히 대학으로부터 철학박사(Ph. D)의 학위를 얻었으나, 그때는 학자로서의 자리는 찾지 못했다. 그러나 같은 시기에 특수 상대성 이론, 광전효과, 브라운 운동에 대한 논문을 출판했다. 2,3년이 지나서 이 논문 중 특히 상대성 이론의 논문으로 그는 세계에서 가장 빛나는 창조적인 과학자로서의 명성을 얻었다.

이 논문은 매우 논쟁거리가 되어서, 다윈을 제외하면 현대 과학자 중에서 아인슈타인만큼 논쟁적인 느낌을 갖게 하는 과학자는 없다. 그럼에도 불구하고 1913년에 베를린 대학 교수로 임명되고, 동시에 카이저 빌헬름 물리학 연구소장과 프러시아 과학원의 멤버가 되었다. 이런 지위에 오른 그는 그럴 생각만 있으면 모든 시간을 연구에 쏟을 자유가 있었던 것이다.

　독일 정부는 이례적(異例的)으로 후하게 아인슈타인에게 선물을 했지만, 아무런 후회의 원인이 되지는 않았다. 그 후 2년이 지나서 일반 상대성 이론의 명확한 체계화에 성공하고, 1921년에 노벨상을 받았다. 그는 후반생에서 세계적인 대학자가 되었으며, 모든 점에서 과학자 중에서도 가장 유명해졌다.

　그는 유태인이었기 때문에 히틀러가 세력을 갖게 되고부터 독일에서의 그의 지위가 불안정해졌다. 그래서 1933년에 미국의 뉴저지 주 프린스턴으로 이주(移住)하여 "the Institute for Advanced Study"에서 일을 하다가 1940년에는 미국 국적을 얻었다. 첫 번째 결혼은 실패하고 두 번째 결혼에서 두 아들을 얻었으며 1955년에 프린스턴에서 사망했다.

　아인슈타인은 항상 주변의 인간세계에 관심을 가지고, 때로는 정치적 문제에도 의견을 발표했다. 횡포한 전제정치를 철저하게 반대하고, 시오니즘의 강한 지지자이기도 했다.

　세련된 유머와 센스를 가지고 있었으며, 적당한 겸손도 있어 뉴턴의 묘석에 있는 비문(碑文)이 아인슈타인에게는 더 어울릴지도 모른다.

　"Let mortals rejoice that so great an ornament to the human race has existed!"

11 마르크스

Karl Marx (1818~1883)

　과학적 사회주의의 진정한 창시자 칼 마르크스는 1818년에 독일의 트리어에서 태어났다. 아버지는 법률가로 그도 17세 때 법률을 배우기

위해 본 대학에 입학했다가 나중에 베를린 대학으로 옮기고, 결국은 제노아 대학에서 철학으로 박사 학위를 받았다.

그 후 저널리스트가 되어 퀼른의 급진적인 신문인 〈라인 신문〉의 편집장이 되었다. 그러나 그의 과격한 정치적 의견이 트러블을 일으켜 파리로 옮겼다. 거기서 엥겔스*(Friedrich Engels)를 만나 이 두 사람은 개인적으로도 긴밀한 정치적 견해상의 친구가 되었다. 그들의 우정은 전생애에 걸쳐서 지속되었다.

마르크스는 곧 파리로부터도 추방당하고 브뤼셀로 옮겼다. 그의 최초의 의의있는 저서 《철학의 빈곤》을 출판한 것은 1847년이었다. 그 이듬해에 그와 엥겔스의 공저(共著) 《공산당 선언》을 출판했으며, 두 책 다 많은 사람들에게 읽히는 작품으로 되었다. 그 해 늦게 다시 마르크스는 퀼른으로 돌아왔으나 약 몇 개월 만에 추방당해 런던으로 옮겨 거기서 그의 여생을 지내게 되었다.

그는 저널리스트로서 어느 정도의 수입을 얻고 있었지만 런던에서의 생활 대부분을 정치·경제에 관한 연구로 지냈다. (이 사이에 마르크스 일가는 대부분 엥겔스로부터의 후한 자금원조에 의해서 생계를 꾸리고 있었다) 마르크스의 최고의 저서 《자본론》 제1권은 1867년에 출판되었다. 1883년에 마르크스가 사망했을 때에는 다른 2권은 아직 미완이

---

*엥겔스 : 1820~1895. 바르멘 시의 공장주의 아들. 고교 중퇴 후 브레멘에서 상업실습 중 여기서 청년 독일파와 접근, 혁명적 민주주의가 되었다. 1841년에 군에 복무하는 한편 베를린 대학의 강의를 듣고 헤겔 좌파와 접촉, 다시 포이에르 바흐, 베르네, 프랑스의 사회주의를 배웠다. 1842년에 〈라인 신문〉을 방문하여 처음으로 마르크스와 만나고 나중에 영국으로 건너가 노동자 계급의 상황을 관찰하던 중 경제학을 연구하고 계급투쟁이 역사를 움직인다는 것을 이해했다. 마르크스와 함께 1844년에 《신성가족》, 1845~1846년에 《독일 이데올로기》를 공동집필해서 헤겔 좌파와 포이에르 바흐를 극복했다. 1848년 공산주의자 동맹의 강령 《공산당 선언》을 공동집필했다. 같은 해에 마르크스와 함께 퀼른에서 혁명운동을 지도하고, 〈신(新)라인 신문〉을 창간했다. 1850년에 마르크스를 경제적으로 원조하기 위해 다시 상업에 종사하고, 이후 약 20년간 실업에 종사하면서 1864년에 〈제1인터내셔널〉을 창설하고 지도했다.

었으나 마르크스의 초고(草稿)라든가 노트 등에 써서 남겼던 자료를 기초로 해서 엥겔스가 편집, 출판했다.

　마르크스의 저서는 공산주의의 이론적인 토대를 형성했으며, 20세기 중의 공산주의 운동의 이상한 진전이라는 견지에서 그는 이 책의 순위에서도 상당히 높은 곳에 위치할 자격이 있음은 명백하다. 문제는 어느 정도의 높이로 해야 하느냐이다.

　그것을 결정하는 가장 큰 요인은 세계의 역사를 장기적으로 모아서 공산주의의 중요도를 어떻게 보느냐로 결정된다. 공산주의의 발생은 역사상 비교적 최근의 시대에 들어가기 때문에 정확한 전망을 세우는 것은 곤란하다. 공산주의가 어디까지 퍼지고 또 언제까지 계속될 것인지는 아무도 확인할 수가 없다.

　그러나 오늘날 이데올로기로서 착실히 잠식해가고 있다는 것과 적어도 금후 몇십 년은 전세계에 큰 영향력을 가질 것은 명백하다.

　마르크스가 죽은 지 1세기가 되었는데 명목적으로도 마르크시즘을 신봉하는 사람들은 약 10억 5천만에 가깝다. 이것은 전인류사상 다른 어떤 이데올로기보다도 그 신봉자의 수가 많다. 그것도 절대수뿐만 아니라, 세계 전체 인구 속에 차지하는 비율로도 말할 수 있다.

　이것 때문에 많은 공산주의자 및 비공산주의자까지도 장래는 사실상 세계적 규모로 마르크시즘이 제압한다고 믿고 있다. 그렇다고는 하지만 장래 어느 정도 잠식할지 확신을 가지고 외삽법(外揷法)〔또는 보외법(補外法)〕을 하는 것은 대단히 어렵다. 이데올로기도 그 최전성기에는 매우 중요하게 보이더라도 끝에는 소멸되는 것이 많이 있다. (예를 들면 마니교의 사상) 1906년의 시점에서는 입헌민주제는 미래에의 파동이었음은 분명하며 사실상 없어지려고 하고 있다. 그러나 그 결과가 보장되고 있다고 단언하는 사람은 이젠 그다지 많지 않다.

　사람은 누구나 공산주의가 오늘날의 세계와 미래에 걸쳐 거대한 영향이 있음을 인정한다. 그렇지만 공산주의자의 운동에 차지하고 있는 마르크스 자신의 중요성에 대해 아직 의문을 가지고 있는 사람도 있다.

북경의 간부학교에서 마르크스주의 교육을 받는 민중

러시아 정부의 현실정치는 마르크스의 저작물을 기초로 컨트롤되고 있는 것처럼 생각되지는 않는다. 그는 헤겔의 변증법(辨證法)과 노동잉여가치를 기초로 쓰고 있지만 이 이론은 오늘날 러시아 정부의 대외정책과 국내정책 위에서는 그다지 영향력이 없는 것 같다.

오늘날의 공산주의는 다음의 4가지 점에 중점을 두고 있다.
(1) 대부분의 노동자는 비교적 빈곤한 생활을 하고 있는데도, 소수의 부자는 매우 풍부한 생활을 하고 있다.
(2) 이 불공평을 고치기 위한 길은 사회주의 시스템을 설정하는 일이다. 이 시스템으로 생산수단은 민간으로부터 국가의 소유로 옮긴다.
(3) 대부분의 경우, 이 시스템을 확립하는 유일한 현실적 방법은 폭력혁명이다.
(4) 이 사회주의 시스템을 유지하기 위해서 상당기간은 공산당 독재가 유지되지 않으면 안 된다.

그런데 이 개념의 처음 3개 항목은 마르크스보다 상당히 전부터 주장되고 있었다. 네 번째의 개념은 부분적으로 마르크스의 '프롤레타리아트 독재'의 사상에 유래하고 있다. 그러나 현실의 러시아의 독재체제유지는 마르크스의 사상에서가 아니라, 레닌과 스탈린의 실천 결과에 있는 것 같다.

그 점에서 공산주의에 미친 마르크스의 영향은 실질적인 것이 아니라, 명목적인 것이라고 말할 수 있을지도 모른다. 그리고 그의 저서에 대한 존경심은 단순한 진열상의 장식처럼 외관꾸미기를 위해, 그것으로 어쨌든 채용하는 정치나 사상이 '과학적 정당성'을 주장하려고 하는 의도인 것 같다.

이런 주장에도 다소의 진리는 있다. 왜냐하면 그들은 너무나도 극단적이기 때문이다. 예를 들면 레닌은 오직 마르크스의 교의(敎義)에 따르라고는 하지 않았다. 그럼에도 불구하고 그는 마르크스의 저서를 읽고, 그것을 받아들이고, 따르고 있다고 믿고 있었다. 같은 말이 모택동(毛澤東)이나 기타 많은 공산주의자에게도 꼭 들어맞는다.

진실로 마르크스의 사상이 잘못 이해되거나 왜곡되어 해석되고 있는지도 모른다.

같은 말은 석가모니나 예수, 마호메트의 사상에 대해서도 알 수 있다. 만약 중국이나 러시아의 정치적 중심이 직접 마르크스의 저서에서 유래하고 있는 것이라면, 마르크스는 이 책에서 더 높은 곳에 위치하게 될 것이다.

공산주의 국가를 실제로 확립한 실제의 정치가 레닌이야말로 공산주의를 이만큼 큰 세계의 일부에 주된 정치적 이데올로기로 만든 중심인물이라고 하는 설도 있다. 이런 견해도 불합리하지는 않다. 레닌은 확실히 중요한 인물이었다. 그럼에도 불구하고 내 생각으로는 마르크스의 저서가 레닌의 사상에 강한 영향을 미쳤을 뿐만 아니라, 마찬가지로 다른 많은 공산주의 지도자에게도 강한 영향을 미치고 있기 때문에 마르크스가 중요한 것이다.

마르크스 이론의 체계에 대한 영예는 마르크스와 엥겔스 사이에서 분할되어서는 안 된다는 것에는 아직 논쟁의 여지가 있다. 이 두 사람은 《공산당 선언》을 공저했지만, 이 책이 후에 《자본론》의 최종적 체계화에 확실히 뿌리 깊은 효과를 가져왔다. 이 두 사람은 각자의 이름으로 몇 권의 책을 저술하고 있지만 이 두 사람의 지적(知的) 협동이 매우 긴밀하기 때문에 그들의 공동산물은 당연히 하나의 합동위업으로서 다루어진다.

실제로 마르크스와 엥겔스는 마르크스의 이름만으로 등록되어 있더라도 이 책은 공동등록되어 있지만……. 다시 말해서 마르크스는 일반적으로(나도 그것이 옳다고 생각한다) 엥겔스보다 우위에 선 파트너라고 생각할 수 있다.

끝으로 마르크스 경제학 이론에는 결정적인 잘못이 있다고 흔히 지적되고 있다. 확실히 마르크스의 독특한 많은 단정은 잘못되어 있다는 것을 알게 되었다. 그의 예언에서는 자본주의국가의 노동자는 시대의 경과에 따라 자꾸 빈곤화한다고 하고 있지만, 실제로는 그렇지 않다.

마르크스는 또 중산계급은 배제되고 그 대다수는 프롤레타리아트로 몰락하며 자본가 계급으로 올라가서 남는 사람은 아주 조금밖에 없다고 예언했다. 그러나 분명히 그런 일도 일어나지 않고 있다.

또 그는 기계화의 발전은 머지않아 자본가의 이익을 감소시킨다고 믿고 있는 모양이지만 이 단정은 잘못되어 있을 뿐만 아니라, 전혀 터무니없다.

그러나 그의 경제이론의 옳고 그름은 마르크스의 영향에는 그다지 관계가 없다. 철학자의 중요성은 그 철학자의 견해가 옳으냐 어떠냐에 있는 것이 아니라, 그 사람의 사상이 인간의 행동을 변동시켰느냐 어떠냐에 있다.

이상을 논거로 해서 판단하면 마르크스는 역시 의심할 것까지도 없이 매우 중요한 인물이다.

12 파스퇴르
Louis Pasteur (1822~1895)

 프랑스의 과학자이며 생물학자인 파스퇴르는 일반적으로 의학사상 중요인물로서 인정받고 있다. 파스퇴르는 과학에도 많은 공헌을 하고 있지만 질병의 세균이론과 예방접종기술의 개발을 주도한 것이 가장 유명하다.

 파스퇴르는 1822년에 프랑스 동부의 돌(Dole)에서 태어났다. 파리의 대학생으로서 과학을 배우고 있던 학생시절의 그는 아직 천재적인 재능을 발휘하지 않고 있었다. 사실 교수들 중에는 그가 화학이 뒤떨어져 있다고 평가한 사람도 있었다.

 그러나 1847년에 그가 박사학위를 받자, 그를 지도한 교수의 판단이 잘못되었다는 것을 알게 되었다. 그는 주석산(酒石酸)의 거울과 같은 동질이성체(同質異性體)의 연구로 일약 유명해졌다. 그것은 불과 28세 때의 일이었다.

 그는 곧 발효작용의 연구로 관심이 옮겨졌으며, 그 공정은 어떤 종류의 미생물의 행동에 의한 것이라는 것을 나타냈다. 또 그 밖에도 어떤 종류의 미생물이 있으며, 그것이 발효음료수 등 속에서 바람직스럽지 않은 유해물질을 만들어내고 있다고 발표했다. 그는 어떤 종류의 미생물은 유해물질을 만들어내고, 그것이 인체나 그 밖의 동물(가축 등)에게도 나쁜 영향을 미치고 있다고 생각하게 되었다.

 파스퇴르는 질병의 세균이론을 최초로 암시한 인물이 아니다. 유사한 가설은 더 전에 프라카스토르*(Girolamo Fracastor)와 헨레(Friedrich Henle), 기타 많은 학자들이 하고 있었다. 그러나 파스퇴르는 엄청나게 많은 회수의 실험과 데몬스트레이션에 의해서, 당시의 과학계에 이 세균이론이 옳다는 것을 확신케 한 것이 마음든든한 후원을 받는 큰 요인이 되었다.

만약 질병이 병균에 의해서 생긴다면, 그 유해한 세균이 인체로 들어오는 것을 방지하면 질병을 예방할 수 있다고 보는 것은 논리적이다. 그래서 내과의사에게 방부법(防腐法)의 중요성을 강조하여, 리스터(Joseph Lister ; 영국의 외과의사)에게도 큰 영향을 미쳤으며 결국 리스터는 수술 중 방부법을 고안했다.

유해한 박테리아는 음식물을 통해서 인체로 들어온다. 그러므로 파스퇴르는 음료 속에 들어 있는 미생물을 파괴하는 파스퇴리제이션(저온살균법)을 개발했다. 이 기술로 종래의 감염원으로 되어 있던 오염 우유를 완전히 근절할 수 있었던 것이다.

50세가 되어서 탄저열(炭疽熱)의 연구로 관심이 옮겨졌다. 이 질병은 인간, 가축, 기타 동물에도 감염되는 매우 위험한 전염병으로서 그는 어떤 종류의 박테리아가 이 병에 깊은 관계가 있는지를 실증하는 데 성공했다.

그 중에서도 탄저열 박테리아를 매우 묽은 변종(變種)으로 만들어내는 기술을 개발했다. 이것을 가축에게 주사하면 가벼운 증상을 가져오지만, 통상적인 강한 병균에 대해 면역성을 가져와 병을 예방하는 데 효과적이었다. 그리고 이 기술의 효과가 공표되자 큰 센세이션을 불러일으키게 되었다. 이 방법은 금세 다른 전염병 방지에 응용되었다.

그를 가장 유명하게 만든 것은 아마도 광견병(狂犬病) 방지대책으로서의 예방접종 기술의 개발일 것이다. 파스퇴르의 생각이 기초가 되어서 유행성 티푸스, 회백수염(灰白髓炎) 등 여러 가지 위험한 병에 대한 백신이 잇따라 개발되었다.

파스퇴르는 이상하리만큼 부지런히 일하는 사람으로 이 밖에도 그의

---

* 프라카스토르 : 1478~1553. 이탈리아의 의사, 자연과학자, 시인. 바드바 대학에서 공부하고 베로나에서 의사 개업. 1530년에 시(詩)로 매독의 증상과 치료법을 제시하고, 1546년에 전염병 중 티푸스를 구별하고 미생물 병원설을 세웠다.

실험실의 파스퇴르

공헌으로 돌려야 할 여러 가지 유익한 업적이 많이 있다. 그는 누구보다도 더 많이 실험해서, 미생물을 자연 상태로 방치해두고 있으면 발생하지 않는다는 데몬스트레이션을 했는데 이것은 설득력이 있는 것이었다.

그는 또 혐기성(嫌氣性) 생물, 다시 말해서 공기나 자유로운 산소가 없는 곳에서도 생명을 유지할 수 있는 미생물의 현상을 발견했다. 또 파스퇴르의 누에의 병에 대한 연구는 산업상에도 커다란 가치가 있었다. 그 밖에 그의 업적에는 가축을 덮치는 병인 가금(家禽) 콜레라를 예방하는 백신의 개발이 있다. 파스퇴르는 1895년에 파리 근교에서 사망했다.

파스퇴르는 천연두용 백신을 개발한 영국의 의사 제너(Edward Jenner)와 자주 비교된다. 제너의 연구는 파스퇴르보다 8년 전에 성공하고 있었지만, 파스퇴르의 방법은 많은 질병의 예방에 응용할 수 있으며 실제로 응용되고 있는 데 비해, 제너의 경우는 겨우 한 종류의 질병 면역에밖에 쓸 수 없기 때문에 나는 제너보다 파스퇴르를 상위에 랭크시키고 싶다.

19세기 중반 이래 인간의 평균 수명은 약 2배 가량 늘었다. 인간의 수명이 이러한 급신장을 보인 것만큼 아마도 인류사상 다른 어떤 영향보다도 개개의 인간생활에 큰 효과를 가져온 것은 없다고 생각한다.

현대과학과 약학은 우리 개인에게 실질적으로 제2의 인생이라는 새로운 실생활을 제공해주었다. 만약 이 수명의 급신장이 단독으로 파스퇴르의 연구 성과에 의한 것이라고 한다면 나는 주저하지 않고 이 책에서는 그를 톱으로 뽑을 것이다.

파스퇴르의 공헌은 매우 기본적인 것이기 때문에 19세기에 일어난 사망률 저하에 대한 영예의 몫은 그가 가장 크게 받아야 할 것은 의문의 여지가 없다.

그래서 이 책에서는 그를 상당히 높은 순위에 랭크시켰다.

13 갈릴레이
Galileo Galilei (1564~1642)

이탈리아의 대과학자 갈릴레오 갈릴레이는 아마도 과학적 방법의 개발에 대해서는 다른 누구보다도 공헌도가 높다. 1564년에 피사(Pisa) 시에서 태어났다. 젊을 때 피사 대학에서 공부하다가 경제적 이유로 중퇴했으나 1589년에 이 대학의 교수 자리를 얻었다. 그 후 몇 년이 지나서 파두아(Padua) 대학의 교수로 1610년까지 재직했다. 이 기간에 그의 과학상 발견이 잇따라 나왔다.

갈릴레오의 첫 번째 중요한 공헌은 역학에 있었다. 아리스토텔레스는 무거운 물체는 가벼운 물체보다 낙하속도가 빠르다고 생각하고 있었다. 그리고 당시의 학자들은 권위있는 고대 그리스 철학자들의 이 학설을 그대로 받아들이고 있었다. 그러나 갈릴레오는 이것을 실험해보기로 결심하고, 몇 번의 실험에 의해서 금방 아리스토텔레스의 학설에 잘못이 있음을 발견했다.

사실은 어느 정도 공기마찰에 의해서 속도가 늦어지는 것을 제외하면, 무거운 물체도 가벼운 물체도 같은 속도로 낙하한다.(이를테면 갈릴레오는 피사의 사탑에서 물체를 떨어뜨려서 실험을 했다는 전설이 있지만, 그것은 근거가 없는 이야기인 것 같다)

이것을 실험으로 안 그는 다음 단계로 들어갔다. 일정시간에 물체가 낙하하는 거리를 세밀하게 측정한 결과 물체가 낙하해서 통과하는 거리는 낙하하는 시간의 2배에 정비례한다는 것을 알았다. 이 발견(가속의 일정률을 말함)은 그것 자체가 매우 의의가 있다. 더욱 중요한 것은 갈릴레오가 일련의 실험의 성과를 수학상의 공식이나 수학적 방법으로 자꾸 넓혀서 활용했는데, 이것이 현대과학의 중요한 특성인 것이다.

갈릴레오의 또 하나의 중요한 공헌은 관성법칙(慣性法則)의 발견이다. 종래 일반인은 움직이고 있는 물체는 그 움직임이 계속 되도록 힘을 가하지 않으면 속도가 차차 저하되어 곧 정지한다고 믿고 있었다. 그러나 갈릴레오의 실험으로 이 일반 공통의 신념은 잘못되어 있다는 것을 알았다. 만약 마찰과 같은 감속시키는 힘을 배제할 수 있다면 움직이고 있는 물체는 당연히 계속 움직이는 경향이 있다.

이 중요한 원칙을 후에 뉴턴이 명확하게 다른 말로 바꾸어 뉴턴의 제1법칙으로서 자신의 학문체계로 집어넣었으며 그것이 오늘날 물리학의 가장 중요한 법칙으로 되었다.

갈릴레오의 가장 유명한 발견은 천문학 분야에 있다. 1600년대 초에는 코페르니쿠스의 지동설을 지지하는 사람과 천동설을 고수하는 사람들 사이에서 격렬한 논쟁이 벌어져 천문학 이론은 대소동인 상태였다. 일찍

갈릴레오의 물리교본
《수학이론과 실험》중
갈릴레오의 지레의 법칙

감치 1604년에 갈릴레오는 코페르니쿠스의 지동설이 옳다는 신념을 발표했다. 그러나 그 시점에서는 그것을 증명하는 방법을 알지 못했다.

1609년에 갈릴레오는 네덜란드에서 망원경이 발명되었다는 말을 듣고 그 장치에 대해서 매우 조잡한 설명서만 갖고 자력으로 훨씬 성능이 뛰어난 망원경을 만들 수가 있었다. 바로 이 점이 갈릴레오의 뛰어난 재능이다. 이 신예(新銳) 도구로써 자기의 관측재능을 천체로 돌려, 1년간에 큰 발전을 연속적으로 기록했던 것이다.

그가 달 표면을 망원경으로 보니, 평평한 것이 아니라 무수한 크레이터 같은 것과 높은 산이 있는 것이 보였다. 그래서 그는 하늘에 있는 물체는 결코 미끈미끈한 것이 아니고 완전한 것도 아니며, 누구나가 지구상에서 보는 것과 마찬가지로 불규칙한 것이라고 결론을 내렸다.

또 우유빛 은하를 관측해본 결과 이것은 결코 우유빛 물체가 아니고 성운체(星雲體)도 아닌 무수한 개개의 별로 되어 있었다. 그러나 이 은하는 너무 멀기 때문에 육안으로는 눈이 흐려져버린다는 것을 알았다. 다시 행성을 보니까 토성(土星) 주위에 고리가 둘러싸고 있으며 목성 주위에는 4개의 달이 회전하고 있는 것이 보였다. 이것으로 천체는 지

갈릴레오의 망원경

구 이외의 행성 주위를 회전한다는 분명한 증거가 되었다.

태양을 보고, 다시 태양의 흑점을 관측했다. (실제로는 그보다 전에 흑점을 관측한 사람이 있었지만, 그는 더 효과적으로 관측 결과를 공표하여 과학계의 관심을 흑점으로 돌리게 했다) 또 그는 관측으로 금성에는 달의 형상과 아주 흡사한 상(相)이 있다는 것을 알았다. 이것으로 지구와 모든 행성은 태양 주위를 회전하고 있다는 코페르니쿠스의 이론의 확증을 강화하는 중요한 요소를 확립할 수 있다.

망원경의 발명과 그 망원경으로부터 결과적으로 나온 일련의 발견은 갈릴레오를 유명하게 만들어버렸다. 그러나 코페르니쿠스설을 지지했기 때문에 기독교 교회로부터 반대가 일어나 1616년에 코페르니쿠스설을 가르치는 것을 삼가라는 명령을 받았다.

갈릴레오는 그 후 몇 년간 이 구속으로 초조해하고 있었다. 1623년에 교황이 죽자 갈릴레오를 존경하는 사람들에 의해서 그의 설은 이어졌다. 이듬해에 새 교황 오르바누스 8세는 구속은 이제 강제가 아니라고 암시했다. (그러나 이 발표는 애매해서 두 가지의 의미가 있었다)

그 후 6년간은 대단히 유명한 저서 '세계 2대 체계 대화《천문학 대화》,《역학 대화》')의 집필로 시간을 지냈다. 이 책은 코페르니쿠스의 이론을 지지하고 그 논거를 멋지게 해설한 것으로 1632년에 교회 검열에 의한 출판 허가를 얻어서 출판했다. 그러나 교회당국은 그 책이 시장에 나오자 격노한 반응을 보였으며, 갈릴레오는 금지령을 어겼다고 해서 로마의 종교재판소의 공판에 부쳐졌다.

이런 탁월한 과학자의 구형을 결정하는 것은 많은 기독교인들에게 있어서 불행한 일이라는 것은 명백하다. 당시는 교회법 아래이기는 했지만, 갈릴레오의 소송에는 의문점이 있었다. 그래서 피렌체 교외의 자택에서 연금당하는 비교적 가벼운 형의 선고로 끝났다. 원칙적으로는 일체의 방문객 출입을 금하고 있었지만 실제 그 판결사항은 실시되지 않았다.

그의 또 하나의 벌은 지구가 태양 주위를 돈다는 그의 설을 철회한다는 것을 공표하라는 요구였다. 이 69세의 노학자에 대한 재판은 공개리에 행해졌다.(여기에 유명한 일화가 있다. 즉 그는 자기의 지동설을 철회한 다음 땅바닥을 내려다보고 조용히 중얼거렸다. "그렇지만 지구는 움직이고 있다."고) 역학에 관한 저서를 계속 쓰다가 그는 자신의 저택에서 1642년에 사망했다.

과학의 진보에 대한 갈릴레오의 큰 업적은 언제까지나 오래 인정받고 있다. 그의 주요한 점은 관성의 법칙 등 과학상의 발견과 망원경의 발명, 천체관측과 코페르니쿠스의 가설을 실증한 재능이다. 그러나 더 중요한 점은 과학의 방법론을 개발하는 데 큰 역할을 한 것이다.

아리스토텔레스로부터 단서를 얻고 있는 종래의 자연철학자들은 오로지 정성적(定性的) 관측을 하여 현상을 유별(類別)하는 일을 하고 있었다. 그러나 갈릴레오는 현상의 정량적(定量的) 관측을 했다. 이 정밀한 정량측정의 강조가 곧 과학 연구의 기초적 특질이 되었다.

갈릴레오의 과학연구에 대한 실험태도는 다른 어느 과학자보다도 책임감이 있었다. 또 실험의 필요성을 강조한 최초의 사람이기도 하다. 또 과학상의 문제를 교회의 공고든, 아리스토텔레스의 언설(言說)이든,

갈릴레오가
낙체(落體)의 법칙을
실험했다고 하는
피사의 사탑

기성(旣成)의 권위에 의존해서 결정하는 것을 거부했다. 또 실험이라는 확고한 토대를 기초로 하지 않고 있는 복잡한 추론적 제안에 대한 신뢰도 거부했다.

중세의 스콜라 학자들은 무엇이 일어날 것이며, 왜 일어나느냐 하는 것을 장황하게 토론하고 있지만 갈릴레오는 무엇이 실제로 일어나느냐를 결정하기 위해서 실험을 실시할 것을 강조했다. 그의 과학적 관점은 분명히 비신비적(非神秘的)인 점이며, 그 점에서는 뉴턴과 그 밖의 후계자들보다도 훨씬 현대적이라고 할 수 있다고 생각한다.

갈릴레오가 신앙심이 깊은 사람이었다는 것은 유명하다. 재판에 회부되어 유죄판결까지 받았음에도 불구하고 기독교나 교회도 거절하지 않았다. 다만 과학적인 현상의 연구를 뭉개버리려고 하는 교회의 권위적 의도는 거절했다.

그것이 후대에 와서 독단론에 대한 반항의 상징으로서, 또는 사상의 자유를 질식시키려고 하는 관헌주의자(官憲主義者)의 의도에 대한 반항의 상징으로서 갈릴레오는 정당하게 존경받고 있다. 그러나 그 중에서도 중요한 일은 그가 현대과학의 방법론의 기초를 닦는 데 기여한 역할이다.

14 아리스토텔레스
Aristoteles (B.C. 384~322)

아리스토텔레스는 고대세계에 있어서 위대한 철학자이며 과학자이다. 형식논리학의 창시자이며 또한 철학의 모든 분야에 걸쳐서 내용을 풍부하게 하여, 과학에 대해서는 헤아릴 수 없는 공적을 가지고 있다.

아리스토텔레스의 사상은 오늘날에 와서는 대부분이 시대에 뒤떨어져 있다. 그러나 그의 개개의 이론보다도 중요한 것은 업적의 토대로 된 합리적인 접근에 있다. 그의 저작물에 내재(內在)하고 있는 것은 인간생활이나 사회의 모든 국면이 사고(思考)와 분석의 적당한 대상이라고 하는 태도에 있다.

즉 천지만물은 맹목적인 우연에 의해서 지배된다든가, 이상한 힘에 의해서 컨트롤된다는가, 성장(盛裝)한 신의 변덕으로 제어되고 있는 것이 아니다. 삼라만상(森羅萬象)의 행동과 현상은 합리적인 법칙에 따르고 있다는 사상이다. 다시 말해서 자연계의 모든 국면에 대해 체계적인 탐구를 하는 것이 인간에게 있어서 보람이 있는 일이라는 신념이다. 그리고 결론을 내기 위해서는 경험적인 관찰과 합리적인 추론(推論)의 양쪽을 활용해야 한다는 확신에 입각하고 있다. 이런 태도 — 다시 말해서 전통주의, 미신, 신비주의에 반대하는 자세 — 는 그 후의 서양문명에 뿌리 깊은 영향을 미쳤다.

아리스토텔레스는 마케도니아의 스타기라(Stagira)에서 기원전 384년에 태어났다. 아버지는 유명한 의사였다. 그는 17세 때 플라톤의 아카데미에서 공부하기 위해 아테네로 갔다. 그는 거기서 플라톤이 죽은 후까지 포함해서 약 20년간을 지냈다. 아버지의 영향 때문인지 아리스토텔레스는 생물학에 흥미를 가지고 '실용과학'에 관심을 기울였으며 플라톤 밑에서 철학적 사색에 대한 흥미를 깊게 갖고 있었다.

 기원전 342년에 아리스토텔레스는 다시 마케도니아로 돌아와, 거기서 13세가 되는 왕자의 가정교사가 되었다. 이 소년이 머지않아 역사상 유명한 알렉산더 왕이 된다. 아리스토텔레스는 7년간 알렉산더의 개인교사로서 교육을 담당했다. 알렉산더가 왕위에 오른 후 아테네로 돌아와 리케이온에 그의 학교를 개교했다. 그리고 그 후 12년간을 아테네에서 지냈는데, 거의 같은 시기에 알렉산더의 군대에 의한 정복이 진행되고 있었다. 알렉산더는 옛날 교사에게 조언을 구하지는 않았지만 연구자금은 후하게 주었다. 이것이 아마도 과학자가 정부로부터 거액의 연구비를 받은 최초의 예일 것이다. 그 기금은 다음 세기까지 계속되었다.

 그러나 알렉산더의 교우관계는 그것 자체에 위험을 내포하고 있었다. 아리스토텔레스는 알렉산더의 전제적 자세에는 원칙적으로 반대였다. 그리고 대왕이 아리스토텔레스의 조카를 반역죄로 처형했을 때, 아리스토텔레스 자신도 처형될 것으로 믿고 있었던 모양이다. 대왕의 느낌으로서 아리스토텔레스가 민주적이었다고 하기에는, 너무나도 대왕에게 접근하고 있었다. 그 때문에 아테네의 시민들에게 신뢰를 잃고 있었다.

 대왕이 기원전 323년에 사망하자 아테네는 반(反)마케도니아 파가 지배하게 되고 아리스토텔레스는 '불경죄(不敬罪)'로 기소당하게 되었다. 아리스토텔레스는 67년 전에 일어났던 소크라테스의 비운(悲運)을 상기하고 철학자에게 억울한 죄를 과하는 따위의 것을 두 번 다시 아테네 사람들에게 하게 하고 싶지 않다고 말하면서 그 도시를 떠났다고 한다. 그는 그 후 몇 개월 동안 유랑하다가 기원전 322년에 62세로 세상을 떠났다.

 아리스토텔레스 자신의 손으로 쓰여진 저서의 양은 막대한 것이었다. 그 중 47점이 현재까지 남아 있지만 고대의 리스트에 의하면 그의 저

라파엘로 작
〈아테네의 학교〉에서
아리스토텔레스의 상(像)

서는 70권 이상으로 되어 있다.

그렇지만 이것은 책의 수량만이 아니다. 그 내용은 경이적으로 박학하고 방대한 학문영역에 이르고 있다. 그의 과학관계의 저서는 그 당시의 과학지식에 대한 사실상의 백과사전이었다. 그 학문 영역은 천문학, 동물학, 태생학(胎生學), 지리학, 지질학, 물리학, 해부학, 생리학 등 고대 그리스 시대에 알려져 있던 전영역에 걸친 작품을 저작하고 있다.

그가 저술한 과학서적의 일부는 이미 사람들이 알고 있는 지식의 편집과 일부는 그를 위해 데이터를 모으기 위해 고용한 조수가 찾아낸 것이고 일부는 그 자신이 발견, 관찰한 엄청난 성과 등으로 이루어지고 있다.

과학의 모든 분야에서 각각 지도적인 전문가라는 것은 믿을 수 없는 비상한 재주로, 이런 일은 장래 어느 누구도 흉내낼 수가 없는 일일 것이다. 그러나 아리스토텔레스는 그 이상의 일을 이룩하고 있었다. 그는 또 본래의 철학자이며 순이론적 철학의 각 분야에 있어서도 큰 공적이 있다.

그의 저서는 윤리학, 심리학, 형이상학, 경제학, 신학, 정치학, 수사학(修辭學), 심미학(審美學)에 이르고 있다. 또 그는 교육론, 시, 미개인의 습관, 아테네 인의 헌법에 대해서도 쓰고 있다. 그의 연구계획 속에는 많은 나라들의 헌법을 모아서 비교 연구하는 것도 있었다.

아마 그 중에서도 중요한 것은 윤리학의 저서일 것이다. 일반인들은 아리스토텔레스를 이 철학상의 중요한 한 분야의 창시자라고 생각하고 있다. 그가 이렇게 광범위한 분야에 공적이 있었던 것은 그 정신에 논리적 특성이 있었기 때문일 것이다.

그에게는 사상을 조직화할 수 있는 천성이 있었으며, 그가 제시한 정의와 확립한 범주(範疇)는 많은 분야에 그 후 사고(思考)의 기초를 주었다. 신비주의도 아니고 극단주의도 아닌 아리스토텔레스는 완전히 상식적인 발언자였다. 물론 그도 잘못을 저지르고 있다. 그러나 놀랄 만한 것은 이 방대한 백과사전 속에서 아리스토텔레스가 저지른 사소한 잘못이 참으로 적다는 것이다.

모든 면에서 그 후의 서양사상에 미친 아리스토텔레스의 영향은 광대(廣大)한 것으로 그의 작품들은 고대부터 중세에 걸쳐서 라틴 어, 시리아 어, 아라비아 어, 독일어, 이탈리아 어, 프랑스 어, 헤브라이 어, 영어로 번역되었다. 그 후의 그리스의 학자, 평론가들은 아리스토텔레스의 지적을 공부하고 칭찬했으며, 마찬가지로 비잔틴의 철학자들도 칭찬했다.

그의 철학은 회교철학에도 커다란 영향을 미치고 있다. 다시 말해서 몇 세기에 걸쳐 그의 저서는 유럽 사상계를 지배했던 것이다. 아라비아의 철학자 중에서 아마도 가장 유명한 아베로이스*(Averroes)는 회교

---

* 아베로이스 ; 1126~ 1198. 스페인 태생의 아라비아 인 철학자, 의사. 아리스토텔레스 철학의 주석자. 그 유물적(唯物的) 범신론(汎神論) 때문에 파리 대학과 로마교황청으로부터 비난받았다.

* 마이모니데스 ; 1135~1204. 이븐 마이문(Ibn Maymun)이라고도 하며, 이슬람 세계에서 활약한 유태교도의 의사, 철학자. 코르도바에서 태어나 이집트에 정주, 카이로에서 사망했다. 파티마 왕조 최후의 칼리프 아디드와 아이유브 왕조의 살라딘의 주치의를 맡고, 이집트의 유태교단을 지도했다. 의학서 이외에 철학책《헤매는 사람들의 지도》를 남겼다. 아랍철학에 의해 유태교 신학의 합리주의적 체계를 확립했다.

아리스토텔래스와 제자인 알렉산더

신학과 아리스토텔레스의 합리주의를 통합한 것을 창조하려고 했다.

또 중세의 유태인 사상가로서는 가장 영향이 있었던 마이모니데스*(Maimonides)는 유태교와 통합하려고 같은 시도를 했다. 그러나 그 중에서도 이런 시도로 유명한 저서는 성(聖) 토마스 아퀴나스(St. Thomas Aquinas ; 1225?~1274)의 《Sumna Theologica》이다. 중세의 학자로 아리스토텔레스의 영향을 받은 사람들은 너무나도 많기 때문에 여기에 전부를 들 수가 없다.

아리스토텔레스에 대한 찬의(贊意)는 그 후의 중세기에는 우상숭배에 가까울 만큼 큰 것이 되었고, 그의 저서는 그 길에 빛을 비추는 등불이라기보다도 그 이상의 탐색을 금하는 일종의 지적 속박이 되고 있었다. 스스로 관찰하고 스스로 생각하기를 좋아했던 아리스토텔레스는 틀림없이 그 후대 사람들이 그의 저서에 대해 맹목적으로 추종하는 것을 잘못이라고 했을 것이다.

아리스토텔레스의 사상 속에는 오늘날의 기준에서 보면 극단적으로 반동적인 것도 있다. 예를 들면 그는 자연법칙에 합치한다고 해서 노예제도를 지지하고, 또 여성은 본래 열성(劣性)인 것이라고 믿고 있었다. (물론 이런 사상은 모두 그 시대에는 일반인에게 통용되었던 견해의 반영일 것이다.)

그러나 아리스토텔레스 사상의 대부분은 매우 현대적이다. 예를 들면 "빈궁은 혁명과 범죄의 부모다"라든가, "인류의 지배통치술을 숙고하는 사람은 모두 국가의 운명은 젊은이의 교육 여하에 달려 있다고 확신하고 있다" 등이 있다.(물론 아리스토텔레스의 생존 중에는 공공교육은 없었다)

최근에 와서 아리스토텔레스의 영향이나 명성은 상당히 떨어지고 있다. 그러나 그의 영향은 계속 널리 침투하고 있다. 이 책에서 더 높은 순위에 넣지 못하는 것을 후회할 정도이다. 이런 위치에 놓은 것은 앞의 13명의 인물의 중요성과 일련된 것이다.

15 레 닌
Vladimir Il'ich Lenin (1870~1924)

오늘날 레닌이라는 펜네임으로 잘 알려져 있으나 본명은 울리야노프(Vladmir Il'ich Ul'yanov)이다. 그는 러시아에 공산주의제를 수립한 정치 지도자이다. 마르크스의 열렬한 신봉자였던 레닌은 마르크스가 암시한 것을 실제로 정치에 도입한 것이다. 레닌이 배합한 공산주의는 세계에 급속히 퍼졌기 때문에 그는 일약 역사상 영향력이 강한 제1인자로 인정받게 되었다.

레닌은 1870년에 심비르스크(오늘날에는 그의 영예 때문에 울리야노프스크라고 부르고 있다)에서 태어났다. 아버지는 당시 황실정부의 관리였지만 그의 형은 알렉산더라고 하는 젊은 과격파로, 황제 암살계획에 가담했기 때문에 사형되었다. 23세 때 레닌은 스스로 열광적인 마르크스주의자가 되었다. 1895년 12월에 그는 혁명운동 때문에 차르 정부에 체포되어 13개월간 감옥생활을 하고, 그 후 시베리아로 유형되었다.

시베리아에서의 3년 유형생활(그에게 있어서는 그다지 불유쾌한 것이 아니었다) 동안 동지인 여성 혁명론자와 결혼하고,《러시아에 있어서의 자본주의의 발전》이라는 책을 발행했다. 시베리아에는 1900년 2월까지 있었으며, 그 후 서유럽을 여행했다. 그 후 직업혁명가로서 일하면서 17년을 지냈다. 그가 소속한 러시아 사회 민주당이 두 당파로 분열되자 레닌은 큰 쪽 당파인 볼셰비키 당의 당수가 되었다.

제1차 대전은 레닌에게 절호의 기회를 주었다. 이 전쟁은 러시아에게 있어서 군사적·경제적인 재해가 되었으며, 제정(帝政) 러시아의 전제조직(專制組織)에 대한 불만이 갑자기 증대되었다. 그리고 1917년 3월에 차르정부는 마침내 타도되고 얼마 동안 러시아는 공화체제로 통치되는 것처럼 보였다.

차르의 전락을 교훈으로 삼고 레닌은 즉각 러시아로 돌아왔다. 러시아에 도착하자 그는 이미 임시정부가 확립되었다고는 할망정 공화당은 아직 무력하며 그것에 대해 숫자는 적지만 잘 훈련된 공산당이 지배권을 잡을 절호의 찬스라는 것을 내다보고 있었다.

그래서 그는 볼셰비키 당을 격려해서 즉각 임시정부를 타도하여 공산당이 정권을 잡도록 손썼다. 이 반란은 7월에 시도했으나 실패로 끝나 레닌은 몸을 숨기지 않으면 안 되었다. 그리고 1917년 11월에 두 번째 반란을 일으켜 성공했고 레닌은 러시아의 새로운 우두머리가 되었다.

정부의 지도자로서의 레닌은 냉혹했지만 일면에서는 실행주의자였다. 당초 일체의 타협을 배격하고 즉각 완전한 사회주의 경제로 급격하게 변혁하려고 했다. 그러나 그것이 마음먹은 대로 잘 되지 않자 자본주의 경제와 사회주의 경제를 섞은 것 같은 유연성있는 제도를 확립했다. 그 제도가 그 후 몇 년간 러시아 연방에 계속되었다.

레닌과 적군(敵軍) 위병 목판화. 모토에 "우리는 자유를 지키기 위해 궐기한다"

1922년 5월에 레닌은 심한 뇌일혈(腦溢血)에 걸려, 1924년에 사망했다. 죽은 후 시체는 모스크바의 붉은 광장에 안치되었다.

레닌은 러시아에 공산정부를 수립한 행동의 사람으로서 중요하다. 그는 마르크스로부터 사상을 이어받아 그것을 현실의 정치적 실천으로서 실현했다. 1917년 11월 이래 공산주의 세력은 전세계로 계속 확대되어 오늘날에는 세계 인구의 3분의 1은 공산세력하에 살고 있다.

그는 정치지도자로서의 실천이 가장 중요하지만, 또 저서를 통해서 미친 영향도 상당히 크다. 레닌의 사상은 현실적으로는 마르크스의 사상과 상반되는 것이 아니지만, 그 강조하는 점에서 두 사람 사이에는 두드러진 차이가 있다. 레닌은 혁명의 전술에 강한 관심을 가지고 또 스스로 그 전문가라고 생각하고 있었다.

그는 끊임없이 폭력혁명의 필요성을 강조했다. 즉 "계급투쟁 하나만 하더라도 역사상 문제는 폭력없이 해결할 일이 없다"는 것이 그 전형적인 인용문이다. 마르크스는 프롤레타리아트 독재에 대해서 가끔 언급하고 있지만 레닌은 거의 이 문제에 매달려 있다. 예를 들면 "프롤레타리아트 독재는 폭력을 기초로 한 위력 이외의 아무것도 아니다. 그리고 아무런 제약도 없다. 법률도 없으며 지배도 절대로 없다"고 말하고 있다.

레닌의 독재에 대한 사고방식은 사실 그의 경제정책보다 훨씬 중요하다. 소련 정부의 가장 현저한 특색은 경제정책이 없다는 것(다른 정부에는 경제정책이 있지만)이지만 정치력은 무제한으로 간직하려고 하는 기술을 가지고 있다.

공산주의는 역사적 의의가 매우 큰 운동이라는 것은 명백하다. 그런데 이 운동에서 마르크스와 레닌 어느 쪽이 더 영향력이 있었는가를 생각하면 아무래도 명확하게는 말할 수가 없다. 다만 마르크스는 레닌보다 앞섰으며, 더구나 레닌에게 영향을 미쳤다는 점에서 마르크스가 더 중요하다고 생각한다. 그렇기는 하지만 레닌의 실무적·정치적 재능은 러시아의 공산화에 가장 결정적인 역할을 하고 있다는 점에 의심의 여지가 있다.

만약 레닌이 생존하지 않았더라면 공산주의가 지배권을 잡을 기회는 4, 5년 후까지 연장되었을지도 모른다. 또는 더 강력하게 조직된 반대세력에 직면하여 결과적으로 공산화는 성공하지 못했을지도 모른다.

레닌의 중요성을 판단하는 데 있어서는 그가 수반(首班)으로 있었던 기간이 비교적 짧다는 것을 고려에 넣지 않으면 안 된다. 또 소련이 전제독재체제를 확립한 것은 더 냉혹한 후계자 스탈린보다도 레닌에게 보다 많은 책임이 있다.

레닌은 생애를 통해서 맹렬한 일꾼이었다. 그는 많이 쓰는 능필가(能筆家)로 자기 저서를 정리해서 25권의 전집으로 만들었다.

혁명이라는 사명에 모든 것을 바치고 가정도 사양했다고 하는데, 그건 그렇다 하더라도 공통목적을 가지고 있기 때문에 일을 하는 데 있어서 아무런 방해가 되지는 않았다. 얄궂게도 전 생애를 억압의 배제에 걸었지만, 그 성과는 세계의 일부에 개인의 자유의 파괴를 가져왔다.

16 모세

Moses (?~?)

위대한 헤브라이의 예언자 모세만큼 광범위하게 칭찬받고 있는 인물은 역사상 없을 것이다. 게다가 그를 존경하는 사람의 숫자와 마찬가지로 그의 명성은 시대를 통하여 서서히 증대되고 있다.

모세는 출애굽기에 나오는 왕, 다시 말해서 람세스 2세의 시대, 기원전 13세기경에 활약한 인물이며, 기원전 1237년에 사망한 것으로 되어 있다. 출애굽기에서 분명한 것처럼 모세의 생존 중에는 모세의 정책에 불만을 표명하는 헤브라이 인이 상당수 있었던 것 같다. 그렇지만 그 후 5세기간 모세는 전유태인의 숭배를 받게 되었다.

그리고 기원 500년경까지 그의 명성은 기독교와 함께 유럽의 많은 지역으로 퍼졌다. 그리고 1세기 후에 마호메트는 모세를 진짜 예언자라고 인정했기 때문에, 회교의 포교가 확대되는 것과 함께 모세는 회교세계(이집트를 포함함)에도 칭송받는 인물이 되었다.

모세가 죽은 지 약 32세기가 되는 오늘날에도 여전히 그는 유태인, 기독교도, 회교도의 정부로부터 마찬가지로 존경받으며 더욱이 많은 불가지론자(不可知論者 ; 의식에 준 감각적 경험의 배후에 있는 실재(實在)는 인식할 수 없다고 하는 논자)까지도 존경하고 있다. 또 과거보다 현재에 더 잘 알려지게 된 그는 오늘날의 통신기술에 감사하고 있을 것이다.

이러한 명성에도 불구하고 그의 생애에 대한 신뢰할 수 있는 정보는 매우 적다. 모세라는 이름의 어원은 헤브라이 어보다 오히려 이집트 어이기 때문에 그는 이집트 인이라는 억측까지 있다.(다만 많은 학자들로부터는 인정받지 못하고 있다) 모세에 대한 구약성서의 이야기는 너무나도 기적이 많아서 액면 그대로는 인정할 수가 없다. 예를 들면 불타는 잡목림이라든가 사람을 뱀으로 바꾸는 이야기는 자연계의 기적이며, 출애굽기 때는 이미 80세가 되어 있던 모세가 많은 헤브라이 인을 인솔하고 40년간이나 사막의 황야를 여행했다는 것을 믿으라는 것은, 남에게 경솔하게 믿을 것을 강요하는 셈이 된다. 우리는 모세 이야기가 눈사태처럼 쇄도하는 전설에 파묻히기 전에, 진짜로 그는 어떤 일을 성취했는가를 알고 싶다.

많은 사람들은 십계(十戒)나 홍해(紅海)의 횡단 등 성서에 나오는 이야기에 대해서 무리가 없는 해석을 하려고 한다. 그러나 모세로 친근해진 구약성서에 나오는 이야기는 다른 신화와 매우 흡사하다. 또 모세와 갈대(파피루스) 이야기는 기원전 2360~2305년경에 군림하고 있던 아카드(Akkad 또는 Accad라고도 하며 바빌로니아 남부의 옛 도읍) 대왕의 사르곤(Sargon) 왕에 관한 바빌로니아의 전설과 매우 비슷하다.

일반적으로 모세가 성취한 큰 업적은 3가지가 있다고 한다. 첫째는 헤브라이 인을 이집트로부터 이끌었다고 하는 정치가로서의 공적, 적어도 이 점에서는 영예를 받을 자격이 있다.

둘째는 구약성서의 처음 5서(書)(창세기, 출애굽기, 레위기, 민수기, 신명기)의 저작자로 보여지고 있다는 것이다. 이것이 '모세 5경'으로 자주 참조되어 유태문학의 율법(Torah)을 구성하고 있다. 이 서(書)가 유태인들의 성서시간의 행동을 근본적으로 컨트롤하는 모세의 율법으로 되고, 또 유명한 모세의 십계로 되었다.

유태의 토라(율법)와 모세의 십계 등이 전체적으로 매우 큰 영향력이 있다는 관점에서 보면, 그 원작자인 모세는 확실히 항구적인 거대한 영향력이 있는 인물이라고 간주할 만한 가치가 있다. 그러나 대부분의 성서학자는 모세가 이런 책들을 혼자서 저작한 것이 아니라는 것에 의견이 일치되고 있다. 이런 저작물들은 분명히 몇 명의 작자가 공동 집필한 것으로, 대부분의 소재는 모세가 죽은 후 상당한 연수가 지난 다음에야 쓸 수 있는 것이 있다. 모세는 현행 유태인의 관습과 고대 헤브

Guid Reni 작
〈모세의 십계〉

라이 율법을 성문화한 점에서는 큰 업적을 남겼다고 본다. 그렇지만 그것이 어느 정도의 중요성이 있는지 판단할 방법이 없다.

 셋째는 유태의 일신교(一神敎)의 창시자라고 생각하는 사람이 많다. 그러나 어떤 의미에서는 이 생각에는 근거가 없다. 모세에 대해서 우리가 알 수 있는 유일한 정보원(情報源)은 구약성서뿐이다. 구약성서는 명확하게 일신교의 개조(開祖)는 아브라함이라고 하고 있다. 그러나 모세가 없었더라면 유태인의 일신교는 소멸했을지도 모른다. 그리고 보존·전달을 한 것도 명백하다. 세계의 2대 종교(기독교·회교)가 모두 유태인의 일신교에 유래하고 있다는 점에 중대한 의미가 있다.

17 다 윈

Charles Darwin (1809~1882)

자연도태에 의한 생물진화론의 창시자인 찰스 다윈은 잉글랜드의 슈루즈베리(Shreusbury)에서 1809년 2월 12일(똑같은 날에 링컨도 탄생)에 태어났다. 16세로 에든버러 대학에 들어가 의학을 공부했으나 의학이나 해부학도 그에게는 재미없는 학과였기 때문에 곧 케임브리지 대학으로 옮겨 성직(聖職)을 맡기 위한 공부를 했다.

한 교수에게 손을 써서 비글호의 탐험항해에 박물학자로서 승선할 수 있도록 추천해 달라고 열심히 부탁했다. 아버지는 그런 장기간의 여행은 젊은이가 착실한 일에 정착하는 것이 늦어질 뿐이라고 생각하고 처음에는 다윈의 이런 계획에 반대했다. 다행히도 그의 형이 이 탐험에 동의하도록 아버지를 설득했다. 왜냐하면 이것은 과학사상 가장 가치있는 대양항해(大洋航海)의 하나였기 때문이다.

다윈은 22세 때인 1831년에 비글호에 승선하고 출범했다. 그로부터 5년 동안 이 비글호로 전세계를 항해했다. 때로는 느긋한 속도로 남미 해안을 따라 항해하기도 하고, 고립된 갈라파고스 섬을 탐험하고, 기타 태평양과 인도양에 있는 여러 섬을 찾았다. 이 대단한 장기항해를 통해서 다윈은 원시 종족을 방문하기도 하고 무수한 화석의 산을 발견하기도 하고, 엄청난 종류의 동식물을 관찰하는 등, 많은 자연계의 경이(驚異)를 관찰할 수가 있었다.

게다가 항해 동안 그는 보고 듣는 것 전부를 노트에 적어 넣었는데 그 노트는 산을 이룰 정도였다. 이 노트가 나중에 그의 저작의 기초가 되었을 뿐만 아니라 그 노트로부터 그의 이론을 전개해 나가기 위한 풍부한 증거로 삼는 동시에 많은 원칙까지도 끌어내고 있다.

1836년에 다윈은 귀국하고, 그로부터 20년 이상 연속적으로 책을 출판하여, 영국 생물학자의 제1인자로서의 명성을 펼쳤다. 1837년이 되자 곧 동식물의 종(種)은 고정되어 있지 않으며, 지질시대사적으로 진화하고 있다는 결론에 도달했다. 그러나 그때는 아직 진화의 원인이 무엇이냐 하는 것은 알지 못하고 있었다.

그러나 1838년에 맬서스(Thomas Malthus)의 《인구론(An Essay on the Principle of Popuration)》을 읽고, 그것에서 문제 해결에 대한 철저한 단서를 얻었다. 그것은 살아남으려고 하는 경쟁을 통해서 자연도태가 이루어진다는 생각이다. 그러나 다윈은 이 자연도태의 원칙을 체계화해서 인쇄 발표하려고는 하지 않았다. 왜냐하면 이 이론은 반드시 상당한 반대론을 일으킬 것을 감지하고 있었기 때문이다. 그래서 그는 오랜 기간에 걸쳐서 세밀하게 증거를 모아, 여론이 그의 가설에 편들도록 유도했던 것이다.

1842년이 되자 곧 그 이론의 개요를 집필하기 시작하여, 1844년에는 큰 책이 될 정도로 되었을 때 월리스*(Alfred Russel Wallace)가 진화론의 개요를 정리한 원고를 다윈에게로 보내왔다. 그리고 그 논문의 중요한 포인트는 다윈의 것과 같았다. 더구나 월리스는 완전히 독자적인 이론을 전개하고 있었으며 출판하기 전에 권위있는 과학자의 의견이나 코멘트를 얻기 위해 다윈에게 원고를 보내왔던 것이다.

이것은 서로가 이론에 대한 우선권을 다투는 불유쾌한 싸움으로 번질 사태까지 되었으나 다행히도 다음 달의 과학논문 본문 앞에, 월리스의 보고와 다윈의 책의 개요를 공동집필로서 싣기로 합의함으로써 원만

---

* 월리스 : 1823~1913. 당시 동인도에 있던 영국의 박술학자이며 또 사회사상가. 처음에 측량기사, 건축기사였으나, 자연과학에 흥미를 가지고 독학을 했다. 1848년에 아마존으로 곤충학자 베이츠와 함께 채집여행을 하고 《아마존 리오니그로 기행》을 출판. 1852년에는 말레이 제도를 조사, 동물분포의 상이로부터 발리 섬과 롬보크 섬 사이에 동양구와 오스트레일리아구의 경계선이 있음을 지적한 후에 월리스 선(線)이라고 명명했다.

다윈이 탄 '비글 해로(海路)'

히 해결되었다.

그러나 묘한 이야기지만, 이 출판은 그다지 큰 반향을 가져오지 않았다. 그러나 다윈의 저서 《종의 기원》이 이듬해에 출판되자 열광적인 반향이 일어났다. 사실 과학서로 《종의 기원(정확하게는 On The Origin of Species by Means of Natural Selection, or the Preservation of Favoured Races in the Strugle for Life)》만큼 과학자에게나 문외한에게까지 널리 읽히고, 활발한 논의를 빚어낸 책은 아마도 없었을 것이다. 그리고 그 논의는 1871년에 다윈의 다음 책 《인류의 유래 (The Descent of Man and Selection in Relation to Sex)》가 출판될 때까지 계속되었다.

다윈 자신은 자기 논리에 대한 일반토론에는 참가하지 않았다. 그 이유의 하나는 비글호의 항해 이래 건강이 나빠져 있었기 때문이다(아마도 남미에서 모기에게 물려서 걸린 샤가스병(일종의 잠자는 병)의 재발에 의한 가벼운 증상 때문일 것이다.) 게다가 진화론의 가담자 중에는 헉슬리*(Thomas H. Huxley)라는 토론을 잘하고 더구나 다윈이론의 열광적인 지지자가 있었다. 1882년에 다윈이 사망할 때까지는 과학자의 대부분은 다윈의 이론이 옳다는 것을 기본적으로는 인정하게 되었다.

다윈은 종의 진화라는 생각의 창시자가 아니다. 약간이기는 하지만 그보다 전에 그 이론을 자명(自明)한 것으로서 가정한 과학자가 있다. 그 중에는 프랑스의 박물학자 레마르크(Jean Lemark)와 다윈의 할아버지가 되는 에라스무스 다윈(Erasmus Darwin) 등이 있다. 이런 사람들의 가설은 결코 당시의 과학계에는 받아들여지지 않았다. 왜냐하면 그들의 제안에서는 진화가 일어나는 수단이나 방법에 대해서 확신을 가질 수 있는 증거가 없기 때문이었다.

그러나 다윈의 경우에는 자연도태에 의한 진화가 일어난다고 하는 메커니즘을 제시했을 뿐만 아니라, 그의 가설을 지지할 만한 수많은 확신에 넘치는 증거를 제시했었다. 그것이 또 다윈의 큰 공적이었다.

다윈의 이론은 유전학 이론과는 아무런 관계가 없으며, 사실 유전학에 관한 지식은 일체 포함되어 있지 않다. 다윈의 시대에는 개성이라는 것이 1대에서 다음 대로 어떻게 옮겨지는지, 그 방법에 대해서는 아무도 몰랐다.

그러나 멘델(Gregor Mendel)은 다윈이 시대를 구분짓는 책을 써서 출판하고 있던 같은 시기에, 유전의 법칙에 대해서 연구하고 있었다. 더구나 멘델의 연구는 다윈의 이론이 완전히 확립된 1900년까지는 거의 완전히 무시당하고 있었다. 이렇게 해서 유전학과 자연도태가 결합된 현재 우리들이 이해하고 있는 진화론은 다윈이 제시한 것보다 훨씬 완전한 것이 되었다.

다윈이 인간 사상에 가져온 영향은 크다. 물론 순수과학적인 의미에서 보더라도 전생물 체계에 혁명을 가져왔다. 자연과학이라는 것은 매

---

* 헉슬리 : 1825~1895. 영국의 생물학자. 다윈의 진화론 지지자.《자연계에 있어서의 인간의 지위에 관한 증거》를 출판. 정치, 과학교육, 신학, 철학 등 폭넓게 연구를 했다.

우 광범위한 원리 원칙이며, 그 원칙에서부터 다른 많은 분야, 다시 말해서 인류학, 사회학, 정치학, 경제학으로 응용이 차차 시도되었던 것이다.

이 과학적 또는 사회적 의의보다도 더 중요한 것은 다윈의 사상이 종교계에 미친 충격이다. 다윈의 시대는 물론이지만, 그 후에도 믿음이 깊은 많은 기독교인들은 이 다윈의 사상을 받아들이는 것이 종교상의 신성성을 손상시키는 것이라고 믿고 있었다. 이 불안한 생각은 당연할 것이다. 왜냐하면 이 이론에 부대(附帶)하는 다른 많은 요인 때문에 종교적 정서를 전반적으로 저하시키는 역할을 하기 때문이다.(다윈 자신도 불가지론자(不可知論者)가 되었다)

종교계가 아닌 세속적인 계층에서조차도 다윈의 이론은, 사람이 인간의 세계를 생각할 경우 그 방법에 커다란 변화를 가져왔다. 이제 인류는 종래부터 생각하고 있었던 것처럼 대자연의 체계 속에서 자기가 중심에 위치하고 있다고는 생각할 수 없게 되었다. 우리는 바야흐로 많은 종 속의 한 종에 지나지 않는다. 따라서 어느 날엔가 자기의 지위는 다른 것으로 교체될 가능성을 생각하지 않으면 안 된다.

다윈의 연구 성과로부터 고대 그리스의 철학자 헤라클리투스(Heraclitus)의 견해인 '만물은 유전(流轉)한다'가 더 넓게 인정된 셈이 된다. 인간의 기원에 대한 일반적 설명을 진화론으로 성공적으로 이끄는 것은 모든 물리학적 문제(슬프게도 모든 인간문제로까지는 할 수 없지만)에 영향을 미칠 만한 과학의 힘에 대한 신념을 더욱 강하게 하는 결과가 되었다. 다윈의 용어에서 '생존경쟁'이니 '적자생존(適者生存)'이니 하는 말은 우리들의 일상용어에 들어가게 되었다.

다윈이 만약 존재하지 않더라도 그의 이론은 자세하게 해설되고 있을 것이다. 사실 월리스의 연구에서 보더라도 이 리스트에 있는 누구보다도 다윈에게 진실성이 있다는 것은 분명하다.

생물학과 인류학에 혁명을 가져와 이 세계에 있어서의 인간의 지위에 대해서 우리들의 사고방식을 변경시킨 것은 역시 다윈의 저서이다.

18 시황제
始皇帝 (B.C. 259~210)

 중국의 위대한 황제인 시황제는 기원전 238년부터 기원전 210년까지 군림하여 무력으로 중국대륙을 통일하고, 파죽지세(破竹之勢)로 일관된 개혁을 제도화했다. 이 개혁은 그 이후 중국대륙이 지속할 수 있었던 문화적 통일의 큰 요인이 되었다.

 시황제(진시황으로서 더 유명하다)는 기원전 259년에 태어나, 기원전 210년에 사망했다. 그의 중요성을 이해하기 위해서는 그 당시의 역사적 배경에 대해서 다소의 지식이 필요하다. 그는 기원전 1100년경에 생긴 주왕조(周王朝) 말기에 태어났다. 그 전의 몇 세기 동안 주왕조는 이미 사실상 유효한 지배력을 상실하고 있어서 중국대륙은 봉건 제후들에게 분할당하고 있었다.

 이 잡다한 봉건 영주들이 서로 끊임없이 충돌과 싸움을 해서, 점차 약소한 제후는 배제되고 있었다. 서로 싸우는 이 제후들 속에서 가장 세력이 있었던 것이 진(秦)나라로, 대륙의 서쪽인 감숙(甘肅)에 위치하고 있었다. 이 진나라의 황제는 나라를 다스리는 기본방침으로서 중국 철학자의 율법존중주의파 사상을 채용하고 있었다.

 공자는 군자가 훌륭한 도덕적 규범에 의해서 통치해야 한다고 가르치고 있지만 이 율법존중주의 철학에 의하면 인간은 그런 방법으로 통치될 만큼 선량하지가 않으며 성악설(性惡說), 엄격한 법률을 제정하여 그것을 공평하게 강제해야만 통치할 수 있다고 했다. 그래서 법률은 통치자에 의해서 제정되고, 그 통치자의 마음에 따라서 그 후의 국가통치에 맞추어서 바꿀 수가 있었다.

 그런 일을 할 수 있었던 것은 첫째로는 율법존중주의자의 사상을 채

중국의 만리장성.

용한 것, 둘째로는 지리적인 위치의 관계 때문에, 셋째로는 진나라의 지배자의 능력에 의한 것일 것이다. 그런 일을 하고 있는 동안 즉 정(政, 시황제의 이름)이 태어날 무렵에는 중국 제후들 중에서 진나라는 가장 세력이 있는 나라로 되어 있었다.

명목상 정(政)이 왕위에 오른 것은 기원전 238년으로, 그가 13세 때이다. 그러나 실제로는 기원전 238년, 정이 성인이 될 때까지는 여불위(呂不韋)가 섭정하고 있었다. 이 새 왕은 유능한 장군을 뽑아서 잔존하는 봉건 제국(諸國)에 대해서 정력적인 전쟁을 수행했다. 그리고 최후까지 저항한 나라를 정복한 것이 기원전 221년이다. 그때 그는 '나야말로 전중국의 왕'이라고 선언했다. 그리고 과거와는 아무런 관계가 없다는 것을 강조하기 위해, 새 이름을 붙여 스스로 시황제라고 칭했다.

시황제는 즉시 중요한 개혁을 잇따라 제정하기 시작했다. 우선 주왕조를 붕괴시키는 원인이 되었던 불통일(不統一)을 배제할 결의를 하여 전면적으로 봉건적 정치제도를 폐지했다. 그리고 지배하에 있는 영토를 36개 주로 재편성하고 각 주에는 황제가 임명하는 문관 지사를 배치했다. 또 시황제는 주지사의 자리는 세습제가 아니라는 것을 포고하고, 주지사는 2, 3년마다 한 주로부터 다른 주로 교대제를 채용했다. 이것으로 야심적인 주지사가 대두하는 것을 막고 황제 자신은 강력한 지반을 유지하게 되었다.

각 주에는 각각 군의 지휘자가 배속되고, 그 임명이나 배치전환은 전부 황제의 의사에 따라서 마음대로 했다. 셋째로는, 문관과 무관 사이의 세력균형을 유지하기 위해 전문적인 관리를 중앙에서 임명했다.

훌륭한 도로망은 장기간에 걸쳐 건설되어 수도와 각 주가 도로로 연결되고, 어떤 주에서 반란이 일어나 공격 포위당하게 될 경우에는 즉시 중앙군을 파견해서 확보하도록 했다. 또 시황제는 살아남는 제후를 귀족으로서 수도 셴양[咸陽]으로 모아서 정령(政令)을 포고하여 그의 감시하에 두었다.

그러나 시황제는 중국을 단순히 정치적·군사적으로 통일하는 것만으로는 만족하지 않았다. 그는 상업적으로도 통일되기를 바랐다. 우선 전국 공통의 도량형(度量衡)을 설정하여 제정했다. 또 화폐제도를 표준화하고, 기타 각종 도구류에서부터 짐마차의 차축(車軸)에 이르기까지 표준화하고 도로나 운하의 건설을 감독 지휘했다. 또 중국 전역에 적용하는 법제를 확립하고, 문자의 표준화까지 실시했다.

시황제의 가장 유명한(혹은 불명예스러운) 법령은 기원전 213년에 있었던 분서갱유(焚書坑儒 ; 중국 전역에 있는 모든 책을 태워버리라는 명령)이다. 이것에 제외되는 것은 농업이나 의술(醫術) 등의 기술서적과 진나라의 역사적 기록과 율법존중주의자가 쓴 철학서뿐이었다. 모든 학파의 철학서 ― 공자의 교서(敎書)도 포함해서 ― 까지도 전부 소각되었다.

이것은 고대 아테네의 집정관 드라콘*(Drakōn)처럼 가혹한 법령으

---

* 드라콘 : 기원전 7세기 후반 아테네의 입법자. 종래의 관습법을 정리, 개정해서 최초의 성문법을 제정했다. 형벌이 엄했기 때문에 솔로몬에 의해 살인에 관한 것 이외는 전부 폐지되었다.

로 또 이만큼 큰 규모로 검열을 실시한 것은 아마도 인류사상 최초의 일일 것이다. 시황제는 이것으로 자기의 통치방침에 어긋나는 철학의 영향을 붕괴할 수 있다고 기뻐했다. 그 속에는 특히 공자학파의 책도 포함되어 있었다. 그러나 분서(焚書)의 사본(寫本)을 떠서 수도의 황실 도서관에 보존할 것을 명령하고 있었다.

시황제의 대외정책도 마찬가지로 정력적이었다. 그는 중국 남부로도 정복을 확대하여, 합병하는 지역은 사실상 중국에 흡수되고 있었다. 북방으로, 서방으로 그의 군대가 진격하는 곳은 전부 승리를 거두었다. 그러나 그 지역의 원주민을 영구적으로 복종시키는 것은 시황제도 할 수 없는 일이었다. 자기 나라 영토를 불의의 급습으로부터 방어하기 위해 당시 이미 북부 국경의 각지에 흩어져 있던 방벽을 연결해서 일대 방벽 만리장성(萬里長城)을 건설했다.

끊임없이 대외전쟁을 계속하면서 이 대건설사업을 진행하기 위해서는 다액의 세금이 필요하게 되어, 황제의 인기를 떨어뜨리는 결과가 되기도 했다. 황제의 철(鐵)과 같은 냉혹하고 엄격한 정치에 반항해서 폭동을 일으키는 것은 거의 불가능하기 때문에 암살계획이 몇 번이나 기도(企圖)되기는 했으나 모두 성공하지 못하고 시황제는 기원전 210년에 병사(病死)했다.

제위(帝位)는 둘째 아들 호해*(胡亥)가 계승하고, 역시 시황제라는 칭호로 불렸다. 그러나 아버지와 같은 재능이 없어, 곧 반란이 일어나 4년도 되기 전에 살해되었다. 궁전도 황실도서관도 소실(消失)되어 진왕조는 완전히 괴멸되었다.

그러나 시황제가 완수한 업적은 괴멸되지 않았다. 중국 민중은 전제폭군의 지배가 종결된 것을 기뻐했지만 소수이기는 하지만 개중에는 전 시대의 난세로 돌아가고 싶어하는 자도 있었다.

다음 왕조(한왕조)는 시황제가 설립한 기본적인 행정조직을 그대로

---

* 호해 ; 기원전 210~207. 진나라의 제2황제. 재위 3년. 재위 중 각지에 반란이 계속 발생하여 자살했다.

계속했다. 사실 그 후 21세기 동안 중국 제국은 시황제가 수행한 선을 따라서 조직이 계속되었다. 진왕조의 가혹한 법제는 곧 한(漢)나라 황제에 의해 완화되어 종래의 율법존중주의 철학은 악평을 초래하기 시작했다. 그리고 유교가 공식적인 철학으로 되었다. 그러나 시황제가 창조한 문화적·정치적 통일은 소멸되지 않았다.

중국으로서나 전세계로서도 시황제는 매우 중요한 인물이다. 서양인은 항상 중국의 거대함에 외경심(畏敬心)을 가지고 있다. 상이점은 유럽은 항상 다수의 소국으로 분할되고 있었지만, 중국은 단일한 대국으로서 통일되어 있다. 이 상이점은 지리적 조건이라기보다 정치적·사회적 요인에서 온 것 같다.

지리적으로는 유럽과 마찬가지로 산맥 등에 의한 국내의 장벽은 현저한 존재이다. 물론 중국의 통일을 시황제 한 사람에게 돌릴 수는 없다. 그 밖에도 많은 인재—예를 들면 수(隋)나라의 문제(文帝)—가 역시 중요한 역할을 하고 있다. 그러나 시황제가 중심적인 중요성을 갖는 것은 틀림없는 것처럼 생각된다.

시황제를 논함에 있어서는 빛나는 업적과 명성이 있었던 그의 수석(首席) 대신 이사*(李斯)를 빼놓을 수 없다. 사실 시황제가 행한 행정에 대해서 이사의 영향이 매우 중요하며, 그 대변혁을 가져온 것에 대해서 이 두 사람 사이에서 몫을 어떻게 나누느냐 하는 것은 매우 곤란할 정도이다. 그런 것을 시도하기보다도 그들의 공동업적으로서 모든 몫을 시황제에게 할당해야 할 것이다.(결국 이사는 조언을 하지만 최종적으로 결단하는 것은 황제이기 때문이다.)

시황제는 분서갱유로 인해 그 후의 많은 유교학자로부터 냉엄하게 비난받았다. 그리고 유학자들은 시황제의 일을 폭군적이다, 미신적이다, 타인의 불행을 기뻐하는 범용(凡庸)한 인물이라고 탄핵(彈劾)하기도

---

*이사 : ?~기원전 210. 중국 진나라의 정치가. 그 법가주의적인 학풍을 정치에 적용. 시황제의 정책은 그가 계획한 것이 많다. 시황제가 죽은 후, 환관의 참언에 의해서 체포되어 삼족을 멸하는 극형을 받았다.

한다.

한편 중국의 공산주의자는 시황제는 진보적인 사상가라고 하고 차차 평가가 높아지고 있다.

서구의 평론가들은 곧잘 시황제를 나폴레옹과 비교하지만 대로마제국의 건국자 아우구스투스 시저와 비교하는 편이 보다 적당할 것 같다. 게다가 두 사람이 건국한 두 제국은 인구나 영토의 넓이가 거의 같았다.

그러나 로마제국의 존속 기간은 훨씬 짧으며, 아우구스투스 시저가 지배한 영토는 결국 그 통일에는 실패했다. 그 실적으로 판단해서 시황제는 나폴레옹이나 시저보다도 영향력이 높은 셈이 된다.

19 아우구스투스 시저
Augustus Caesar (B.C. 63~A.D. 14)

로마제국의 건국자인 아우구스투스 시저는 역사상 중추적인 위인이다. 기원전 1세기 동안 로마공화국을 분열시키고 있던 내전에 종지부를 찍고, 그 후 2세기간 국내의 평화와 번영을 누릴 수 있도록 로마 정부를 재편했다.

옥타비우스(Gaius Octavius ; 옥타비안(Octavian)으로서 유명하지만, 35세가 될 때까지는 아우구스투스라는 칭호는 받지 못했다)는 기원전 63년에 태어났다.

줄리어스 시저 형제의 손자가 되며, 줄리어스 시저는 옥타비안이 어릴 때는 로마의 정치지도자였다. 줄리어스에게는 자식이 없었기 때문에 젊은 옥타비안을 귀여워하고 그에게 장래의 정치가로서의 자질을 기르도록 지원하고 있었다. 그러나 줄리어스가 기원전 44년에 암살당했을 때 옥타비안은 아직 18세의 학생이었다.

그런데 이 줄리어스의 죽음은 로마의 군인과 정치가들 사이에 세력 싸움이라는 길고도 몹시 불쾌한 투쟁을 유발시키게 되었다. 우선 젊은 그의 라이벌이 되는 자는 모두 로마 정계라는 냉엄한 곳에서 단련한 백전노장의 맹장들뿐이었으므로 풋내기인 옥타비안 따위는 아무런 위협도 느끼지 않았다. 사실 이 젊은이에게 있어서 눈에 보이는 유일한 자산은, 줄리어스 시저의 아들로서 양자가 되었다는 것뿐이었다. 다만 이 점을 이용해서 시저의 군대 속에 지지자를 확보하도록 여러 가지로 손을 쓰고 있었다.

그러나 시저군의 대원은 거의 전부가 시저와 가장 친하게 지내고 있던 마크 안토니우스*(Mark Antonius)를 지지하는 자에서 뽑혔다. 그 후 수년간의 전쟁의 연속으로 세력싸움의 상대가 되는 자는 모두 배제하고 말았다.

줄리어스 시저가 정복한 로마와 그 영토는 기원전 36년까지는 안토니우스와 옥타비안의 두 사람이 분할하고 있었다. 안토니우스는 동부를 지배하고, 옥타비안은 서부를 지배했다. 몇 년 동안 이 두 사람 사이에는 불안정한 휴전상태가 있었다. 이 사이에 안토니우스는 클레오파트라*(Cleopatra)와의 연애에 너무나도 관심을 기울이고 있었다.

한편 옥타비안은 자기 입장을 굳히고 있었다. 기원전 32년에 이 두 사람 사이에 전쟁이 일어났다. 그 결과는 악티움의 대해전(Actium ;

---

* 안토니우스 ; 기원전 82?~30. 제2차 삼두정치의 일원. 시저의 부대장으로서 시리아 원정에 종군. 시저 암살 후 추도연설로 인기를 모아 제2차 삼두정치를 조직, 반대파인 키케로를 살해했다. 클레오파트라와 사랑하는 사이가 되어, 서방을 거점으로 하는 아우구스투스와 대항하다 해전에서 패하고, 이집트로 달아나서 자살했다.

* 클레오파트라 ; 기원전 69~기원전 30. 프톨레마이오스 왕조 최후의 여왕. 처음에 동생인 프톨레마이오스와 공동통치를 했으나 쫓겨났다. 로마가 동방으로 진출할 때 시저의 도움으로 왕위를 회복하고 시저의 자식을 낳았다. 그가 죽은 후 안토니우스를 미모로 유혹하여, 그를 옥타비아와 이혼시키고 결혼했다. 안토니우스와 그녀는 아우구스투스와 대립하다가 악티움 해전에서 패배하고, 안토니우스는 자살했다. 클레오파트라는 붙잡혔으나 몸을 독사에게 물게 해서 죽었다.

아우구스투스 사망시의 로마제국의 영토

고대 그리스 북서부의 반도, 안토니우스와 클레오파트라는 아그리파에 패했다)으로 결정적인 것으로 되었다. 옥타비아 군의 승리에 의해, 그 이듬해에는 옥타비안 군의 완전승리로 종결되고 안토니우스와 클레오파트라는 자살을 했다.

옥타비안은 이것으로 13년 전에 줄리어스 시저가 쟁취한 세력과 같은 세력과 지반을 확보하게 되었다. 시저가 암살당한 것은 분명히 로마의 공화제(共和制)를 배척하고 스스로 제왕이 되려고 했기 때문일 것이다. 기원전 30년경까지 장기간에 걸친 내전과 로마의 공화제 정치의 명백한 실패 등을 몸소 체험하고 있는 로마 시민들 중에는 겉치레의 민주제 정치가 계속되는 한 오히려 상냥하고 인정이 많은 전제군주 쪽을 기꺼이 택하는 사람도 상당히 있었을 것이다.

옥타비안은 자기보다 위의 사람과 싸울 때는 무자비하리만큼 냉혹해지지만, 한번 그 세력을 확보하면 놀랄 만큼 회유적(懷柔的)으로 변했다. 기원전 27년에 원로원(元老院) 의원의 감정을 달래기 위해 공화제를 복귀시키고 동시에 정부에서의 자기 직위를 전부 사임하겠다고 제의

했다.

그렇지만 실제로는 스페인, 골(Goul ; 지금의 북이탈리아, 프랑스, 벨기에 전부와 네덜란드, 독일, 스위스의 일부)과 시리아의 주장(州長)이라는 직위만은 보류했다. 로마군의 주력은 이 3개의 주에 있었기 때문에 실제의 군사력은 그의 수중에 있었다.

원로원은 그에게 아우구스투스(Augustus)라는 칭호를 투표로 가결했다. 그러나 그는 결코 황제에게 어울리는 태도를 취하려고는 하지 않았다. 이론상으로 로마는 여전히 공화제 국가이며, 아우구스투스는 제1급 시민에 지나지 않았다. 아우구스투스에게 유순한 원로원은 실무상에서는 그가 하고 싶어하는 직위는 무엇이든지 그에게 임명했다. 그리고 그 후 그의 여생은 실질적으로는 독재자가 되고 있었다.

기원 14년에 그가 사망했을 때 로마는 군주제로 이행(移行)이 완료되고 있었다. 그리고 그가 양자로 삼은 아들은 아무런 지장 없이 후계자가 될 수 있었다.

아우구스투스는 아마도 역사상 재능이 있고 더구나 상냥한 독재자로서의 최고의 예로서 매우 눈에 띄었던 존재이다. 그는 진정한 정치가이며, 그 회유적인 정책은 로마 내전에서 유래되는 뿌리 깊은 불화와 분열을 고치는 데 큰 효과가 있었다.

아우구스투스는 로마를 40년간 이상이나 통치했으며 그 정치는 그 후 몇 년에 걸쳐 로마제국에 영향을 미쳤다. 그의 손에 의해서 로마군은 스페인, 스위스, 갈라티아(Galatia ; 소아시아)와 같은 발칸의 주요한 지역을 완전히 정복했다. 그의 통치가 끝날 무렵에 로마제국의 북방 국경은 라인 강, 다뉴브 강의 선에서 그다지 떨어져 있지 않았다. 더구나 이 국경은 그 후 몇 세기에 걸쳐 항상 북방 국경으로 되어 있었다.

아우구스투스는 초인적인 재능을 가졌던 행정가이며, 추진적으로 토목공사를 벌이기도 하고 또 로마제국의 세제(稅制)와 재정제도의 개정, 로마군의 재편성, 항구적 해군의 창설을 해냈다. 또 오늘날의 보디가드에 해당되는 집정관 조직도 만들었다. 이것이 그 후의 세기에 있어서 황제를 뽑거나 피하거나 하는 데 커다란 역할을 하게 되었다.

아우구스투스 치하에 있어서 광대하고 훌륭한 도로를 로마제국 전역에 걸쳐 건설했다. 또 로마에는 많은 공공건물이 세워져 로마는 대단히 아름다운 도시가 되어 있었다. 사원(寺院)도 서고 아우구스투스는 고래의 로마 종교의 식전(式典)과 충성을 장려했다. 또 결혼과 출산을 장려하는 법률도 제정되었다.

기원전 30년경부터 아우구스투스 시대까지의 로마는 국내적으로는 평화스러웠다. 그 결과 로마는 대단한 번영을 이루었으며 그에 따라 화려한 예술의 융성을 가져왔다. 그리고 아우구스투스 시대는 바로 로마 문학의 황금시대이기도 했다. 이 시대에 살아 있던 로마의 대시인 베르길리우스*(Publius Vergilius Maro) 이외에 호라티우스*(Quintus Horatius Flaccus)와 리비우스*(Titus Livius) 등 유명한 작가가 배출되었다. 오비디우스*(Naso Obidius)는 아우구스투스의 격노(激怒)를 사서 로마로부터 추방당하게 되었다.

아우구스투스는 친아들이 없고 조카 하나와 손자가 둘이 있었으나 모두 그보다 먼저 죽었기 때문에 티베리우스(Claudius Nero Caesar Thiberius)를 양자로 맞아서 후계자로 지명했다. 그러나 왕조제는 곧 폐지되었다.(나중에 악명 높은 지배자 칼리귤라(악역무도함으로 유명)라든가 네로(잔학, 음탕으로 유명) 등의 황제도 나왔다. 그러나 아우구스투스와 함께 시작된 국내가 평화스러운 기간, 소위 팍스 로마나

---

* 베르길리우스 : 기원전 70~기원전 19. 북이탈리아 지주의 아들이었으나, 공화제 말기 내선에서 토지를 몰수당했으며, 나중에 아우구스투스의 지우(知遇)를 얻어 궁정시인이 되었다.

* 호라티우스 : 기원전 65~기원전 8년. 남이탈리아의 해방노예의 아들. 베르길리우스의 소개로 마에케나스의 서클에 들어가 아우구스투스의 체제에 순응하여 시를 썼다.

* 리비우스 : 기원전 59~기원전 17. 로마의 역사가. 40년간에 걸쳐 《로마건국사》 142권을 저술했다.

* 오비디우스 : 기원전 43~기원후 17. 로마의 시인. 아름답고 세련된 시로 명성을 했으나, 〈제사력(齊事曆)〉이라는 시가 너무 관능적이라는 이유와 간통 때문에 아우구스투스의 노여움을 사서 추방당해 탄원했으나 허용되지 않아 객사하고 말았다.

바티칸에 있는
아우구스투스의 동상

(Pax Romana ; 전쟁에 이긴 로마가 패전국에 강요하는 평화)는 그 후 2백 년간 계속되었다.

평화와 번영이 이렇게 장기간 계속되었기 때문에 아우구스투스와 그 후의 황제와 로마의 지배자가 정복한 전지역에는 로마문화가 깊이 침투되어갔다. 로마제국은 고대의 수많은 제국 중에서 가장 축복받아야 하며 바로 그대로 되었다. 로마는 고대문명의 가장 정점에 있으며 또 중요한 수도시설 등으로 고대 세계의 사람들(예를 들면 이집트 인, 바빌로니아 인, 유태인, 그리스 인 기타)의 사상과 문화적 유산을 훌륭하게 서유럽에 전했던 것이다.

아우구스투스와 그의 종조부(從祖夫)가 되는 줄리어스 시저와 비교하면 재미있다. 아우구스투스는 미남이고 지성적이고 인격적이고 군사적으로도 성공했지만 전임자 줄리어스처럼 민중으로부터의 인기와 지지를 받는 카리스마는 없었다. 줄리어스는 동시대의 사람들에게 아우구스투스보다도 훨씬 강한 인상을 주었으며 그 후 줄리어스의 인기가 계속되었다. 그러나 역사상 실제의 영향을 보면 두 사람 중 아우구스투스 쪽이 훨씬 중요한 의미를 지니고 있다.

아우구스투스와 알렉산더 대왕과의 비교도 흥미가 있다. 두 사람 모두 활동경력은 매우 젊을 때부터 시작되었다. 그렇지만 아우구스투스는 정상에 이르기까지 매우 가혹한 경쟁을 이겨내지 않으면 안 되었다. 그의 군사력은 알렉산더처럼 이상한 것이 아니라 오히려 인상적이었으며, 더구나 정복은 계속적으로 실시되었다. 사실 이 점이 두 사람의 가장 다른 점이다. 아우구스투스는 조심스럽게 미래를 형성하고 있었다. 그 결과로서 인간의 역사상에서 그의 장기간에 걸친 영향은 매우 크다.

또 아우구스투스는 모택동(毛澤東)이나 워싱턴과도 비교된다. 이 세 사람은 모두 세계역사상 중요한 역할을 했다.(어딘가 비슷한 점이 있다.) 그러나 아우구스투스의 장기간의 지배와 정치적 성공, 그리고 세계사상에서의 로마제국의 중요성에서 볼 때, 아우구스투스는 이 두 사람보다도 마땅히 상위(上位)에 두어야 할 것이다.

20 모택동
毛澤東 (1893~1976)

모택동은 중국 공산당을 지휘해서 중국 내에 세력을 신장시켜, 27년간 광대한 국토를 역사상 참으로 놀랄 만한 원대한 혁명을 주재(主宰)해왔다.

모택동은 후난성의 샹탄에서 태어났다. 아버지는 비교적 부유한 소작농이었다. 1911년 그가 18세의 학생일 때 17세기 이래 중국을 지배해 온 청조(淸朝)가 쇠퇴하고 그것에 대응한 문화혁명이 일어났다.

그로부터 2~3개월 후에 청왕조는 멸망했다. 그리고 중국은 공화제가 공포되었다. 불행하게도 이 혁명의 지도자는 중국에 안정적이고 통일된 정부를 수립하지 못하고, 장기간 불안정한 내전이 시작되었는데 그것은 1949년까지 계속되었다.

젊은 모택동은 서서히 정치사상적으로 좌익으로 기울다가 1920년에는 견실한 공산주의자가 되었다. 그리고 1921년에는 중국공산당의 창립 간부 12명 중 한 사람이 되어 있었다. 그러나 그가 공산당 지도부의 톱이 되었던 시기는 비교적 늦은 1935년의 일이었다.

한편 중국공산당의 세력 확보는 길고 느릿느릿했다. 더구나 매우 불안정한 세력 확대로의 도정(道程)에 있었다. 중국공산당은 1927년과 1934년에 각각 큰 곤란에 부딪쳤으나, 모두 극복하고 조직을 유지할 수가 있었다. 1935년 이래 모 주석의 지휘하로 들어가고부터 당의 세력은 차차 강대해졌다. 1947년까지는 장개석(莊介石)을 우두머리로 하는 국민당 정부와 전면전쟁의 상태로 되어 있었다. 그리고 1949년에 공산당 세력은 승리를 거두고, 중국 전역을 완전히 장악했다.

공산당 당원으로서의 모택동이, 바야흐로 통치하려고 하는 중국은 38년간은 비교적 좋은 시기도 있었지만, 국내는 계속되는 전화(戰禍)로 갈기갈기 찢어져 있었다. 중국은 매우 빈곤한 개발도상국으로, 다산(多産)이고, 낡은 인습에 구속된 민중은 대부분이 무학(無學)한 농민이었다. 모택동 자신도 56세가 되었으며, 이런 큰 업적은 대부분 이런 배경이 있었다.

실제로 모택동이 가장 큰 영향을 발휘할 시기는 바로 그 시기였으며, 1976년에 모택동이 사망할 때까지 그의 정치로 중국은 완전히 변혁되었다. 이 변혁의 한 측면은 국가 전체의 근대화이다. 특히 급속한 공업화, 공공교육의 비약적 보급, 공중위생의 대개혁 등이 있다. 이런 변화는 확실히 중요한 일이기는 하지만, 그 시기에 다른 두세 나라에서도 같은 일이 일어나고 있기 때문에 이것만으로 모택동을 이 책 리스트의 높은 자리에 두는 것은 불충분하다.

중국공산당 정부가 이룩한 두 번째 업적은 중국의 경제조직기구를 자본주의로부터 사회주의로 바꾼 것이다. 물론 정치적으로 냉혹한 전체주의적 시스템이 채용되었다. 게다가 더욱 그치지 않는 정부 선전을 이용해서 모택동은 정치적·경제적 혁명뿐만 아니라 사회혁명에도 성공하고 있다.

과거 4반세기 이상에 걸쳐서 중국은 충성심을 가정지향에서 국가지향으로 바꾸었다. 원래 중국인은 역사적으로도 항상 가정에 대한 충성심이 강했었으나, 이런 변화는 매우 충격적인 일이다. 게다가 중국 정부는 반공자(反孔子)의 사상을 강력하게 선전 캠페인하고 있다. 더구나 그것이 매번 성공한 것이다.

모택동이 주석(主席)이라는 중책을 다한 하나의 프로젝트는 1950년 말에 실시된 '대비약·대전진'이다. 이 프로젝트에서는 소규모의 노동강화 생산방식을 지방의 소행정구에 적용했지만 실패했다고 보는 사람이 많은 것 같다. (여하튼 간에 이 프로젝트는 중단되었다) 또 각층의 중간관리자들의 반대를 무릅쓰고 모택동이 지지한 또 하나의 프로젝트는 1960년대의 '문화대혁명'이었다. 이것은 대규모의 변동으로, 어떤 의미에서는 모택동과 그 지지 그룹과 공산당 내를 잠식해온 관료주의 그룹과의 항쟁에 의한 내전과 같은 것이었다.

모택동이 '대비약·대전진'을 했을 때가 60세, '문화대혁명'을 했을 때가 70세, 그리고 미국과의 친선을 회복한 것이 80세라는 점은 대단히 재미있는 일이다.

모택동은 본래 도시의 공업노동자가 공산당의 가장 큰 지지층이라고 하는 마르크스의 사상과 같은 생각을 가지고 있었다. 그러나 1925년에 모택동은 적어도 중국에서만은 공산당의 주요한 지지층은 농촌이라는 결론에 달했다. 그래서 장기간에 걸친 국민당과의 싸움에서 모택동의 세력은 시골 농촌에 바탕을 두고 있었다.

예를 들면 스탈린은 통상 공업의 발전에 중점을 두었지만, 모택동은 일반적으로 농업과 지방농촌의 개발에 마음을 쏟았다. 그럼에도 불구하고 모택동의 지도하에서의 중국의 공업생산은 극적인 증대상태를 나타냈다.

장기적인 시야에서 정치가의 중요도를 평가하는 것은 보통 곤란한

모택동 의장의
학교 축하회 참가

일이 아니다. 모택동을 어디에 넣느냐를 평가하는데는 현저한 다른 업적을 세운 지도자와 비교하는 것이 좋은 방법일 것이다.

모택동은 국내 변혁의 책임이라는 점에서 워싱턴보다 기본적인 중요도가 있기 때문에 워싱턴보다 상위에 놓았다. 또 나폴레옹, 히틀러, 알렉산더 대왕에 비해서 그 장기간에 걸친 영향력이 상당히 강대하므로 이런 인물들보다 상위에 놓았다.

또 한 가지 명확한 비교는 모택동과 레닌이다. 모택동은 레닌보다도 훨씬 장기간의 통치를 했으며, 더구나 대상 인구도 많다(사실 모택동이 세력을 유지한 시간을 계산에 넣는다면 역사상 누구보다도 많은 인구를 거느린 인물이다). 그러나 레닌은 모택동보다 먼저 나와서 모택동에게 강한 영향을 미쳤으며, 러시아에 공산주의를 확립하고 그 여세를 몰아서 중국에 공산주의 확립의 준비의 길을 취하게 되었다.

모택동의 업적과 가장 긴밀하고 유사하다고 생각할 수 있는 것은 시황제다. 두 사람 다 중국인이며, 국내 변혁에 변개혁명(變改革命)을 가져온 설계자이다. 다만 모택동보다도 시황제를 상위에 놓은 것은 시황제의 중국에 대한 영향이 아직까지 계속해서 남아 있기 때문이다.

설사 모택동의 작용에 의한 변화가 종국적으로는 훨씬 의의가 있을

지도 모르지만 우리들에게는 그 변화의 영향이 금후 어디까지 계속될지 확인할 수가 없다.

21 칭기즈 칸
成吉思汗 (1162~1227)

위대한 몽고의 정복자 칭기즈 칸은 1162년에 태어났다. 아버지는 몽고의 소수령(小首領)으로 적대관계에 있던 수령을 쓰러뜨리고 아들을 테무진(鐵木眞. Temüsjin)이라고 명명했다. 테무진이 9세 때 아버지는 라이벌인 수령 일당에게 살해당하고, 남은 유족은 그 후 몇 년 동안 끊임없이 위험과 결핍 속에서 생활했다. 이것은 불운한 인생의 출발이며 테무진의 운명은 좋아지기는커녕 참혹할 뿐이었다.

그가 청년이 되자 라이벌 수령군의 급습(急襲)을 받아서 체포당하고 말았다. 그리고 도망치지 못하도록 목제 항쇄(項鎖)를 목에 채워두었다. 미개하고 불모한 민족에게 포로로 잡혀 어떻게 할 수도 없는 비운의 입장에서 테무진은 일약 세계 최강의 사나이로 되었다.

그가 행운의 상승기류를 탈 수 있었던 것은 포로 상태로부터 도망친 다음부터였다. 곧 그는 그 지역에 살고 있는 아버지의 친구 토그리(Toghri)와 동맹을 맺고 세력 강화를 꾀했다. 당시 몽고의 부족간에는 다년간에 걸쳐 공멸적(共滅的)인 격투가 계속되고 있었다. 테무진은 그런 환경하에서 차차 기반을 굳혀 대수령으로의 길을 닦고 있었다.

몽고족은 마술(馬術)이 능숙한 사나운 전사(戰士)로서 옛날부터 유명했다. 역사상 이 몽고 민족은 북부 중국을 급습하는 일이 있었지만, 테무진이 나타나기 전까지 많은 부족이 서로 싸움으로써 에너지를 소모하고 있었다.

테무진은 전투적인 용감성, 외교술, 냉혹성 그리고 조직화 능력 등을 잘 짜맞추어서, 이들 부족을 모두 그의 지휘하에 결합시키는 일에 노력하였다. 그리고 1206년에 몽고 민족이 결집되었기 때문에 테무진은 '칭기즈 칸' 또는 '세계의 황제'라고 자칭할 것을 선언했다.

그런데 칭기즈 칸이 결집한 무서운 전쟁민족은 이웃 여러 나라를 향했다. 그가 처음에 공격한 것은 중국 북서부의 하시하샤국(Hsi Hsia)과 중국 북부의 친(Chin)제국이었다. 이런 전쟁을 계속하고 있는 동안에 페르시아와 중앙아시아에 상당한 규모의 제국을 통치하고 있던 호라즘(Khorazm ; 중앙아시아의 아무다리야 강 유역의 사만왕조로부터 1907년 완전 독립)제국과 칭기즈 칸 사이에 전쟁이 일어나고 말았다.

그래서 1219년에 칭기즈 칸은 육군부대를 지휘해서 호라즘제국을 공격했다. 중앙아시아와 페르시아는 공략당해 황폐화되었고 호라즘제국은 완전히 붕괴되었다. 한편 다른 몽고군은 러시아를 공격하고, 칭기즈 칸 자신은 아프가니스탄과 인도 북부를 급습하고, 1225년에 몽고로 돌아와 1227년에 국내에서 사망했다.

죽기 직전에 셋째 아들인 오고타이*(Ogotai)는 대물림을 한 명장군으로 그의 지휘하에서 몽고군은 잇달아 중국으로 진격하고, 러시아를 완전 공략하고 유럽까지 침공했었다. 1241년에 폴란드, 독일, 헝가리 등 각국의 군대는 몽고군에 의해 패주당했다. 몽고군은 부다페스트를 넘어서 더욱 전진했다. 그러나 그 해에 오고타이가 사망했기 때문에 몽고군은 유럽에서 철수하고 다시 유럽을 침범하는 일은 없었다.

몽고의 수령 등이 후계자에 대해서 논의하는 동안에 실질적인 중단 기간이 있었다. 그렇지만 다음의 두 칸(칭기즈 칸의 손자인 몽케 칸(Mangu)과 쿠빌라이 칸)의 통치하에서 몽고군의 아시아 진격이 재개

─────────

* 오고타이 : 1185~1241. 재위 1229~1241. 아버지의 의지를 이어받아 금조(金朝)를 멸망시키고, 중앙아시아의 통치를 완수했다. 다시 남아시아·유럽에 원정군을 보내서 1240년까지 러시아 전역을 점령하고, 폴란드·헝가리까지 침입하여 러시아 전력을 지배하게 되었다.

되었다. 1279년에 쿠빌라이 칸(Khubilai Khan ; 1215~1294. 몽고 제5대 황제이며 원(元)나라 시조. 금(金)나라를 멸망시키고 완(完)을 합병하여 서울을 대도(大都, 지금의 北京)에 정하고 용남(容南), 점성(占城), 자바까지 합병을 기도하고 한국과 일본까지 침공)은 중국 대륙의 정복자가 되어 몽고는 사상 최대의 육상제국을 통치하게 되었다.

몽고제국의 세력범위는 중국, 러시아, 중앙아시아에 페르시아까지 합쳐 남서아시아의 거의 전부에 이르렀다. 몽고군은 폴란드로부터 북부 인도의 급습에 성공하여 쿠빌라이 칸의 주권은 한국, 티베트, 동남아시아의 일부에 이르렀다.

그런데 이러한 광대한 영토를 가지고 있는 대제국의 당시 운송 수단은 매우 유치한 것이었다. 따라서 장기에 걸쳐 전지역을 유지하고 통합시키는 것은 불가능하여 몽고제국은 곧 분열이 시작되었다. 그러나 몽고의 지배는 그 후 몇 대의 후계자까지 오래 계속되었다.

1368년에 몽고인은 중국에서 완전히 쫓겨나고 말았다. 그러나 러시아에서는 몽고의 지배가 그 후에도 오래 계속되었다. 골덴호르데〔Golden Horde ; 금색 유목민이라는 뜻, 칭기즈 칸의 손자 바투 칸*(Bātū khan)이 1237년에 유럽을 침입한 타타르 민족의 일단은 텐트가 황색이었기 때문에 '금장칸(金場汗)'이라고도 불렀다.〕라는 명칭은 러시아에 세운 몽고왕국에 붙인 것으로, 16세기경까지 계속되고 있었다.

칭기즈 칸의 그 밖의 아들이나 손자들은 왕조를 세워 중앙아시아와 페르시아를 지배했다. 이런 지역은 14세기에 티무르(Timur ; 1336~1405. 사마르칸트를 수도로 하여 차가타이한, 킵차크한의 땅을 다스리고, 인도로 들어가 오스만투르크를 무찌르고 명(明)나라를 치려고 하다가 도중에서 병사)는 몽고민족의 혈통으로 칭기즈 칸의 자손이라고 자칭하고 있었다.

---

*바투 칸 ; 킵차크 한국의 창시자. 1207~1256. 1236년 총사령관으로서 볼가 강 연안을 공략. 나중에 러시아 지방을 지배했다. 다시 헝가리로 침입하여 사라이를 서울로 삼고 우랄 강 서부로부터 볼가 강 유역을 지배했다.

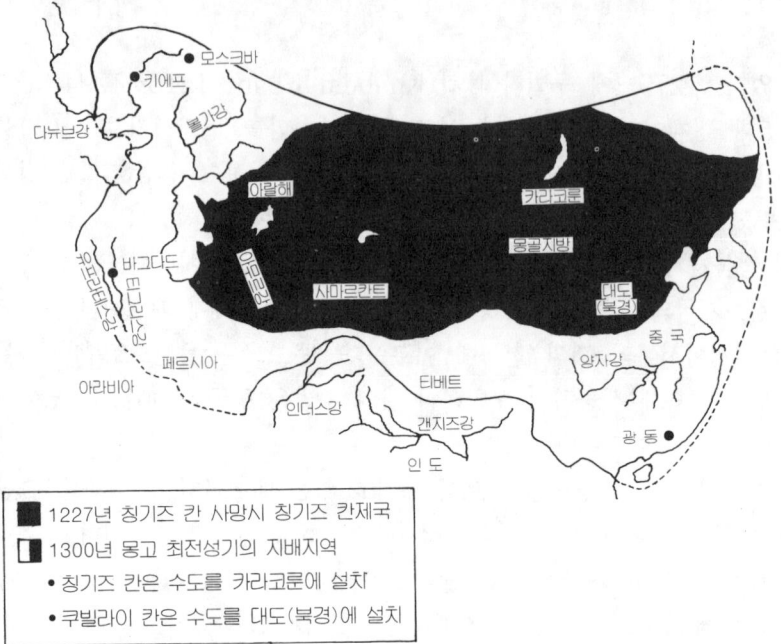

몽골의 정복

이 티무르왕조는 15세기에 종국을 맞았다. 그러나 이것으로 몽고의 정복이 끝난 것은 아니었다. 티무르의 손자의 손자에 해당되는 바베르*(Baber)는 인도로 침입하여 무굴왕조를 세웠다. 무굴왕은 거의 인도 전역을 정복하고, 18세기 중엽까지 그 세력이 유지되었다.

역사 속에는 사람의 계승이 있다——미친 사람이 상속한다면 어떻게 될까. 세계 정복에 나서 그 나름대로 성과를 올린다면 어떻게 될까. 이런 과대망상증 환자의 으뜸가는 그룹에 알렉산더 대왕, 칭기즈 칸, 나폴레옹 그리고 히틀러가 있다. 왜 이 책에서는 이 4명이 높은 순위에 올랐을까? 최종적으로 무력보다도 더 중요한 것은 생각할 수 없을까?

이들 네 인물은 모두 광대한 영토와 많은 주민을 지배하여 대단히 큰 영향을 동시대의 사람들에게 미치고 있지만 악한이나 의적으로 처리할 수는 없다.

---

* 바베르 : 1483~1530. 인도의 무굴 제국의 창시자.

그러나 왜 칭기즈 칸을 다른 세 사람보다 중요하다고 했는가? 첫째 그의 영향은 다른 세 사람보다 더 넓은 영토에 미쳤고 더 중요한 것은 그의 영향이 가장 장기간에 걸쳐서 계속되었기 때문이다. 나폴레옹이나 히틀러는 각각 생존 중에 실패했고 정복기간도 짧다.

알렉산더의 군대는 그가 죽은 시점에서는 아직 지지는 않았다. 그러나 죽은 후에 후계자를 지명하기 전에 이 제국은 금세 붕괴했다. 그것에 비하면 칭기즈 칸은 자기의 점령지를 조직화하고, 또 아들이나 손자들도 그런 대로 유능했었다. 따라서 몽고제국은 칭기즈 칸이 죽은 후에도 몇 세기에 걸쳐서 광대한 아시아대륙을 계속 지배할 수가 있었다.

칭기즈 칸의 생애 가운데 여기서 언급해두어야 할 간접적 성과가 한 가지 있다. 그것은 일시적으로 아시아의 거의 전역을 정복하여, 몽고 원정군은 옛날보다 훨씬 안전하게 아시아를 횡단하는 통상(通商) 루트 즉 실크로드를 만든 일이다. 이것이 중국과 유럽 사이의 통상을 촉진하게 되었다.

마르코폴로와 같은 유럽의 상인이 중국여행을 하고 막대한 부(富)를 얻고 돌아갈 수가 있게 되었다. 동방과의 무역 확대, 중국에 대한 관심의 증대(增大) 등이 곧 유럽인에게 탐험심을 끓어오르게 하는 원인이 되었다.

만약 콜럼버스, 볼리바르, 에디슨이 이 세상에 태어나지 않았더라도 대신 누군가가 아메리카를 발견하고, 누군가가 남미를 해방하고, 누군가가 전등을 발명했을 것이다. 그러나 만약 칭기즈 칸이 이 세상에 태어나지 않았더라면 13세기에 그 웅대한 몽고군의 정복과 비슷한 일이 일어날 수 있었을까. 아무래도 그렇게 생각되지는 않는다. 몽고민족은 13세기까지는 한번도 결속하려고 한 일이 없었다. 또 그 후에도 두 번 다시 결속한 일도 없다. 그러므로 칭기즈 칸은 인류사상 진짜로 원동기적(原動機的)인 인물의 한 사람인 것처럼 생각된다.

22 유클리드
Euclid (B.C. 330?~B.D. 275?)

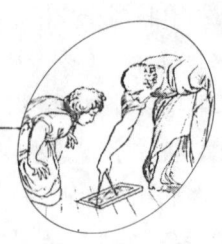

　이 책에 실린 인물 중에서도 그리스의 대기하학자 유클리드만큼 그 명성이 지속되고 있는 사람은 의외로 적다. 나폴레옹, 알렉산더, 마틴 루터는 유클리드보다도 알려진 인물이지만 최종적으로는 유클리드 쪽의 명성이 더 오래 지속될 것이다.
　유클리드는 유명한 것에 비해서 생애에 대한 것은 거의 알려진 것이 없다. 다만 기원전 300년경 이집트의 알렉산드리아에서 교사를 하고 있었다는 것만 알려져 있다. 생년월일이라든가 사망일, 태어난 지방도 알 수 없다. 다만 몇 권의 책을 저작하고 그 일부가 남아 있다. 그의 역사상의 위치는 주로 그 기하학의 위대한 교본《기하학원본》으로 알 수 있다.
　이《기하학원본》의 중요한 점은 속에 쓰여져 있는 개개의 공리(公理)에 있는 것이 아니다. 또 이 원본에 있는 공리는 거의 전부가 유클리드 이전부터 알고 있었던 것이며, 또 많은 증명도 그랬었다. 다만 그의 큰 공적은 재료의 재정리와 그 책 전체의 구성과 체계화에 있다. 다시 말해서 최초로 많은 공리를 세트해서 선택한 것이다.
　다음으로 그 공리가 모두 전의 것으로 연결되도록 훌륭하게 배열하여, 필요에 따라서 놓친 단계를 소급하여 찾아낼 수 없는 증명을 전개시킨다. 이 책이 평면기하와 입체기하의 전개에 중점을 두고 있지만 대수학(代數學)과 수리론(數理論)에 대해서도 상당한 지면을 할애(割愛)하고 있는 것은 주목할 만하다.
　이《기하학원본》은 2천 년 이상이나 교과서로서 사용되어 오늘날까지 최고의 교본으로서 사용되고 있다. 너무 훌륭하게 되어 있기 때문에 그 전에 나온 교본류와 교체되고, 그때까지의 책은 자취를 감추고 말았다. 본래는 그리스 어로 쓰여져 있었지만 그 후 여러 외국어로 번역되었다. 초판은 1482년 구텐베르크가 인쇄기를 발명한 지 꼭 30년 후의 일이다.

사람의 머리를 저절로 논리적으로 생각하게 하는 훈련을 위한 동기(動機)로서 《기하학원본》은 아리스토텔레스의 논리학 교본보다도 큰 영향력이 있다. 완전한 연역적(演繹的) 구성이라는 두드러진 예제(例題)가 있어, 책은 발간 이래 대학자들을 매혹했다.

유클리드의 책은 현대과학의 발전에 있어서 중요한 요소라고 잘라 말할 수 있다. 과학은 단순히 정확한 관찰과 예민한 일반화·법칙화만의 집합체가 아니다. 대성과를 올린 현대과학은 한쪽으로는 경험주의와 실험, 다른 쪽으로는 세심한 분석과 연역적인 추리를 결합해서 완성되었다.

어째서 과학은 중국이 아니라 유럽에 발생했는지 분명하지 않다. 뉴턴, 갈릴레오, 코페르니쿠스와 같은 큰 인물이 한 역할은 확실히 중요하다. 이런 인물들이 어째서 유럽에서 활약했는지, 근원적인 이유가 있다고 보아도 좋을 것이다. 과학이 유럽에서만 특히 발달한 역사적 요인으로서 가장 명백한 것은 그리스 인이 서유럽에 전한 수학지식과 결합된 그리스의 합리주의 사상이다.

이것에 대해서 중국은──몇 세기 동안은 기술면에서는 유럽보다 앞서 있었다──서양처럼 수학이라는 이론구성을 가지고 있지 않았다는 것은 주목할 만하다. 그것은 유클리드에 상당하는 수학자가 중국에서 나오지 않았기 때문이다. 옛날부터 중국인도 실용기하학에 대해서 풍부한 지식이 있었다. 그러나 그들의 기하학은 연역적인 구성으로 변환을 하지 않고 있었다.

유럽 인에게는 아주 약간의 기본적 물리원칙이 있으면 그것으로부터 여러 가지 일을 연역할 수 있다는 생각은 매우 당연한 일이다. 왜냐하면 그들 전에는 유클리드의 예가 있기 때문이다.(일반적으로 유럽 인은 유클리드 기하학을 단순히 추상적 시스템이라고는 생각하지 않고, 공리는 현실세계에 살아 있는 진리라고 믿고 있다).

유클리드가 뉴턴에게 미친 영향은 특히 명백하다. 뉴턴은 유명한 저서 《프린시피아(Principia)》에서 기하적 모양을 유클리드와 마찬가지로 쓰고 있다. 기타 많은 과학자들은 유클리드와 겨루어서, 모든 결론이 얼마나 사소한 최초의 가설(假說)로부터 이론적으로 체계화할 수 있는가를 다투었다. 그 중에는 러셀 화이트 헤드 같은 수학자와 스피노자 같은 과학자도 있다.

오늘날의 수학자는 유클리드 기하학이 간단하게 고안할 수 있는 조리가 선 기하학 시스템이 아니라고 이해하고 있다. 과거 150년간이나 많은 비(非)유클리드 기하학이 조립되었다. 사실 아인슈타인의 일반 상대성이론이 용인되고부터 과학자들은 유클리드 기하학은 현실의 우주공간에서는 반드시 진리가 아니라는 것을 알았다. 블랙홀과 뉴턴별 근처에서 중력(重力)의 장(場)이 매우 강해진다. 그러나 유클리드 기하학에서는 이 면에 대한 정확한 그림을 가르쳐주지 않으며, 전체적으로서의 우주에 대한 정확한 설명도 나타나 있지 않다.

그렇지만 이 예는 특수한 것이며 대부분의 경우 유클리드가 한 일은 현실과 매우 근사적(近似的)인 모습으로 제공하고 있다. 여하튼 간에 인간의 지식이 최근처럼 두드러지게 진보해도 유클리드의 지적(知的) 업적과 역사적 중요성을 결코 경감(輕減)시키는 것은 아니다.

23 루터
Martin Luther (1483~1546)

로마카톨릭교회에 도전해서 종교개혁을 이룩한 마틴 루터는 독일의 아이슬레벤(Eisleben)에서 태어났다. 그는 훌륭한 대학교육을 받아 얼마 동안은 법률을 공부했다(분명히 부모의 지시에 의한 것일 것이다). 그러나 그는 법률학의 학과과정이 끝나기 전에 성(聖) 오거스틴 수도사(修道士)의 길을 택하고 말았다. 1512년에는 비텐베르크 대학에서 신학박사 학위를 받고, 그 후 곧 대학교수가 되었다.

루터는 기존 교회에 대한 불만이 차차 높아졌다. 1510년에 로마로 여행하고, 거기서 성직자들의 금전에 대해 무절제한 것과 속물적인 모습을 보고 대단한 충격을 받은 그가, 참다 못해 항의하기 위해 궐기한 원인은 면죄부(免罪符)를 교회가 돈을 받고 팔고 있는 것이었다(면죄부란 죄에 대한 벌을 교회로부터 용서받는 사면(赦免)을 말하며, 죄인이 속죄하고 지내지 않으면 안 되는 기간의 단축이 기입되어 있다).

1517년 10월 31일에 루터는 비텐베르크 교회의 현관에 유명한 항의서 95개 항목을 게시했다. 그 속에서 그는 전반적으로 교회의 금전에 대한 무절제와 특히 면죄부의 판매행위를 강렬하게 비판했다. 게다가 루터는 그 95개 항목의 사본을 마인츠(Mainz) 대사교에게 보냈다. 그리고 이 95개 항목을 인쇄해서 널리 배포했던 것이다.

루터의 교회에 대한 항의 내용은 급속하고 광범위하게 확산되었다. 그는 로마교황의 권위와 일반 교회평의회의 권위도 부정하고, 사람은 오직 성서와 명백한 도리에 의해서만 인도되는 것이라고 주장했다. 놀랄 만한 일은 아니지만 교회는 이런 견해를 기분좋게 받아들이지 않았다. 루터는 교회재판소로 소환되어 여러 가지로 심문당하고, 자기 주장

비텐베르크 교회의 출입구에
95개 항목의 항의문을
못으로 박는 루터.

의 철회를 명령받았다. 그리고 마침내 이단자(異端者) 선고를 받고, 보름스 의회(Diet of Worms : 독일의 보름스에서 종교개혁을 저지하기 위해 열린 의회)에 의해서 법률상의 은전도 뺏기게 되고 그의 저서는 금지당했다.

그 당시 법에 따라 루터는 화형(火刑)에 처해져야 할 운명에 있었다. 그러나 그의 견해는 독일의 왕자들에게도 지지를 받게 되었다.

루터는 1년쯤 세상의 이목을 피하고 은거하지 않으면 안 되었지만, 독일 국내에서의 지지가 너무나도 강하기 때문에 그는 엄한 형을 벗어날 수가 있었다.

루터는 다작(多作)의 저술가로 그 많은 저서는 광범위한 영향을 가져왔다. 그 중에서도 가장 중요한 것은 성서의 독일어 번역이었다. 물론 이때는 읽고 쓰기를 할 수 있는 사람이라면 교회 목사의 힘을 빌리지 않더라도 스스로 성서를 공부할 수가 있게 되어 있었다(부언해서 말하면 루터의 번역이 근사하고 훌륭한 산문체이기 때문에 이것이 독일어와 독일문학에 큰 영향을 가져왔다).

물론 여기서 루터의 신학을 상세하게 말할 수는 없다. 다만 그의 사

E. Delperee 작 〈보름스 국회에 소환당하는 루터〉

상의 열쇠는 신이 옳다고 하고 죄가 없다고 하는 것은 신앙에 의해서만 할 수 있는 것이며, 이 사상은 성 바울의 저서에서 유래되고 있다. 루터는 인간은 본디 종교상의 죄로 더럽혀지고 있으며, 아무리 선행(善行)을 해도 인간을 영구적 파멸로부터 구할 수는 없다고 믿고 있었다.

그리고 구제는 오직 신앙을 통한 하나님의 은총에 의해서만 얻을 수 있다고 했다. 만약 그렇다고 한다면 교회가 면죄부를 파는 것은 옳지 않으며 무효라는 것은 명백하다. 사실상 교회가 개개의 기독교인들과 하나님의 중개자로서 필요하다고 하는 전통적인 사고방식을 고집하는 것은 잘못이다. 루터의 가르침에 따른다면 로마카톨릭교회의 존재 이유는 일거(一擧)에 일소되었다.

루터는 교회의 본질적 역할에 대한 의문뿐만 아니라, 특수한 교회 신앙이나 교회 행사에 대해서도 항의했다. 예를 들면 연옥(煉獄)의 존재를 부정하고 성직자는 독신이 아니면 안 된다는 규칙을 부정했다. 그리고 그 스스로 1525년, 전 수녀(修女)와 결혼해서 6명의 자녀를 가졌다. 그는 아이슬레벤으로 여행하던 중에 사망했다.

물론 루터가 최초의 프로테스탄트(신교) 사상가는 아니다. 그보다 1

세기나 전에 보헤미아의 잔 후스(Jan Hus), 14세기까지는 영국의 학자 존 위클리프*(John Wycliffe)가 있었다. 실제상으로는 12세기의 프랑스 인 피터왈도*(Peter Waldo)가 최초의 프로테스탄트라고 흔히 알고 있다. 그러나 이 당시의 활동이 지방에 한정되어 있었기 때문에 효과가 나지 않았다.

그러나 1517년에는 카톨릭교회에 대한 불만이 일반화되고 있었기 때문에 루터의 말이 항의(프로테스트)의 연쇄에 불을 붙인 것과 같으며 순식간에 불은 전유럽으로 퍼졌다. 따라서 루터를 이 종교개혁을 시작한 최초의 책임자로서 생각해도 상관없다고 생각한다.

이 종교개혁의 결과, 물론 여러 가지 프로테스탄트 분파가 형성되었다. 그러나 신교(프로테스탄티즘)가 기독교의 한 분파이고, 그 이상의 분파가 없다고 한다면 기독교는 불교보다도 혹은 그 밖의 종교보다도 신자수는 많은 셈이 된다.

종교개혁의 또 하나의 결과는 종교전쟁이 확대되었다는 것이다. 이 종교전쟁 중에는(예를 들면 1618년부터 1648년까지 계속된 독일의 30년 전쟁처럼) 무서운 유혈(流血)이 있었다. 전쟁은 별도로 하더라도 그 후의 세기는 카톨릭과 프로테스탄트의 정치적인 투쟁이 주역이 되고 말았다.

여기서 주목해야 할 또 한 가지 점은, 이 책에 뽑힌 인물은 영국 출신자가 가장 많고 독일인이 그 다음을 차지하고 있다. 전체적으로서 이 리스트는 북구(北歐) 및 미국이라는 프로테스탄트 국가의 출신자가 압도적으로 많다. 다만 주의해야 할 것은 1517년 이전을 보면 불과 2명(구텐베르크와 샬레만 대제)밖에 없다.

다시 말해서 이 해 이전에 이 리스트에 오른 인물은 모두 다른 국가

---

*존 위클리프 ; 1320?~1384. 영국의 신학자. 종교개혁자. 영국의 종교적·정치적 독립을 주장하다가 이단자로서 화형을 당한 뒤 그 재는 스위프트 강에 던져졌다.
*피터왈도 ; 1140?~1217. 성서를 프로방스 어로 번역하여 민중에게 알렸다. 당시의 교황으로부터 이단시되어 탄압을 받았다.

의 출신자이고, 현재의 프로테스탄트 국가에 사는 사람들은 인류의 문화와 역사에 그다지 공헌이 없다. 그것은 곧 신교주의라든가 종교개혁은 과거 450년간 이들 지역으로부터 인재를 많이 배출했다는 사실은 아마도 이 지역에 존재한 강력한 지덕, 자유가 가장 큰 요인이다.

　루터에게도 결점이 없는 것은 아니다. 그는 종교적 권위에 대한 반역자이면서도 종교적 사항에서 자기와 의견이 일치되지 않는 사람을 싫어하는 도량이 좁은 면이 있었다. 종교전쟁에서는 그의 나라 독일이 영국보다 훨씬 비참하고 많은 피를 흘렸다. 그것은 루터가 도량이 좁다는 것을 한 예로서 나타내고 있다. 게다가 그는 열렬한 반유태주의자로, 그의 저서는 유태인을 필요 이상으로 악의적으로 쓰고 있다. 그것이 어쩌면 20세기의 독일의 히틀러 시대로의 길을 열게 하는 데 일조가 되었을지도 모른다.

　루터는 민간의 합법적 권위에 대해서 순종할 것을 강조하고 있다. 이것은 아마도 민주정부에 대한 교회의 간섭에 반대하는 주된 동기인 것 같다.(종교개혁은 이론투쟁이 아니라 로마세력에 대한 독일인의 반항이며, 그래서 루터는 독일 왕자들의 지지를 받았다고 보아야 할 것이다). 그러나 루터의 의사에도 불구하고 그의 논지(論旨)는 독일인 프로테스탄트에게 정치적 절대주의를 받아들이게 하는 길잡이가 되었을 뿐만 아니라 루터의 저서가 히틀러 시대를 유도했을지도 모른다.

　사람에 따라서는 왜 루터가 이 책에서 이렇게 높은 순위에 나오는지 의문을 가질지도 모른다. 우선 루터라는 인물이 구미인에게는 중요할지 모르지만 아시아, 아프리카 사람들에게는 중요하지 않다. 중요하다고 하더라도 한 명의 크리스찬뿐이며 중국인, 인도인, 일본인에게는 카톨릭과 프로테스탄트의 차이 따위는 문제가 아니다.

　마치 구미인에게 회교의 수니파와 시아파의 차이 따위에 흥미가 없는 것과 같다. 둘째로 루터는 역사상 최근의 사람이며, 마호메트나 석가모니, 모세에 비해서 인류사상에 미친 영향의 폭이 좁지 않느냐, 게다가 과거 몇 세기에 걸쳐 종교상의 신앙은 서구에서는 하강(下降)하고 있으며, 인간사회에 미치는 영향도 과거의 천년보다 금후의 천년이 더 감소될 것이다. 만약 신앙이 하강선에 있다면 루터는 미래의 역사가가 볼 때 오늘날보다도 더 중요성을 잃을 것은 분명하다.

끝으로 말하고 싶은 것이 있다. 루터 이후의 16세기와 17세기에 종교적 분쟁은 실제로 발생하지 않았다. 결국 그것이 같은 시대에 일어난 과학적 진보 쪽으로 많은 사람들의 관심을 갖게 했던 것이다. 실제로 코페르니쿠스(루터와 같은 시대의 사람)보다도 상위에 둔 이유는 코페르니쿠스가 과학적 혁신에서 한 개인적 역할보다 루터가 종교개혁에서 한 개인적 역할이 본질적으로는 더 크기 때문이다.

24 코페르니쿠스
Nicolaus Copernicus (1473~1543)

폴란드가 낳은 위대한 천문학자 코페르니쿠스는 1473년에 폴란드의 비스툴라(Vistula) 강 부근에 있는 토루니 시에서 태어났다. 생가는 부유해서 젊을 때 크라쿠프 대학에서 공부하여 천문학에 흥미를 갖게 되었다. 21세 때 이탈리아로 옮겨, 거기서 볼로냐 파도바 대학에서 법률과 의학을 공부했다.

그 후 페라라 대학에선 신학 학위를 받았다. 코페르니쿠스는 성인이 되고부터는 대부분의 인생을 플라웬베르그의 대성당 직원으로서 신부회 의원들하고 보냈다. 코페르니쿠스는 천문학을 직업으로 삼은 것이 아니고 그를 유명케 만든 위대한 업적은 사실은 여가시간에 달성되었던 것이다.

코페르니쿠스는 이탈리아 체류 중 고대 그리스의 철학자 아리스타르코스*(Aristarchos of Samos)의 사상을 알 기회가 있었다. 아리스타르코스(기원전 3세기경)는 지구와 기타 행성은 태양 주위를 회전하고 있다고 생각하고 있었다. 코페르니쿠스는 이 태양중심의 가설을 옳다고 확신하게 되었다.

40세 때 그는 이 문제에 관한 생각을 서문과 같은 형식으로 손으로 쓴 소책자로 만들어서 친한 친구들에게 회람시키기 시작했다. 그리고 유명한 저서《천구의 회전에 관하여(De revolutionibus Orbium Coelestium)》를 구성하는 데 필요한 관찰과 계산을 다년간에 걸쳐서 하고 있었다. 이 책 속에서 그는 독자적인 이론을 상세히 말하고 그 증거를 공포했던 것이다.

1533년, 60세 때 로마에서 연속적으로 강연을 해서, 그 이론의 요점을 해설하고 있었으나 로마교황으로부터 비난을 받는 일이 없었다. 그런데도 불구하고 저서가 완성될 즈음해서는 교회로부터의 이의(異議)를 우려해서 출판을 주저하고 있었다. 그러다가 60대 후반이 되어서 마침내 출판하게 되었다. 그러나 인쇄소에서 완성된 초판본이 나온 날, 1543년 5월 24일 그는 죽고 말았다.

이 책에서 그는 지구는 축(軸) 주위를 회전하고 있다고 정확하게 말했다. 다시 말해서 달은 지구 주위를 돌고, 지구와 그 밖의 행성은 전부 태양 주위를 돈다고 했던 것이다. 그러나 지금까지의 학설과 마찬가지로 그도 태양의 크기를 과소평가하고 있었다. 또 그는 궤도(軌道)는 원주로 되어 있거나 또는 주전원(周轉圓)으로 되어 있는 것으로 잘못 믿고 있었다. 또 그의 이론은 복잡할 뿐만 아니라 부정확하기도 했다. 그럼에도 불구하고 그의 저서는 호평을 받았다.

그리고 다른 천문학자에 동기부여를 하게 되었으며, 그 중에서 가장 유명한 사람은 덴마크의 천문학자인 티코 브라헤(Tycho Brahe ;

＊아리스타르코스 ; 그리스의 철학자. 천문학자.《태양과 달의 크기와 거리에 대해서》를 저술하여 지구로부터 달과 태양의 거리비를 계산해서 1대 19로 했다. 그러나 그의 태양중심설은 당시의 천문학자들에게는 인정받지 못했다.

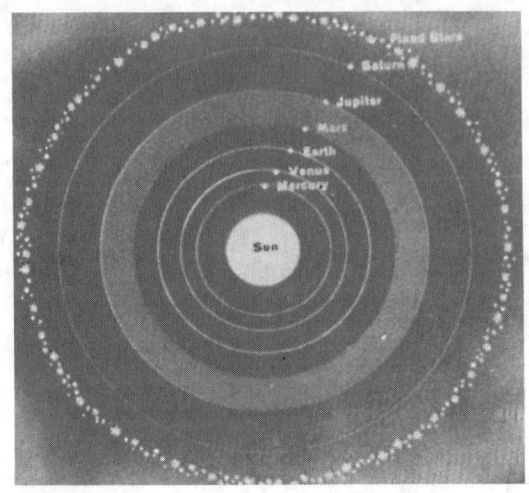
코페르니쿠스의 우주계

1546~1601. 귀족의 아들로 천문학을 공부하여 카시오페이아 별을 발견했다. 왕실의 자금으로 벤 섬에 관측소를 설립하여 21년간 규칙적인 천체관측을 했다)이며, 그는 행성운동을 매우 정확하게 관측했다. 티코가 축적한 관측 데이터에 의해서 나중에 케플러(Johannes Kepler)가 최종적으로 유성운동의 정확한 법칙을 끌어냈던 것이다.

코페르니쿠스보다 17세기나 일찍 아리스타르코스는 태양중심의 가설을 제시했지만, 이 가설은 코페르니쿠스가 세웠다고 해도 지나친 말이 아닐 것이다. 왜냐하면 아리스타르코스의 가설은 영감적으로 나온 추측이지 충분히 세부적인 것에 걸쳐서 이론화되어 있지 않았기 때문에 과학적으로 이용할 수도 없는 것이었다.

코페르니쿠스는 이 가설을 세부에 걸쳐 수학적으로 풀면서 그것을 유익한 과학이론으로 변천시키고 있었다.——예를 들어 예보에 쓸 수 있도록 한다든가, 천체관측을 체크할 수 있게 한다든가, 또 지구가 우주의 중심이라고 하는 낡은 이론과 의미심장하게 비교할 수 있도록 하기도 했다.

코페르니쿠스의 이론은 우리의 우주에 대한 개념에 혁명을 가져왔으며, 또 우리의 전철학체계도 크게 변화시킨 것은 분명하다. 코페르니쿠스의 중요성을 평가하는 데 있어서 천문학은 물리학, 화학, 생물학과 같은 광범위한 실제응용면이 없다는 점을 생각하지 않으면 안 된다. 확실히 코페르니쿠스의 이론에 대해서 지식도 없고 응용이 없더라도 텔레비전, 자동차, 근대적 화학공장은 자꾸 만들어낼 수가 있다. (그렇지만 패러데이, 맥스웰, 라부아지에, 뉴턴의 이론과 응용이 없이는 할 수 없는 일이다)

그러나 기술에 대한 코페르니쿠스의 영향*만을 생각한다면 진짜 중요성을 간과하게 될지도 모른다. 코페르니쿠스의 책에는 갈릴레오나 케플러의 연구에 있어서 불가결한 서문이 있다. 그들은 또 그 순서로 뉴턴의 선배이며, 뉴턴에게 운동과 인력의 법칙을 체계화시킬 수가 있었던 것은 그들 선배들의 발견이 있었기 때문이다.

역사적으로 보아서 코페르니쿠스의 저서《천구의 회전에 관하여》는 현대 천문학의 출발점이며, 사실상 현대과학의 출발점이기도 하다.

25 와 트
James Watt (1736~1819)

증기기관의 발명자로 되어 있는 스코틀랜드의 발명가 제임스 와트는 산업혁명상 중요인물이다.

실제상 와트는 증기기관의 최초의 발명가가 아니다. 같은 장치를 제 1세기에 알렉산드리아의 히로(Hero)가 그리고 있으며, 1698년에는 토

---
* 코페르니쿠스의 영향 : 코페르니쿠스는 천문학 이외에 의학·신학에도 뛰어났으며, 또 화폐제도의 경제학적 연구도 개발했다. 또 정치적으로는 독일기사단에 반대하고 프로이센과 폴란드의 동맹책을 제창했다.

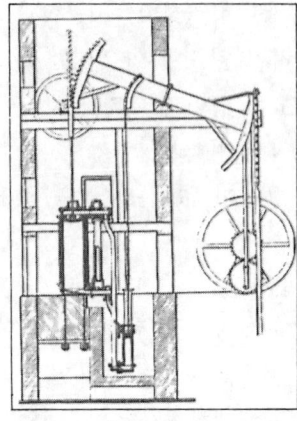
와트의 1769년제
복동(複動) 증기엔진

마스 세버리*(Thomas Savery)는 양수(揚水)펌프에 쓰는 증기기관의 특허를 받았으며, 1712년에는 영국인인 뉴코멘*(Thomas Newcomen)이 이것에 개량 설명을 첨가해서 특허를 받았다. 그러나 뉴코멘의 엔진은 효율이 낮아서 광산에서 물을 퍼올리기 위한 펌프로밖에 쓸 수 없었다.

와트 자신은 1764년에 뉴코멘의 엔진 모델을 수리하고 있는 동안에 증기엔진에 흥미를 갖게 되었다. 와트는 기계의 제작기수로서 불과 1년간의 훈련밖에 받지 않았지만, 상당한 발명적 재능을 가지고 있었다. 뉴코멘의 발명에 가한 개량은 매우 중요한 것이었으므로 와트가 실용 증기기관의 최초의 발명자라고 생각하는 것은 당연하다.

1769년에 특허를 받은 와트의 첫 번째 대개량은 압축기를 분리한 것이다. 또 증기 실린더를 독립시켜, 1782년에는 복동(複動)기관을 발명했다. 그 밖에도 작은 개량을 거듭한 기술혁신에 의해 종래보다 4배 이상의 효율을 높이게 되었다. 실용상의 효율 증대라는 것은, 교묘하게 만들어져 있지만 실용상에는 그다지 쓸모가 없는 장치와 산업상 매우

─────────────
* 세버리 : 1650~1715. 영국 육군사관·기술자. 증기의 냉각에 의해서 생기는 진공을 이용한 광산용 양수펌프·유리연마기의 발명자.
* 뉴코멘 : 1663~1729. 대기압기를 제작. 와트의 증기기관차가 나타날 때까지 광산용으로 널리 쓰였다.

이용도가 높은 장치와의 차이이다.

　와트는 또 엔진의 왕복운동을 회전운동으로 전환시키는 한 세트의 기어를 발명했다(1781년). 이 장치에 의해서 증기기관의 이용범위는 비약적으로 증대했다. 와트는 다시 1787년에 원심조속기(遠心調速機)를 발명하여 그것으로 엔진속도를 자동제어할 수 있게 되었다. 게다가 압력계(1790년), 계수기(計數器), 인디케이터, 조리개 밸브, 기타 많은 개량 개발이 있었다.

　와트 자신은 사업을 그다지 잘하지 못한 것 같다. 그러나 1775년에 볼턴(Matthew Boulton)과 합병회사를 설립하고, 그 후 25년간 와트·볼턴회사는 대량의 증기기관을 제조판매해서 두 사람 다 대자산가가 되었다.

　증기기관차를 너무 과대시(過大視)하는 것은 좋지 않다. 사실 그 밖에도 많은 발명이 있으며 그것이 산업혁명에 큰 역할을 하고 있었기 때문이다.

　광산, 야금(冶金), 기타 여러 가지 산업기계도 계속 개발되고 있었다. 예를 들면 프라이셔틀이라는 직기(織機)의 속도를 2배로 바꾼 존 케이(John Kay : 1704~1764. 아버지가 경영하는 양모공장의 기사)라든가 제임스 하그리브즈*(James Hargreaves) 등 두세 가지 발명은 와트보다 앞서 있었다. 그렇지만 그 밖의 많은 발명에서는 조그만 개량이 추가되어 어느 하나도 산업혁명에 결정적이라고 할 수 있는 일은 없다.

　그러나 증기기관은 그것과는 전혀 달라서 절대적인 역할을 하고 있다. 증기기관이 없었더라면 산업혁명은 근본부터 다른 것이 되었을 것이다. 전부터 동력으로서 풍차나 수력 등이 활용되고 있었지만 그 주요한 동력원은 항상 사람의 육체력이었다. 그것이 산업의 생산력에 제약으로 되어 있었다.

　그렇지만 증기기관의 개방에 의해서 이 제약이 해결되었던 것이다.

─────────
* 하그리브즈 : ?~1778. 제니 방적기라는 다축방적기(多軸紡績機)를 만들어 1758년경에 잉글랜드 전체에 2만 대나 보급해서 산업혁명의 발단이 되었다.

소년시절의 와트가
증기의 냉축(冷縮)에 대해
알게 된다.

 대량의 에너지가 생산활동을 위해 소비되게 되고, 자연히 생산은 더욱 더 증대되었다. 1973년의 수출금지로 에너지 부족이 얼마나 산업시스템 전체에 심각한 곤란을 가져오는가를 우리는 뼈저리게 알게 되었다. 이 경험은 다소나마 와트의 발명이 얼마나 산업혁명에 있어서 중요한가를 가르쳐주었다.
 공장의 동력원으로서의 이용과는 별도로, 증기기관은 그 밖에도 여러 면에서 응용되었다. 1783년에 다방스(Maquis de Jouffrog d'Abbans)는 증기기관을 배에 장치하는 데 성공했다. 1804년에 트레비식(Richard Trevithick, 1771~1883)은 처음으로 증기기관차를 제작했다. 이러한 최초의 모델은 모두 산업적으로는 성공하지 못했다. 그러나 수십년 이내에 증기선, 철도는 수륙(水陸)의 수송기술을 혁신했던 것이다.
 산업혁명은 역사상으로는 미국혁명, 프랑스혁명과 동시에 일어났다. 그 당시의 일은 명백하지 않지만, 오늘날의 우리들로서도 인간의 일상생활에 미친 충격은 다른 어떤 중대한 정치적 혁명보다도 산업혁명이 더 크다고 볼 수가 있다. 따라서 와트는 역사상 가장 영향력이 있는 인물 중 한 명이다.

26 콘스탄티누스 1세
Constantinus I (274?~337)

　콘스탄티누스·대제(大帝)는 로마 초대의 크리스챤 황제이다. 기독교를 받아들여 여러 가지 정책면에서 보급을 장려하여 그때까지 이교(異教)로서 박해당하고 있던 기독교를 유럽의 지배적 종교로 변혁시키는 주역을 맡은 것이 콘스탄티누스 대제이다.

　콘스탄티누스는 280년에 나이수스(Naissus ; 현재의 유고슬라비아의 니스)에서 태어났다. 아버지는 고급 군인으로 젊을 때는 디오클레티아누스 황제(Diocletianus. 245~316. 달마티아의 반민으로부터 군인으로 대두되어 군의 추대를 받아 황제가 되었는데 행정·재정을 재건했지만 기독교를 박해했다)의 궁진이었던 니코메디아(Nicomedia)에서 지냈다.

　디오클레티아누스 황제가 305년에 퇴위하자 콘스탄티누스의 아버지인 콘스탄티우스는 로마제국 서반부의 지배권을 가졌다. 이듬해에 콘스탄티우스가 죽자 아들인 콘스탄티누스는 부하 군대로부터 황제라고 선언되었다. 그러나 다른 장군들 중에는 이 선언에 반대하는 사람도 나타나 그 후 내란이 계속되었다. 312년에 이 내란은 최후의 적인 막센티우스(Maxentius ; 막시미아누스 황제의 아들로 황위계승에서 제외되었다)를 로마 근처에 있는 밀비우스 다리의 싸움에서 무찌름으로써 종지부를 찍었다.

　콘스탄티누스는 이젠 로마제국의 서반부에서는 아무도 반항하는 자가 없는 지배자가 되었다. 그러나 또 한 사람의 장군인 리키니우스(Licinius ; ?~325. 황제 재위 307~324. 동방을 지배. 당초 기독교를 공인했으나 나중에 박해해서 콘스탄티누스와 대립했다)는 로마제국

Pietro Da Cortona 작.
〈사자와 싸우는 콘스탄티누스 대제〉

의 동반부를 지배하고 있었다. 323년에 콘스탄티누스는 이를 공격하여 격파했다. 이후 337년에 그가 죽을 때까지 로마제국의 유일한 지배자가 되었다.

콘스탄티누스가 언제 기독교 신자가 되었는지 명확하지 않다. 일반적인 전설로는 밀비우스 다리의 싸움 때 하늘에 불의 십자(十字)를 보는 것과 동시에 다음과 같은 말이 들렸다고 한다. "이 증표로 그대는 황제가 된다"고. 왜, 어떻게 해서 개종(改宗)했느냐 하는 것은 별도로 하고, 기독교의 보급을 헌신적으로 추진한 것은 사실이다.

처음에 한 것은 유명한 밀라노 칙령(勅令)이다. 그것에 의해서 기독교는 겨우 합법적으로 용인되는 종교가 되었다. 이 칙령에 의해서 그때까지 박해를 받고 있던 교회 재산을 다시 교회로 돌려주게 되었고, 또 일요일은 기도의 날로 정하게 되었다.

이 밀라노 칙령는 종교적 자유라는 일반적인 감각에서 유도된 것이 아니다. 오히려 콘스탄티누스의 통치는 그 후 몇 세기에 걸쳐 기독교주의의 유럽 내부에 지속되었던 유태인에 대한 공권에 의한 박해의 시작이라고 할 수 있다.

콘스탄티누스는 기독교를 공적인 국교로서 인정하고 있지는 않다. 다만 입법 기타 시찰에 의해서 기독교를 장려했다. 그의 재위기간은 기독교로 개종(改宗)함으로써 직위상의 승격이 기대되었던 것이 분명하며, 또 교회에 대해서 여러 가지 유익한 특권과 면제를 법령으로 냈다. 또 베들레헴의 그리스도 강탄교회(降誕敎會)나 예루살렘의 성모교회(聖母敎會) 같은 세계에서 가장 유명한 교회의 건축은 모두 그의 통치기간 중에 시작되었다.

로마 최초의 기독교 신자인 콘스탄티누스 황제의 역할은 그것 자체만으로도 이 책의 리스트에 올릴 자격이 있다고 할 수 있을 것이다. 또 그 밖에도 그의 업적은 영향이 깊은 데까지 이르는 것이 많다. 그 중의 하나는 고도(古都) 비잔틴을 재건하는 동시에 대개발을 하여 콘스탄티노플이라고 명명하고 수도로 삼은 일이다.

콘스탄티노플(현재는 이스탄불이라고 부르고 있다)은 그 후 세계 최대의 도시가 되어, 1453년까지는 동로마제국의 수도가 되고, 그 후는 오스만제국의 수도가 되었다.

콘스탄티누스는 교회내부사(敎會內部史)에서도 큰 일을 했다. 당시 아리우스(Arius ; 250?~336?. 리비아 출신. 예수의 신성(神性)을 부인하고 삼위일체의 아타나시오스와 대립했다. 그 가르침은 여러 민족에 퍼졌다)와 아타나시오스(Athanasios ; 295?~373. 카톨릭 정통교의의 확립자로 신과 그리스도의 동질성을 주장하는 삼위일체의 정통파를 지지하는 아리우스교파였다)의 양파간의 논쟁을 정리하기 위해 콘스탄티누스는 325년에 니케아(Nicaea)에서 종교회의를 소집했다. 이것이 교회 최초의 평의회(評議會)이며, 콘스탄티누스가 주역이 된 이 회의에서는 니케아 신조(信條)를 채택해서 양파의 논쟁이 해결되었다. 그리고 이것이 정통파 교회의 독트린이 되었다.

더 중요한 것은 로마법의 제정이다. 콘스탄티누스는 법을 제정해서 직업(예를 들면 푸줏간, 빵집 등)을 만들어 세습제(世襲制)를 실시했다. 또 법령을 냈을 당시의 콜로누스(소작농 계층의 사람)는 자기 농지로부터 떠나는 것을 금했다. 지금으로 말하자면 이 법령은 콜로누스를 영원히 그 토지에 묶어두는, 다시 말해서 농노(農奴)로 만드는 것이다. 이런 법률에 의해 중세 유럽의 전체적인 사회기구의 기초가 유지되었다.

콘스탄티누스는 죽을 때까지 세례를 받으려고 하지 않았다. 그러나 그는 훨씬 전부터 기독교로 개종하고 있었음은 분명하다. 또한 기독교의 정신적 내용을 완전히 회피하고 있는 것도 분명하다. 그의 일상생활은 냉혹하고 잔인했다. 그것은 반드시 적에 대해서만 그랬던 것이 아닌 것 같다. 왜냐하면 326년에 어떤 이유가 있었는지 명확하지는 않았지만 자기 아내와 장남을 죽였다.

콘스탄티누스의 기독교 채용으로 세계 역사의 흐름이 바뀐 것은 아니다. 그것을 불가피한 것이라고 단정하는 데는 의론의 여지가 있다. 결국 디오클레티아누스 황제가 303년에 기독교에 대해서 팔레스티나와 이집트에서 지독한 박해를 가했지만, 종교를 억압하려고 했던 계획은 실패로 끝났다. 그것은 다시 말해서 기독교의 세력이 매우 커져서 아무리 가혹한 수단으로써도 억압할 수 없을 정도로 되어 있었다는 말이다. 디오클레티아누스 황제가 기독교의 근절을 기도했다가 실패했기 때문에 콘스탄티누스의 간섭이 없더라도 역시 기독교는 최후의 승리를 거둔다고 모든 사람은 생각한다.

이런 고찰은 흥미가 있지만 결론에는 도달하지 않는다. 콘스탄티누스가 없었더라면 어떻게 되었을까 하는 것을 확인하는 것은 곤란하다. 여하튼 그의 장려책으로 기독교가 수적(數的), 영향력적으로 급속하게 발전한 것만은 틀림없다. 소집단의 신자들에서부터 불과 1세기 이내에 지상 최대의 제국인 로마제국의 국가종교가 된 것이다.

콘스탄티누스는 유럽 역사에서 중추적 인물의 한 사람이라는 것은 틀림없다. 그가 취한 정책의 영향과 내구성(耐久性)이라는 점에서 본다면, 알렉산더 대왕이나 나폴레옹, 히틀러보다도 분명히 상위에 있다.

27 워싱턴
George Washington (1732~1799)

조지 워싱턴은 버지니아 주 웨크필드에서 1732년에 태어났다. 유복한 이주자의 아들로 20세 때 풍부한 부모의 유산을 물려받았다. 1753년부터 5년간은 군대에 들어가 대(對)프랑스전, 대인디언전에 참가해서 군인으로서의 경험을 쌓았다.

1758년말에 버지니아 주로 돌아와 군인을 그만두고, 두 자식을 가진 부유한 미망인 커스티스(M. Custis)와 결혼했다. (워싱턴과의 사이에서 자식은 생기지 않았다)

그 후 15년간은 오로지 토지와 재산의 관리를 하면서 사교계에서 유능한 인물이 되었다. 1774년에는 제1회 대륙회의에 버지니아 대표 자격의 의원으로 뽑혔으며, 이미 버지니아의 이주지에서는 최대의 부자가 되어 있었다. 워싱턴은 최초의 독립 창도자(唱導者)는 아니었다. 1775년 6월에 제2회 대륙회의가 열려서(그는 역시 의원이었다) 만장일치로 식민지군의 사령관으로 뽑혔다.

그의 군대 경력, 유복함과 명성, 준수한 용모(신장 190m)와 건강한 체질, 행정능력, 특히 결단력과 강함은 그 지위에 안성맞춤이었다. 전쟁 중에도 한푼의 송금도 받지 않고 모범적으로 헌신했다.

워싱턴의 가장 중요한 업적은 식민군 사령관이 된 1775년 6월과 대통령으로서의 제2기가 끝난 1797년 3월 사이에 달성되었다. 1799년 12월에 버지니아 주 마운트 바논의 자택에서 사망했다.

워싱턴이 미합중국이 독립하는 데 있어서 탁월한 지휘력을 발휘한 것은 그가 한 3가지 중요한 역할에서 나온다.

첫째는, 미국 독립전쟁을 승리로 이끈 군의 최고 지휘관이었다는 것이다. 워싱턴은 결코 전쟁의 천재가 아니라는 것은 분명하다. 확실히 그 점에 있어서 알렉산더 대왕이나 시저급의 장군과는 거리가 멀다고 할 수 있다. 그가 최종적으로 성공한 것은 적어도 영국군 사령관의 무능함에 힘입은 바가 크다. 그러나 다른 미국군의 장군들 중에는 참혹한 패전을 당한 사람도 몇 사람인가 있었다. 워싱턴만 하더라도 수는 적지만 국지전에서는 참혹한 꼴을 당한 전투도 있었다. 그러나 최종적으로 전쟁을 승리로 이끌어서 완료시키도록 지휘하고 합동했던 것이다.

둘째로는, 그는 헌법제정위원회(1787년 5월에 필라델피아에서 열렸음)의 의장이었다. 워싱턴의 사상이 미합중국 헌법의 창안에 큰 역할을 했던 것은 아니지만, 그에 대한 지지와 위신과 힘이 함께 어우러져서 주정부로부터 그 헌법 초안은 비준을 받게 되었다. 당시 새 헌법에 대해 상당한 반대도 있었기 때문에 만약 워싱턴의 영향력이 없었다면 헌법은 비준을 받을 수 없었을지도 모른다.

셋째로는, 워싱턴은 미합중국의 초대 대통령이라는 것이다. 미합중국으로서 초대 대통령에 워싱턴 같은 인격자이며 수완가를 얻었다는 것은 행운이었다. 남미나 아프리카의 여러 나라 역사에 자주 볼 수 있는 것처럼, 새로운 국가가 아주 간단히 처음에는 민주주의적 헌법으로 출발하더라도 금세 군사 쿠데타로 인해 군정으로 바뀌는 경우가 많다. 그러나 워싱턴은 새 국가를 붕괴시키지 않았던 견고한 지도자로서 종신 권력의 자리에 앉겠다는 야심이 없었다. 또 결코 왕도 전제적 지도자도 될 의사가 없었다. 그리고 권력의 자리를 평화리에 이양(移讓)한다는 전례를 남겼다.——그 선례는 오늘의 미합중국으로까지 이어받아지고 있다.

워싱턴은 당시의 다른 미국 지도자, 예를 들면 제퍼슨, 제임스 매디슨, 알렉산더 해밀턴, 벤자민 프랭클린과 같은 사상가로서의 독창성이나 예민성이 있었던 것은 아니다. 그러나 그에게는 이런 빛나는 사람들보다도 훨씬 중요한 것이 있다. 왜냐하면 워싱턴은 전시에나 평화시에도 실천적 지도자로서 결정적인 중요한 인물이었기 때문이다. 만약 그가 없었더라면 정치적 활동은 성공하지 못했을 것이다. 미합중국의 건국에 봉사한 매디슨의 공헌도 중요하지만 워싱턴의 공헌은 거의 불가결한 것이라고 할 수 있다.

이 책에서의 워싱턴의 순위는 미합중국의 역사적 중요성이라는 관점에 상당한 무게를 두고 결정했다. 이 중요성을 공정하게 평가하는 것은 현재의 미국인으로서는 상당히 곤란한 일이다. 미합중국은 20세기 중엽에 로마제국이 최전성기에 보유했던 군사적·정치적 영향력보다 훨씬 큰 세력을 갖게 되었지만, 그 정치적 세력은 로마제국만큼 장기간 지탱할 수는 없을지도 모른다. 이에 반(反)해서 미합중국이 이룩한 기술개발은 다른 문화면이라든가, 다른 시대에서 보아도 매우 중요하다고 생각되는 것은 분명하다.

예를 들면 항공기의 개발이라든가 달 착륙 등, 인류의 옛날부터의 꿈을 실현시키고 있다. 그리고 핵무기의 발명이 중요하지 않는 개발이라고 생각된다고는 상상도 할 수 없는 일이다.

워싱턴은 로마의 아우구스투스 시저에 해당하는 미국의 정치가이며, 워싱턴을 아우구스투스나 시저 가까이에 두는 것도 당연할 것이다. 워싱턴을 약간 낮게 한 것은 워싱턴이 리더십을 발휘한 기간이 아우구스투스보다 짧은 것이 주된 이유이다.

다시 말해서 그만큼 많은 사람들(예를 들면 제퍼슨이나 매디슨 등)이 미합중국의 건국에 큰 역할을 하고 있기 때문이다. 그러나 워싱턴을 알렉산더나 나폴레옹보다도 상위에 두었다. 그 이유는 그의 업적은 그 이상의 내구성(耐久性)이 있기 때문이다.

28 패러데이
Michael Faraday (1791~1867)

 이것은 전기(電氣)시대의 일이다. 우리들의 시대는 우주시대다. 원자력시대라고도 불리고 있다. 우주여행, 원자력무기, 모두 잠재적인 중요성은 있지만 우리들의 일상생활과는 비교적 관계가 적은 것 같다. 그러나 우리들은 일상 전기기구를 끊임없이 쓰고 있다. 기술적 특성이 현대에 이만큼 철저하게 침투된 것으로서 전기의 이용보다 더한 것은 없다고 생각한다.
 오늘날의 우리들이 전기에 정통하게 된 것은 많은 선배들의 덕택이다. 그 중에서도 가장 유명한 사람들은 쿨롱*(Charles Augustin de Coulomb), 볼타*(C. Alessandro Volta), 에르스테드*(Hans Christian Oersted), 그리고 앙페르*(André Marie Ampère) 등이 있다.
 그러나 이 밖의 사람들보다 훨씬 높은 곳에 위대한 두 명의 영국의 과학자가 있다. 바로 패러데이와 맥스웰이다. 이 두 사람의 연구성과는 상호 보완적이지만 결코 공동업적은 아니다. 각각의 업적이 이 책의 순위에서는 높은 위치에 있다.
 패러데이는 1791년에 잉글랜드의 뉴잉글랜드에서 태어났다. 가정이 가난했기 때문에 대부분이 독학이었다. 14세 때는 제본소나 책방의 심

---

*쿨롱 : 1736~1806. 프랑스 공병장교로서 서인도제도에 근무, '쿨롱의 법칙' 발견자.
*볼타 : 1745~1827. 이탈리아 태생, 전기현상을 연구하여 전지, 험전기(驗電器) 등을 발명.
*에르스테드 : 1777~1851. 코펜하겐 대학 교수, 전자역학의 체계화, 지자기 관측소의 설립으로 유명.
*앙페르 : 1775~1836. 에르스테드에 이어 전류 상호작용의 연구와 수식화(數式化)로 유명.

1855년 12월 27일, 로얄 인스티튜드에서 강연하는 패러데이.

부름꾼으로 일했다. 그리고 시간이 있으면 닥치는 대로 책을 읽었다. 그리고 20세가 되었을 때, 당시 영국의 과학자로서 유명했던 데이비* (Sir Humphrey Davy)의 강연을 듣고 완전히 매혹당했다.

그래서 데이비에게 직접 편지를 써서, 조수로 써달라고 부탁했다. 그 후 2, 3년이 지나서 패러데이는 자력으로 중요한 발견했다. 그는 수학적인 기초지식이 부족했지만 실험물리학자로서 매우 뛰어난 재능을 가지고 있었다.

패러데이가 전기공학에서 최초의 중요한 발견을 한 때는 1821년이었다. 그보다 2년 전에 에르스테드가 가까이 있는 전선에 전류를 흐르게 하면 보통의 자기(磁氣) 콤파스의 자침(磁針)이 편향(偏向)하는 것을 발견했다. 패러데이는 이것이 힌트가 되어서 마그네트를 고정시키면 반대로 전선이 움직일 것이라는 것을 깨달았다.

이 예감을 바탕으로 연구를 계속하여 독창적인 기계장치를 만드는

---

*데이비 ; 1778~1829, 목각(木刻) 장인의 아들로 의사 겸 약제사, 독학으로 화학을 공부하여 로얄 인스티튜드 교수, 로얄 소사이어티 회장, 제1회 나폴레옹상 수상, 그가 고안한 안전등은 지금도 쓰이고 있다.

데 성공했다. 다시 말해서 전류가 전선으로 통하고 있는 한, 그 전선은 마그네트 가까이에서 언제까지나 회전을 계속하는 것이다. 따라서 패러데이가 발명한 것은 최초의 전기 모터이며, 물체를 움직이기 위해 전류를 응용한 최초의 기기(機器)이다. 그것은 매우 유치한 것이었지만 패러데이의 발명은 지금 전세계에서 사용되고 있는 모든 전기 모터의 조상이 되는 것이다.

이것은 경이적인 기술적 돌파구이다. 그렇지만 그 실제 응용면에서는, 당시는 원시적인 화학 배터리밖에 전류를 일으키는 방법이 없었기 때문에 제약이 있었다. 패러데이는 그래서 자기를 이용해서 발전하는 방법이 뭔가 있다고 확신하고 그 방법의 탐구에 착수했다.

그런데 고정된 마그네트로는 가까이에 있는 전선의 전류를 유도하지 않았다. 그러나 1831년에 그는 폐쇄된 환선(環線, 루프) 속에 마그네트를 통하게 하면 마그네트로 움직이고 있는 동안은 전류가 전선으로 흐르는 것을 발견했다. 이 효과를 전자유도라고 하며, 이 패러데이 법칙의 발견은 그에게 있어서 가장 크고 혼자만의 업적으로 되어 있다.

이것은 기념할 만한 발견이다. 왜냐하면 여기에는 두 가지 이유가 있다. 첫째는 패러데이의 법칙은 우리들이 전지이온을 이해할 경우에 기본적인 중요성이 있다는 것이다. 둘째는 전자유도를 써서 전류를 연속적으로 발전시킬 수가 있었다는 것이다. 이것은 그 자신이 발전기를 만들어 실연선전(實演宣傳)을 했다(패러데이의 원판).

현재의 도시나 공장에 전력을 공급하는 발전기는 패러데이가 만든 것보다 훨씬 복잡하게 되어 있지만, 어떤 발전기도 모두 같은 전자유도의 원리에 의거하고 있다.

패러데이는 또 화학의 분야에도 공헌하고 있다. 우선 가스의 액화방법을 고안하여 벤젠 등 여러 가지 화학물질의 발견도 하고 있다. 그 중에서도 중요한 것은 전기화학(전류의 화학효과)의 연구이다. 그는 교묘한 실험에 의해서 전기분해의 두 가지 법칙이라고 명명되고 있는데, 그것이 전기화학의 기초가 되고 있다. 그는 또 양극(陽極), 음극(陰極),

전극(電極), 이온 등 많은 기술전문용어를 보급시키기도 했다.

물리학에 자력선과 전기력선이라는 중요한 개념을 도입한 사람도 패러데이다. 그는 마그네트 그 자체를 강조하는 것이 아니라, 오히려 마그네트간의 장(場)을 강조해서 현대물리학으로 가는 많은 발판을 준비했다. 그 속에는 맥스웰의 방정식도 포함된다. 또 패러데이는 극성(極性)이 부여된 편광(偏光)이 자장(磁場)을 통과하면 분극작용이 변화하는 것을 발견했다. 이 발견은 중요한 의미가 있다. 왜냐하면 이것으로 비로소 빛과 자기 사이에 관계가 있다는 것을 나타냈기 때문이다.

패러데이는 재기가 넘칠 뿐 아니라 상당한 미남자이기도 하여, 특히 과학 강연가로서 굉장히 유명해졌다. 그러나 성격은 소극적이었으며 놀랄 만큼 명성과 돈, 명예 등에 무관심한 인물이었다.

기사의 작위(爵位)를 거절하고, 영국학사원(英國學士院)의 원장으로 추천되었으나 이것도 거절했다. 장수하고 행복한 결혼 생활을 했지만 자식은 없었으며, 런던근교에서 1867년에 사망했다.

29 맥스웰
James Clerk Maxwell (1831~1879)

영국의 또 한 사람의 위대한 물리학자 맥스웰은 전자기학(電磁氣學)의 기본법칙을 표현하는데 4개의 방정식 등을 세트로 해서 체계화한 것으로 유명하다.

전기와 자기라는 두 분야는 맥스웰보다도 상당히 전부터 광범위하게 연구되고 있었다. 그러나 전기와 자기의 여러 가지 법칙이 특정한 환경 아래서는 진리라는 것이 발견되었지만 그 전체를 통합하는 이론은 맥스웰 이전에는 없었다.

한 세트가 된 4개의 짧은 방정식(이라고 해도 매우 이해하기 어렵다)에 의해서 맥스웰은 전자장(電磁場) 현상과 상호작용을 정확하게 표현할 수 있게 되었다. 이렇게 해서 혼란한 많은 전자현상을 이해하기 쉬운 단일 이론으로 바꾸었다. 이 방정식은 금세기로 들어와서부터 이론과학, 응용과학의 양면에서 널리 채용되고 있다.

맥스웰 방정식에 큰 가치가 있다는 것은, 이 방정식은 모든 조건하에서도 적용되는 일반방정식이며 지금까지 알려져 있는 전자기관계 법칙의 전부 또 지금까지 알려져 있지 않는 결과에 대해서도 전부가 맥스웰의 방정식에서 유래되고 있다는 점이다.

이러한 새로운 성과 중에서도 가장 중요한 것은 맥스웰 자신이 이끌어내고 있다. 그의 방정식에 의해서 자장의 주기적 진동이 가능하다는 것을 나타낼 수가 있다. 이런 진동을 전자파(電磁波)라고 부르는데, 이 진동은 한번 시작되면 공간을 전해져 가는 성질이 있다. 맥스웰은 자기 방정식으로 풀어 이 전자파의 속도는 매초 약 30만km라고 했다. 그는 이것은 빛의 측정속도와 같다고 인정했다. 이것으로 빛은 전자파로 구성되고 있다는 결론에 달했다.

이렇게 해서 맥스웰의 방정식은 전기·자기의 기본법칙뿐만 아니라 광학의 기본법칙에도 적용되었다. 사실 지금까지 알 수가 있었던 광학 법칙은 지금까지 발견되어 있지 않는 많은 사실과 관계를 포함해서 전부 그의 방정식에서 끌어낼 수가 있다.

가시광선(可視光線)은 전자복사(電子輻射)가 유일한 것이 아니다. 주파수가 가시광선과는 다른 전자파가 존재함이 틀림없다는 것을 맥스웰의 방정식에서 알 수 있게 되었다. 이 이론적 결론은 그 후 헤르츠(Heinrich Hertz ; 1857~1894. 칼스루에 대학 교수, 본 대학 교수, 전자파의 존재를 실험적으로 보여 전자파가 빛이나 열복사와 같은 성질이라는 것을 확증)가 맥스웰이 예측한 불가시(不可視) 전파의 존재를 실제 실험을 통해 검증했다.

그 후 2, 3년이 지나서 마르코니가 이 불가시 전파를 이용해서 무선

맥스웰의 방정식
전기, 자기의 기본법칙

전신을 개발했다. 그리고 라디오가 나타나게 되었다. 오늘날의 텔레비전도 마찬가지이다. X선, 감마선, 적외선, 자외선 등은 모두 전자복사의 또 하나의 예이다. 이런 것들은 전부 맥스웰의 방정식에 의해서 연구할 수가 있었다.

맥스웰의 당초의 명성은 전자현상학, 광학에 대한 현란한 공헌에 의하고 있지만, 그 밖에도 천체이론(天體理論), 열역학(熱力學) 등 다른 과학분야에도 큰 공적이 있다. 그가 특히 흥미를 가지고 있었던 것은 기체의 운동이론이다. 어떤 기체 중의 분자는 각기 등속(等速)으로 움직이고 있지 않다고 생각했다. 다시 말해서 어떤 분자는 천천히, 어떤 것은 빨리, 어떤 것은 극도로 빨리 움직이고 있다. 맥스웰은 이것을 법칙화하는 일에 착수했다. 주어진 기체의 분자가(일정 온도에서) 어느 정도의 속도로 움직이느냐를 분류해서 법칙화했다. 이 법칙은 맥스웰의 분포칙(分布則)이라고 불리는 것으로, 과학 공식에서 가장 널리 이용되고 물리학의 많은 분야에서 쓰이고 있다.

맥스웰은 1831년에 스코틀랜드 에든버러에서 태어났으며, 굉장히 조숙해서 겨우 15세 때 에든버러 로얄 소사이어티에 과학 논문을 제출했다. 에든버러 대학에 들어갔다가 케임브리지 대학으로 옮겨 졸업했다. 성인이 된 다음에는 거의 대부분의 생애를 대학교수로 일관했으며, 최후는 케임브리지 대학 교수로 있었다. 결혼했지만 자식은 없었다.

맥스웰은 뉴턴과 아인슈타인 사이의 최대의 이론물리학자로 보여지고 있다. 그의 빛나는 생애는 1879년에 48세의 생일을 맞기 직전에 암으로 사망했다.

30 라이트 형제
Wilbur Wright (1867~1912)
Orville Wright (1871~1948)

이 형제의 업적은 서로 맞물려 있기 때문에 같이 모으기로 했다. 윌버 라이트(형)는 1867년에 인디아 주에서 태어나고, 동생인 오빌은 1871년에 오하이오 주에서 태어났다. 두 사람 다 고등학교 교육은 받았지만 졸업증서는 받지 못했다.

두 사람 다 기계를 만지는 데 천부의 재능이 있어, 유인비행(有人飛行)에 흥미를 가지고 있었다. 1892년에 두 사람은 영세공장을 사들여서 수리공장으로 개설한 후 자전거의 제조, 수리를 시작했다. 그리고 비행연구라는 그들의 꿈을 실현하기 위한 기금의 준비를 하고 있었다.

그들은 비행에 관한 책 —— 예를 들면 오토 릴리엔탈*(Otto Lilienthal), 옥타브 샤뉴트(Octave Chanute), 사무엘 랭리*(Samual P. Langley) 등의 책을 닥치는 대로 읽었다. 그리고 1899년에는 그들 자신이 비행하기 위해 문제 해결에 몰두했다. 4년 남짓한 연구 끝에 1903년 12월에 성공하여 유론(有論)의 미(美)를 거두었다.

---

* 릴리엔탈 : 1848~1869, 독일의 항공기술과 활공기를 시작(試作) 운행하다가 추락사.
* 랭리 : 1834~1906, 미국의 물리학, 천문학자. 최초의 동력무인비행에 성공.

라이트 형제의 복엽기(複葉機)

　그때까지 많은 사람들이 이것에 실패했었는데, 어째서 라이트 형제가 성공했는지 의아해하는 사람이 많았다. 그 성공에 몇 가지 원인이 있다. 첫째는, 두 사람은 항상 함께 일하고 완전한 협력태세가 갖춰져 있었다는 것이다. 둘째는 처음부터 동력이 딸린 비행기에 매달리지 않고 어떻게 해서 나느냐를 우선 배우기로 결정하고 있었다는 것이다.
　이것은 다소 역설적(逆說的)이다. 다시 말해서 처음에 비행기가 없이 어떻게 나는 방법을 배우느냐 하는 의문이다. 대답은 간단하다. 그들은 글라이더로 연구했던 것이다. 1899년에 형제는 연과 글라이더로 연구에 착수했고 그 이듬해에 노스캐롤라이나의 키티호크에서 완성된 글라이더(1인승)로 테스트했다. 결과는 그다지 만족할 만한 것이 아니었다.
　그래서 1901년에 2호기를 만들어 테스트하고, 1902년에 3회째 테스트를 실시했다. 이 3호기 글라이더에는 몇 가지 주목할 만한 기술혁신이 있었다. (1903년 특허 출원. 이것은 동력이 달린 비행보다도 활공에 관한 원리 특허적인 것) 이 3호기로 형제는 1천 회 이상이나 활공에 성공했다. 그리고 동력이 딸린 비행기의 제작에 착수하기 전에 이미 세계 최고의 베테랑 글라이더 파일럿이 되었다.
　그리고 이 활공비행의 경험을 쌓은 것이 성공으로 가는 세 번째 실마리가 되었다. 그때까지 비행기의 제작을 시도한 많은 사람들은 주로 지상으로부터 이륙할 때의 문제로 골머리를 앓고 있었던 것이다. 이 형제는 비행기가 상공으로 올라간 다음의 컨트롤이 가장 큰 문제라고 정확하게 이해하고 있었다. 그래서 그들은 비행 중 기체의 안정 유지와 제어에 유효한 설계에 가장 많은 시간을 들여서 연구했다. 그 결과 기체를 3축(軸)으로 제어하는 방법의 연구에 성공하여 완전한 조종운전 성능을 달성할 수 있었다.

또 형제는 날개의 설계에 중요한 공헌을 했다. 두 사람은 이 문제에 대해서 종래의 문헌이나 데이타에는 신뢰성이 없다는 것을 깨달았다. 그래서 독자적인 풍동(風洞; wind tunnel)을 만들어 2백 종 이상의 여러 가지 익면(翼面)으로 시험했다. 이런 경험에서 날개의 형에 따라서 날개에 가해지는 공압(空壓)이 어느 정도로 되느냐 하는 수치표를 작성했다. 이 지식이 비행기 날개의 설계에 이용되었던 것이다.

이런 업적이 있었다 하더라도 이 형제가 역사상 타이밍 좋게 존재하지 않았더라면 역시 성공은 할 수 없었을 것이다. 동력비행의 계획이 만약 19세기 전반이었더라면 실패는 불가피한 것이었을 것이다. 증기 엔진은 출력에 비해서 중량이 너무나 컸다. 이렇게 라이트 형제가 연구하고 있을 때 이미 효율이 좋은 내연기관이 개발되었다. 그러나 당시에 일반적으로 사용되고 있었던 내연기관을 비행기 엔진으로 만드는 데는 동력에 대한 중량비(重量比)가 너무 높았다.

당시 제조업자의 기술로는 그 이상 중력과 동력의 비율이 낮은 엔진의 설계는 불가능했기 때문에 형제는 (기계공의 도움을 받아서) 독자적인 것을 설계했다. 이 두 사람은 그 엔진의 설계에는 그다지 시간도 들이지 않고, 더구나 어느 전문 메이커의 것보다 성능이 좋은 엔진을 제작할 수 있었던 점에, 그들의 뛰어난 자질이 실증되었다. 게다가 그들은 독자적인 프로펠러들을 설계하지 않으면 안 되었다. 1903년에 그들이 사용한 것은 약 60% 효율의 것이었다.

최초의 비행은 1903년 12월 17일에 노스캐롤라이나의 키티호크 부근에 있는 킬데빌힐에서 실시되었다. 당일 형제는 각각 2회의 비행을 했는데 처음에는 동생이 12초간, 36.6m, 다음은 형이 50초간, 약 260m이었다. 형제는 이 비행기를 플라이어 1호(Flyer I. 지금은 일반적으로 키티호크라고 부르고 있다)라고 칭하고, 그 제작비는 1천 달러 이하였다. 날개 넓이가 12.2m, 중량 340kg, 엔진은 77kg이고 12마

키티호크의 한 장면

력이었다. 이 비행기의 실물은 지금도 워싱턴 DC의 국립항공박물관에 진열되어 있다.

이 비행실연의 목격자는 5명이었으며, 이튿날 몇 개의 신문에 보도되었다(일반적으로 그다지 정확하지는 않지만). 그러나 오하이오 주 데이턴의 지방신문은 완전히 이 사실을 무시했다. 유인비행이 실제로 실시된 사실이 전세계에 대대적으로 알려진 것은 그로부터 5년이나 지난 다음이었다.

그 후 키티호크에서의 비행을 마친 형제는 데이턴으로 돌아가 2호기 (Flyer Ⅱ)의 제작에 착수했다. 그리고 1904년에 그 2호기로 105회의 비행을 실시했으나 아무도 주목하지 않았다.

플라이어 3호는 1905년에 더욱 개량되어서 실용적으로 완성했다. 그리고 데이턴 부근에서 몇 번이나 테스트 비행을 했지만 대부분의 사람들은 비행기가 발명되었다는 것을 믿지 않고 있었다. 예를 들면 1906년에 〈헤럴드 트리뷴〉지(紙)의 파리판 기사가 송고(送稿)되어왔다. 그 제목이 'Flyers or Liars?'(나는 사람인가, 거짓말쟁이인가)라고 되어 있었다.

그러나 1908년에 형제는 일반대중의 의심에 종지부를 찍을 수가 있었다. 형은 비행기 1대를 가지고 프랑스로 가서 실제로 선전 비행을 연속 실시하고 비행기를 상품화하기 위해 회사를 설립했다. 한편 미국에 남은 동생도 마찬가지로 일반에 공개하기로 되었다. 그러나 불행하게도 1908년 9월 17일에 동생이 탄 비행기가 추락하고 말았다.

그러나 이런 심한 사고는 이것 한 번뿐이었다. 승객 1명이 사망하고, 동생은 한쪽 다리가 부러지고 갈비뼈 두 대가 부러지고 말았으나, 곧 회복되었다. 그렇지만 이 비행의 성공에 의해 미국 국방부가 비행기를 구입하기 위해 계약에 사인을 하게 되었다. 그리고 1909년의 재무부 예산에 군용비행기 구입비로서 3만 달러가 배정되었다.

얼마 동안 라이트 형제는 특허분쟁으로 경쟁상대로부터 소송을 당해 재판을 하게 되었으나, 그 판결은 1914년에 라이트 형제의 승소(勝訴)로 끝났다. 한편 형은 장티푸스에 걸려 1912년에 45세의 젊은 나이로 사망했다. 또 동생은 항공기회사에 있었던 그의 재정상의 권리를 팔고 1948년까지 살았다. 두 형제는 모두 평생을 독신으로 살았다.

하늘을 난다는 이 연구나 기획은 옛날부터 많이 있었다. 그렇지만 비행기의 발명에 대한 명예가 라이트 형제에게 주어지는 것은 당연하다. 그래서 그들의 순위를 매김에 있어서 항공기 자체의 중요성 평가를 주된 결정요인으로 삼았다. 인쇄기나 증기기관처럼 인간 존재의 전체 모델을 개혁한 것에 비한다면 항공기의 발명은 그 이하라고 생각한다. 그러나 전시와 평시를 불문하고 항공기의 이용면에서 본다면 위대한 발명이라는 것은 의심할 여지가 없다.

수십년 만에 항공기는 우리들이 살고 있는 광대했던 지구를 축소시키고 세계를 좁게 만들어버렸다. 게다가 인간을 태우고 나는 데 성공함으로써 우주로 가는 여행이 벌써 손이 닿는 곳에 온 것이다.

수년간 인간은 하늘을 나는 것을 꿈꾸어왔다. 그러나 보통 인간은 아라비안나이트의 하늘을 나는 융단은 단순한 꿈이며, 결코 이 세상에 존재하는 것이 아니라고 믿고 있었다. 라이트 형제가 뛰어난 점은 인류의 옛날부터의 꿈과 동화를 현실 세상에 실현해주었다는 것이다.

31 라부아지에

Antoine Laurent Lavoisier (1743~1794)

위대한 프랑스의 과학자 라부아지에는 화학의 진보 발전에 빠뜨릴 수 없는 중요한 인물이다. 그가 파리에서 태어난 1743년경의 화학은 물리, 수학, 천문학 등보다는 훨씬 뒤떨어져 있었다. 화학자들은 개개의 사상(事象)에 대해서 많은 것을 알게 되었으나, 그 개개로 독립된 일을 하나의 지식체계로서 정리하는 이론적 틀이라는 것이 없었다.

그 당시에도 아직 공기나 물은 물질의 근본이라는 잘못된 생각이 판을 치고 있었다. 더 심한 것은 불의 본질에 대해서는 완전히 잘못 이해되고 있었다. 가연성(可燃性) 물질은 전부 열소(熱素)라는 가정의 물질이 포함되어 있으며 연소 중에는 불길로 되는 물질은 그 열소를 공중으로 방출하는 것이라고 믿고 있었다.

1754년부터 1774년 사이에는 블랙(Joseph Black ; 1728~1799. 에든버러 대학의 화학교수로 탄산가스와 공기의 차이를 명시하여 화학의 기초를 확립했다), 프리스틀리*(Joseph Priestley), 캐번디시* (Henry Cavendish) 같은 유능한 화학자가 나와 산소, 수소, 질소, 이산화탄소 등 중요한 기체의 분리를 이미 하고 있었다.

그러나 이들 화학자는 열소론(熱素論)을 받아들이고 있었기 때문에 그들이 모처럼 발견한 화학물질의 본질이나 의의를 이해하지 못했다.

---

* 프리스틀리 ; 1733~1804. 영국의 화학자. 암모니아, 아산화질소, 염화수소를 발견. 프랑스 혁명을 지지하다가 박해를 받아 미국으로 이주했다.
* 캐번디시 ; 1731~1810. 정전기의 기초이론, 비열(比熱)·잠열(潛熱)·열팽창·융해의 연구 등 귀중한 연구를 남겼으나 사교를 싫어해서 거의 발표하지 않았다.

예를 들면 산소는 비열소기(非熱素氣)라고 하고 있다. 즉 열소(기체 중의)가 전부 제거된 기체를 말한다. (가는 나무토막은 보통의 공기들보다 산소 중에서 더 잘 탄다. 이것은 비열소기체가 타는 나무로부터 열소를 자꾸 흡수하기 때문이다) 화학의 진짜 진보는 기초를 올바르게 이해할 때까지는 바랄 수 없었던 것이 명백하다.

라부아지에는 몇 가지 어려운 문제를 정확하게 짜맞추어서 화학이론을 바른 길로 올려놓으려고 했다. 그리고 최초에 그는 열소이론은 완전한 잘못이라고 말했다. 즉 열소라는 물질은 없다. 연소의 과정은 연소하는 물질과 산소의 화합결합에서 성립된다.

둘째로, 물은 기본물질이 아니라 산소와 수소의 화합물이다. 또 공기도 기본물질이 아닌 산소와 질소라는 두 가지 기체의 혼합물이다. 이런 것은 현재는 자명(自明)한 일이지만 라부아지에와 같은 시대의 사람 또는 그 이전의 사람들에게는 전혀 알 수 없는 것이었다.

라부아지에가 이론을 체계화하고 증거를 제시해도 당시 지도적 입장에 있던 많은 화학자들은 그의 생각을 용인하려고는 하지 않았다. 그러나 그의 훌륭한 저서 《화학의 요론》(1789년)에서 그의 가설(假說)이 명확하게 제시되고, 독자를 위해 증거가 확신에 넘쳐서 정리되어 있기 때문에 젊은 세대의 화학자들은 금세 신뢰하게 되었다.

물이나 공기가 화학원소가 아니라는 것을 실증하면서, 원소로 믿고 있는 물질을 리스트로 만들어서 그 저서에 발표했다. 이 리스트는 지금으로 보면 다소의 잘못이 있지만, 오늘날의 화학원소표는 기본적으로 라부아지에의 표를 바탕으로 증보(增補) 개정된 것이라고 할 수 있다.

또 라부아지에는 베르톨레*(Berthollet), 푸르크루아*(Fourcroi)나 모르보*(Guyton de Morveau) 등과 함께 처음으로 화학 전문용어를

---

* 베르톨레 : 1748~1822. 염색술의 연구, 화학친화력의 연구 발표.
* 푸르크루아 : 1755~1809. 라부아지에의 학설을 지지, 《화학명명법》을 공저
* 모르보 ; 1737~1816. 화학용어 개혁을 창조, 물질명과 화학식을 일치시켜 명명법의 기초를 만들었다.

현재의 원소주기표(元素周期表)는 라부아지에의 표다.

조직적으로 고안했다.

이 라부아지에의 시스템(현재도 채용되고 있는 시스템의 기초)에서 화학합성물의 명칭이 붙여지게 되었다. 이 전문용어의 통일 시스템이 채용됨으로써 전세계의 화학자가 서로 자신의 새 발견을 명확하게 정보교환할 수 있게 되었다.

라부아지에는 또 처음으로 화학반응에 있어서의 질량불변(質量不變)의 법칙을 명확하게 한 사람이다. 화학반응현상은 그 물질에 포함되어 있는 원소의 배열을 바꿀 뿐이며, 이것에 의해서 아무것도 파괴되는 것은 아니다. 최종물질의 중량은 원래의 물질성분과 같다고 했다. 화학반응 중의 화학물질의 중량측정의 중요성을 강조하고, 화학을 정밀한 과학으로 바꾸는 데 도움이 되는 동시에 화학이 진보하는 길을 개척한 셈이 되기도 했다.

라부아지에는 그 밖에도 지질학에 다소의 공헌과 생리학 분야에 큰 공적이 있다. 정밀한 실험에 의해 호흡이라는 생리적 행동은 기본적으로는 작고 느릿느릿한 연소운동이라는 사실을 실증했다. 바꿔 말하자면 인간이라든가 다른 동물은 들이마시는 공기 중의 산소를 써서 유기물질의 완만한 내부연소로부터 에너지를 끌어내고 있다. 이 발견만으로도 ─ 아마도 하비(Harvey)의 혈액순환 발견에 필적하는 ─ 라부아지에를 이 책에 실을 자격이 있다. 또한 그의 본질적인 중요성은 화학이

왕립 무기공장 실험실의
라부아지에.

론을 체계화하여 화학을 과학으로서 단단히 옳은 길로 올려놓고 출발시킨 점에 있다. 일반적으로 그는 '현대화학의 창시자'로 되고 있으며, 이 책에 싣는 것은 당연한 일이다.

이 리스트에 올리는 인물로서는 보기 드문 일이지만, 그는 젊었을 때 법률을 공부하여 학위를 따고 프랑스 법조계에 들어가기도 했었지만 그 법률을 쓰는 일은 없었다. 또 행정적인 일이나 관리직도 맡아 로얄 아카데미 회원, 징세업무를 관리하는 포름 제네랄의 멤버가 되기도 했다.

1789년 프랑스혁명 후, 혁명정부는 그에게 혐의를 걸어 포름 제네랄의 다른 27명의 멤버와 함께 체포했다. 당시의 재판은 그다지 정당한 것이 아니라, 겨우 하루 걸린 신속한 재판에서 28명 전원에게 유죄판결을 내려 길로틴형벌이 집행되었다. 그러나 라부아지에는 그의 연구를 도운 현명한 아내 덕택으로 살아남을 수 있었다.

형을 집행할 때 사람들은 조국과 과학에 대한 그의 수많은 봉사를 열거하며 라부아지에의 구명을 탄원했다. 그러나 재판소는 "프랑스 공화국은 천재를 필요로 하지 않는다"고 하는 쌀쌀맞은 의견서를 붙여서 그 탄원을 거절했다. 그의 동료이며 위대한 수학자인 라그랑주는 "한순간이라도 그 머리를 절단하면, 백 년은 원래대로 돌아가지 않는다"고

하는 유명한 말을 남겼다.

32 프로이트
Sigmund Freud (1856~1939)

정신분석학의 창시자 프로이트는 프라이베르크(Friberg)에서 태어났다. 이곳은 현재는 체코영이지만, 당시는 오스트리아제국의 영토에 들어가 있었다. 4세 때 가족이 빈으로 이전한 후 여기서 그는 생애의 대부분을 지내게 되었다.

프로이트는 학교에서 줄곧 우등생이었으며, 1881년 빈 대학에서 의학박사 학위를 받았다. 그 후 10년간은 생리학을 연구하고 정신의학 병원의 스탭에 참가하였으며 개인적으로는 신경학을 전공하고 있었다. 그리고 당시 프랑스에서는 유명한 신경학자 샤르코*(Jean Charcot)라든가 빈의 의사 브로이어(Josef Breuer) 등과 함께 연구를 하고 있었다.

프로이트의 심리학에 대한 생각은 차차 발전하고 있었다. 그리고 1895년에 브로이어와의 공저(共著)인《히스테리의 연구》를 처음 출판했다. 두 번째는 1900년에 출판한《꿈의 해석》으로, 이것은 그의 가장 독창적이고 가장 의의가 있는 작품이 되었다. 당시 이 책은 그다지 잘 팔리지 않았지만 그의 명성을 크게 높이게 했다.

또 한 가지 중요한 업적은 1908년까지 미국에서 연속 강연을 한 일이다. 이것으로 그는 일약 유명해졌다. 1902년에 그는 빈에 심리학 토론회 조직을 만들고, 최초의 멤버로 아들러*(Alfred Adler)가 들어오

---

* 샤르코 : 1825~1893. 파리 대학 병리해부학 교수. 히스테리, 보행장애, 최면술의 연구로 유명하다.
* 아들러 : 1870~1937. 오스트리아의 심리학자. 당초 프로이트파였으나 나중에 성욕

고, 몇 년 후에 융*(Carl Jung)이 참가했다. 이 두 사람도 곧 세계에서 가장 유명한 심리학자가 되었다.

프로이트는 결혼하여 6명의 자녀를 두었다. 만년에 턱에 암이 생겨 1923년 이후에 20회 이상이나 수술을 받아서 겨우 치료에 성공했다. 그러나 그 사이에도 연구를 계속하여, 오히려 중요한 업적을 이 시기에 이루었다. 1938년에 나치스군이 오스트리아로 침입했을 때는 82세의 고령에 달하고 있었다. 그는 유태인이었기 때문에 부득이 런던으로 도망하여, 이듬해 그곳에서 사망했다.

프로이트의 심리학 이론에 대한 공헌은 너무나도 광대하기 때문에 여기서 요약해서 정리하는 것은 어렵다. 그는 인간의 행동 중에서 무의식의 정신과정을 매우 중요시하고 있다. 그리고 이 무의식 과정이 꿈의 내용과 관계가 있다는 것을 나타내어, 하찮은 말잘못이나, 사람 이름을 잊어버린다든가, 스스로 자기에게 가하는 사고라든가, 불건전한 병폐 등의 원인이라고 했다.

또 프로이트는 정신분석의 기술을 발전시켜서 정신병의 치료법을 개발했다. 또 불안방어심리 행정(行程), 거세(去勢) 컴플렉스, 억압, 승화(昇華) 등 무의식의 성적 에너지가 예술적, 종교적 활동 등 사회적 가치가 있는 것으로 바꾸어놓는 등에 관한 심리학 이론을 개발하여, 그것을 일반인도 이해할 수 있도록 했다. 그의 저서는 심리학·이론에 관한 관심을 매우 촉진시켰다. 그의 사상은 과거나 현재도 논의의 대상이 되고, 그의 제언(提言) 이래 가열된 논의를 일으키고 있다.

프로이트는 성적 감정의 억압이 정신병이나 노이로제의 원인이 된다는 것을 제언한 것으로 가장 유명하다. (실제로 그는 이 사상의 창시자는 아니다. 그러나 그의 저서가 그 생각에 과학적 통용성을 부여하고 있다) 또 성적 느낌이라든가 욕구는 성인이 된 다음이 아니라, 어릴 때

중심주의인 프로이트에 반대하여 개인심리학을 주장했다.
*융 ; 1875~1961. 스위스의 정신병리학자, 프로이트의 영향을 받았지만, 나중에 독자적인 집단적·무의식을 가정하고 성격을 내향성과 외향성으로 나누었다.

부터 시작되고 있다고 지적했다.

　프로이트의 사상에는 지금도 여전히 많은 논쟁점이 있기 때문에 역사상의 자리매김을 평가하기란 매우 곤란하다. 그는 새로운 발상에 달하는 점에서 뛰어난 재능을 가지고 있었던 개척자이며 선도자였다. 그러나 프로이트의 이론(다윈이나 파스퇴르와 달리)은 학계 전반으로부터 긍정적인 반응은 얻지 못했다. 그의 사상 중 어느 부분이 최종적으로 옳으냐 하는 것은 지금도 여전히 말하기 곤란하다.

　그의 사상에 대해서도 여전히 논쟁이 계속되고 있다고는 하더라도 프로이트는 인간의 사상사상(思想史上) 우뚝 솟은 한 인물이라는 것에는 틀림없다. 심리학에 있어서의 그의 발상은 인간의 정신에 대한 우리들의 개념을 근본적으로 개혁하여 그가 도입한 여러 가지 사고방식이나 전문용어가 이제는 일상용어로까지 되었다.

　예를 들면 이드(id ; 개인의 본능적 충동. 정신분석의 용어. 정신의 밑바닥에 있는 본능적인 에너지의 원천. 예를 들면 쾌(快)를 바라고 불쾌를 피하는 쾌락원칙에 지배되는 것), 에고(ego ; 자아의식. 의식적 또는 전의식적으로 본능적인 힘들, 외계의 현실이나 양심의 통제에 따르게 하는 인성(人性)의 측면을 말함), 슈퍼 에고(super ego ; 초자아, 자아가 감시하는 무의식적 양심. 양심 그 자체, 또는 양심을 관장하는 인성(人性)의 측면), 오이디푸스콤플렉스(아들이 어머니에 대해서 무의식중에 품는 성적 사모. 남성이 무의식중에 자기와 동성인 아버지를 미워하고 어머니의 사랑을 얻으려고 하는 태도를 말한다. 반대로 딸이 아버지에게 애정을 가지고 어머니에게 반감을 나타내는 경향을 엘렉트라 콤플렉스라고 한다)와 죽음에 대한 소망이 있다.

　정신분석 요법은 많은 경비가 드는 것이 사실이다. 게다가 자주 실패한다. 그렇지만 이 기술도 훌륭하게 성장하고 있는 것도 사실이다. 미래의 심리학자는 프로이트학파의 사람들이 주장하는 만큼 억압당한 성적 감정은 인간행동상에 큰 요인이 되지는 않는다고 결론을 내릴지도 모른다. 그렇지만 이 성적 감정은 프로이트 이전의 많은 심리학자의 생각보다는 훨씬 큰 역할을 하고 있는 것은 틀림없다. 마찬가지로 대다수의 심리학자는 오늘날 무의식의 정신과정이 인간의 행위에 결정적 역할을 하고 있다는 것을 확신하고 있다. 이것은 프로이트 이전에는 문제가 되지 않았다.

프로이트는 최초의 심리학자는 아니다. 게다가 최종적으로 그의 사상은 대부분이 옳은 것이라고는 생각할 수 없을지도 모른다. 그렇다 하더라도 여전히 그는 현대심리학 이론의 발전에 영향이 컸던 중요인물이라는 것은 분명하다.

이 분야에서의 탁월한 중요성이라는 관점에서 이 책에서는 높은 순위에 둘 가치가 있다고 본 것이다.

33 알렉산더 대왕
Alexander The Great (B.C. 356~323)

알렉산더 3세(대왕)는 고대 세계에서 가장 유명한 정복자로, 마케도니아의 수도 펠라(Pella) 시에서 기원전 356년에 태어났다. 아버지는 마케도니아왕 필립포스 2세로 참으로 뛰어난 재능과 앞을 내다볼 줄 아는 인물이었다.

필립포스는 마케도니아군의 확충과 재편성을 실시하여 최강의 전력을 유지하고 있었다. 우선 그리스 북부일대의 정복에 이 군대를 사용하고, 잇따라서 남부로 방향을 바꾸어서 사실상 그리스 전국을 지배했다. 그리고 필립포스는 그리스 도시국가연방을 건설하여 그 연방 전체의 지도자가 되었다. 그리고 다시 영토를 그리스 동방에 있는 광대한 페르시아제국으로 확대할 계획을 세우고 그 행동에 착수했다. 그러나 기원전 336년에 필립포스는 겨우 46세의 젊은 나이로 암살당하고 말았다.

아버지가 죽었을 때 알렉산더는 아직 12세였으나, 아무런 암투 없이 순조롭게 왕위에 오를 수가 있었다. 아버지인 필립포스가 용의주도하게 아들에게 뒤를 잇게 할 준비를 하고 있었기 때문에 그때까지 젊은 알렉산더는 이미 상당한 전쟁경험을 쌓고 있었다. 아버지는 그의 지적(知的) 교육도 게을리하지 않았다. 알렉산더의 가정교사는 그 당시 최고의 과학자이며 철학자인 아리스토텔레스였다.

필립포스에게 정복당한 그리스와 북방 영토의 주민들은 필립포스의 죽음이 마케도니아의 지배로부터 벗어나는 절호의 기회라고 생각했다. 그러나 후계자로 즉위한 지 2년 후에 알렉산더는 이 두 지역을 완전히 제압했으며, 그의 관심은 다시 페르시아로 향하고 있었다.

200년간이나 페르시아는 지중해로부터 인도까지 이어진 광대한 영토를 지배하고 있었다. 그러나 페르시아는 벌써 전성기가 아니었다. 그렇다고 하더라도 아직 무서운 강적이며, 지상에서 가장 크고 가장 강하며 가장 부유한 제국이었다.

알렉산더는 기원전 334년에 페르시아제국의 침략을 시작했다. 그 후로 유럽에 소유하고 있는 영토를 지배하기 위해 국내의 병력을 분산시키지 않을 수가 없었다. 알렉산더는 대담하게도 적군의 위력을 탐색하기 위해 3만5천이나 되는 페르시아군에 비해 매우 적은 병력밖에 가지고 있지 않았다.

병력 수가 적다는 불리함에도 불구하고 페르시아군에 대해서 연전연승했다. 이 대성공에는 세 가지 이유가 있었다.

첫째는 아버지인 필립포스가 남겨준 군대는 페르시아군보다 훨씬 잘 훈련되고 조직화되어 있었다는 것이다. 둘째는 알렉산더는 보기 드문 천재적 장군이었다는 것이다. 셋째는 알렉산더 자신의 용감함이다. 그는 전선의 후방에서 각 전국의 초기 단계를 직접 지휘하고 있었지만, 사실은 결정적인 기병대의 돌격공격을 스스로 선두에 서서 감행했던 것이다. 이것은 매우 위험이 따르며 그도 때로 부상을 입었다.

부하 병사들은 알렉산더 자신도 자기들과 같이 위험을 무릅쓰고 있

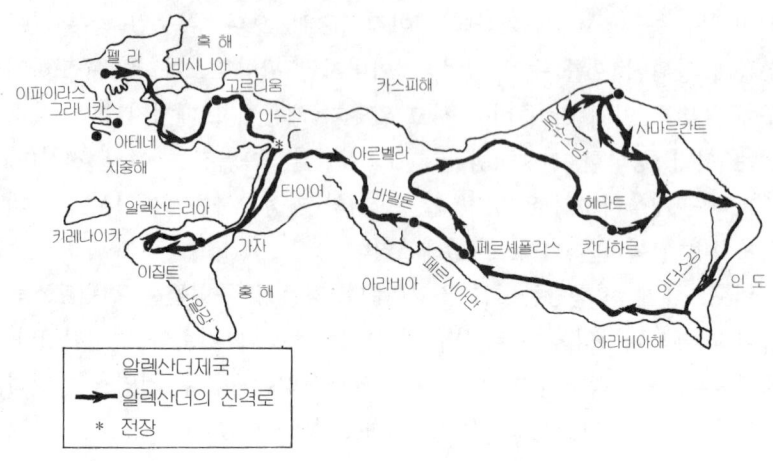

알렉산더 제국의 세력권

는 것을 보았으며, 알렉산더 역시 자신이 할 수 없는 위험을 부하에게 강요하는 짓은 하지 않았다. 이것은 부하 병사의 사기를 앙양시키는 데 아주 큰 효과가 있었다.

알렉산더는 처음에 부대가 소아시아를 통과하게 하여, 그 주변에 있던 페르시아의 소부대를 평정하면서 진군했다. 그리고 잇따라 북부 시리아로 방향을 돌려 이수스(Issus)에서 페르시아의 대군을 패주시켰다.

알렉산더는 다시 부대를 남하시켜 7개월이란 괴로운 공성작전(攻城作戰) 후에 타이어(Tyre)의 페니키아 해항시(海港市)를 정복했다. 이 타이어의 공성작전 중에 적인 페르시아 왕으로부터 평화협정의 담보로 페르시아제국 영토의 반을 할양해도 좋다는 메시지를 보내왔다.

알렉산더 군단의 장군 파르메니온(Parmenion ; 기원전 400~330?. 알렉산더의 동정군(東程軍) 사령관이 되었으나, 그의 아들의 음모사건으로 위험을 느낀 대왕에게 살해되었다)은 이 조건이라면 좋다고 생각하고,

"만약 내가 알렉산더라면 이 조건을 받아들이겠다."
고 말했더니, 대왕은 이 말을 받아서,

"만약 내가 파르메니온이라면 틀림없이 그렇게 할 것이다."

라고 했다고 한다.

타이어가 함락된 후, 대왕은 다시 남진을 계속했다. 가자(Gaza)는 2개월간의 공격으로 함락되었다. 이집트는 싸우지도 않고 항복했다. 그래서 알렉산더 대왕은 잠시 동안 부대의 휴양을 취하기 위해 이집트에서 쉬었다. 그때 대왕은 아직 24세의 젊은 나이로 이집트왕 파라오의 왕위에 오르고, 곧 신이라는 것을 선언했다. 그 후 부대를 아시아로 돌리고, 기원전 331년에 아르벨라(Albela)에서의 결정적인 전쟁에 의해 우세한 페르시아 군을 완전히 소탕했던 것이다.

이런 승리 후에 대왕은 바빌론으로 군을 진주시키고, 다시 이수스(Issus)와 페르세폴리스(Persepolis)라는 페르시아의 수도에 진주했다. 당시의 페르시아왕 다리우스 3세(Darius Ⅲ)는 기원전 330년에 알렉산더에게 항복을 거부했기 때문에 부하에게 살해당했다. (전임자 다리우스 대제와 혼동하지 말도록) 그러나 대왕은 다리우스 3세의 후계자를 죽여버렸다. 3년간의 싸움으로 서부 이란의 전역을 정복하고 중앙아시아로 진격했다.

이렇게 해서 페르시아 제국은 완전히 알렉산더 대왕이 석권하게 되었고, 대왕은 귀국해서 새 영토 등을 재편성했다. 그러나 정복에 대한 야망은 달랠 수 없었다. 그래서 다시 전쟁을 계속하여 아프가니스탄으로 침입했다. 거기서부터 다시 진군하여 힌두쿠시 산맥(최고 7,753m)을 넘어서 인도로 침입했다. 서부인도에서도 연전연승하고 다시 동부인도까지 진격할 것을 계획했다. 그러나 다년간 전쟁이 계속되었기 때문에 부대 중에는 이 이상의 진군을 거부하는 자도 나와서 대왕은 마지못해 페르시아로 귀환했다.

페르시아로 귀환한 후 1, 2년간은 전제국 영토 및 군의 재편성으로 지냈다. 그 주요한 재편성은 다음과 같은 것이었다.

알렉산더는 어릴 때부터 그리스문화야말로 유일한 진짜 문화이고, 그리스 인이 아니면 전부 야만스럽다고 믿고 자랐다. 물론 이 생각은 그리스 세계에 모두 통용되었던 것으로 아리스토텔레스도 그것에 한몫 끼

폼페이우스의 모자이크. 〈알렉산더 대왕의 싸움〉에서 마상(馬上)의 용사

고 있다. 그러나 페르시아군을 완전히 패배시킨 사실이 있음에도 불구하고, 대왕은 페르시아 인은 절대로 야만인이 아니며, 개개의 페르시아 인은 개개의 그리스 인과 마찬가지로 교양이 있고 재능도 있으며, 존경할 만하다고 이해하고 있었다.

그래서 그는 제국이 두 민족으로 크게 갈라져 있는 것을 융화해서 그리스──페르시아 연합문화와 연합제국을 건설하여 자기가 그 통치자가 될 것을 생각해냈다. 우리가 단정할 수 있는 범위는, 그는 페르시아 인을 그리스 인이나 마케도니아 인과 같은 파트너로 삼고 많은 페르시아 인을 군대에 넣는다는 계획이 있었다. 또 그는 '동서의 결혼'이라는 대단한 축하연을 거행하여 수천 명의 부하 마케도니아 인을 아시아 여자와 결혼시켰다. 또 그 자신도 전부터 아시아의 왕녀와 결혼했으나 다시 다리우스왕의 딸과 결혼했다.

대왕이 새로 편성된 동서 혼합의 군대로 다시 정복을 계속할 의도가 있었음은 명백하다. 그는 아라비아와 페르시아 북부까지도 침략할 계획이었다고 생각한다. 또 그 밖에도 인도에 대한 침공, 로마와 카르타고의 정복, 지중해 서부까지도 자기 세력하에 둘 의도도 있었다고 생각한다. 그러나 그의 계획이 어떻든 간에 결과는 그 이상의 정복은 하지 못한 채로 끝났다. 기원전 323년 6월초에 갑자기 열병에 걸려 불과 열흘 만에 죽었다. 33세의 젊은 나이였다.

알렉산더는 후계자를 지명하지 않았기 때문에 그가 죽은 후에 순식간에 세력 다툼의 내전이 잇따라 일어났다. 대왕의 어머니, 아내, 자식들 전원이 살해되었다. 그리고 대제국의 영토는 사실상 장군들에 의해서 분할되고 말았다.

알렉산더는 요절(夭折)하였으며 더구나 패전을 모르는 사람이었기 때문에 만약 그가 더 장수했더라면 어땠을까 하는 억측이 여러 가지 있다. 만약 그가 군을 이끌고 지중해 서부 지역을 공격했더라면 아마도 정복에 성공했을 것이다. 그렇게 되면 서유럽 전체의 역사가 전혀 다른 것이 될 것이라는 상상은 흥미있는 일이지만 그것은 알렉산더의 실제 영향력의 평가에는 아무런 근거가 되지 않는다.

대왕은 아마도 역사상 가장 극적인 인물일 것이다. 그리고 그의 생애와 개성은 매력의 원천(源泉)이다. 그 이름 주변에는 수십 가지 전설까지 있다. 단적으로 말하자면, 항상 위대한 전사(戰士)이고 싶다는 야심, 그리고 그것에 어울리게 살았다. 한 사람의 전사로서도 힘과 용기를 가지고 있었으며, 한 사람의 장군으로서도 탁월하여 11년간의 전쟁에서 한 번도 진 일이 없다.

동시에 아리스토텔레스의 제자였던 만큼 지성이 풍부하고 호메로스의 시를 숙독(熟讀)했다. 실제로 비(非)그리스 인은 절대로 미개인이 아니라는 것을 이해하고 있었던 점에서, 당시 대부분의 그리스 사상가들보다는 높은 식견을 가지고 있었다.

그러나 반면 놀랄 만큼 근시안적(近視眼的)이었다. 싸움에서 몇 번인가 위험을 무릅쓰면서도 후계자에 대한 준비를 하지 않았다. 그 때문에 그가 죽은 후에 순식간에 붕괴하는 이유가 되었다.

알렉산더 대왕은 평판상으로는 매우 매력적인 인물로 되어 있다. 사실 가끔 회유적(懷柔的)이 되어 패배한 적에 대해 매우 자부심이 강한 면을 가지고 있었다. 반면에 잔인한 성미를 가지고 있었으며 병적으로 자부심이 강한 사람이기도 했다. 때로는 주연(酒宴)에서 그의 생명의 은인이며 친구이기도 한 클레이투스(Cleitus)를 죽인 일까지 있었다.

나폴레옹이나 히틀러와 마찬가지로 동시대의 사람들에게 압도적 영향을 미쳤지만 그 영향도 시간적으로 이 두 사람보다 짧다. 당시의 이동통신 수단이 제약이 되어 대왕의 영향도 지구상의 일부에 국한되어 있었다. 대왕의 가장 큰 영향은 그리스 문화를 인도나 중앙아시아 등으로까지 넓게 미치도록 하고 로마에도 영향을 미쳤다는 것이다.

그는 생애를 통해서 실로 20개 이상의 신도시를 창설했다. 그 중에서도 유명한 것은 이집트의 알렉산드리아 시이다. 그곳이 곧 학문과 문화의 중심이 되었으며, 그 밖에 아프가니스탄의 헤라트(Herat)나 칸다하라(Kandahara) 등도 마찬가지이다.

전반적으로 보아서 알렉산더, 나폴레옹, 히틀러는 영향력에서는 비슷하다. 그러나 대왕 이외의 두 사람은 영향력의 내구성(耐久性)에서 뒤떨어지고 있는 인상을 받는다. 그런 기준 때문에 두 사람보다 약간 순위를 상위로 했다. 다만 알렉산더 대왕의 영향력은 시간적으로는 그들 두 사람보다 약간 짧은 것 같다.

34 나폴레옹
Napoleon Bonaparte (1769~1821)

유명한 프랑스의 장군이며 황제인 나폴레옹 1세는 1769년 코르시카 섬의 아자시오(Ajacio)에서 태어났다. 프랑스는 그가 태어나기 15개월 전에 코르시카 섬을 얻었다.

어릴 때는 코르시카 인이며, 프랑스 국가는 압정자(壓政者)라고 생각하고 있던 그는 프랑스의 사관학교에 들어가, 1785년 16세 때 졸업하여 프랑스의 육군 소위가 되었다.

그로부터 4년 후에 갑자기 프랑스혁명이 일어났고, 그 후 몇 년 동안 프랑스 정부는 외국세력과의 싸움에 말려들었다. 나폴레옹의 이름이 처음으로 알려지게 된 것은 1793년의 툴롱(Toulon) 포위작전 때이며 (이 싸움에서 프랑스는 영국으로부터 툴롱을 재탈환했다.) 그는 포병대에 소속되어 있었다.(이 시점에서 그는 코르시카 인이란 자각을 버리고, 프랑스 인이라고 스스로 생각하게 되었다.)

툴롱전에서의 무훈(武勳)으로 일약 육군 준장으로 발탁되고 다시 1796년에는 이탈리아 원정군 육군 사령관이 되었다. 1797에서 1798년 사이에 나폴레옹은 눈부신 연전연승을 거듭하여 영웅으로서 개선했다.

1798년에 나폴레옹은 프랑스군의 이집트 진격을 지휘했는데, 이 전쟁은 하나의 재액(災厄)이었다. 지상전에서 나폴레옹군은 전체적으로는 성공했다. 그러나 넬슨이 이끄는 영국 해군이 프랑스 해군을 괴멸시켰기 때문에 1799년에 그는 육군부대를 이집트에 남겨두고 프랑스로 돌아와버렸다.

프랑스로 돌아온 나폴레옹은 민중이 이집트 원정의 실패보다도 이탈리아 전쟁의 성공 쪽에 관심을 기울이고 있다는 것을 깨달았다.

귀환한 지 1개월 후에 그는 시에예스(Abbe Siyese) 등과 공모해서 쿠데타를 일으켰다. 이 불의의 일격에 의해 신정부에 콘술이라는 집정관제(執政官制)를 만들고 그가 최초의 집정관이 되었다.

정교하게 만들어진 헌법이 채택되고, 그것도 국민투표라는 형식으로 인준되었는데, 이것은 곧 반대자와 음모자에 대한 지배권을 손에 넣는 나폴레옹 군사독재의 가면이었다.

나폴레옹의 세력 확대는 믿어지지 않을 정도로 빠르게 달성되었다. 툴롱을 포위하기 전인 1793년 8월까지의 나폴레옹은 누구에게도 전혀 알려져 있지 않는 프랑스 태생이 아닌 평범한 24세의 하급장교였다. 그러던 그가 6년도 되기 전에 30세란 젊은 나이로 아무도 이의를 제기

〈스핑크스 앞의 나폴레옹〉 J.L. Goromd 작.

하지 못하는 강력한 지배자로서, 그 후 14년간 그 자리를 확보했던 것이다.

나폴레옹이 정권을 잡고 있는 동안에 정부의 행정 및 법률제도에 과감한 개혁을 하여, 프랑스 국립은행을 창설하고, 프랑스 대학을 신설했으며 행정기관의 중앙집권화를 실시했다. 그 하나하나에 모두 의의가 있지만, 그 중 어떤 것은 프랑스에 영속적인 영향을 미치고 있다. 그러나 다른 세계에는 그다지 큰 충격이 되지 않았다.

또 이 개혁 중에서 한 가지만은 프랑스 국경을 넘어서 아득히 먼 데까지 영향을 미친 것이 있다. 그것은 유명한 나폴레옹 법전이라는 프랑스 민법(民法)의 창립이다. 예를 들면 이 법 아래서는 신분의 특권이 없으며, 법 아래서는 만민이 평등하다고 한 것이다. 동시에 이 법률은 프랑스 인의 법 습관에 적합하기 때문에 민중들과 법률가들도 받아들이기 쉬운 것이었다.

전반적으로 이 법률은 온건하고 잘 조립되어 아주 간결하고 분명하게 쓰여져 있다. 그 결과 이 법률은 프랑스에서도 오래 쓰였을 뿐만 아니라, 다른 많은 나라에서도 각각 그 나라 사정에 맞추어서 다소의 수정을 하여 쓰이고 있다.(현재의 프랑스 민법은 이 나폴레옹 원법전과 똑같다.)

나폴레옹은 늘 자기는 프랑스혁명을 옹호한다고 주장했다. 그러나

1804년에 그는 스스로 프랑스 황제라고 선언하고, 게다가 자기의 형제 3명을 각각 다른 나라의 왕위에 앉혔다.

이런 행위는 당연히 프랑스의 공화정론자(共和政論者)들을 분격시키게 되었다―그들은 이런 행위는 프랑스 혁명의 이념을 완전히 배반하는 것이라고 생각했다―그러나 나폴레옹에게 가장 어려운 곤경은 외국과의 전쟁 결과에서 왔다.

1902년에 아미앙(Amiens)에서 나폴레옹은 영국과 평화협정을 맺음으로써 거의 10년 이상이나 전쟁을 한 후에 겨우 휴전의 날을 맞았다. 그러나 이듬해에 평화협정은 깨지고 다시 영국과 그 연합국과의 장기전이 계속되었다.

나폴레옹군은 지상전에서는 승리를 되풀이하고 있었지만 영국 해군을 격파하지 않는 한 영국을 정복할 수가 없었다. 나폴레옹에게 가장 타격적이었던 것은 1805년의 트라팔가(Trafalgar ; 스페인 남서해안의 곶)의 해전에서 영국 함대가 압도적으로 승리를 거둔 일이었다.

이것으로 영국의 해상 패권은 확고한 것이 되었다. 한편 육상에서는 트라팔가 해전 후 불과 6주 만에 나폴레옹군이 대승했다. 그러나 이 승리도 해군의 큰 손해를 보완하지는 못했다.

1808년에 나폴레옹은 어리석게도 프랑스를 길고도 꼼짝할 수 없는 이베리아 반도의 전쟁에 끌어들이고 말았다. 이것으로 프랑스 육군은 몇 년 동안 수렁에 빠지게 되었다. 그러나 나폴레옹의 가장 큰 실패는 러시아 원정 작전이었다.

1807년에 나폴레옹은 러시아 황제와 만나 틸지트(Tilsit ; 소련 서부 메멜 강안의 도시)에서 평화조약을 맺고, 서로 영원한 우정을 맹세했던 것이다. 그렇지만 시간이 흐름에 따라 이 관계도 악화되어 마침내 1813년 6월에 나폴레옹은 유명한 대원정군을 지휘하여 러시아로 진격한 것이었다.

이 결과는 너무나도 유명하다. 러시아군은 서서히 나폴레옹군과 정면에서 싸우는 것을 회피했기 때문에 원정군은 급진격을 할 수가 있었고

워털루 전장에서의 나폴레옹.

9월에는 모스크바를 점령했다.

그러나 러시아군은 시내에 불을 질러 모스크바 시는 대부분이 불타 버리고 말았다. 모스크바에서 5주일 동안 대기하고 있었으나(러시아군이 평화를 간청해오지나 않을까 하는 희망을 걸고), 나폴레옹은 마침내 러시아 육군과, 러시아의 겨울과, 프랑스군의 후방으로부터의 보급이라는 3가지가 결부되어 참담한 퇴각을 했다. 러시아로부터 무사히 살아 돌아온 병사는 러시아 대원정부대의 10% 이하였다.

오스트리아나 프러시아 등 다른 유럽 여러 나라는 바야흐로 프랑스의 속박에서 벗어날 절호의 기회를 맞았다. 그래서 나폴레옹에게 대항하는 연합군을 결집해서 1813년 8월 라이프치히의 싸움에서 나폴레옹에게 참패를 맛보게 해주었다. 그는 이듬해에 사임하고 이탈리아 해안 앞바다에 있는 작은 섬 엘바로 추방당했다.

1815년에 엘바 섬을 탈출하여 프랑스로 돌아온 그는 국민으로부터 대환영을 받아 다시 세력을 만회했다. 그러나 다른 유럽 여러 나라는 잇따라 선전을 포고하였으며, 그는 복귀 후 100일째 워털루(Waterloo)에서 마지막 패배를 당했다.

워털루 전투 후에 영국령인 남대서양의 고도(孤島) 세인트헬레나 섬에 유폐당한 그는 1821년에 암으로 그 섬에서 사망했다.

나폴레옹의 군력(軍歷)에는 놀랄 만한 패러독스가 보인다. 그의 전술적 용병작전의 재능은 눈에 번쩍 뜨이는 것이 있다. 만약 그것만으로 판단한다면 아마도 그는 최대의 야전장군으로 간주될 것이다.

그러나 전반적인 전략의 분야에 있어서는 믿을 수 없을 정도의 큰 잘못을 저지르고 있다. 예를 들면 이집트와 러시아 원정 때의 전략은 너무나 형편없기 때문에 그를 군 지도자로서의 첫 번째 순위에 둘 수가 없다.

확실히 장군의 위대성의 기준은 치명적인 실패를 회피하는 능력이다. 그러나 알렉산더 대왕, 칭기즈 칸이나 티무르(Timūr ; 1336~1405. 중앙아시아의 사마르칸트 남반 케시에서 태어나, 중앙아시아에서 서아시아에 이르는 대제국의 설탄이 되어 칭기즈 칸의 자손이라고 자칭했다. 티무르 제국의 창시자)와 같은 한 번도 패전의 경험이 없는 초대장군 등과는 도저히 비교될 수 없다.

왜냐하면 나폴레옹은 마지막에는 패배자가 되어, 그가 정복한 해외 영토를 확보한 깃은 잠깐 사이였다. 1815년에 그가 마지막 패배를 하고부터 프랑스가 소유하는 영토는 프랑스혁명 발생 당시인 1789년 때보다도 좋아졌기 때문이다.

나폴레옹은 역시 병적으로 자부심이 강한 인물이며, 그 점에서 자주 히틀러와 비교된다. 그러나 이 두 사람에게는 결정적인 차이점이 있다. 히틀러는 꺼림칙한 일종의 이데올로기로 대부분이 동기부여되고 있지만 나폴레옹은 단순히 기회주의의 야심가일 뿐 그 무서운 대량학살에는 흥미를 가지고 있지 않다. 나폴레옹 정부에는 나치스의 강제수용소에 견줄 만한 것은 전혀 없었다.

나폴레옹은 너무 유명해서 그 영향을 과대평가하기 쉽다. 단기간에 걸친 그 영향은 규모에 있어서 히틀러에 뒤진다 하더라도 알렉산더보다는 크다.(나폴레옹전쟁에서 전사한 프랑스군 병사의 수는 약 50만으로 보고 있다. 이것에 대해 제2차 대전에서 전사한 독일 병사는 8백만이라고 한다) 어떤 기준으로 보더라도 나폴레옹에 의해 살해당한 인명은 히틀러보다 적다.

또 장기적 영향면에서 나폴레옹은 알렉산더보다 뒤떨어지지만 히틀러보다는 중요성이 있다. 나폴레옹은 프랑스의 행정개혁을 대규모로 실시했지만, 프랑스 인은 세계 인구의 70분의 1밖에 되지 않는다. 적어도 행정개혁은 그 나름대로의 예측으로 관찰해야 한다. 이 개혁은 과거 2세기간의 수많은 기술적 변화만큼 프랑스 인 개개의 상황에 영향을 미치지 않았다.

결국 나폴레옹시대는 프랑스혁명에 의한 여러 가지 변화를 제도화하는 준비기간이라고 할 수 있다. 그리고 프랑스 부르주아가 손에 넣는 것은 단단히 굳혀졌다. 봉건적인 구제도의 사회 패턴으로 돌아가는 것은 생각할 수 없다. 나폴레옹은 군주제로 바꿀 야심을 가지고 있으면서 사실상 유럽 전역에 프랑스혁명의 이상을 펴는 역할을 하고 말았다.

또 나폴레옹은 간접적으로 남미의 역사와 관계가 있다. 나폴레옹의 스페인 진격에 의해 스페인 정부는 남미의 식민지에 몇 년 동안 유효한 지배를 하지 못했으며, 그 사이에 남미 각지에 독립운동이 일어났다.

또 그의 모든 업적 중에서 가장 항구적이고 중대한 결과를 가져왔으며, 더구나 부적당하다는 말을 듣는 것이 한 가지 있다. 그것은 1803년에 나폴레옹이 소유하고 있던 땅을 미국에 판 일이다.

즉 루이지애나 지역의 매각, 구입이라는 사상 최대의 매매가 두 나라 사이에서 이루어졌다. 이 루이지애나가 미국령이 아니라면 미국이 어떻게 되어 있을지 짐작이 가지 않는다. 확실하게 말할 수 있는 것은 오늘의 미국과는 전연 다른 것이 되어 있을 것이며, 강국이 되지는 않았을 것이라는 것이다.

물론 루이지애나 구매(購買)는 나폴레옹만의 탓이 아니다. 미국 정부도 수지가 맞는 일을 한 셈이 된다. 그렇지만 프랑스로부터 사달라는 제의는 어떤 정부라도 받아들일 수 있는 계약조건이 있다. 다시 말해서 루이지애나의 프랑스령을 매각하겠다는 결정은 나폴레옹 개인의 변덕스러운 독단에서 나왔기 때문이다.

35 히틀러
Adolf Hitler (1889~1945)

　이 책에 히틀러를 싣는 것이 매우 불쾌하다고 고백하지 않을 수가 없다. 히틀러의 영향은 대부분이 무해하며 가장 중대한 점은 3천 5백만 명이나 되는 인명을 뺏은 인물에게 영예를 주기를 바라는 사람은 없기 때문이다. 그러나 히틀러가 방대한 수의 인명과 생활에 심각한 영향을 미친 사실을 무시할 수는 없다.
　히틀러는 1889년 오스트리아의 브라우나우(Braunaw)에서 태어났으며, 젊을 때는 보잘것없는 화가였으나 성인이 되어서 독일국수주의자가 되고, 제1차 대전 중에는 독일군에 들어가서 싸우다가 부상을 당하고 귀환했다. 용감했기 때문에 훈장을 2개나 받았다.
　독일의 패전은 그에게 충격과 격노를 일으키게 했다. 1919년 30세 때 뮌헨의 작은 우익정당에 입당했다. 곧 그 정당은 국가사회주의자 독일노동당(National Socialist German Worker's Party, 줄여서 나치스)라고 명칭을 바꾸었다. 그 후 2년이 지나 그는 당당한 지도자(독일어로는 퓨러, Fuehrer)가 되었다.
　히틀러가 지휘하는 나치스당은 급속히 커졌다. 그리고 1923년 11월에 '뮌헨 맥주홀 폭동'으로 유명한 쿠데타를 기도했다. 그러나 이것은 실패로 끝났다. 히틀러는 반역죄로 체포되어 재판에서 유죄를 인정받았으나 1년도 못 되어 석방되었다.
　1928년의 나치스당은 아직 세력이 작은 당이었으나 세계적인 불황이 닥쳐옴으로써 일반 민중은 기성 정당에 불만과 불신을 갖게 되었다.

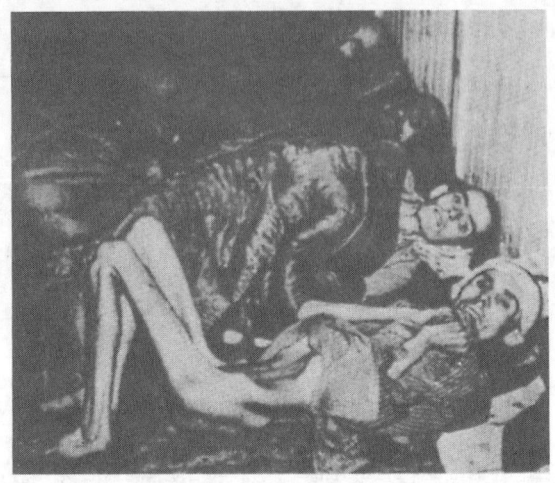
부펜바르트의 수용소

그런 속에서 나치스당은 급성장하고 있었다. 그리고 1933년 1월, 44세 때 히틀러는 수상이 되었다.

　수상이 되자 그는 정부의 모든 기관을 이용해서 반대자를 전부 없애고 급속하게 독재체제를 수립했다. 이 과정은 민중의 자유, 죄인·피고의 권리를 서서히 침식하는 간단한 것이라고 생각해서는 안 된다. 나치스 체제는 순식간에 확립되어 재판과 같은 귀찮은 수속을 밟지 않는 일도 흔히 있었다.

　많은 반(反)나치스 사람들을 쉽게 때려 눕히거나 공공연하게 죽였으나 제2차 대전 전에 히틀러는 대부분의 독일인들로부터 굉장한 지지를 얻고 있었다. 그 원인은 그가 실업문제를 해결하고 경제의 회복을 실현시켰기 때문이다.

　히틀러는 독일국가를 침략의 길로 이끌어 제2차 대전을 만들어냈다. 처음에는 전쟁을 하지 않고 영토를 확대할 의도였다. 한편 영국이나 프랑스도 자기 나라의 경제문제로 골치가 아팠기 때문에 절망적이 되어서 평화를 바라고 있었다. 따라서 히틀러가 독일의 재군비(再軍備)를 금한 베르사유조약을 어기고 재군비를 해도, 또 라인랜드를 군사점령하고 방어진지를 강화해도(1936년 3월), 또 오스트리아를 어거지로 병합해도

(1938년 3월) 개입하려고는 하지 않았다.

게다가 체코의 국경지대에서 방어시설이 갖추어진 주데텐 지대(체코슬로바키아 북부, 북서부의 산악지대)를 접수해도(1938년 9월) 영불 양국은 묵인하고 있었다. 영불이 기대하고 맺은 뮌헨조약(1938년 독일·이탈리아·영국·프랑스 4국간에 맺은 조약)에 의해 잠깐 평화를 유지했지만, 체코슬로바키아는 어떻게 할 수도 없는 상태에 놓였다.

더구나 그 후 몇 개월 후에 히틀러는 남은 영토도 전부 점령하고 말았다. 히틀러는 현명하게도 각 단계에서 요구를 방해하거나 수락하지 않으면 전쟁에 의한 협박과 한편으로는 그 요구를 정당화하는 이론을 병행하고 있었다. 한편 민주주의국가들은 그 각 단계에서 비겁하게도 후퇴를 계속하고 있었다.

그러나 영불 양국은 히틀러의 다음 침략목표인 폴란드의 방위를 결심하고 있었다. 한편 히틀러는 스탈린과 불가침조약(실제로는 두 독재자가 폴란드의 분할방법에 동의한 침략조약이었다)을 1939년 8월에 맺어, 우선 자기 나라를 방위하고 있었다. 그로부터 9일 후에 독일군은 폴란드로 진격하고, 그로부터 16일 후에는 러시아군도 진격했다.

영불 양국은 마침내 독일에 선전을 포고했지만 폴란드는 순식간에 패배했다.

히틀러에게 있어서 가장 좋았던 해는 1940년이었다. 우선 4월에는 덴마크와 노르웨이를 억지로 빼앗고 5월에는 네덜란드와 벨기에, 룩셈부르크를 침략하고, 6월에는 프랑스가 항복했다.

그러나 그 해 연말까지 영국은 우세한 독일 공군에 의한 연속공격에 견디고 있었다. — 유명한 '대영제국의 싸움' — 그리고 독일군도 영국 본토 침략에 착수할 수가 없었다.

히틀러군은 1941년 4월에 그리스와 유고슬라비아를 정복했다. 1941년에는 러시아와의 불가침조약을 깨고 공격을 가했다. 독일군은 러시아의 광대(廣大)한 영토를 정복했으나 겨울이 오기 전에 러시아를 배제할 수는 없었다. 영국과 러시아와의 양면작전을 하면서, 1941년에 일본이 하와이의 진주만 미국 해군기지를 공격한 지 며칠 후에 미국에도 선전을 포고했다.

1942년 중반까지 독일은 역사상 어느 나라도 지배한 일이 없는 광대한 지역의 유럽대륙을 지배했다. 전국의 전환기는 1942년 후반이며, 독일군이 이집트에서 엘 알라멘(El Alamein)과 러시아에서는 스탈린그라드의 대결전에 패배했을 때다.

이 패배 후에 독일군의 운명은 서서히 하강(下降)해 갔다. 그러나 독일군의 사실상의 패배가 피할 수 없는 것처럼 보였을 때라도 히틀러는 결코 항복하지 않았다. 무서울 정도로 많은 사상자를 내면서도 히틀러는 스탈린그라드의 함락 이후 2년 이상이나 전쟁을 계속했다. 비참한 종말은 1945년 봄에 왔다. 히틀러는 4월 30일에 베를린에서 자살하고, 그로부터 7일 후에 독일은 항복했다.

히틀러는 정권의 자리에 있는 동안에 역사상 유례없는 대량 학살정책을 실시했다. 그는 열광적인 민족적 우월감과 민족차별주의자로 특히 유태인에 대해서는 원한에 찬 악의를 가지고 전세계의 유태인을 한 사람도 남기지 않고 죽일 것을 공공연한 목표로 삼고 있었다.

그의 정권기간에 나치스는 대규모의 몰살용 가스실을 설비했다. 그의 지배하로 들어간 영토에 살고 있던 무지한 남자와 여자와 아이들을 몰아대서 가축용 화차에 싣고 가스실로 보내 죽였던 것이다. 이렇게 해서 살해당한 유태인은 몇 년 사이에 6천만 명에 달했다.

유태인만이 히틀러의 희생자가 아니었다. 히틀러시대에는 깜짝 놀랄만한 대다수의 러시아 인과 집시 민족도 대학살을 당했다. 그 밖에 독일의 적 또는 인종적으로 떨어졌다고 생각되는 사람들도 많이 학살당했다. 이런 살인이 전쟁 중에 매우 자연스러운 형태로 실시되었다고는 상상도 할 수 없다.

이 히틀러의 죽음의 행진은 하나의 거대한 기업처럼 매우 조심스럽게 조직되고 있었다. 여러 가지 기록이 남겨지고, 업무분담도 명확하게 제시되고, 시체에서는 조직적으로 가치가 있는 것, 예를 들면 금으로

나치스군 병사

된 틀니나 결혼반지 등을 찾아냈다.
 그리고 희생된 시체는 비누 제조에 이용되었다. 그러나 이 살인계획을 히틀러가 의도한 것은 전쟁 말기경으로, 독일 국내에서 민간용이나 군용에도 연료가 부족했을 때였다. 이 가축용 화차는 기분이 언짢은 작전—더구나 군사적으로는 아무런 도움도 되지 않는 작전—으로 죽음의 행진을 계속하고 있었다.
 몇 가지 이유로 히틀러의 유명함은 오래 남을 것이다. 첫째로, 역사상 다시 볼 수 없는 가장 흉악한 사람으로 널리 간주(看做)되고 있는 네로 같은 사람이라도 히틀러에 비하면 그 악행(惡行)은 적다. 그런데도 네로는 20세기간이나 잔학한 자의 상징으로 아직 유명하다.
 그렇다면 히틀러는 역사상 가장 나쁜 인물이라는 악평이 앞으로 수십 세기 계속될 것에는 의론의 여지가 없다고 해도 좋을 것이다. 히틀러는 이 세계에서 체험한 최대의 전쟁을 일으킨 사람, 제2차 세계대전 제일의 선동자로 기억될 것이다.
 원자핵폭탄의 출현에 의해 앞으로는 그런 대규모의 전쟁이 많이 발생하리라고는 생각되지 않는다. 그렇게 되면 앞으로 2천 년이고 3천 년이

지나도 제2차 세계대전은 아마도 역사상의 대사건으로 간주될 것이다.

게다가 히틀러의 생애에 관한 이야기도 좀 색다르고 흥미있다.

정치가로서 체험이나 자산, 정치적 연줄도 아무것도 없는 한 외국인(그는 독일인이 아닌 오스트리아 태생)이 14년간 이내이기는 하지만 한때는 세계에서 가장 강대한 세력의 리더가 되었다는 것은 놀라운 일이다.

연설가로서의 재능도 비상하게 뛰어났다. 민중을 동원해서 의의있는 행동을 일으키게 하는 그는 사상 가장 뛰어난 웅변가라고 할 수 있다. 그리고 종국에는 한번 손에 넣은 권력을 악마적으로 행사하고 이용하면 금방 잊어버렸다.

히틀러만큼 동시대의 사람들에게 영향을 미친 인물은 역사상에는 존재하지 않을 것이다. 게다가 그가 부추겨서 전장으로 보내 전사한 사람과 나치스의 수용소에서 죽은 사람을 합치면 수천만 명이 된다. 또 전화(戰禍)에 의해 집을 잃고 완전히 가정을 파괴당한 사람도 많다.

히틀러의 평가에는 다른 두 가지 요인을 고려에 넣지 않으면 안 된다. 하나는 그의 리더십 아래서 실제로 일어난 일은 히틀러가 존재하지 않았더라면 아마도 일어나지 않았을 것이라는 것이다. (이 점에서 다윈과 같은 인물과 분명히 대조를 이루고 있다.)

물론 당시의 독일과 유럽 여러 나라의 환경이 히틀러와 같은 인물을 만들어내는 온상(溫床)이 되었음은 틀림없다. 예를 들면 그의 군국주의적이고 반(反)유태주의적인 연설은 확실히 많은 청중들에게 기분좋은 조화음(調和音)으로 들렸다.

그러나 1920~1930년대의 일반 독일인은 히틀러가 한 것 같은 극단적인 정책을 실시하는 정부를 바라고 또한 그것을 의도했다는 증거는 없다. 또 그 이외에는 같은 일을 하려고 하는 지도자도 눈에 띄지 않는다. 사실 관계가 없는 부외자(部外者)의 관측으로부터도 그가 한 일을 예측한 사람도 없다.

둘째는, 전체 나치스운동이 극도로 폭군적인 독재자에 의해서 실시되었다는 것이다. 마르크스·레닌·스탈린 기타 많은 사람들이 공산주의의 실현에 큰 역할을 했다. 그렇지만 국가사회주의에서 히틀러 같은 거물 지도자는 눈에 띄지 않는다. 그는 나치스를 강대한 세력으로 이끌고, 그 세력이 계속되는 기간만 지휘권을 유지했다. 그러므로 그가 죽었을 때는 나치스도 정부도 함께 죽은 것이다.

그의 영향은 동시대인만이라고는 하더라도 그 정도는 크다. 다만 미래에 미치는 영향은 비교적 미약한 것이 될 것이다. 전반적으로 보아서 히틀러는 자기의 주요한 목표에 대해서 아무것도 달성할 수가 없었다.

그런데 동시대인에게 세계 최대의 영향을 미치고, 미래 세대에게는 영향이 미약하다는 기묘한 결합, 그것을 합계하면 어떻게 될까? 동시대의 사람들에게 미친 영향은 확실히 거대하며, 그 점에서 말한다면 이 책에서는 톱에 올려놓지 않으면 안 된다.

그렇지만 진시황, 시저, 칭기즈 칸 등보다는 뒷자리에 놓지 않으면 안 되는 이유 중 하나가 바로 앞 사람들이 미친 영향은 각기 죽은 후 몇 세기까지 미치고 있다는 것이다. 가장 가까운 시대에서 비교되는 것은 나폴레옹과 알렉산더 대왕이다. 히틀러는 이 두 사람보다 더 세계를 혼란하게 만들었지만 이 두 사람의 영향은 더 장기간에 미치기 때문에 이 두 사람보다 약간 하위에 두었다.

36 셰익스피어
William Shakespeare (1564~1616)

영국의 위대한 극작가이며 시인인 셰익스피어는 1564년에 잉글랜드의 스트랫퍼드에서 태어났다. 착실한 기초교육을 받았음에 틀림없지만 대학에는 적(籍)을 두지 않았다. 그는 18세 때 결혼(상대는 26세나 연상의 여자)하여 21세가 될 때까지 세 아이의 아버지가 되었다.

몇 년 후에 런던으로 나와서 배우가 되고 극작가가 되었다. 30세 때는 현저한 성공을 이루고, 34세 때는 상당히 유복한 생활을 하게 되었다. 그리고 영국의 지도적인 극작가의 그룹의 멤버로 활동했고, 다시 그 후 10년간 줄리어스 시저, 햄릿, 오셀로, 맥베스, 리어 왕 등의 대걸작을 창작했다.

20여년간 그는 런던에 살고 있었는데, 그 동안 아내를 고향인 스트랫퍼드에 남겨두고 있었다. 40세 후반에 은퇴하여 고향으로 돌아가, 1616년 자신의 생일 무렵에 죽었다.

그의 비범한 창작력과 업적은 공저(共著)로 보이는 소품(小品)을 포함해서 35개의 유명한 극작과 154개의 단시(短詩), 3~4개의 장편시로 남아 있다.

그의 이름이 이 책에서 이처럼 낮은 순위에 있는 것을 이상하게 생각할지 모르지만, 예술적 작품의 평가를 할 수 없기 때문에 이렇게 낮게 한 것이 아니다. 내 신념 때문이며 일반적으로 문학가나 예술가는 인류사상 비교적 영향이 적다고 생각하기 때문이다.

종교의 대교주, 대과학자, 대정치가, 대탐험가, 대철학자, 대발명가의 활동은 흔히 다른 많은 분야에서의 인간의 노력에 큰 개발적인 영향을 미친다. 예를 들면 과학의 발달은 정치, 경제 사정에 다대한 충격적 영향을 미치며, 종교상의 신앙, 철학적 태도, 그리고 예술상의 창작도 그렇다.

유명한 대화가는 확실히 후진화가의 작품에 그 나름대로의 영향이 있지만 음악이나 문학의 발전에는 그다지 영향이 없으며, 과학이나 탐험 기타 분야에서의 인류의 노력에도 사실상 영향이 적다. 일반적으로 대예술가의 영향은 그 예술에만 한정된다. 문학, 음악, 그리고 시각예술(視覺藝術) 등의 걸인(傑人)은 최초의 30명 중에는 나타나지 않으며, 전체에서도 아주 조금밖에 인물을 들지 않는 이유는 거기에 있다.

그럼 왜 이 책에 몇 명의 예술가를 싣느냐? 대답은 예술의 감상은 각 개인의 생애에 직접적인 부분(반드시 큰 부분이 아니라)에서 작용하기 때문이다. 바꿔 말하자면 누구든지 음악을 듣고 문학서를 읽는다든가 해서 상당한 시간을 지내고 있다. 만약 우리가 음악을 듣는 시간은 다른 활동에 영향이 없다고 하더라도(좀 과장이지만), 그 시간은 결코 우리들의 생애 중에서 무의미한 한때가 아니다.

셰익스피어가 문학사상 탁월한 위치에 있다는 것은 이론이 없는 바이다. 오늘날 초서*(Chaucer)나 베르길리우스(Vergilius ; 70~B.C. 19)나 호메로스(Homeros) 등의 작품은 학교에서 교과서에나 채용되지 않으면 읽는 사람이 적다.

그러나 셰익스피어극을 공연하면 반드시 관객이 많이 모인다. 또 표현의 교묘함은 다른 것과 비교할 것이 없다. 셰익스피어극을 보았거나 읽은 일이 없는 사람이라도 그의 명대사(名臺詞)를 인용하는 일이 있다. 그의 명성은 일시적인 유행처럼 사라지는 것이 아니다. 그의 작품은 약 4세기에 걸쳐서 독자나 관객을 즐겁게 해주고 있다. 이미 시간적 시련에 견디었기 때문에 앞으로도 몇 세기에 걸쳐 인기가 계속될 것은 그리 상상하기 어렵지 않다.

셰익스피어의 중요성을 평가함에 있어서 그가 태어나지 않았을 경우를 생각해야 한다. 당연히 그 극작은 이 세상에 나오지 않았을 것이다.(물론 어느 정도 유사한 대사가 여러 예술가나 문학가로부터도 나왔겠지만, 그 영향을 평가해도 그다지 중요성은 없다.)

셰익스피어의 작품은 영어로 쓰여 있다. 그래도 전세계에 그의 이름은 알려져 있다. 영어는 세계 공통어는 아니지만, 다른 어느 나라의 언어보다도 공통어에 가깝다. 그의 작품은 타국어로 널리 번역되어 읽히고, 극이 공연되고 있다. 물론 아무리 유명한 작가라도 문예평론가로부

---

*초서 : 1340~1400. 영국의 시인. 런던 태생. 외교상의 직무로 이탈리아, 프랑스로 건너가 보카치오와 페트라르카를 만났다. 초기에는 프랑스나 이탈리아의 영향을 받은 작품이 나왔으나 만년에는 영국문학의 색채를 명확하게 했다. 대표작은 《켄터베리 이야기》.

터 혹평되는 일이 있다. 그러나 그의 경우는 그렇지 않다. 그의 작품은 모든 문학가로부터 아낌없는 칭찬을 받고 있다.

극작가는 세대를 통해서 그의 작품을 연구하여 그의 문학상의 좋은 점을 배우려고 하고 있다. 이렇게 다른 작가에게 미친 큰 영향력과 일반 민중의 인기가 계속되고 있는 점을 합쳐서 셰익스피어는 이 책에서는 비교적 높은 순위에 들게 되었다.

37 애덤 스미스
Adam Smith (1723~1790)

애덤 스미스는 경제이론의 발전에 있어서 지도적 인물로, 1723년에 스코틀랜드의 커콜디(Kirkcaldy)에서 태어났다. 옥스포드 대학에서 공부하고, 1751년부터 1764년까지 글래스고 대학의 철학교수를 지냈다.

거기서 그는 처녀출판《도덕감정론(道德感情論)》을 출판하여 지식층의 인기를 얻었다. 그러나 그의 명성을 확고하게 만든 것은 유명한 대저작《국부론(國富論)(An Inquiry Into the Nature and Causes of the Wealth of Nations)》을 출판한 1776년부터였다. 이 책은 출판과 동시에 대성공했으며, 그는 이 책으로 명성과 존경을 확고하게 얻었다. 1790년에 고향인 커콜디에서 죽었다. 결혼은 하지 않았으며 따라서 아이도 없었다.

애덤 스미스는 경제이론을 전문적으로 연구한 최초의 사람은 아니다. 그의 저명한 사상도 대부분 독창적인 것이 아니다. 다만 경제학의 포괄적인 이해와 체계적인 이론을 제시한 최초의 사람이며, 그것이 경제학 발전에 있어서 올바르고 단단한 토대로서의 기능을 했다. 그 이유는 이 국부론이 현대의 정치 경제학을 연구하는 출발점이 되고 있기 때문이다.
 이 《국부론》이라는 책의 업적 중 하나는 과거의 잘못된 사고방식을 일소했다는 것이다. 스미스는 국가가 대량의 금괴를 보유하는 것이 중요하다고 하는 낡은 중상주의(重商主義) 이론에 반론했다. 또 저서 속에서 토지가 가치의 주된 원천이라고 하는 중농주의(重農主義)의 견해도 거부하는 대신 기본적으로 중요한 것은 노동이라고 주장했다.
 스미스는 노동의 분업에 의해서 생산을 증대할 수 있다고 강조하고, 또 산업의 발전을 저해하고 있는 구태의연한 전횡적(專橫的)인 정부의 구속을 전반적으로 공격했다.
 《국부론》의 중심이념은, 표면상으로는 무질서한 것 같은 자유시장이야말로 사실은 자기규제를 하는 기구라는 것이다. 다시 말해서 자동적으로 사회가 바라고 있는 상품의 형(型)이나 양을 결정하는 메커니즘이다. 예를 들면 어떤 갖고 싶은 상품의 공급이 부족되면 그 가격은 당연히 높아진다. 판매가가 비싸지기 때문에 그 제조업자의 이익도 많아진다. 이 상품이 고수익이라는 것을 알게 되면 다른 제조업자도 그 상품의 생산에 열을 올리게 된다.
 그 결과 생산이 증대되어 상품 부족은 완화된다. 더욱 공급이 많아지면 제조업자간의 경쟁과 겹쳐서, 그 상품의 가격은 떨어지고 '자연가격'(Natural price), 즉 제조원가로 돌아간다. 이것은 다시 말해서 일부러 부족문제를 해결하지 않고도 사회 구제에 나서는 일도 없이 문제는 저절로 해결된다.
 스미스의 말을 빌리면, '자기 이익만을 의식하고' 있는 것만으로도 '보이지 않는 손에 이끌려서, 아무런 의도도 없이 목표에 접근한다…… 자기 이익만을 추구하고 있으면 실제로 초진하려고 했을 때보다도 더 효과적으로 사회의 이익을 촉진하는 것이 된다.'(《국부론》 4권 2장)
 그러나 이 '보이지 않는 손'도 만약 자유경쟁을 저해하는 것이 있으면 본래의 기능을 하지 못하게 된다. 그래서 스미스는 자유무역의 좋은 점을 믿고 높은 관세장벽(關稅障壁)에 강하게 반대하고 있다. 사실 그는

애덤 스미스의 상(像)은
스코틀랜드의 주화(鑄貨)에
기념으로 새겨졌다.

정부가 민간기업이나 자유시장에 간섭하는 것을 강하게 반대했다. 이 간섭은 반드시 경제효과를 저하시켜, 종국적으로는 대중이 보다 비싼 돈을 지불하게 된다고 주장했다.(스미스가 에세페르(Iajssey faire ; 무간섭주의)라는 용어를 발명한 것은 아니지만, 누구보다도 이 생각을 강조하고 있다.)

사람에 따라서는 애덤 스미스를 단순한 사업자 이익의 옹호가라는 인상을 가지고 있는 사람도 있지만, 이것은 조금 잘못된 생각이다. 그는 되풀이해서 독점적 사업을 강한 어조로 탄핵하고, 그 배제를 주장했다. 스미스는 현실의 사업 업무에 대해서 결코 순진무구하지는 않다.

그의 《국부론》속에 다음과 같은 말이 있다. "동업자는 서로 모이려고 하지 않는다. 만약 모여도 주고받는 대화는 소비대중에 대한 합의나 판매가격의 가격인상으로 전화(轉化)되고 만다."

애덤 스미스는 훌륭하게 경제사상의 체계를 제시했기 때문에 종래의 경제학 각 학파의 사상은 수십 년으로 버려졌다. 또 그들 학자의 좋은 점은 스미스의 사상 속에 훌륭하게 집어넣는 동시에 그들의 학문상의 결함을 체계적으로 노출하는 결과가 되었다.

맬서스(Malthus)나 리카도(David Ricardo) 등 거대한 경제학자까지 포함해서 그의 후계자들은 스미스의 이론을 더욱 발전시켜(스미스의 기본적인 노선은' 바꾸지 않고), 오늘날의 고전경제와 같은 체계로 만든 것이다. 근대경제학은 그것에 새로운 개념과 기술을 덧붙인 것이지만 그것도 대부분은 고전경제학에서 저절로 성장발전한 것이라고 할 수 있다. 매우 중요한 부분에서는 마르크스의 경제사상만 하더라도(정치사상은 다르지만) 고전경제학의 연장이라고 간주된다.

《국부론》에서 스미스는 부분적이기는 하지만, 맬서스의 인구과잉론을 예측하고 있다. 리카도와 마르크스는 인구압박으로 노동자의 임금을 생활비 수준(소위 '임금의 철칙'*) 이상으로 올릴 수 없게 만든다고 주장한 것에 비해서, 스미스는 생산이 증대되는 환경하에서는 임금은 상승할 수 있다고 주장했다. 이 점은 스미스가 정답이고, 리카도와 마르크스가 틀렸다는 것은 명백하다.

스미스의 견해가 옳음이나 그 후의 경제학자에 대한 영향이니 하는 문제는 별도로 하고, 그의 영향은 사법·행정면에도 미치고 있다. 공업·상업에 대한 정부의 간섭 반대, 관세를 낮게 할 것, 그리고 자유무역주의라는 스미스의 주장은 그 후 19세기 전반에 걸쳐서 정책 결정에 큰 영향을 가져왔다. 이런 정책면에 대한 영향은 오늘날까지도 여전히 남아 있다.

이론경제학의 장족(長足)의 진보는 스미스시대 이후이다. 만약 그 동안에 그의 사상의 일부라도 오늘날에 전해지지 않았다면, 그의 중요성은 경시(輕視)당할 것이다. 그러나 사실은 그가 이론경제학을 체계적인 학문으로 만든 창시자이며, 그런 면에서는 제1인자이다. 따라서 인류사상의 중요 인물이라고 할 수 있다.

---

*'임금의 철칙' : 1863년에 라살이 임금에 대한 철칙이라고 주장한 설이다. 임금은 노동자의 생존 유지, 번식에 필요한 정도밖에 얻을 수 없으며 따라서 노동자는 자본주의제도가 계속되는 한, 비참과 빈곤으로부터 벗어날 수 없다고 말하고 있다.

38 에디슨
Thomas Edison (1847~1931)

다방면에 걸친 발명가인 에디슨은 1847년에 오하이오 주 밀란(Milan)에서 태어났다. 정규 교육은 3개월밖에 받지 않았을 뿐만 아니라 더구나 학교 선생님으로부터는 지진아(遲進兒)라고 보여졌다.

그의 최초의 발명은 21세 때 만든 전기식 투표기록기이다. 그러나 이것은 조금도 팔리지 않았기 때문에 그 다음부터는 시장성이 있는 물건의 발명에 집중하기로 했다. 얼마쯤 후에 체커(주식시세 표시기)를 발명했더니 4천 달러나 팔렸다. 당시로서는 거액이었다. 그 후 잇따라 발명을 계속하여 에디슨은 순식간에 유명해져 재산가가 되었다.

아마도 그에게 있어서 가장 독창성이 있는 발명은 축음기일 것이다.(1877년의 발명) 그러나 세계적으로 보아서 가장 중요한 발명은 1879년의 실용 백열전구의 개발이다.

에디슨은 전기조명 시스템의 최초의 발명가가 아니다. 2, 3년 전에 파리에서는 거리조명용으로 아크등이 실용되고 있었다. 그러나 에디슨의 발명은 송전 시스템과 일체로 된 에디슨 전구로 일반 가정에서도 쓸 수 있는 전등으로 되었다. 1882년에 에디슨의 회사는 뉴욕 시에 가정용 발전을 위해 창설되어 그 후 전기의 가정이용은 전세계로 급속히 확대되었다.

가정용으로 송전하는 최초의 배전회사(配電會社)가 설립되었기 때문에 그 후 거대한 공업발전의 토대가 생겼다. 다시 말해서 이 전력을 쓰는 것은 전등뿐만 아니라, 텔레비전에서부터 세탁기까지 확장되었다. 에디슨이 확립한 배전망으로부터 전력을 쓸 수 있게 되었기 때문에 산업계에서의 전기 이용을 강하게 자극하게 되었다.

에디슨은 영화촬영 카메라와 프로젝터의 개발에도 공헌하고, 또 개량면에서는 전화(그의 카벤 트랜스미터는 전화를 현저하게 잘 들리게 했다)와 전신과 타이프라이터에도 공헌이 크다. 그 밖에 딕테이팅 머신(구술하는 것을 받아쓰는 기계), 등사판과 축전지 등 에디슨은 1천 건 이상의 발명특허를 가지고 있었다고 한다. 믿어지지 않는 숫자이다.

　그의 놀랄 만큼 높은 발명생산성은 재빨리 연구소를 설치하여 유능한 어시스턴트 그룹을 채용하여 거들게 했다. 이것이 오늘날의 대기업의 연구소의 시초였다. 에디슨이 창시한 연구소는 그가 가장 중요한 발명 중 하나이다. ─ 물론 이것으로는 특허를 따지 않았지만 말이다.

　그는 단순한 시정(市井)의 발명꾼이 아니다. 그는 몇 개의 제조회사와 상사회사를 창설했으며, 그 중에서도 유명한 것은 제너럴 일렉트릭사(GE사)이다.

　에디슨은 순수과학은 아니지만 훌륭한 과학적 발명도 했다. 1882년에 진공에 가까운 상태 속에서 2개의 전선에 전류를 흘리면 2개의 전선은 접촉하지 않는데도 전류가 흐르는 것을 발견했다. 이 현상을 에디슨효과라고 한다. 이것은 이론적으로도 흥미있는 일이지만 동시에 매우 중요한 응용으로 전개되었다. 다시 말해서 진공관의 개발도 되고, 일렉트로닉스 산업의 기초도 된 것이다.

　그는 무서운 난청병(難聽病)으로 고생했다. 그러나 그는 그런 핸디캡을 보완하기 위해 놀랄 만큼 근면한 사람이 되었다. 그는 두 번 결혼(첫 번째 아내는 젊을 때 사망)하여 세 아이가 있었으며, 1931년에 웨스트오렌지에서 사망했다.

　에디슨의 재능에 이의를 제기할 여지는 없다. 그가 역사상 최대의 발명재능을 가지고 있는 사람이라고 누구나 인정한다. 발명품의 대부분은 만약 그가 없더라도 30년쯤 사이에 누군가가 발명하고 있을지도 모르지만, 그렇다 하더라도 그의 유익한 발명품을 늘어놓으면 그에게 존경심을 갖지 않을 수가 없을 것이다.

　그러나 여기서 그의 발명품 하나하나를 생각해보면 하나도 결정적으로 중요한 것이 없다. 예를 들면 백열전구는 널리 쓰였지만 현대생활에서 다른 것과 절대로 바꿀 수 없는 것도 아니다. 또 형광등은 전연 다른 과학원리이며, 이것도 널리 쓰이고 있어 백열전구가 완전히 없어지더라도 일상생활에는 그다지 변화는 없을 것이다.

축음기는 확실히 독창적이지만, 오늘날의 라디오·텔레비전 시대의 일상생활을 다소나마 변화시켰다고 주장하는 사람은 한 사람도 없다. 최근에는 전혀 다른 방법으로 소리를 녹음하는 자기(磁氣) 테이프가 개발되어 이제는 축음기나 플레이어도 자취를 감추고 말았다.

에디슨의 특허에는 이미 다른 사람이 발명한 것을 개량하여 매우 쓰기 쉬운 형태로 만드는 것이 많다. 이 개량 발명도 유익하지만 인류 전체에 골고루 퍼질 만큼 중요한 것으로는 생각되지 않는다.

에디슨의 발명에는 단 하나라도 압도적으로 중요한 것이 없다고 말하지만, 그는 단 한 가지 기계를 발명한 것이 아니다. 1천 개 이상이나 된다는 것은 기억해둘 가치가 있다. 거기에 마르코니나 벨과 같은 유명한 발명가보다 순위를 위에 놓은 이유가 있다.

39 레벤후크
Antonie Van Leeuwenhoek (1632~1723)

세균 발견자인 레벤후크는 1632년에 네덜란드의 델프트(Delft)에서 태어났다. 그는 중류가정에서 자랐으며, 성인이 된 후에는 지방자치단체의 직원으로서 생애의 대부분을 지냈다.

그의 대발견은 취미로 현미경을 만지작거리고 있는 동안에 일어난 것이다. 물론 그 당시에는 거리의 상점에서 현미경 따위를 살 수 없기 때문에 그는 자기 손으로 현미경을 만들었던 것이다.

그는 렌즈를 연마(研磨)하는 전문가도 아니며, 현미경의 정식 설계도를 가지고 있었던 것도 아니다. 다만 스스로 개발하는 기술이 당시의 전문가보다도 뛰어나 있었던 것이다.

　복잡하고 고급인 현미경은 그가 태어나기 전세기에 이미 발명되어 있었지만 그는 그것을 이용하지 않았다. 그 대신 초점거리가 매우 짧은 소형 렌즈를 정밀하게 연마해서 당시의 어떤 복잡 현미경보다도 분쇄능력이 좋은 것을 만들었다. 그가 연마한 렌즈로 현재까지 남아 있는 것 중에는 270배의 확대력을 가지고 있는 것이 있으므로 아마도 그 이상의 것을 만들고 있었다고 생각된다.

　그는 대단히 참을성이 있으며 신중한 관찰력과 날카로운 눈썰미, 무한한 호기심을 가지고 있었다. 그는 그 미소(微小)한 렌즈로 사람의 머리털, 개의 정액(精液), 빗물, 조그만 곤충, 근육조직과 피부조직, 그 밖의 많은 견본까지 널리 다양한 물질을 들여다보았다. 그리고 세밀하게 노트에 베껴 렌즈를 통해서 본 모양을 정확한 그림으로 그렸다.

　1673년부터는 영국의 로얄 소사이어티와 관계를 갖게 되었다. 당시 이 소사이어티는 지도적인 과학협회였다. 그는 고도(高度)의 교육을 받지 않았음에도 불구하고(초등학교만 나왔기 때문에 네덜란드 어 이외의 외국어를 모른다), 1680년에는 그 영국 왕립과학협회의 회원이 되었다. 또 파리의 과학 아카데미의 통신회원이 되기도 했다.

　그는 두 번 결혼하여 아이는 6명, 손자는 없었다. 대단히 건강해서 만년까지 현역으로 일을 하고 있었다. 그 동안 러시아의 표트르 대제(大帝)와 영국 여왕 등 고위고관이 그를 방문한 일이 있으며, 1723년 90세의 고령으로 델프트에서 사망했다.

　레벤후크는 수많은 중요한 발견을 했다. 우선 정충(精虫)을 그림으로 그렸다든가(1677년), 적혈구를 그림으로 만든 최초의 사람이다. 그는 하층생물의 자연 발생론에 반대하고 그 증거를 많이 제시했다. 예를 들면 벼룩의 번식방법은 날개가 달린 벌레와 같다는 것을 제시했다.

　그의 최대의 발견은 1673년에 처음으로 미생물을 관찰한 일이다. 그것은 인류사상 위대한 생식과 정액(精液)의 발견이었다. 그는 전혀 상상도 할 수 없었던 세계를 발견했다. 그것은 생명에 넘친 세계였다. 그는 일의 중대성을 깨닫지 못했겠지만 이 신세계는 인간에게 있어서 매우 중요한 것이었다.

사실 그가 관찰한 '극소(極小), 극미(極微)의 동물'이 사실은 인간의 생명력과 죽음을 좌우하고 있다. 이것을 알게 되자, 그는 다시 다른 장소를 찾아 우물 속, 못 속, 빗물 속, 그리고 사람의 강(腔) 속과 창자 속까지 관찰했다.

이 레벤후크의 대발견은 그 후 2세기가 지나서 파스퇴르가 나타날 때까지 응용되지 않고 방치되고 있었다. 사실 미생물학 전체가 더욱 개량된 현미경이 개발되는 19세기까지 휴지상태(休止狀態)에 있었다.

여기서 레벤후크가 존재하지 않았더라면 어떻게 되었을까 하는 문제가 생긴다. 만약 그렇게 되었다면 그의 발견은 19세기까지는 아무도 하지 못했을 것이며 따라서 과학의 진보에 상당한 변화가 일어났을 것이다. 그가 미생물의 발견자라는 것을 부정하는 사람도 없다. 과학계가 미생물의 존재를 안 것은 그를 통해서 비로소 가능했던 것이다.

레벤후크의 중대한 과학상의 발견을 어쩌다가 용해수로 얻은 완전한 행운이라고 간주하는 일이 자주 있다. 그러나 이것은 진실성이 없다. 그가 미생물을 발견한 것은 전례가 없는 고성능의 현미경을 정교하게 만든 것과 정밀하고 참을성있는 관찰력으로부터 생긴 것이다. 바꿔 말하자면 정밀함과 엄격함이 결합된 연구에서 생긴 발견이지 단순한 행운과는 정반대이다.

미생물의 발견이 단 한 사람의 연구에 의해서 이루어졌다는 것은 중요한 과학적인 발견이다. 레벤후크는 혼자서 연구했다. 원생동물이나 박테리아의 발견은 전례가 없는 일이며—그 점은 생물학상의 다른 진보와 전연 다르다—종래의 생물학적 지식의 연장은 절대로 아니다.

그의 발견으로 인한 실제상의 응용면에서의 중요성을 종합 요인으로 평가하여, 이 리스트에서는 비교적 높은 순위에 놓았다.

40   플라톤
Platon (B.C 428~347?)

 고대 그리스의 철학자인 플라톤은 서양 정치철학・윤리사상 및 형이상학(形而上學)의 출발점이기도 하다. 이 면에 대해서 그의 사상은 과거 2천3백 년 이상이나 사람들에게 읽히고 연구되어왔다. 따라서 플라톤은 서양사상의 아버지 중 한 사람이다.
 플라톤은 아테네의 명문 출신으로 기원전 428년에 태어났다. 젊을 때는 유명한 소크라테스와 지기(知己)가 되어, 소크라테스는 그의 친구인 동시에 좋은 지도자이기도 했다.
 기원전 399년 소크라테스가 70세 때, 아테네의 젊은이들을 타락시키고 불경(不敬)한 짓을 시키고 있다는 막연한 이유로 고발당해 재판에 회부되어, 그 결과 사형선고를 받게 되었다. 소크라테스(플라톤은 자기가 알고 있는 모든 사람 중에서 가장 현명하고 바르고, 그리고 최선의 사람이라고 말하고 있다.)의 형집행에 의해 플라톤은 아테네의 민주정부에 대해 혐오감을 참으면서 외톨이가 되었다.
 소크라테스가 죽은 후 곧 플라톤은 아테네를 나와서 10여 년을 외국 여행으로 떠돌아다녔다. 기원전 387년경에 다시 아테네로 돌아가, 그곳에서 아카데미아라는 학교를 설립했다. 이 아카데미아는 그 후 9백 년 이상이나 계속되었다. 그는 여생의 40년을 아테네에서 철학 강의와 집필을 하면서 지냈다.
 그 중에서 유명한 제자는 두말 할 것도 없이 아리스토텔레스로, 그가 아카데미아로 들어왔을 때는 17세였고, 플라톤은 이미 60세가 되어 있었다. 플라톤은 기원전 347년에 80세로 사망했다.
 생애에 35권의 책을 저술했는데, 그 대부분은 정치와 경제에 관한 것이고 형이상학과 신학도 포함되어 있다. 이들 저서의 전부에 대해서 짧은 문장으로 요약하는 것은 분명히 불가능하다. 그러나 그의 사상을 너무 단순화한다는 위험을 무릅쓰고 그의 이상적 사회의 개념을 설명하고 있는 가장 유명한 저서 《공화국론(共和國論)(The Republic)》에 나와 있는 주요한 정치사상을 요약해보기로 한다.

플라톤은 최고의 정치형태는 귀족정치라고 지적하고 있다. 그러나 그것은 세습적인 귀족정치나 군주정치를 의미하고 있는 것이 아니다. 귀족정치의 이점은 그 국가 내에서 최고, 최현(最賢)의 사람이 통치하는 데 있다. 이 사람들은 일반시민의 투표로 뽑는 것이 아니라 위원회에서 새 위원을 뽑는 방식을 택해야 한다고 말하고 있다. 이런 사람들은 이미 지배계급의 사람들이든가 또는 관리자급(Guardian) 사람들이며, 순수하게 공적(功績)만을 기초로 해서 순위를 주어야 한다.

그리고 남녀를 불문하고 그 관리자급의 멤버로서 자기가 최적이라는 것을 알릴 기회가 평등히 주어져야 한다고 플라톤은 믿고 있다.(남녀의 기본적 평등성을 제시한 최초의 철학자는 플라톤이며, 그 후 상당기간 이 이론을 주장한 사람은 그 혼자뿐이었다.)

그 기회균등을 보장하기 위해 플라톤은 아이들은 전부 국가가 교육하고 기를 것을 제언하고 있다. 아이는 처음에 철저한 체육훈련을 받지만, 물론 음악, 수학, 기타 학과의 공부도 하며, 연령별로 몇 가지 단계로 나누어서 시험을 실시한다.

그다지 성적이 좋지 않은 아이에게는 사회의 경제활동 방면의 일을 할당하고, 성적이 좋은 아이에게는 다시 훈련을 계속시킨다. 이 단계의 훈련에서는 통상적인 여러 학과뿐만 아니라 철학 공부도 들어간다. 플라톤은 이 철학이란 이상적 형태의 형이상학 이론의 연구를 의미하고 있다.

35세가 되면 이론적 훈련에 정통하다는 것을 납득이 가도록 설명할 수 있는 자에게는 다시 15년간의 훈련을 계속하게 된다. 문헌 등에서 얻은 지식을 실사회에 적용할 수 있었다는 것을 실증한 자에 한해 관리자급으로의 입회가 허가된다. 그 밖에도 사회복지 사업에 강한 관심을 가지고 있음을 실증할 수 있는 자도 관리자급이 될 수 있도록 했다.

관리자급의 회원은 모든 사람들에게 애소(哀訴)해서는 안 된다. 또한 가정이 유복해서도 안 된다. 또 개인의 사유재산도 최소한의 것밖에 허용되지 않는다. 그리고 일정한 고정급(그다지 많은 봉급은 아니다)은 지급되지만 금이나 은 등 귀금속의 소유도 허용되지 않는다. 게다가 가정을 떠나는 것도 허용되지 않으며, 반드시 식사는 가족과 함께 하고, 보통은 배우자를 갖는 것으로 되어 있다.

이렇게 철학자가 정치가가 되면 그 보수는 물질적인 부(富)가 아니라, 오히려 공중 봉사에 따르는 정신적인 만족감이어야 한다고 주장하고 있다. 그리고 정치가, 군인, 농공(農工)의 조화가 이루어지면 국가로서의 조화도 이루어지고 지혜·용기·절제가 실현된다. 간단히 이상으로 플라톤의 이상국가에 대한 생각을 요약한 것이다.

《공화국론》은 여러 세기에 걸쳐 널리 읽혔지만, 거기서 주장되고 있는 정치제도를 지금까지 현실적인 민간정부의 모델로서 시행한 예는 아무 데도 없다는 것은 주목해야 할 일이다. 플라톤의 시대부터 오늘의 우리들 시대까지 유럽 대부분의 국가는 세습제의 군주에 의해서 통치되어왔다.

근세가 되어서 겨우 공화제를 채용하는 국가가 나타났지만, 그건 그렇다 하더라도 히틀러나 무솔리니 같은 군국주의 지배자나 선동적인 독재자의 시대도 있었다. 지금까지 플라톤의 이상국가에 다소나마 가까운 정치체제도 없으며, 또한 어떤 정당도 플라톤의 이론을 채용한 예도 없다. 또 마르크스의 이론처럼 실제 정치운동의 기초가 된 일도 없다. 그래서 존경심을 가지고 말한다 하더라도 플라톤은 실제화를 완전히 무시한 것일 것이라고 말하는 사람도 있다. 그러나 단순히 그렇게 생각해서는 안 된다고 본다.

확실히 유럽 각국의 정치에서 플라톤의 모델을 직접적으로 패턴화하려고 하는 곳은 없었다. 그러나 중세유럽의 카톨릭교회(수도원)는 플라톤의 관리자급제와 대단히 비슷한 데가 있었다. 중세의 교회는 엘리트에 의해서 구성되고 있으며 교회의 멤버는 전원이 철학 공부가 의무화되었다. 원칙적으로 남자이며 가족이나 가정의 배경에는 관계없이 성직(聖職)자가 되기에 어울리는 사람(다만, 여성은 들어갈 수 없다)이어야 했으며 또 원칙적으로 성직자는 가정을 가질 수 없다. 이것은 성직이 자기발전의 욕구에 의하지 않고 신도들의 관심으로 동기를 부여받을 것을 의도했기 때문이다.

또 러시아의 공산당 간부제도도 플라톤의 이상국가론에 나오는 관리자급제를 본뜬 점이 있다. 다시 말해서 러시아에서도 종신(終身) 엘리트제가 있으며, 그 멤버는 공식적으로 철학 훈련을 받고 있다.

플라톤의 사상은 또 미국 정부의 기구에도 영향을 미치고 있다. 미국 헌법제정위원회 위원에는 플라톤의 정치사상에 친근감을 가지고 있는 사람이 많으며, 미국 헌법은 국민의 의사를 발견하여 그것에 효과적인 작용을 할 수 있는 수단을 준비하고 있다. 다시 말해서 국가를 통치하기 위해 가장 현명하고 최선의 사람을 뽑는 수단으로서 의도되고 있다.

플라톤의 중요성에 대한 평가가 어려운 것은 그 영향이 다년간에 걸치고 있기 때문이다. 더구나 그 동안에 간접적이기는 하지만 이상한 힘으로 퍼져 보급되어왔다. 그의 정치이론 이외에 윤리학, 형이상학은 그 후의 철학자에게 커다란 영향을 미치고 있다.

그럼에도 불구하고 플라톤을 아리스토텔레스보다도 상당히 낮은 순위에 둔 것은 주로 아리스토텔레스는 철학자로서 중요한 동시에 과학자로서도 잊어서는 안 되기 때문이다.

한편 플라톤은 존 로크나 제퍼슨, 볼테르 등의 사상가보다 상위에 둔 것은 그들의 저서는 2,3세기 동안 세계에 영향을 미쳤는 데 비해 플라톤의 영향은 실로 23세기 동안이나 계속 미치고 있기 때문이다.

41 마르코니
Guglielmo Marconi (1874~1937)

라디오(무선전신)의 발명자인 마르코니는 1874년에 이탈리아의 볼로냐 태생으로 유복한 가정에서 자라 가정교사에게 교육을 받았다. 1894년에 20세가 되었을 때 헤르츠(Heinrich Hertz)의 실험기록을 읽었다. 이 실험기록에는 빛의 속도로 대기 중에 움직이고 있는 눈에 보이지 않는 전자파의 존재가 명확하게 설명되어 있었다.

이 기록에 자극을 받아 마르코니는 곧 이 전자파를 이용하면 전선을 쓰지 않고 원거리간의 신호 전송이 가능하다는 발상이 떠올랐다. 이것으로 종래의 유선통신으로는 불가능한 여러 가지 통신도 가능케 할 수가 있다. 예를 들면 대양을 항해 중인 배로도 통신을 보낼 수가 있다.

불과 1년 정도의 연구 결과, 1895년에 마르코니는 실제로 가동하는 기계를 한 대 시작(試作)했다. 1896년에 그는 그것을 영국에서 발표했다. 이것이 그의 최초의 발명특허가 되었으며, 곧 회사를 설립하여 최초의 '마르코니식 통신'이 1890년에 발신되었다.

그 이듬해에 영국해협을 건너서 무선전신의 발신에 성공했다. 그의 가장 중요한 특허는 1900년의 것이었는데, 계속하여 발명품을 더욱 개량해서 1901년에는 대서양을 넘어 잉글랜드로부터 캐나다 동안(東岸) 뉴펀들랜드 섬에 무선으로 메시지를 보내는 데 성공했다.

이 발명의 중요성은 1909년에 극적으로 증명되었다. 그것은 'S·S 리퍼블릭 호'가 충돌로 침몰했을 때이다. 재빨리 무선으로 침몰소식이 알려져 5명을 제외하고 전원이 구조되었다. 이 해에 마르코니는 이 발명으로 노벨상을 받았다. 그 이듬해에는 아일랜드에서 아르헨티나까지 약 1만Km의 거리를 넘어서 통신하는 데 성공했다.

그런데 이 전신문은 소위 모르스 부호로 점과 선의 방식으로 보내졌다. 그 후 무선으로 음성도 보낼 수 있게 되었는데 그것은 1915년까지는 실현되지 않았다. 상업적으로 무선방송이 시작된 것은 1920년 초기지만, 그것으로 한층 더 무선은 일반화되었고 중요성도 증대되었다.

이 발명특허권은 너무나도 고가였기 때문에 특허권을 둘러싼 논쟁이 일었다. 그러나 이 소송문제도 최종적으로 재판에서 마르코니의 명확한 우선권을 인정함으로써 종결되었다. 그 후 마르코니는 단파, 초단파에 대해서 중요한 연구를 계속하다가 1937년 로마에서 사망했다.

마르코니는 오직 발명가로서 유명하기 때문에 당연히 그의 영향은 무선통신 및 그 파생기술의 중요성에 비례한다.(마르코니는 텔레비전의 발명은 하지 않았지만 무선의 발명은 텔레비전에 대한 중요한 전조(前兆)였기 때문에 텔레비전 개발에 마르코니도 일조했다고 보아도 좋을 것이다.)

무선은 현대에 있어서 매우 중요한 것은 명백하다. 뉴스, 오락, 군사목적, 과학연구, 정치활동 등 기타 많은 목적에 송신하고 있다. 목적에 따라서는 유선통신(이것은 약 반세기 일찍 발명되었다)이 같은 기능을 하고 있지만 많은 응용분야에서 무선을 대신할 수는 없다.

예를 들면 주행 중인 자동차, 항행 중인 선박, 비행 중인 항공기, 우주선 등은 무선이 아니면 통신을 할 수 없다. 어떤 의미에서는 전화보다도 중요한 발명이라고 할 수 있다. 그것은 전화로 보내는 메시지는 무선으로 바꾸어놓을 수가 있으며, 게다가 전화로 닿지 않는 곳에도 무선으로 보낼 수가 있다.

이 책에서는 마르코니를 벨보다도 상위에 놓았다. 그 이유를 간단히 말하자면, 무선의 발명은 전화보다 중요하기 때문이다. 다만 에디슨을 마르코니보다 약간 상위에 놓은 것은 에디슨의 발명 중 다만 라디오만큼 중요한 것은 없지만 뭐니뭐니해도 에디슨의 발명은 양이 많기 때문이다.

또 라디오·텔레비전은 결국 패러데이나 맥스웰이 이룩한 이론적 성

떠 있는 실험실.
요트 위의 마르코니.

과를 실용화한 일부에 지나지 않는다. 따라서 마르코니는 이 두 사람보다도 상당히 낮은 곳에 놓아야 된다고 하는 의견도 있지만 마르코니가 세계에 미친 영향과 같은 정도의 영향을 미친 중요한 정치가가 매우 적다는 것은 명확하기 때문에 약간 상위에 놓았다.

42 베토벤
Ludwig van Beethoven (1770~1827)

위대한 작곡가인 베토벤은 독일의 본에서 1770년에 태어났다. 어릴 때부터 재능을 발휘하여, 최초에 출판한 악보의 일자는 1783년(13세 때)으로 되어 있다. 젊을 때에 빈을 방문하여 모차르트에게 소개되었지만 단순히 얼굴만 아는 정도였다.

1792년에 빈으로 돌아와 당시 빈의 지도적 작곡가였던 하이든 밑에서 얼마 동안 공부를 했다.(모차르트는 그 전년에 죽었다) 베토벤은 당시 음악의 중심 도시 빈에 머물렀으며, 여생을 그곳에서 지내게 되었다.

그는 피아니스트로서 굉장한 묘기를 가지고 있었으며, 듣는 사람 전부를 매료시키곤 했다. 또한 연주가로서도 음악교사로서도 성공했다. 곧 다작(多作)하는 작곡가가 되기도 했다. 그의 작품은 음악 애호가들에게 잘 받아들여져, 쉽게 악보를 출판사에 팔 수 있게 되었다.

베토벤은 20대 후반에 청각장애자가 될 징후가 나타났다. 당연한 일이지만 젊은 작곡가였던 그는 이 불길한 징조 때문에 고민하다가 자살을 결심한 일도 있었다.

1802년부터 1815년까지가 그의 생애의 중간기로 간주되고 있는데 이 사이에 그의 청각장애 증상이 서서히 진행되어 사회로부터 멀어지기 시작하고 있었다. 이 청각장애 증상의 악화에 의해서 그는 염세적(厭世的)이고 인간을 싫어하는 사람이라는 부당한 인상을 사람들에게 심어주었다. 그에게는 젊은 부인과의 로맨스가 몇 가지 있지만 모두 불행으로 끝났으며 결국 그는 일생 결혼하지 않았다.

베토벤의 음악작품은 다작(多作)이 계속되었다. 그러나 나이를 먹음에 따라 당시의 음악적 인기에는 무관심해졌다. 그래도 그의 성공은 계속되고 있었다. 그러나 40대 후반에 완전히 청각장애자가 되어버렸고 공개 연주도 할 수 없어 더욱 사회로부터 멀어지게 되었다.

작품 수도 적어지고 이해하기 어려운 것이 많아지기 시작했다. 곧 그는 자기 자신을 위해, 또한 장래의 이상적인 음악 애호가를 위해 작곡하게 되었다. 그는 어떤 음악평론가에게 다음과 같이 강력히 말했다.

"그것은 자네를 위해 있는 것이 아니야. 더 후세의 사람들을 위해 있는 거야."

얄궂은 운명이라고나 할까, 가장 뛰어난 재능을 가진 작곡가는 평생을 청각장애자라는 치명적인 불구에 시달렸던 것이다. 그는 초인적(超人的)인 의지력과 노력으로 청각장애자임에도 불구하고 작곡의 질을 유지하는 데 노력했다. 그리고 천성의 감흥을 불러일으켜 믿을 수 없는

베토벤의 자필

위업을 이룩했다.

　사실은 소설보다도 기이하다고 하지만 완전히 청각장애자가 되어 있던 기간의 작품은 청각장애자가 아니었던 초기의 작품 수준과 같든가 그 이상의 기량이었다. 그리고 오히려 만년의 작품이 일반적으로 최고의 걸작이라고 보여지고 있다. 그는 1827년 57세로 사망했다.

　베토벤의 위대한 작품에는 9개의 심포니, 32개의 피아노 소나타, 5개의 피아노 협주곡, 피아노와 바이올린을 위한 소나타 10곡, 일련의 근사한 현악기 4중주, 성악, 오페라 등 많이 있다. 그렇지만 중요한 것은 작품의 양이 아니라 그 질에 있다. 그것은 강렬한 감정과 완전한 구상을 화려하게 결부시킨 것이었다.

　그는 기악이 이미 제2의적 중요한 음악형식이라고는 생각할 수 없다는 것을 실증하고, 그의 작곡에 의해 음악을 예술의 최고 수준으로까지 끌어올렸다.

　베토벤은 매우 독창적인 작곡가로, 그가 도입한 여러 가지 변화는 그 후에도 영향이 계속되고 있다. 우선 오케스트라의 규모를 확대하고, 심포니의 길이를 늘리고, 그 범위를 넓게 했다. 피아노의 가능성을 확장하여 마침내 최고의 악기로 만들었던 것이다. 그는 음악을 클래식으로부터 로맨틱한 스타일로 옮기게 하는 변화를 가져왔다. 그의 작품은 로맨티시즘을 커다란 개성으로 삼는 것 같은 영감(靈感)이다.

그가 그 후 영향을 미친 작곡가는 많이 있는데, 브람스와 같은 정반대 스타일의 사람으로부터 바그너, 슈베르트, 차이코프스키, 베를리오즈, 말러, 슈트라우스 등의 작곡가들에게 길을 열어주었다. 이 책에서는 다른 음악가와는 별격(別格)으로 하는 것이 당연할 것이다. 바흐도 베토벤과 같은 정도의 명성이 있지만 작품영역은 바흐보다 훨씬 넓고, 더구나 빈번하게 들을 기회가 있다. 게다가 그가 실행한 수많은 혁신은 바흐 등 다른 작곡가보다도 음악의 그 후의 발전에 심원한 영향을 강력하게 남기고 있다.

일반적으로 정치사상이나 윤리사상은 음악보다 훨씬 쉬운 말로 명확하게 표현할 수 있다. 따라서 문학은 음악보다도 예술상에 미치는 영향은 강할 것이다. 그래서 음악사상 탁월한 그를 셰익스피어보다 하위에 놓는 것이다.

또 베토벤과 미켈란젤로를 비교하면 어떨까. 대부분의 사람들이 미켈란젤로의 그림이나 조각을 보고 지내는 시간보다 베토벤의 음악을 듣는 시간이 더 길 것이다.

그런 이유 때문에 화가나 조각가로 각 분야에서 마찬가지로 탁월한 인물보다도 작곡가 쪽이 영향이 강하다고 생각한다. 그래서 좀 조잡하지만 베토벤을 셰익스피어와 미켈란젤로 사이에 두는 것이 적당하다고 보고 있다.

43 하이젠베르크
Werner Heisenberg (1901~1976)

 1932년의 노벨물리학상은 과학사상 최대 업적이라고 하는 양자역학(量子力學)의 창시자, 독일의 하이젠베르크(Werner Heisenberg)에게 수여되었다.
 역학은 물리학의 한 분과로 물질의 운동을 지배하는 일반법칙을 다루는 학문이다. 그리고 과학의 가장 기본적인 분야인 물리학 중에서도 가장 기본적인 분과이다. 20세기 초기의 용인된 역학의 법칙으로는 원자와 아전자(亞電子)〔양자(陽子)나 전자(電子)를 말함〕와 같은 초미립물질의 행동을 설명할 수가 없다는 것이 차차 밝혀지기 시작했다.
 지금까지 용인된 역학법칙은 거시적(巨視的) 물질(원자 등보다 큰 물질)에 적용하면 참으로 잘 들어맞지만, 그렇기 때문에 고민거리이며 수수께끼로 되어 있었다.
 1925년에 하이젠베르크는 새로운 물리학의 체계를 제창했다. 그것은 기본개념에서 뉴턴의 고전적인 체계와 두드러지게 다른 것이었다. 이 새 물리학 이론은 하이젠베르크의 제자들에 의해 다소의 수정을 거친 다음에 빛나는 성공을 거두었다. 그리고 오늘날에는 어떤 형태나 크기의 것이든 모든 물리 시스템에 적용할 수 있는 것으로 용인되었다.
 눈에 보이는 거시적 시스템만이 포함되는 경우에는 수학적으로 설명할 수 있지만, 양자역학의 단정(斷定)은 너무 미소(微小)해서 측정할 수 없는 양에 대해서는 고전역학과는 전연 다르다. (고전역학이 수학적으로 양자역학보다 훨씬 단순한 것이지만, 지금도 여전히 대부분의 과학계산에 쓰이고 있는 이유는 여기에 있다.) 원자와 같은 극소 차원의 시스템이 포함되면 양자역학적인 설명은 고전역학적 설명과는 달라져 실험 결과에서는 이런 경우 양자역학적인 설명이 옳다는 것을 증명했다.

하이젠베르크 이론 중 가장 중요한 것은 유명한 '불확정성 원리'로, 이것은 1927년에 자력으로 체계화한 것이다. 일반적으로 이 원리는 모든 과학 중에서 가장 심원하고 원대한 원리원칙의 하나로 생각되고 있다. 이 불확정성 원리란 어떤 것이냐 하면, 과학적 측정을 함에 있어서 우리는 인간의 능력상 일정한 한계가 있지만 그것을 명확하게 기록한다는 것이다.

이 원리가 뜻하는 바는 매우 크다. 어떤 과학자가 설사 최고로 이상적인 환경하에서도, 물리학의 기본 원리가 방해가 되고 연구대상인 시스템에 대해 진짜로 옳은 지식을 얻으려고 하더라도 그것은 불가능하다. 더구나 그 시스템의 장래의 거동을 완전히 예측하는 것은 불가능하다. 불확정성 원리에 의하면 우리들의 측정기술이나 측정기가 아무리 개량되더라도 이 난문(難問)을 타파할 수가 없다.

불확정성 원리는 물리학이 모든 것의 본질적 성질에 있어서 통계적 예측 이상의 것은 만들 수 없다는 것을 확증했다. (예를 들면 방사능을 전공하는 학자는 1조(兆) 개의 라듐원자 중 2백만 개는 감마선을 방사하리라는 것을 예측할 수는 있을지도 모른다. 그러나 어느 라듐 원자가 그렇게 되느냐의 특정을 예측하는 것은 불가능하다.)

실제의 환경조건하에서는 대개의 경우 그것이 중대한 제약이 되는 일은 없다. 대단히 많은 수가 포함될 경우 통계학적 방법은 거동에 대해서 매우 신뢰할 만한 기초를 제공해주지만, 그 수가 적을 경우 통계적 단정은 사실상 신뢰성이 없다. 작은 시스템이 몇 개 포함될 경우 불확정성 원리에 의하면 엄밀한 의미에서의 물리학상의 인과율(因果律)이라는 생각을 포기하지 않을 수 없게 된다.

이것은 과학이라는 철학 원리에 매우 중대한 변화를 제시하게 되어, 아마도 위대한 과학자 아인슈타인까지도 기꺼이 용인하지 않을 만큼 중대한 것이 된다. 아인슈타인은 "신이 우주와 주사위로 논다는 따위는 나는 믿을 수 없다."고 말한 일이 있다. 그러나 그것은 오늘의 물리학자 거의 전원이 용인할 필요성을 느낄 만한 기본적 개념이다.

순이론적 견지에서 보았을 때, 양자이론은 상대성 원리보다도 우리들의 물리세계의 기본개념에 큰 변환을 가져왔다. 그러나 이 이론의 중요성은 단순히 철학적 의미만이 아니다. 예를 들면 전자현미경, 레이저, 트랜지스터 등 오늘날의 전자기기로 응용되고 실용화되고 있다. 양자이론은 핵물리학이나 원자에너지 등 넓은 응용범위에 걸쳐 있다. 또 분광학(分光學) 지식의 기초가 되고, 천문학이나 화학에도 채용되고 있다. 또 액체 헬륨의 성질, 별의 내부구조, 강자성(强磁性), 방사능 등등 다종다양한 토픽스의 이론 해명에 쓰이고 있다.

하이젠베르크는 1901년에 독일에서 태어나, 1923년에 뮌헨 대학으로부터 이론물리학 학위를 받고, 1924년에서 1927년 사이는 코펜하겐에서 위대한 덴마크의 물리학자인 보어 밑에서 연구했다. 양자역학에 대한 최초의 중요한 논문은 1925년에 발표되었고 불확정성 원리의 체계는 1927년에 완성했다. 하이젠베르크는 1976년에 74세의 아내와 7명의 아이들을 남기고 사망했다.

양자역학의 중요성 때문에 하이젠베르크는 더 높은 순위에 놓아야 한다고 생각하는 독자들도 있을 것이다. 그러나 하이젠베르크는 양자역학의 개발에 종사한 유일한 과학자가 아니다. 이 분야에 대한 공헌은 그의 후계자들, 막스 플랑크, 보어, 그리고 프랑스의 루이 드 브로글(Louis de Broglie) 등이 있었다. 그 밖에 독일의 슈뢰딩거*(Edwin Schrödinger)와 영국인인 디랙*(P.A.M. Dirac) 등 많은 과학자가 하이젠베르크의 말하자면 대본(台本)이 된 논문의 발표에 이어서 양자

---

* 슈뢰딩거 : 1887~1961. 빈 대학 졸업, 더블린 고등연구소 소장, 베를린 대학 교수. 물질파(物質派)로부터 파동역학을 전개, 연속성을 기초로 양자가설을 포괄. 또 장(場)의 단일 이론의 연구 등으로 유명하다.
* 디랙 : 1902~1984. 브리스톨 대학에서 전기공학을 공부하고, 케임브리지 대학에서 파울러 밑에서 통계 역학을 공부했다. 상대성 이론과 양자자론의 통일을 시도했다.

이론에 크게 공헌을 했다.

  그러나 뭐니뭐니해도 하이젠베르크는 양자역학의 개발에 주역을 한 인물이라고 생각한다. 지명도가 분할되었다고 하더라도 그의 공헌으로 보아서 이 리스트에서 높은 순위에 놓을 자격이 있다.

44 벨
Alexander Graham Bell (1847~1922)

  전화의 발명자인 알렉산더 그래햄 벨은 1847년에 스코틀랜드의 에든버러에서 태어났다. 그는 정규 학교교육은 불과 몇 년밖에 받지 않았지만 가정에서의 교육과 독학으로 충분한 교육을 몸에 익히고 있었다. 그의 아버지가 음성생리학 언어 교정, 벙어리의 발성교육 등의 권위자였던 관계로, 그도 음성의 재생에 대한 관심이 자연스럽게 높았다.

  1871년에 벨은 메사추세츠의 보스턴으로 이주했다. 그리고 1875년까지 전화 발명으로 이끈 몇 가지 발명을 잇따라 했다. 1876년 2월에 전화발명의 특허를 등록하여 몇 주일 후에는 허가가 나왔다.

  또 한 사람의 발명자 그레이(Elisha Gray)는 벨과 같은 날 같은 발명으로 특허등록을 했지만 벨보다 몇 시간 늦었기 때문에 등록되지 않았다는 것은 유명한 일화이다.

  그런데 특허가 허가되자 즉각 필라델피아에서 개최되는 건국 1백주년 기념 박람회에 그 전화를 전시했다. 이 발명은 일반대중의 관심을 끌어 상을 받을 정도였다.

  그래서 WUTC(Western Union Telegraph Co.)에 10만 달러로 특허권을 물려주겠다고 제의했으나, 이 회사는 그 구입을 거부했기 때문

1892년에
뉴욕―시카고 간의
전화 개통식과 벨.

에 벨은 1877년 7월에 동료들과 함께 독자적인 회사를 창설했다. 그것이 현재의 AT & TC (American Telephone and Telegraph Co.)의 전신이 되었다. 전화는 그 즉시성(卽時性)으로 인해 순식간에 방대한 상업적 성공을 거두었으며, 오늘의 AT & TC는 세계 최대의 민간기업이 되어 있다.

벨 부부는 1879년 5월에 전화회사 주식의 15%를 소유하고 있었지만, 이 회사가 얼마나 엄청난 수익력이 있는 기업이냐 하는 데 대해서는 그다지 관심을 가지고 있지 않았던 것 같다. 결국 7개월도 되기 전에 그녀는 그 주식의 대부분을 1주당 평균 250달러의 가격으로 팔아버렸다. 그러나 11월까지 그 주식은 1주당 1천 달러로 매매되었다. (3월에는 1주당 65달러로 팔리고 있었기 때문에 벨 부인은 두 번 다시 이만큼 고가(高價)로 되지는 않을 것이라고 판단하고 당장 팔도록 호소했던 것이다.)

1881년에는 남은 보유주의 3분의 1도 팔아버렸다. 그러나 이것은 1883년에는 1백만 달러의 가치가 있는 것이었다.

전화의 발명으로 벨은 대자산가가 되었으나, 그는 결코 연구활동을 중단하지 않았다. 그리고 잇따라 유용한 장치(중요성은 없지만)를 계속 발명했다. 그의 관심은 자꾸 변천했지만 기본적 관심은 항상 청각장애자를 돕는 일에 있었다.

 왜냐하면 그의 아내는 전에 가정교사 일을 했던 청각장애자 소녀였기 때문이다. 벨 부부에게는 두 아들과 두 딸이 있었으나, 두 아들은 어릴 때 죽었다. 1882년에 벨은 미국 시민권을 따내고 1922년에 사망했다.

 벨의 영향력을 평가하기 위해서는 그 중요성의 정도를 전화에 돌리는 수밖에 없다. 내 생각으로는 아주 약간의 발명이면서 이만큼 크고 넓게 우리들의 일상생활에까지 영향을 미친 것도 거의 없는 것 같다.

 벨을 마르코니 밑의 순위에 둔 것은 무선은 전화보다도 더 다방면에 걸친 기계설비이기 때문이다. 다시 말해서 전화를 통해서 하는 대화는 원리적으로 무선으로 바꾸어놓을 수 있다. 그러나 대부분의 경우 전화를 무선으로 바꾸어놓을 수 없다. (비행 중인 항공기 간의 통신 등) 이 점을 고려하면 벨이 밑의 순위에 두어져야 할 것이다.

 그러나 두 가지 점에 있어서는 생각해야 할 일이 있다. 전화로 하는 사적(私的) 대화를 무선으로 바꿀 수는 있어도, 현재의 전체 전화회선 시스템을 무선통신망으로 만드는 것은 매우 어려운 일이다.

 또 한 가지는 벨이 전화수화기용으로 개발한 음성 재생의 기초원리이다. 이것은 나중에 무선수신기나 레코드 플레이어 등 유사한 기기(機器)의 발명자에 의해 채용되었다. 그래서 벨이 마르코니보다 영향력에 있어서 약간 뒤떨어진다고 간주한 것이다.

45 플레밍

Alexander Fleming (1881~1955)

　페니실린의 발명자인 플레밍은 1881년에 스코틀랜드의 록필드에서 태어났다. 런던의 세인트메리 병원의 의학교를 졸업한 후, 면역학 연구에 종사했다.

　그 후 제1차 대전에 군의관으로 종군하여, 부상으로 인한 감염병 연구를 하고 있는 동안에 각종 방부제를 사용했다. 그런데 이 방부제가 세균에 의한 피해보다도 심한 해를 인체세포에 미치고 있다는 것을 알게 되었다. 그래서 박테리아에는 유해하고 인체세포에는 무해한 물질의 필요성을 느끼고 있었다.

　전후에 전의 세인트메리 병원으로 돌아와 다시 연구를 계속하면서, 1921년에 라이소자임(일종의 효소)이라는 물질을 발견했다. 이 라이소자임은 인체 내에서 만들어지는 것으로, 눈물과 점액을 주성분으로 하며 인체세포에는 유해하지 않다. 그리고 어떤 종류의 세균을 파괴하지만 유감스럽게도 인체에 특히 유해한 세균에 대해서는 효과가 나타나지 않았다. 이 발명은 흥미가 있는 것이기는 하지만 그다지 중요성은 없었다.

　그러나 1928년에 플레밍은 마침내 대발견을 했다. 그것은 실험실에서 배양한 포도상구균을 공기에 쬐면 일종의 사상균(絲狀菌)에 의해서 오염된다는 것이다. 그리고 플레밍은 사상균에 둘러싸인 배양균 부근에서 박테리아가 분해되고 있는 것을 깨달았다.

　그는 이 현상으로부터 사상균은 포도상(葡萄狀) 구(球) 박테리아에 유해한 물질을 뭔가 만들어내고 있다고 추단(推斷)했다. 그 후 곧 같은 물질이 다른 여러 가지 형의 유해한 박테리아의 성장을 저해하고 있다는 것이 명확해졌다. 이 물질을 사상균의 명칭(페니실리움)에서 페니실린이라고 명명했다. 이것은 인간이나 동물에는 유해하지 않다.

플레밍의 연구 성과는 1929년에 발표되었는데 처음에는 그다지 사람들의 관심을 끌 정도의 것이 아니었다. 그는 이 페니실린이 의학상의 용도에 중요한 것이 된다고 암시했지만, 그 자신은 페니실린을 순화(純化)하는 기술을 개발하지 못해 이 경이적인 약은 약 10년 이상이나 쓰이지 못했다.

그리고 1930년 후반이 되어서 플로리*(Howard Walter Florey)와 체인*(Ernest Boris Chain)이라는 두 사람의 영국인 의학자가 플레밍의 논문과 맞닥뜨리게 되었다. 이 두 사람은 플레밍의 연구를 똑같이 해보고 되풀이했다. 그리고 결과를 확인했다.

그들은 페니실린의 순도(純度)를 높이는 동물실험을 해보았다. 1941년에 그들은 마침내 환자에 대한 임상실험에 페니실린을 사용했다. 그 결과 이 새로운 약은 어마어마한 효과가 있다는 것이 판명되었다.

영국과 미국 정부의 장려에 의해 몇 개의 제약회사가 생산에 참가하여, 대량의 페니실린을 생산하는 방식이 금세 개발되었다. 당시 페니실린은 전상자용(戰傷者用)으로만 지급되었으나 1944년에 영국과 미국에서는 민간에도 쓰게 했다. 1945년 종전시에는 전세계 도처에서 쓸 수 있게 되었다.

페니실린의 발견으로 그 밖의 항생물질의 탐색 연구가 매우 촉진되었다. 그 결과 수많은 '기적(奇蹟)의 신약'이 잇따라 발견되었으며 페니실린은 오늘날까지 항생물질로 널리 쓰이고 있다.

이처럼 페니실린이 항생물질중의 생산을 계속 유지하는 이유의 하나로는 광범위한 유해 미생물에 효과가 있기 때문이다. 우선 효능이 있는 병으로는 매독, 임질, 성홍열(猩紅熱), 디프테리아, 각종 관절염, 기관지염, 뇌막염, 패혈증(敗血症), 종기, 골염(骨炎), 괴저(懷疽), 기타 많

---

* 플로리 ; 1898~1968. 체인과 함께 페니실린의 임상연구를 하여 그 효력을 확인했다. 당시 처칠 수상의 폐렴을 치료한 오스트레일리아 태생의 영국 병리학자.
* 체인 ; 1906~1979. 독일 태생의 유태인으로 탄압을 피해서 영국으로 망명했다.

은 병이 있다.

페니실린의 또 한 가지 이점은 이것을 썼을 때의 안전도에 있다.

5만 단위의 페니실린 복용으로 어떤 병에 효능이 있을 때, 1억 단위의 주사를 하루 한 번 부작용 없이 놓을 수 있다. 다만 소수의 사람에게 부작용도 일어나지만 대부분의 사람에게는 유효하고 안전하여 이상적인 약이라고 할 수 있다. 페니실린은 이미 수백만, 수천만 명의 목숨을 구했으며 앞으로 그 숫자는 더욱 늘 것이다.

그러나 플레밍의 중요성을 논하는 사람은 적다. 플레밍을 올바른 위치에 두기 위해서는 플로리와 체인에게 어느 정도의 명예를 분배하느냐에 달려 있다. 그러나 본질적 발견은 플레밍이기 때문에 명예의 대부분은 플레밍에게 주어야 한다.

그가 존재하지 않았다면 페니실린은 훨씬 후에 발견되었을 것이다. 한번 그의 연구 성과가 발표되면 머지않아 순화기술이나 대량생산 기술이 고안되는 것은 불가피한 일이다.

플레밍은 행복한 결혼생활을 계속하여 아이는 하나 있었다. 1945년에 이 발견으로 플로리, 체인과 함께 노벨상을 받았다. 1955년에 사망했다.

46 볼리바르
Simón Bolívar (1783~1830)

볼리바르는 흔히 남미의 조지 워싱턴이라고 불리고 있다. 그것은 그가 남미 5개국(콜롬비아, 베네수엘라, 에콰도르, 페루, 볼리비아)을 스페인의 지배로부터 해방시켰기 때문이다. 볼리바르만큼 전대륙의 역사상 지배적인 역할을 한 정치가는 적다.

볼리바르는 1783년에 스페인계 귀족의 자손으로서 베네수엘라의 카라카스에서 태어났다. 9세 때 고아가 되었으며, 성장기에 프랑스의 계몽사상과 그 이념에 강하게 영향을 받았다. 로크, 루소, 볼테르, 몽테스키외 등의 사상가의 책을 애독하고 있었다.

1799년부터 볼리바르는 유럽에서 유학했다. 1805년에 그는 로마의 아벤틴 언덕(Aventine Hill)의 정상에서 "조국이 스페인의 지배로부터 해방될 때까지는 쉬지 않겠다"는 유명한 맹세를 했다.

1805년에 나폴레옹이 스페인 본토로 침입하여, 스페인 정부의 수령으로 그의 동생을 임명했다. 그리고 스페인 왕실 가족을 일체 정치적 권력의 자리로부터 추방했기 때문에 나폴레옹은 스페인의 남미 식민지에 정치적 독립운동을 기도하는 데 절호의 기회를 주게 되었다.

베네수엘라 내에서의 반(反)스페인 혁명은 1810년에 시작되어, 그 해에 스페인의 지배는 끝났다. 정식 독립선언은 1811년에 했으며 이때 볼리바르는 혁명군의 장교가 되었다. 그러나 그 이듬해에 스페인군은 다시 볼리비아를 지배하에 넣고, 독립운동의 지도자인 미란다*(Francisco Miranda)를 투옥했으며, 볼리바르는 난을 피해서 국외로 나갔다.

그 후에도 몇 번인가의 전쟁이 계속되었다. 일시적인 혁명군의 승리가 있어도 금방 괴멸적(壞滅的)인 패배를 당하는 일이 많았다. 그러나 볼리바르의 혁명에 대한 신념은 확고했다. 그리고 전환기는 드디어 1819년에 왔다.

그 해에 볼리바르는 불량배들만의 소부대를 지휘하여 산과 들과 강을 타고 안데스 산맥을 넘어서 콜롬비아에 주둔하고 있는 스페인군에 대한 공격을 시작했다. 그리고 보고타에서의 결정적 전투에서 승리를 거두었다.(1819년 8월 7일) 이것으로 전쟁의 진짜 전환기를 맞게 되었으며, 볼리비아는 1821년에 해방되고 에콰도르는 1822년에 해방되

---

*미란다 : 1750~1816. 부유한 스페인계 백인의 집에 태어나, 21세 때 스페인으로 건너가 군대에 들어갔다. 베네수엘라 상륙에 실패하고 트리니다드로 망명했다. 독립혁명에 실패하고 배신자로서 볼리바르에게 체포되어 스페인군에게 넘겨졌다가 옥사했다.

었다.

한편 아르헨티나의 애국자 산 마르틴*(Tose de San Martin)은 아르헨티나와 칠레를 스페인의 지배로부터 해방시키고, 다시 페루의 해방에 착수하고 있었다. 그리고 1822년 여름에 에콰도르의 과야퀼(Guayaquil) 시에서 두 해방자는 회견했다.

그러나 두 사람 다 반(反)스페인 작전을 협동해서 수행하라는 점에서 의견의 일치를 보지 못했다. 산 마르틴은 본의가 아니지만 야심가인 볼리바르와 힘으로 대결하게 되었다.(이것은 스페인을 돕는 것이 되었다.) 그래서 볼리바르는 지휘자의 지위에서 물러나고 남미로부터 완전히 철수했다. 1824년에 볼리바르군은 현재 페루로 되어 있는 지역을 완전히 해방하고, 1825년에는 북페루(현재의 볼리비아)의 스페인군을 패주(敗走)시켰다.

볼리바르의 생애는 그다지 좋은 것이 아니었다. 그는 미국의 전례(前例)에 강한 인상을 받아, 신남미연방이라는 구상을 가지고 있었다. 사실 베네수엘라, 콜롬비아, 에콰도르는 이미 대(大)콜롬비아공화국을 형성하고, 볼리바르는 그 대통령이 되었다. 그러나 불행하게도 남미의 원심작용(遠心作用) 경향은 북미 식민지보다 훨씬 강력했었다.

실제로 1826년에 그가 의회를 소집했더니, 참가국은 겨우 4개국이며 대콜롬비아공화국에 참가하기는커녕 그 공화국 자체가 곧 붕괴하기 시작했던 것이다. 내란이 일어나 1828년에는 볼리바르의 암살미수사건까지 일어났다. 1830년에 베네수엘라와 에콰도르가 분리되었으며 볼리바르도 자기가 평화의 장애가 되고 있음을 깨닫고 1830년에 대통령을 사임했다. 그는 조국인 베네수엘라로부터 추방당해, 가난하고 의기소침한 생활 속에서 1830년 12월에 사망했다.

---

*산 마르틴 : 1778~1850. 아르헨티나 태생. 부모는 스페인 인이었다. 스페인 승마대 사령관을 하다 귀국해 독립투쟁에 참가했다. 고전하는 벨그라노와 교대해서 볼리비아 해방을 지휘했으며 산티아고, 칠레를 해방했다. 볼리바르와 회담한 후 모든 지위에서 물러나 프랑스로 망명하여 그곳에서 죽었다.

볼리바르는 분명히 말해서 야심가이며, 그 급박한 상황하에서 때로는 독재적 권력을 잡는 일도 있었다. 그러나 한번 선택의 자유가 있으면 기꺼이 민중의 복지와 이상적인 민주제도라는 그의 개인적인 야망에 매달리는 것이었다.

그 때문에 독재권은 포기하게 되었다. 때로는 왕위에 오르라는 제언도 있었지만 그것도 사퇴했다. 이미 그에게 주어진 '해방자'라는 명칭이 왕의 칭호보다도 명예스러운 것이라고 그는 믿고 있었다.

볼리바르는 스페인의 식민지 지배로부터 남미를 해방시킨 탁월한 인물이라는 것은 명백하다. 그는 논문을 쓰고 신문을 발행하고 연설 또는 편지로 이 운동의 이데올로기상의 리더십을 유지했다. 또 이 싸움을 계속하기 위해 피로를 잊고 기금 모으기에 열중했다. 그리고 혁명군의 총지휘관이기도 했다.

그러나 볼리바르를 위대한 장군으로 간주하는 것은 잘못이다. 볼리바르 자신은 결코 잘 훈련된 적의 대군을 이긴 것이 아니다. 그 자신 역시 전략·전술에 특별히 뛰어난 재능을 가지고 있지는 않았다. (이것은 그가 한 번도 군대교육을 받은 일이 없기 때문에 놀랄 일은 아니다.) 그러나 이런 그의 약점도 한번 곤경에 직면하면 불굴의 정신력으로 지배해왔다. 볼리바르 이외의 지도자는 한번 스페인군에 지면 금방 투지를 버렸지만 볼리바르는 결연히 군을 재조직하고 투쟁을 계속했다.

개인적인 생각으로 볼리바르는 카이사르(줄리어스 시저)나 칼 1세(샤만)와 같은 유명인물보다도 영향력이라는 점에서 뛰어났다고 생각한다. 왜냐하면 볼리바르의 생애로부터 초래한 변화는 두 사람보다도 영구적이고 그가 영향을 미친 지역범위도 광대하기 때문이다.

그러나 볼리바르는 알렉산더 대왕이나 히틀러, 나폴레옹보다 본질적으로 순위는 낮아진다. 왜냐하면 이 세 사람이 한 일은 이 세 사람이 존재하지 않으면 일어나지 않았을 것이기 때문이다. 그것에 비해 남미 여러 나라는 그가 없으면 독립하지 못했을 것이라고 생각하는 것은 무리가 있는 것 같다.

그와 워싱턴과는 흥미있는 비교를 할 수 있다. 두 사람 다 소규모이고 교육과 훈련이 되어 있지 않으며 장비가 빈약한 군대를 지휘했다. 그리고 자금부족에 시달려 종종 군의 단결유지와 사기향상에 적합한 지휘관이 요구되는 상황이었다.

워싱턴과 달리, 그는 생존 중에 자기가 거느리고 있던 노예를 전원 해방했다. 게다가 그가 해방한 지역 내의 노예제도는 헌법과 정령(政令)으로 폐지를 선언했다. 이 기도(企圖)는 전부가 성공한 것이 아니다. 그가 죽은 후에도 아직 노예제도가 존재한 곳도 있었다.

볼리바르는 극적이고 로맨틱하고 친근하고 복잡한 인물이다. 미남자로 수많은 연애를 체험했다. 선견지명(先見之明)이 있는 이상주의자이지만 워싱턴에 비해서 행정능력은 뒤떨어져 있었던 것 같다.

정계에 있는 동안은 부유했지만 은퇴할 때는 빈곤해져 있었다. 그가 식민지 지배로부터 해방한 영토는 최초의 미국보다 약간 넓지만 그 중요성은 상당히 낮다고 생각한다. 왜냐하면 미국은 볼리바르가 해방한 여러 나라보다도 역사상 훨씬 중요한 역할을 지금까지 맡아오고 있기 때문이다.

크롬웰
Oliver Cromwell (1599~1658)

크롬웰은 영국의 제1차 내란 때 의회파군(議會派軍)을 승리로 이끈 군의 지도자이다. 그리고 현재의 영국 정치형태로서 의회민주주의를 사실상 확립한 최고 책임자이기도 하다.

크롬웰은 1599년에 잉글랜드의 헌팅던에서 태어났다. 그가 젊었을 때 영국 내는 종교적 내분이 계속되어 절대군주제도의 실현을 바라고 있었으며 또 그것을 믿고 있는 국왕이 통치하고 있었다.

크롬웰은 농부 출신의 점잖은 청교도인이었다. 1628년에 그는 하원의원에 선출되었으나 임기가 금방 끝나 일다운 일은 아무것도 하지 못했다. 왜냐하면 그 이듬해에 국왕 찰스 1세*는 의회를 해산하고 왕이 단독으로 국정을 관장하겠다고 결정했기 때문이다. 그리고 1640년에 스코틀랜드와의 전쟁 때문에 재정이 핍박해질 때까지 새 의회를 소집하지 않았던 탓이기도 했다. 크롬웰은 이 새 의회에 다시 뽑혀 국왕이 제멋대로 하는 독재적 지배에 대한 항의와 동시에, 두 번 다시 독단적인 행동은 하지 않겠다는 보증서를 요구했다. 그러나 찰스 1세는 국왕이 의회의 보조적 입장이 되는 것을 좋아하지 않았으며 1642년에 국왕군과 의회파군 사이에 내란이 일어났다.

크롬웰은 의회파로 뽑혔다. 그리고 고향인 헌팅던으로 돌아가 국왕군과 싸우기 위한 기병대를 편성했다. 그는 4년간이라는 장기전에서 탁월한 전쟁 지도력을 발휘하여 평판이 높아졌다. 크롬웰은 마스턴 무어의 싸움(Battle of Marston Moor, 1644년 7월 2일)과 두 번의 네이즈비 싸움(Battle of Naseby, 1645년 6월 14일)의 결정적인 승리를 거두는 데 지도적 역할을 했다.

그리고 1648년에 전쟁은 종결되어 찰스 1세는 체포되고 크롬웰은 명실공히 의회파의 명성 높은 장군으로서 인정받게 되었다.

그러나 평화는 아직 오지 않았다. 왜냐하면 의회파 내부에 몇 개의 분파가 생기고 그것을 안 국왕이 화해를 무효로 했기 때문이다. 그 후 1년도 되지 않아서 제2차 내란이 일어났으며, 국왕의 도망으로 다시 사태는 급전되었다. 이 두 번의 전쟁은 크롬웰군의 승리, 국왕군의 패

---

* 찰스 1세 : 1600~1649 영국왕, 재위 1625~1649. 제임스 1세의 차남, 즉위 후 스페인 원정, 프랑스의 신교도 원조에 실패하여 국민의 불만을 초래했으며 재정난에 빠진다. 의회와 대립이 격화되어 1629년에 의회를 해산하고 그 이후 의회를 소집하지 않고 전제정치를 했다. 스코틀랜드의 반란 진압 군비(軍費)에 궁해서 의회를 소집했지만 실패했다. 의회와의 대립은 정점에 달하여, 청교도 혁명이 발생했다. 1645년에 의회군에 항복하고, 1647년에 폭군, 반역자, 학살자, 국민의 적으로서 처형당했다.

영국 왕관을 거부하는 크롬웰

배로 끝났다. 의원 중 온건파는 추방당하고 1649년 2월에 국왕은 처형당했다.

이렇게 해서 영국은 공화국으로 되고, 크롬웰이 의장이 된 국가평의회가 일시적으로 국정을 관상하게 되었다. 그러나 곧 왕정복고파는 아일랜드와 스코틀랜드에서 세력을 다시 확대하여 지배하기 시작했다. 그리고 처형당한 국왕의 왕자인 장래의 찰스 2세*를 지지했다. 그러나 이것도 크롬웰군이 아일랜드와 스코틀랜드를 침공해서 제압해버렸다. 이렇게 해서 장기에 걸친 내전도 1652년에 국왕군의 완패로 종결되었다.

그런데 전쟁은 끝났지만 새 정부의 수립에는 시간이 걸렸다. 다시 말해서 정부가 채택해야 할 헌법상의 문제가 남아 있었다. 이 문제는 그가 생존해 있을 때는 해결하지 못했다. 절대군주제에 반대하는 세력을 승리로 이끌 수 있었던 청교도 장군은 자기 지지자들의 사회적 알력 분

---

* 찰스 2세 : 1630~1685 영국왕, 재위 1660~1685. 찰스 1세의 차남. 청교도 혁명으로 프랑스로 망명했다가 아버지가 처형당한 후에 왕을 칭(稱)했다. 1651년에 귀국을 기도했으나 실패하고, 1660년에 귀국하여 장로파에 의해 즉위했다. 1664년 제2회 네덜란드 전쟁에 실패하고, 1670년 루이 14세와 도버 밀약을 맺었다. 전제주의를 강화하여 명예혁명의 소지를 만들었다.

쟁을 해결하고 신헌법에 동의하게 만들 만한 힘도 특권도 없었다. 왜냐하면 이 분쟁은 프로테스탄트와 카톨릭으로 갈라진 종교적인 싸움이 항상 저류(低流)에 복잡하게 뒤얽혀 있었기 때문이다.

크롬웰이 세력을 얻어 1640년의 의회에 머무른 것은 소수파이며 선거민에 의해서 선출된 대표자도 아닌 과격파 집단으로, 럼프(Rump)라는 일종의 잔당원(殘黨員)이었다. 크롬웰은 새 선거로 난국을 타개하려고 했지만 그것도 실패하고 힘으로 이 럼프를 해산시켰다.(1653년 4월 20일)

그 후 크롬웰이 죽은 해인 1658년까지 의회는 세 번의 소집과 해산이 있었다. 또 헌법도 다른 것이 두 가지 채택되었지만 모두 제 기능을 하지 못했다. 그 동안 그는 군의 지지를 맡아서 지배권을 쥐고 있었다. 다시 말해서 그는 사실상 군의 총지휘관이었다.

그래도 그는 민주주의적인 행정을 제도화하려고 몇 번이나 도전했으며, 또 자신에게 왕위를 주려고 하는 제안을 거절했다. 이것은 그가 독재체제를 바라지 않는다는 것을 나타내고 있다. 그리고 실효가 있는 정부를 수립하는 데는 그의 지지자들이 무능했기 때문에 모든 것이 그에게 덮어씌워졌다.

1653년부터 1658년에 걸쳐서 의정관(議政官, Lord Protector·호국경(護國卿)이라고도 한다)이라는 명칭으로 잉글랜드, 스코틀랜드, 아일랜드를 통치하고 있었다. 이 5년간에 이 3개의 섬을 일괄해서 브리튼으로 하고, 전반적으로는 좋은 정부가 좋은 행정을 했다.

여러 가지 너무 가혹한 법률을 개정하고 교육을 중시했다. 그는 신앙의 자유를 주장하고, 유태인에게도 잉글랜드에서 정복하는 것을 인정하고, 거기서 그들의 독자적인 종교행사를 하는 것을 허용했다(유태인은 에드워드 1세에 의해 3세기 전부터 잉글랜드에서 추방당하고 있었다). 크롬웰은 또 외교정책에서 훌륭하게 성공했다. 1658년에 말라리아 때문에 런던에서 사망했다.

크롬웰의 장남인 리차드가 뒤를 이었으나, 통치기간은 짧았다. 1610

년에 찰스 2세가 왕위에 올랐는데 크롬웰의 시체를 파내어 교수대에 내걸었다. 그러나 이런 집념이 강한 복수적 행위는, 왕위절대주의에 대한 투쟁이 소멸되지 않고 있다는 사상을 숨길 수가 없었다. 찰스 2세는 그것을 잘 이해하고 있었기 때문에 결코 의회의 우위성(優位性)에 항의하려고는 하지 않았다.

그 후계자인 제임스 2세가 왕위절대주의를 부활시키려고 하자, 1658년의 무혈혁명으로 그는 퇴위당했다. 그 결과는 1640년에 크롬웰의 기대하고 있었던 것처럼, 국왕이 명확하게 의회의 보조적인 존재로 되고, 신교(新敎)의 자유를 정책으로 하는 입헌군주제(立憲君主制)가 확립되게 되었다.

크롬웰이 죽은 후의 3세기간은 그의 인격에 대해서 상당한 논의가 벌어졌다. 그는 항상 의회우선주의를 창도(唱導)하고 제멋대로 하는 독재적인 행정 집행에 반대하면서 스스로는 군사독재를 확립했다는 점을 지적하고, 그는 위선자라고 하는 악평이 많이 나왔다. 그러나 대다수의 견해는 그의 민주주의에 대한 헌신은 진지한 것이었으며 다만 그는 어떻게 할 수가 없는 환경하에 있어서 때로는 독재적인 힘의 집행을 어쩔 수없이 하게 되었다고 보고 있다.

그는 결코 사악한 자가 아니다. 왕정복고를 거절하고 연구적인 독재주의를 확립하지 않고 있다는 것은 명백하다. 그의 통치는 온건하고 관대했다.

그런데 크롬웰에 대한 역사적 평가는 어떻게 해야 할까, 물론 가장 중요한 것은 영광스러운 군의 총지휘관으로서 영국의 내란에서 국왕군을 패배시킨 일이다. 의회파군이 전면에 나서기 전 만약 의회파군이 내란의 초기 단계에서 뭔가 실패하고 있었더라면 아마도 최종적 승리는 크롬웰 없이는 할 수 없었을 것이라고 생각한다. 크롬웰군의 승리에 의해서 민주주의 정치가 영국에 유지될 수 있었으며 또한 건전하게 발달할 수가 있었다.

이것은 어떤 일에도 일어나는 통상적인 것이라고 간주해서는 안 된다. 17세기의 유럽은 대부분의 나라가 왕위절대주의적 방향으로 나아가고 있었기 때문에 영국에서의 민주주의의 승리는 이를테면 유럽 전반적인 동향과는 반대로 되었다.

그 후 영국의 민주주의의 예는 프랑스의 계몽운동이나 프랑스혁명의 중요한 요인이 되었으며, 서유럽에 민주주의 정부를 잇달아 설립시키는 동기가 되었다. 또 영국 내에서의 민주주의 세력의 승리는 미국, 캐나다, 오스트레일리아 같은 다른 영국 식민지에도 민주주의 정부를 설립하게 하는 숙명적 역사를 지니게 되었다. 영국은 세계의 매우 작은 지역을 점유하고 있지만, 민주주의는 영국으로부터 결코 적지 않은 지역으로 유포되어 갔다.

크롬웰은 약간 높은 순위에 놓았다. 다만 영국과 미국에 민주주의 제도를 확립했다는 점에서는 철학자인 존 로크와 거의 같이 해야 할 것이다. 크롬웰은 행동하는 사람이기 때문에 그의 상대적인 중요도를 평가하기는 어렵지만, 로크는 사상가이며 로크가 존재하지 않더라도 로크 시대의 지적(知的) 풍토는 있었으며, 또한 로크와 같은 정치사상도 멀지 않아 나타났을 것이다.

그것에 비해서 크롬웰이 존재하지 않았다면 그 영국의 내전에서 의회파 세력은 소멸되고 말았을 것이다.

48 로크
John Locke (1632~1704)

유명한 영국의 철학자 존 로크는 입헌민주주의의 기본이념의 조리정연한 형태로 체계화한 최초의 사람이다. 그의 사상은 프랑스 계몽운동의 주요한 지도적 철학자인 동시에, 미국을 건국한 청교도들에게 강대한 영향을 미치고 있다.

로크는 1632년 잉글랜드의 링턴(Wrington) 태생이다. 옥스포드 대학에서 공부하고, 1656년에 학사학위, 1658년에 박사학위를 얻었다. 젊을 때는 과학에 관심을 가지고 있었으며, 36세 때는 로얄 소사이어티의 회원으로 뽑혔다. 당시 유명한 화학자인, 보일*(Rovert Boyle)과 사이가 좋은 친구가 되었으며 만년에는 뉴턴과도 친구가 되었다. 그는 의학에도 흥미를 가지고 있어 의사 자격도 가지고 있었지만 의사로서 실무에 종사한 것은 가끔 있었을 정도의 것이다.

로크의 전환기는 샤프츠베리*(Earl of Shaftesbury)와 친해지고부터이며, 그의 비서 겸 주치의를 하고 있었다. 샤프츠베리는 자유주의 정치사상의 중요한 창조자이며, 그는 정치활동의 이유로 찰스 2세의 명령으로 투옥당한 일도 있었다. 1682년에 샤프츠베리는 네덜란드로 도망쳤다가 이듬해에 그곳에서 죽었다.

로크는 샤프츠베리와 긴밀한 관계가 있었기 때문에 혐의를 받을 것을 두려워하여, 1683년에 그도 네덜란드로 도망쳤다. 찰스왕의 후계자

---

* 보일 : 1627~1691. 영국의 화학자・물리학자. 입자론(粒子論)을 제창한 근대화학의 창시자이다. '보일의 법칙' 등으로 알려져 있다.

* 샤프츠베리 : 1621~1683. 크롬웰에 반대하고 왕정복고에 전력한 찰스 2세의 측근. 법관. 제임스 2세의 배척을 기도하다가 네덜란드로 도망쳤다.

인 제임스 2세가 1688년의 혁명 성공으로 퇴위할 때까지 그는 네덜란드에 머물렀다. 그리고 1689년에 다시 영국으로 돌아왔으며, 그 후로는 영국에 머물렀다. 1704년에 독신으로 지내다가 사망했다.

로크의 유명한 처녀출판은 《인간오성론(人間悟性論)》(An Essay Concerning Human Understanding, 1690)으로, 여기에서는 경험적 기원(起原), 자연, 인간의 지혜의 한계에 대해서 논하고 있다. 로크의 사상은 기본적으로는 경험주의이며, 그의 사상은 프란시스 베이컨과 데카르트의 영향을 받았다는 것은 명백하다. 그리고 로크의 사상이 버클리*(Bishop George Berkeley)와 흄*(David Hume) 그리고 칸트*(Immanuel Kant)에게 영향을 미쳤다.

《신교(新敎)에 대한 편지(A letter Concerning Toleration)》(처음에는 익명으로 출판)에서 로크는 종교적 행사의 자유를 국가가 간섭해서는 안 된다는 것을 주장했다. 로크는 모든 프로테스탄트 분파에게 신교의 자유를 제시한 최초의 영국인은 아니지만, 그가 신교의 자유를 위해 제시한 강력한 주장은 곧 이 정책에 민중의 지지를 발전시키는 요인이 되었다.

그리고 다시 로크는 신교자유의 원리를 기독교도, 이교도, 회교도, 유태교도까지 종교라는 이유 때문에 영국민의 시민권을 배제해서는 안 된다고 했다. 그러나 로크는 이 신교자유의 사상을 카톨릭 신자에게까

---

* 버클리 : 1685~1753. 조숙해서 20세 때 주저(主著)《시학신론(視學新論)》,《인지원리론(人知原理論)》을 발표하고, 성직자로서 식민지 포교에 힘썼다. 로크의 인식론, 관념론의 방면으로 나아가 유신론(有新論)에 이르러 정신만이 존재하고 사물은 정신에 의해 비로소 실재(實在)한다고 했다.
* 흄 : 1711~1776. 영국의 철학자·역사학자, 스코틀랜드 태생. 한때 상업에 종사했으며 프랑스에서 철학을 공부했다. 파리 주재 영국 대사 비서관, 국무차관 등을 역임하면서 로크, 버클리, 뉴턴의 영향을 받아 '인간학'을 제창했다. 실체로서의 정신을 부정하고 정신을 지각(知覺)의 다발이라고 주장, 칸트에게 영향을 미쳤다.
* 칸트 : 1724~1804. 쾨니히스베르크 태생. 라이프니츠-볼프 철학, 경건주의부터 출발, 뉴턴·흄·루소의 영향을 받아 독단론적 주지주의(主知主義)를 벗어나 합리론과 경험론을 종합한 비판철학을 확립했다.

지 학대해서는 안 된다고 믿고 있었다. 왜냐하면 그는 카톨릭 신자의 충성은 외국의 왕을 위한 것이지 무신론자에 대한 것은 아니라고 믿고 있었기 때문이다.

오늘날의 기준으로 본다면 그는 상당히 도량이 좁았다고 생각되지만 당시의 배경사상과의 관계에서 그를 평가하는 것이 적당할 것이다. 사실상 종교상의 신교자유를 위해 그가 제창한 이론은 그가 만들어낸 예외를 뛰어넘어서 독자를 보다 더 깊이 납득시키게 되었다. 오늘날 로크에 대한 감사, 즉 신교의 자유는 그 자신이 배제한 그룹의 사람들에게도 확대되고 있다.

그리고 더 중요한 것은 로크의 저서 《정부에 관한 2개의 논문(To Two Treatises Government, 1689)》이다. 이 저서로 자유주의적인 입헌민주주의를 저류(低流)로 한 기본개념이 제시된 것이다. 이 책은 전체 영어권 국가에게 정치사상적인 영향을 미쳤다. 로크는 인간은 각자가 태어날 때부터 가지고 있는 권리가 있다고 굳게 믿고 있었다. 그것은 생계유지만이 아닌 개인의 자유와 재산을 유지하는 권리이다.

로크는 국가나 정부의 주된 목적은 개인 및 개인의 재산을 지키는 데 있다고 주장했다. 이 견해는 때로 '정부의 야경론(夜警論)'이라고 불리는 일도 있다. 로크는 국왕의 신성권(神聖權)이라는 사상을 배제하고 국가와 정부는 통치당하는 자의 동의가 있을 때만 그 권위를 소유할 수 있는 것이라고 주장했다.

"사회에 있어서의 개인의 자유는 민주국가 내의 동의를 확립한 것 이외의 어떤 입법권하에도 놓여지면 안 된다……."

로크의 사회계약 사상을 강하게 주장했다. 이 사상은 루소와 홉스*의 저서 일부에서 인용하고 있다. 그러나 홉스의 경우는 절대주의를 정당화하기 위해 사회계약 사상을 이용했지만 로크의 경우는 사회계약을 폐지하고 있다. 즉,

---

* 홉스 ; 1588~1679. 고전학에 정통하여 베이컨의 비서가 되기도 했다. 영국의 경험주의 철학과 사회계약론으로 유명하다.

"……입법자가 시민의 재산을 몰수하거나 또는 파괴하려고 할 때, 또는 시민을 전환적인 권력에 노예화시키려고 할 때는 입법자는 시민과 전쟁상태에 있는 것이며, 따라서 시민은 더 이상 고분고분하지 않아도 좋다. 힘과 폭력에 대항하는 모든 민중에 대해서 신이 동의해준 공동의 안전지대로 피할 수가 있다."

또 "……민중에게 정착한 신뢰에 반하는 법률이나 정령(政令)을 발견했을 경우 민중에게는 그 법률을 개폐(改廢)시킬 우월적 권리가 있다……"고 하는 혁명권을 지키려고 하는 로크의 이론은 토머스 제퍼슨이나 그 후의 미국 혁명가에게 강대한 영향을 미쳤다.

로크는 국가권력의 분리·분산주의를 믿고 있었다. 그러나 입법권이 행정권에 우선해야 한다고 생각하고 있었다(따라서 사법은 집행부문의 일부라고 생각하고 있다). 입법우선주의자인 로크는 어떤 법률의 합헌(合憲)이냐 위헌(違憲)이냐를 선언하는 재판소에는 분명히 반대 입장을 취하고 있었다.

로크는 과반수주의의 이론을 굳게 믿고 있었지만 국가나 정부도 무제한으로 권한을 가지고 있는 것은 아니라는 것을 명확하게 하지 않았다. 과반수라 하더라도 개인의 타고난 권리를 침범해서는 안 되며, 또 개인의 재산권을 빼앗을 자유도 없다. 국가와 정부는 피통치자의 동의를 얻어야 비로소 당연한 권리로써 재산을 몰수할 수가 있다(이 사상은 미국은 "대표자 없이 과세는 없다"는 슬로건에 실제로 표현되고 있다).

이상 말한 것으로, 로크는 미국혁명이 일어나기 약 1세기 전에 이미 이 혁명의 근원적인 사상을 발표하고 있었다. 토머스 제퍼슨에게 미친 로크의 영향은 특히 두드러진 것이었다. 로크의 사상은 유럽에도 깊이 침투했으며, 특히 프랑스혁명과 프랑스의 민권선언으로 이끄는 간접적인 요인이 되었다. 볼테르나 제퍼슨은 로크보다도 유명할지 모른다. 그렇지만 로크의 저작물은 그들보다 앞섰으며 그들에게 강한 영향을 미쳤다. 따라서 로크를 그들보다 상위에 놓는 것은 당연한 일이라고 생각한다.

49 미켈란젤로

Michelangelo (1475~1564)

미켈란젤로는 시각예술사상 위대한 문예부흥기의 예술가이다. 빛나는 화가로서, 조각가로서, 건축가로서 약 4세기 동안이나 관람자들에게 강한 인상을 준 걸작들을 후세에 많이 남겨주었다.

그는 1475년에 피렌체에서 약 64km쯤 떨어진 카프레제(Caprese)에서 태어났다. 그는 젊을 때부터 재능을 발휘하여 13세 때 피렌체의 유명한 화가 기를란다요*(Ghirlandajo)의 제자가 되었으며 15세 때는 메디치(Medici) 가(家)의 궁전에서 가족과 동등한 대우를 받았다. 메디치 가의 로렌초는 피렌체의 통치자로 미켈란젤로의 후원자가 된 사람이다.

미켈란젤로는 그의 생애를 통해서 볼 때 훌륭한 재능을 가지고 있는 사람이라는 것은 명백하다. 그리고 당시의 로마 교황이나 각국의 원수로부터 여러 가지 작품제작을 의뢰받았다. 생애를 통해서 그는 여러 곳에 정주(定住)했지만 대부분은 로마와 피렌체에서 지내다가 1564년에 89세 생일을 눈앞에 두고 로마에서 사망했다. 결혼은 하지 않았다.

동시대의 선배격이 되는 레오나르도 다 빈치만큼 보편적인 천재라고까지는 할 수 없지만 미켈란젤로의 다재다능(多才多能)은 매우 인상적이다. 그는 틀림없이 단순한 예술가이지만 두 가지의 다른 분야에 있어서 인간 노력의 최고점에 도달한 유명한 사람일 것이다.

화가로서의 미켈란젤로는 최고로 아름다운 작품을 만들었다는 점과

---

* 기를란다요 : 본명 Domenico di Tommaso Bigordi 1449~1494. 발도비네티의 제자. 풍속적 분위기 속에 건축과 인물을 원근법을 구사해서 교묘하게 배치한 문예부흥기의 화가.

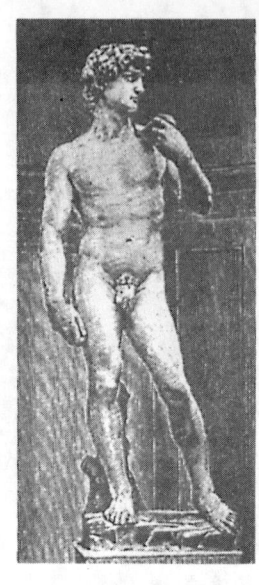

피렌체 아카데미에 있는 '다비드'.

차세대의 화가들에 대한 영향이라는 두 가지 점에 있어서 상위권에 랭크될 인물이다. 로마의 시스티나 예배당(바티칸 궁전 내)의 천장을 장식한 그 웅대한 프레스코 벽화는 항상 최고 걸작품으로 유명하다.

그럼에도 불구하고 그 자신은 자기를 조각가라고 생각했고 또 많은 평론가들도 그를 사상 최고의 조각가라고 보고 있다. 예를 들면 다비드 상(像), 모세 상과 유명한 피에타(예수의 시체를 무릎에 안고 슬퍼하는 성모 마리아의 상)는 예술적 효과를 최대로 발휘한 작품이라고 할 수 있다. 또 미켈란젤로는 건축가로서도 고도의 재능을 발휘했다. 이 분야에서 유명한 업적은 피렌체의 메디치 예배당의 설계를 한 일이다. 오랜 동안에 걸쳐 그는 로마의 성 베드로 대성당의 주임 건축기사를 맡고 있었다.

또 미켈란젤로는 수많은 시도 창작했는데, 그 중 3백 편은 오늘날까지 남아 있다. 그는 많은 단시(短詩)와 시들을 죽을 때까지 일체 출판하지 않았다. 이들 시는 날카로운 관찰력을 내재한 시인으로서의 재능도 보여주고 있다.

셰익스피어의 장에서 말한 것처럼, 대체로 예술과 예술가는 사람의 역사 및 일상생활에 미치는 영향이 비교적 적을 것이다. 그 때문에 미

시스티나 예배당 천장에 있는 '지구와 물을 나누는 신'.

켈란젤로는 그 예술적 재능의 탁월함에도 불구하고 유명도에서 뒤떨어진 많은 과학자·발명가보다도 순위를 아래로 했다.

50 우르바누스 2세
Pope Urbanus Ⅱ (1042?~1099)

　대부분의 사람들은 우르바누스 2세에 대해서 모를 것이다. 그럼에도 불구하고 인간의 역사에 이만큼 명백하게 더구나 직접적인 영향을 미친 인물은 적다. 왜냐하면 우르바누스 2세는 팔레스티나를 점령하고 있던 회교도를 몰아내고 재확보하는 기독교도의 전쟁, 즉 십자군 원정을 시작한 로마교황이기 때문이다.

　우르바누스의 본명은 오도 데 라게리(Ode de Lagery)라고 하며, 1042년에 프랑스 북부의 만시 부근에서 태어났다. 그는 프랑스의 대귀족 가정에서 자라 충분한 교육을 받았다. 젊을 때는 프랑스 북부의 레임스에서 대집사(大執事)를 하고 있다가, 그 후 클루니(Cluniac) 수도사, 소수도원 원장, 추기경 사교, 그리고 1088년에는 로마교황으로 뽑혔다.

우르바누스는 강력하고 재능이 있으며 정치적으로 기민한 교황으로 그 가운데 그를 생각나게 하는 중대한 사건은 1095년 12월 27일에 일어났다. 그는 그날 대교회 평의회를 프랑스의 클레르몽 시에서 개최했는데, 수천 명의 군중에게 가장 효과적인 연설을 했다. 그것은 그 후 몇 세기에 걸쳐 유럽에 커다란 영향을 미쳤다.

이 연설로 그는 성지(聖地) 팔레스티나를 점령하고 있는 셀주크 왕조의 터키가 기독교도의 성지를 더럽히고 순례자들을 괴롭히고 있는 것에 항의했다. 우르바누스는 모든 기독교국가는 단결해서 성스러운 싸움─기독교도를 위해 성지를 되찾는 십자군─이 필요하다고 강조했다.

그러나 우르바누스는 너무 영리했던 것일까, 타리적(他利的) 동기만을 강조할 수는 없었던 모양이다. 이 성지는 초만원인 기독교의 유럽 대륙보다 훨씬 풍부하고 결실이 많은 유복한 지방이라고 지적했다. 그리고 최종적으로는 교황의 십자군에 참가하면 모든 것을 참회하는 것이 되므로 온갖 죄가 용서된다고까지 발표했다.

우르바누스의 이 빛나는 연설은 동시에 청중들의 사기를 최고로까지 올리고 또한 이기적인 동기도 자극하여 대중에게 엄청난 감동을 일으키게 되었다. 그의 연설이 끝나기 전에 민중은 "하나님의 뜻"이라고 외치기 시작했다. 그리고 순식간에 십자군 병사들의 함성으로 뒤덮였다. 그로부터 2,3개월 후에는 제1차 십자군이 시작되었다. 그리고 그 이후는 오랜 성전(聖戰)이(주요한 것으로 8차의 십자군이 있고 기타 무수한 소규모의 싸움) 어림잡아 2세기간이나 계속되었다.

우르바누스 자신은 1099년에 제1차 십자군이 예루살렘 점령에 성공한 지 2주일 후에 죽었기 때문에 그 점령 소식은 그에게 알릴 수가 있었다.

여기서 십자군의 중요성을 설명할 필요는 없다. 다만 일반적인 다른 전쟁과 마찬가지로 십자군의 진로에 해당되는 주민이나 전투관계자에게는 커다란 영향을 미쳤다. 또 서유럽에 비잔틴문명과 이슬람 문명의 접목을 가져왔다. 당시 이 지역의 문명은 서유럽보다 훨씬 진보되어 있었

성지회복을 위해
십자군을 격려하는
우르바누스 2세 교황.

다. 이 접촉으로 르네상스로의 길이 열리고, 다시 현재 유럽문명의 최전성기로 이끌게 되었다.

그를 이 책에 실은 것은 십자군이라는 대사업을 진행했기 때문이 아니다. 그의 영감(靈感)이 없었다면 이런 일은 일어나지 않았을 것이라는 점도 있다. 그의 연설이 만약 마이동풍(馬耳東風)이었다 하더라도 유럽 전체를 운동에 참여시키기 위해서는 누군가 중심적인 지도자가 필요했을 것이다.

그것은 한 나라의 황제가 할 수 있는 일이 아니었다.(예를 들면 독일 황제가 터키에 선전을 포고하고 독일 병사를 십자군에 합류시켜 지휘하더라도, 영국의 병사가 참가하는 것은 의심스럽다.) 서유럽에서는 국경을 넘어서 권위를 주지(周知)시킬 수 있는 사람은 한 사람밖에 없었다. 다시 말해 하나의 제안에 대다수의 사람들이 따를 것을 기대하면서 서유럽 전체 기독교국가에게 하나의 프로젝트를 제시하고 그것을 실시시킬 수가 있는 인물은 로마 교황 오직 한 사람뿐이었다. 로마 교황의 리더십과 극적인 연설이 없었더라면 그 십자군은 일어나지 않았을 것이라고 생각한다.

아무도 지지하지 않는 환경에서 교황이 성지해방을 위해 십자군을 제창한다면 어떻게 될까. 또 많은 점에서 실행할 수 없는 제안이 있었더라면 어떻게 되었을까. 현명하고 신중한 지도자는 평소와 다른 제창을 하기 싫어하며 그 결과는 예측하기 어렵다. 그렇지만 우르바누스는 감히 그것을 실시했고 그것에 의해서 다른 더 유명한 사람들보다도 인간의 역사상 보다 위대하고 보다 연구적인 효과를 가져왔던 것이다.

51 우마르 1세
Umar I (592?~644)

우마르 1세는 마호메트의 후계자로 본명은 우마르 이븐 알카타브(Umar ibn al-khattab). 그는 마호메트와 동시대의 사람이며 마찬가지로 메카에서 태어났다. 태어난 해는 명확하지 않지만 아마도 592년일 것이라 보고 있다.

우마르는 마호메트 자신과 마호메트가 주장하는 신종교에 있어서 가장 감동받은 인물 중의 한 사람이었다. 반(反) 마호메트였으나 갑자기 이슬람교로 개종(改宗)한 후는 가장 강력한 마호메트의 지지자가 되었다.(성 바울이 기독교로 개종한 것과 흡사하다). 우마르는 예언자 마호메트의 가장 친한 조언자가 되어 평생 그를 지지했다.

632년에 마호메트는 후계자를 지명하지 않고 사망했다. 우마르는 마호메트의 장인이며 마호메트의 친한 동료이기도 했던 아부 바크르의 입후보를 적극적으로 지지했다. 그 결과 동료들 사이의 세력싸움을 피해 아부 바크르가 일반적으로 칼리프(마호메트의 후계자를 말함)로서 인정받게 되었다. 아부 바크르는 훌륭한 지도자였으나 겨우 2년간의 임기로 사망했다.

그러나 이때는 우마르의 이름을 들어서 후계자를 지명했기 때문에

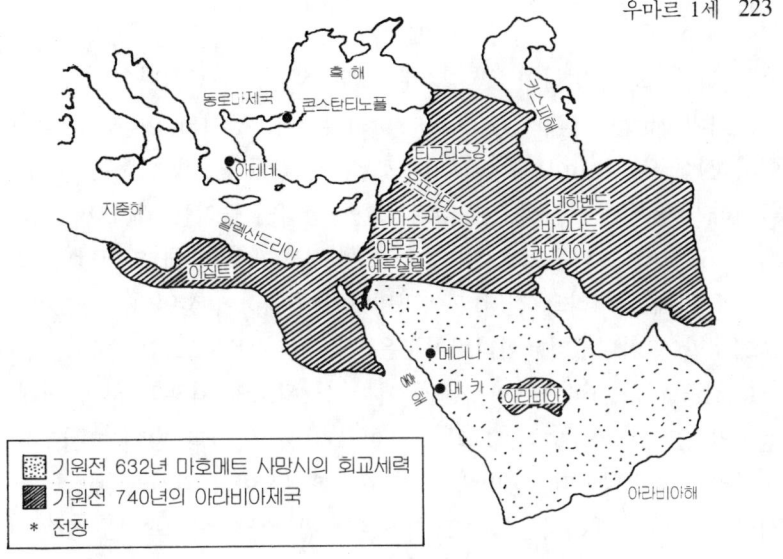

우마르 1세 치하의 아랍세력 확대

다시 세력싸움을 하지 않아도 되었다. 우마르는 634년에 칼리프가 되어 644년까지 그 지위를 확보했으나 페르시아 인 노예에 의해 메디나(사우디아라비아 북서부의 도시)에서 암살당했다. 그는 죽음에 임해서 후계자로서 6명의 위원을 임명해서 선출케 했다. 이것으로 다시 무력에 의한 세력싸움을 피할 수 있었다. 이 위원들은 3대째 칼리프로서 우스만*(Uthman)을 뽑았으며 우스만은 644년부터 656년까지 통치했다.

우마르가 칼리프의 지위에 있었던 10년간은 가장 중요한 아라비아군의 정복이 시작되었다. 우마르가 즉위하자 아라비아군은 시리아와 팔레스타나를 침략하고 동시에 비잔틴 제국의 영토의 일부도 침략했다. 아라비아군은 야무크(Yamuk, 636년)의 싸움에서 비잔틴군에게 압도적인 승리를 거두었다.

같은 해에 다마스커스도 함락하고 2년 후에는 예루살렘도 항복시켰다. 그리고 641년까지 아라비아군은 팔레스티나, 시리아의 전영토를 완전히 정복하고, 현재의 터키로 진격을 시작했다. 639년에 아라비아

---

* 우스만 : ?~655. 코란의 통일, 무스림 해군 신설, 대정복의 추진.

군은 이집트로 침입하여 3년간 이집트의 정복을 완료했다.

아라비아군은 이라크를 공격하기 시작했다. 당시의 이라크는 페르시아의 사산(Sassanid)제국의 일부로 되어 있었다. 이 싸움은 우마르가 즉위하기 전부터 시작하고 있었다. 그 결정적인 승리는 콰데시아(Qadisya. 637년)의 싸움으로, 이것은 우마르의 재위 중에 일어났다. 그리고 641년에는 이라크 전역이 아라비아의 지배하에 놓였다.

그뿐만이 아니었다. 아라비아군은 페르시아 본토도 공략하여 네하벤드(Nehavend. 642년)의 싸움에서 사산 왕조의 최후의 군에 대해 결정적인 승리를 거두었다. 그리고 우마르가 사망한 644년에는 서부 이란 전지역이 침략당했다. 동방에 대해서는 페르시아의 작전을 재빨리 완료시키고 서방에 대해서는 북아프리카로의 원정작전을 계속하고 있었다.

우마르의 정복의 중요성은 그 넓이와 동시에 영속성에 있다. 이란은 아라비아의 지배로부터 독립을 되찾았지만 이란 국민은 이슬람교로 개종당했다. 그렇지만 시리아, 이라크, 이집트에는 절대로 그렇게 하지 않았다. 이들 나라는 완전히 아라비아화되어 오늘에까지 이르고 있다.

물론 우마르는 아라비아군이 정복한 대제국을 통치하기 위해 연구하지 않으면 안 되었다. 우선 정복지역 내에는 특권적인 군사계급제를 만들도록 하고, 점령지의 수비부대는 현주민의 거주지로부터 떨어져서 점령도시에 주둔시킬 것을 결정했다. 그리고 현주민은 이슬람교 신자인 정복자(대부분이 아라비아인)에 대해서 세금을 지불하지 않으면 안 된다. 그 대신 그 지역의 평화를 보장한다.(이상과 같은 점으로 보아 아라비아의 정복은 종교적 측면이 완전히 결여되어 있다고는 할 수 없더라도 성전(聖戰)이라기보다 단순한 국가주의 정복전쟁이었음이 명백하다)

우마르의 업적은 확실히 인상적이다. 마호메트 이후 우마르는 이슬람교의 포교에서는 주요인물이다. 그 신속한 정복이 없었더라면 이슬람교가 오늘날과 같은 광대한 지역으로 퍼졌을지 의심스럽다. 그가 재임 중에 정복한 영토는 거의 그대로 오늘날의 아랍에 남아 있다.

물론 창시자가 이 발전에 대해서 대부분의 명예를 받아야 할 것이다.

그러나 이것은 우마르의 공헌을 무시하는 중대한 잘못이다. 우마르의 정복은 마호메트가 제시한 영감이 자동적으로 이루어진 성과가 아니다. 우마르의 빛나는 리더십이 아니더라도 다소의 확장은 있었겠지만, 그런 거대한 발전은 생각할 수 없다고 본다.

우마르라는 그다지 알려져 있지 않는 인물이 서로마 황제인 칼 1세 카이사르 같은 유명인물보다 높은 순위에 놓였기 때문에 독자는 놀랐을 것이라고 생각한다. 그렇지만 우마르 치하의 아라비아에 의한 정복은 그 규모의 크기와 영속성이라는 양면에서 보았을 때 실질적으로 앞에 든 두 인물보다는 영향력이라는 점에서 주요한 인물이라고 할 수 있다.

52 아소카
Asoka (B.C. 300?~232?)

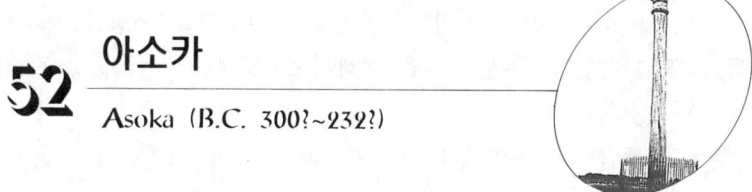

아소카는 인도사상(史上) 가장 중요한 군주로 마우리아 왕조(Mauryan)의 제3대 군주이다. 마우리아 왕조의 창시자인 찬드라굽타* (Chandragupta)의 손자가 된다. 찬드라굽타는 인도군의 지도자로 계속해서 일어난 알렉산더 대왕의 전쟁에서 인도 북부의 대부분을 정복하고 인도사상 최초이며 최대의 제국을 수립한 인물이다.

아소카의 정확한 생년월일은 알 수 없지만, 기원전 300년경이라고

---

* 찬드라굽타 : ?~기원전 297?. 마가다 지방을 근거로 그리스의 알렉산더 대왕(3세)의 인도 원정과 그 철회로 혼란한 서북인도 일대를 정복하고, 인더스 강 유역에 남아 있는 그리스 세력을 구축하여 서쪽으로는 아프리카, 동쪽으로는 벵갈 만에 이르는 북인도와 남쪽으로도 세력을 확대하여 인도인에 의한 최초의 통일국가를 실현했다. 강대한 군과 관료조직에 의해 부국강병책(富國强兵策)을 썼다. 재상 카우틸리아의 '아르타 샤트라〔實利論〕'는 왕의 정치, 외교상의 지침을 나타낸다.

한다. 기원전 272년에 아소카는 왕위에 올라 처음에는 할아버지의 발자취를 따라 군사활동으로 영토의 확대를 바라고 있었다. 즉위한 지 8년 후에 인도 동해안에 있는 왕국 칼링가(kalinga)와의 싸움에서 승리를 거두었다. 그러나 이 대승리의 결과로 수십만의 병사가 전사하고, 그 이상의 병사들이 부상을 입었다. 여기에 심한 쇼크를 받은 아소카는 양심껏 가책에 견디다 못해 일체의 군사적 정복의 수행을 중지하고 모든 공격적인 전투행위의 포기를 결정했다. 아소카는 종교적 신조로서 불교를 채용하여 정직, 자비, 비폭력이라는 다르마〔達磨〕*의 덕을 실시할 것을 계획했던 것이다.

또 개인적인 면에서는 수렵을 그만두고 채식주의자가 되고 살상을 금했다. 더 중요한 것은 그가 도입한 여러 가지 자비롭고 인도(人道)에 맞는 행위와 정치적인 시책이다. 병원을 건설하고 야생동물 보호소를 만들고 또 가혹했던 많은 법률을 완화하고, 도로를 건설하고, 관개(灌漑)를 촉진했다.

그는 또 특별한 정부의 관리로서 다르마 관리를 임명하고 그들에 의해서 일반 국민에게 자비정신을 교육하고 인간관계의 화(和)를 장려했다. 이 왕국에서 모든 종교가 허용되고 있었지만 아소카는 특히 불교보급을 촉진했기 때문에 불교는 민중들 사이에 자꾸 퍼져 나갔다. 불교도의 전도사절(傳道使節)은 여러 외국에 파견되고 특히 셰일론 섬으로의 파견사절은 성공했다.

아소카는 자기 지배하에 있는 대왕국의 큰 암석이나 석주(石柱) 위에 그의 생애와 정책의 기록을 새길 것을 명령했다. 이런 기록비는 오늘날

─────────────

*다르마 ; 산스크리트 어로 Dharma. 생일·연령은 불명. 중국 선종(禪宗)의 창시자. 바르게는 보리 달마(苦提達磨). 일설에는 520년경에 인도로부터 광주(廣州)를 거쳐서 금릉(金陵)에 이르고, 다시 낙양(洛陽) 부근에서 교화(教化)를 했다고 한다. 국가권력과 결부되어 실천활동을 소홀히 한 북위(北魏)불교를 혹독하게 비판했으며, 만년에는 소림사(小林寺)에서 벽을 보고 9년간 좌선(座禪)을 하고, 제자인 혜가(慧可)에게 선법(禪法)을 전수했다. 또 법(法)·진리(眞理)·본체(本體)·궤범(軌範)·이법(理法)·교법(教法) 등의 뜻으로도 쓰인다.

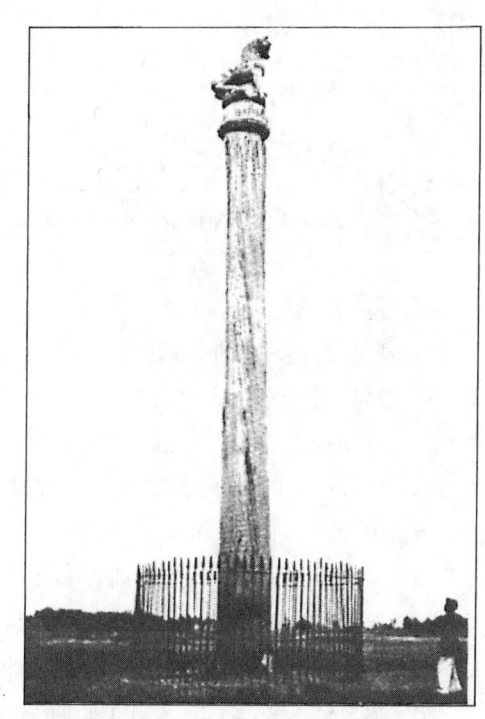

아소카는
이런 석주(石柱)에
포고문을 새겼다.

까지도 많이 남아 있다. 이런 지리적 기술(記述)에 의해 오늘날 우리는 아소카의 영토범위 내에서는 신뢰할 수 있는 자료를 얻을 수가 있다. 또한 그것이 아소카의 생애에 관한 지식원(知識源)이 되고 있으며 이 석주 중에는 훌륭한 예술작품으로 생각할 수 있는 것도 있다.

아소카가 죽은 지 50년 이내에 마우리아 왕국은 붕괴되었고 두 번 다시 재기하는 일은 없었다. 그렇지만 아소카가 불교를 지지하고 있었기 때문에 세계에 미친 아소카의 영향력은 매우 크다.

그가 왕위에 올랐을 때의 불교는 아직 조그마한 지방의 신흥종교에 지나지 않았으며, 다만 북서인도에 보급되고 있었을 뿐이었다. 그가 죽은 후에 불교는 인도 전역에 정착되었고 이웃 여러 나라로 급속히 퍼졌다.

석가모니를 제외하면 불교를 주요한 세계적 규모의 종교론까지 발전시킨 인물은 아소카 이외에는 없지 않을까.

53 아우구스티누스
Aurelius Augustinus (354~430)

로마제국의 쇠퇴기에 살았던 아우구스티누스는 당시 최고의 신학자였다. 그의 저작물은 중세기 내내 기독교도의 교리와 태도에 매우 큰 영향을 미쳤으며, 그것은 오늘날까지 이르고 있다.

그는 354년에 타가스테(현재의 알제리의 수크아라스)에서 히포(현재의 아나바)라는 해안을 따라서 있는 대도시 남쪽 72km쯤 떨어진 곳에서 태어났다. 아버지는 우상숭배를 하는 이교도였으나 어머니는 열렬한 기독교 신자였다. 아우구스티누스는 어렸을 때 세례는 받지 않았다.

청년기에 있어서도 그의 지성은 감명적인 것으로 16세 때 면학을 위해 카르타고로 유학을 갔다. 19세 때 철학을 공부할 것을 결심하고 당장 예언자 마니가 240년경에 창시한 마니교로 개종했다.

젊은 아우구스티누스에게 있어서 기독교는 너무나도 순수하여 오히려 마니교 쪽이 그의 이성에 호소하는 것이 있었다. 29세가 되어 로마로 이사한 후 밀라노로 옮기고, 거기서 수사학의 교수가 되어 신플라톤주의파와 접근했다. 이 학파는 3세기경 플로티누스*(Plotinus)라는 철학자가 개발한 것으로, 플라톤 철학을 수정한 것이다.

당시의 밀라노 사교(司敎)는 성(聖) 암브로시우스(Ambrosius. 339?~397? 아리우스파와 항쟁, 웅변에 능한 설교가)라는 사람이었다. 우연히 아우구스티누스는 이 사교의 설교를 듣고 기독교가 새롭고 더 복잡한 일면이 있는 것을 깨달았다. 그는 다시 기독교로 개종하고 한때의

---

*플로티누스 : 로마제정기의 그리스계 철학자. 영혼을 정화해서 순수한 사교에 의해 신과 사귀어야 하며 세계는 지고(至高)한 신의 힘의 흐름이며, 그것을 더듬어서 신에게 접근하라고 설교했다.

기독교 회의자가 이번에는 열렬한 지지자가 되었다. 387년에 그는 암브로시우스 사교로부터 세례를 받고 곧 고향인 타가스테로 돌아왔다.

391년에 아우구스티누스는 히포의 사교 보좌역이 되고 5년 후에 사교가 사망하자 그는 45세로 히포의 새 사교가 되었고 그 후 죽을 때까지 그 직을 계속했다.

히포라는 곳은 결코 중요한 도시가 아니지만 그의 재능이 뛰어났으므로 금세 교회 내에서 가장 존경받는 지도자가 되었다. 그는 병약하다는 약점이 있었지만 속기사의 지원이 있었기 때문에 종교적 저작물을 많이 저술했다. 그 중에서 그의 설교가 5백 편, 서간집 2백 개 이상이 오늘날까지 남아 있다. 그 저작 가운데 《신국론》과 《고백록》 두 가지는 가장 유명하며, 오늘날까지 영향력이 있는 것이다. 특히 《고백록》은 지금까지의 자전집 중에서 가장 유명하며 그의 40대의 일이 쓰여 있다.

아우구스티누스의 서한이나 설교의 대부분은 마니교, 도나투스파(분리주의의 한 분파)와 펠라기우스파(또 하나의 이성파)에 대한 논박(論駁)이며, 그 자신이 그의 종교적 교의의 중요한 부분을 형성하고 있다. 펠라기우스파의 시조인 펠라기우스는 400년 전에 로마로 온 영국인 수도사로, 몇 가지 흥미있는 신학상의 교리를 설명했다. 다시 말해서 "우리에게 원죄(原罪)는 없다. 선(善)이든 악(惡)이든 마음대로 고를 수가 있다"고 펠라기우스는 주장하고 바르게 생활하고 좋은 일을 하면 반드시 개인은 구제된다는 것이다.

아우구스티누스의 저서는 펠라기우스의 사상에 부분적으로 영향을 받고 있는 것 같지만, 펠라기우스의 견해는 이교라고 선언받고 그는 추방당했다(그렇지만 그때에 그는 이미 로마로부터 자취를 감추고 있었다). 아우구스티누스에 의하면 모든 인간은 아담의 죄에 의해 더럽혀져 있으며, 인류는 아무리 개인이 노력하고 선행을 해도 단독으로 구원을 얻을 수가 없다. 즉 구원에는 하나님의 은혜가 필요하다고 했다.

같은 생각은 전에도 표명했지만 그는 그 초기의 주장을 더욱 확대시켜 저서 속에서 교회의 위치를 이 점에 안정시켰기 때문에 이들 교회의 지위를 확고한 것으로 만들었다.

아우구스티누스는 하나님은 누구는 구원받고 누구는 구원받지 않는가를 알고 있다. 따라서 우리들 중의 몇 사람은 구원받을 운명에 있는 것이라고 주장했다. 이 운명예정설보다 더 중요한 것은 그의 성(性)에 관한 태도일 것이다. 기독교로 개종할 때 그는 자기는 성을 끊는 것이 필요하다고 선언했다(그는 한번 "성관계만큼 멀리하기 쉬운 것은 없다"고 쓰고 있다). 그러나 이 성관계를 끊는 것은 그에게 있어서 매우 곤란한 일이었다.

그 개인적인 싸움과 견해에 대해서는 그의 저서 《고백록》에 상당히 상세하게 쓰여 있다. 그의 이런 고백은 그가 유명했기 때문에 중세 사람들의 성에 대한 태도에 큰 영향을 미쳤다. 그것은 원죄의 생각과 성욕을 결부시킨 것이었다.

아우구스티누스의 생존 중에 로마제국은 급속히 쇠미(衰微)했다. 사실 410년에 로마는 서(西)고트 족의 알라릭(Alaric 370~410? 도나우 강 연안에 정착한 왕으로 트라키아, 그리스, 노리쿰, 로마를 약탈했다)에 의해 약탈당하고 있었다. 그 결과 당연한 일이지만 로마에 남아 있던 옛날부터의 우상숭배의 이교도들은 로마가 기독교를 받아들이기 위해 옛날부터의 신을 포기한 것이라고 주장했다.

그래서 아우구스티누스는 유명한 저서 《신국론》의 일부에서 이런 점에 대한 기독교의 변호를 했지만, 이 책은 모든 역사철학이 포함되어 그것이 후세의 유럽 발전에 영향을 미치고 있다. 그는 로마제국은 기본적으로 조금도 중요한 것이 아니고 로마 시도 다른 지구상의 여러 도시와 마찬가지로 기본적으로는 중요한 것이 아니라고 표명했다.

그리고 진짜 중요한 것은 '천시(天市)'의 성장이며, 환언하면 인류의 정신적 진보이다. 진보를 돕는 매개자는 교회다(교회 이외에는 구원이 없다). 따라서 로마황제는 우상숭배의 이교도이며 기독교이든 야만인이든 교황이나 교회만큼 중요한 것은 아니다.

아우구스티누스는 이 최종 결론까지 말하고 있지만, 이 이론을 발전

속기사에게 구술하는
아우구스티누스

시켜나가면 세속적인 통치자, 왕은 모두 로마교황에 종속되어야 한다는 결론이 나온다. 중세의 로마교황은 그의 생각에서 도출(導出)되어진 결론을 가까이 끌어냈다. 그 결과 그의 교의가 몇 세기에 걸친 교회와 국가 사이의 긴 싸움의 씨가 되었다. 또 그것이 유럽의 역사를 특정짓는 것이 되기도 했다.

아우구스티누스는 저서에서 고대 그리스 철학을 중세 유럽으로 옮겨놓는 작용을 하고 있다. 특히 신플라톤파 철학이 그의 성숙된 사람에게 강하게 영향을 미치고 있다. 그것이 다시 중세의 기독교 철학에 영향을 미치고 있다. 아우구스티누스가 데카르트의 유명한 말 "나는 생각한다. 고로 나는 존재한다"의 배후에 있는 사상을 표명한 것은 흥미있는 일이다.

아우구스티누스는 중세의 암흑 시대로 들어가기 전의 최후이면서 최대의 기독교 신학자이다. 또 그의 저서에 의해서 교회 교의에 하나의 조리를 세우고 또 중세기 내내 유지될 수 있는 형식을 만들어냈다. 그는 가장 탁월한 로마 카톨릭 교회의 아버지이며 그의 저작물은 그 후의 성직자들에게 자주 읽혔다.

구원, 성, 원죄라는 점에 대해서 그의 사상은 동시에 영향력이 있는 것이었다. 그 후의 많은 카톨릭 신학자, 예를 들면 아퀴나스, 루터, 카르만과 같은 프로테스탄트의 지도자들에게도 강한 영향력을 주었다.

아우구스티누스는 76세 때 히포 근처에서 죽었다. 그때는 붕괴되어 가고 있는 로마제국을 침략하고 있던 야만족 바르단 인이 히포를 포위해가고 있는 때였다. 그로부터 몇 개월 후에 바르단 족은 히포를 점령하고 시가 거의 전부를 태워버렸다. 그렇지만 아우구스티누스의 도서관과 대성당은 파괴에서 벗어날 수가 있었다.

54 플랑크
Max Planck (1858~1947)

1900년 12월에 독일의 물리학자인 막스 플랑크는 광체(光体) 에너지(즉 광파 에너지)는 연속적인 흐름으로 방출되는 것이 아니라, 칸타[양]라는 두껍게 자른 조그만 덩어리 같은 것으로 구성되어 있다는 대담한 가설을 발표해서, 자연과학계를 깜짝 놀라게 한 인물이다. 빛과 전자기에 대한 고전물리학과 완전히 모순되는 이 플랑크의 가설은 그 후 물리학에 혁명을 가져온 양자론(量子論)의 출발점이 되었으며 또한 우리에게 물질과 복사(輻射)의 성질에 대해서 더욱 깊게 이해할 수 있도록 해주었다.

플랑크는 독일의 킬(kiel)에서 1858년에 태어났다. 베를린 대학, 뮌헨 대학에서 공부하고 21세 때 뮌헨 대학에서 가장 우수한 성적으로 물리학 학위를 받았다. 그는 얼마 동안 모교에서 가르치다가 다음에 킬 대학에서 가르쳤다. 1889년에는 베를린 대학의 교수로 1928년 70세의 정년퇴직까지 근무했다.

플랑크는 다른 몇 사람의 과학자와 마찬가지로 흑체복사(黑体輻射)에 관심을 가지고 있었다. 이것은 가열되면 완전한 흑체에 의해서 방출되는 전자복사(電磁輻射)에게 주어진 명칭이다(완전흑체란 어떤 빛도 발사하지 않고 모든 빛을 흡수하는 물체이다).

플랑크가 이 문제에 착수하기 전에 이미 실험물리학자는 이 물체로부터 방출되는 복사에 대해서 주의 깊게 관측을 실시하고 있었다. 플랑크의 최초의 업적은 이 흑체복사를 정확하게 기술(記述)하는 매우 복잡한 대수 공식을 발표한 일이다. 오늘날 이론 물리학에서 자주 쓰이고 있는 이 공식은 실험데이터를 요약하고 있다. 그러나 거기에 한 가지 문제가 있었다. 그것은 현재 용인되고 있는 물리학의 법칙에서는 전혀 다른 공식을 예상하고 있었기 때문이다.

플랑크는 이 문제를 뿌리 깊게 연구하여 급진적인 새 이론에 도달했다. 즉 복사에너지는 플랑크가 양자(quantum)라고 명명한 기본단위의 정확한 집합체에만 방출한다는 것이다. 플랑크에 의하면 빛의 양자의 크기는 그 빛의 주파수(즉 색깔에 의한)에 따라 질량에 비례한다. 플랑크는 이 질량을 h라고 했으며 오늘날에는 플랑크 상수(常數)라고 불리고 있다.

그의 가설은 종래의 물리학 개념과 완전히 어긋나는 것이지만, 이 플랑크 상수를 쓰면 흑체복사에 대해서 올바른 공식을 정확하게 논리적으로 유도(誘導)할 수 있다는 것을 알았다.

그가 견실하고 보수적인 물리학자로서 알려져 있었기 때문에 그의 혁신적인 가설(假說)을 색다른 발상이라고 간단히 넘겨버렸다. 이 가설이 기이하게 생각되었다고 하더라도 특정한 경우에는 올바른 공식으로 유도하고 있었던 것이다.

처음에는 플랑크 자신도 다른 물리학자와 함께 편리한 수학적 가설의 하나에 지나지 않는다고 보고 있었다. 그러나 몇 년 후에 그의 양자 개념은 흑체복사 이외의 여러 가지 물리현상에도 응용할 수 있다는 것을 알았다. 아인슈타인은 이 개념으로 광전효과(光電效果)를 설명하고, 또 보어는 1913년에 원자구조 이론에 이것을 썼다. 1918년에 플랑크가 노벨상을 받음으로써는 그의 가설은 옳으며 물리학상 근본적으로 중요하다는 것이 증명되었다.

플랑크는 강한 반(反)나치스주의자이기 때문에 히틀러 시대에는 그의 신변이 매우 위험한 상태에 놓이기도 했다.

플랑크 상수는 원자구조 이론이나 하이젠베르크의 불확정성 이론이나 방사성 이론, 기타 많은 과학공식에 볼 수가 있다. 플랑크가 기본적으로 어림한 수치는 오늘날 일반적으로 용인된 수의 2%이내였다.

플랑크는 일반적으로 양자역학의 아버지라고 간주되고 있다. 그는 그 후의 양자이론적 발전에는 그다지 기여하지 않고 있지만 그렇다고 해서 플랑크를 너무 아래 순위에 놓는 것은 잘못이다. 그가 처음으로 벽을 뚫고 개발한 것은 매우 중요하다. 그리고 과학자를 옛날부터의 잘못된 개념의 구속으로부터 해방하고 후계자가 오늘날과 같은 우아한 이론체계를 만들어낼 수가 있게 된 것이다.

55 칼뱅
Jean Calvin (1509~1564)

프로테스탄트의 유명한 신학자이며 도덕가이기도 한 칼뱅은 유럽 역사상 중요 인물이다. 그의 사상은 신학, 국가, 개인, 도덕, 기능의 습관 등 여러 가지에 걸쳐 있으며, 그 사고방식은 4백 년 이상이나 경과한 오늘날에도 수천만 사람들 생활에 영향을 미치고 있다.

칼뱅(원명은 Jean Cauvin)은 1509년에 프랑스의 느와용(Noyon)시에서 태어났으며 좋은 교육을 받았다. 파리의 몽테뉴 대학에 들어갔으며, 다음에 오를레앙 대학에서 법률을 공부하고, 다시 부르주 대학에서도 법률을 공부했다.

루터가 비텐베르크의 교회 문에 게시한 유명한 95개 항목의 항의문

제네바의 종교개혁 기념탑. 왼쪽 끝이 칼뱅

사건과 프로테스탄트혁명이 발생한 것은 칼뱅이 겨우 8세 때였다. 칼뱅도 카톨릭 가정에서 카톨릭 신자로서 자랐지만, 젊을 때 프로테스탄트로 개종했다. 박해를 피해서 정든 파리를 떠나 얼마 동안 여행을 하면서 스위스의 바젤에 정주하게 되었다.

그곳에서는 필명으로 생활하고, 그 동안 진지하게 신학을 연구했다. 1536년, 27세 때 유명한 《기독교 요강(要綱)(Institutes of the Christian Religion)》을 저작했다. 이 책은 프로테스탄트의 신조를 요약한 것으로, 매우 이해하기 쉽고 또한 체계화되어 있기 때문에 일약 그는 유명해졌다.

1536년에 제네바를 방문했다. 이 지방은 프로테스탄트의 소급이 급속히 진전되고 있는 곳이었다. 그래서 그는 프로테스탄트 사회의 교사와 지도자로서 지방에 머무르게 되었다. 그러나 너무나도 청교도적인 칼뱅과 제네바 주민들 사이에 분쟁이 일어나 1538년에는 이 지방을 떠나지 않을 수가 없게 되었다. 그러나 1541년에 다시 초청을 받고 돌아가 이번에는 제네바 시의 종교적 지도자인 동시에 사실상 정치적 지도자로서 1584년에 죽을 때까지 이곳에 체재했다.

이론적으로 말하자면 칼뱅은 절대로 제네바의 독재자가 아니다. 많은 시민들은 선거권을 가지고 있었으며, 공식적인 정치적 권력은 대부분 25명의 구성원으로 이루어진 평의회가 쥐고 있었다. 칼뱅은 이 평의회의 멤버가 아니었다. 따라서 칼뱅은 과반수의 동의가 없으면 언제든지 면직당하게 되어 있었다(실제로 1538년에 추방당한 일이 있었다). 그러나 현실적으로 그는 제네바 시를 지배하고 1555년까지 독재적 입장에 있었다.

칼뱅의 통치하에 있어서 제네바는 유럽의 지도적인 프로테스탄트의 센터로 되어 있었다. 동시에 그는 프로테스탄트를 다른 나라로까지 확대했으며 특히 프랑스에 중점을 두고 촉진하려고 했다. 그리고 얼마 동안은 제네바가 '프로테스탄트의 로마'로 불리고 있었다.

그가 제네바로 돌아와서 최초에 착수한 일은 제네바에 있는 칼뱅파 신교 교회의 교회규정을 만드는 것이었다. 그것이 그 후 전유럽의 칼뱅파 교회의 하나의 유형이 되었다.

그는 제네바 체재 중에 많은 종교관계 소책자를 저술하여 종교계에 큰 영향을 미쳤다. 또 《기독교 요강》을 계속 개정하고 있었다. 또 도처에서 신학과 성서의 강연을 했다.

칼뱅의 제네바는 이를테면 엄격한 청교도의 성역이 되고 있었다. 간통과 간음은 엄하게 처벌되었을 뿐만 아니라 도박, 음주, 댄스, 음탕한 노래를 부르는 것도 엄금되었으며, 그것을 범한 자는 엄벌을 받았다. 규정된 시간에는 교회에 출석하는 것이 법률로 정해지고 장시간에 걸친 성교가 습관으로 되어 있었다.

칼뱅은 일에는 근면할 것을 특히 강조하고 있었다. 또 교육에는 장려책을 취하여 그의 행정기간 중에 제네바 대학이 창립되었다.

칼뱅은 도량이 좁은 사람으로, 그가 제네바에서 이교도라고 간주한 것은 사정없이 혼내주었다. 그 중에서도 유명한 희생자(매우 소수이지만)는 세르베투스*(Michael Servertus)라는 스페인의 의사 겸 신학

---

*세르베투스 ; 1511~1553. 파리에서 의학을 공부하고, 삼위일체설을 부정했기 때문에 카톨릭 종교재판에 회부되었으나 탈주했다. 도중에 칼뱅에게 발견되어 살해당했다.

자로, 이 사람은 삼위일체설(성부·성자·성령은 일체라는 설)을 믿고 있지 않았는데 그가 제네바로 오자 즉각 체포해서 재판에 회부하여 1553년에 사형에 처한 일이 있었다.

칼뱅은 1564년에 제네바에서 죽었다. 아내는 1549년에 죽었으며, 단 하나의 아이도 사산(死産)되었다.

칼뱅의 가장 중요한 점은 직접적인 정치활동에 있는 것이 아니다. 오히려 그가 공표한 사상에 있다. 그것은 성서의 권위와 중요성을 강조하고 루터처럼 로마 카톨릭교회의 권위나 중요성을 무시했던 것이다. 루터, 아우구스티누스, 베드로처럼 모든 사람은 죄인이며 구원은 착한 일을 하는 것만으로는 오지 않고 오직 신앙만으로 가능하다고 주장하고 있다.

칼뱅이 굳게 믿고 있었던 것은 운명 예정설의 유기(遺棄)다. 그의 생각에 의하면 신은 그 사람의 공적에 관계없이 누구를 구하고 누구를 저지하느냐가 결정되어 있다. 그럼 왜 인간은 도덕적으로 활동하기 위해 고민할까? 칼뱅의 대답은 다음과 같다.

"신이 뽑는 것(다시 말해서 신이 그리스도를 받아들이기 위해 뽑고, 그리스도에 의해 보상을 받는 것)은 곧 신에 의해서 올바르게 하도록 뽑힌다는 것이다. 우리가 아무리 선행을 해도 구원되는 것이 아니다. 오히려 구원을 위해 우리가 뽑혔기 때문에 선행을 하는 것이다."

이와 같은 교의를 사람에 따라서는 기이하게 받아들이는 사람도 있지만 많은 칼뱅파 신도를 매우 믿음이 깊게, 그리고 고결한 생활로 이끌었다는 것은 의심할 여지가 없다.

이렇게 해서 칼뱅은 전세계에 큰 영향을 미치고, 그의 신학상의 여러 가지 설(設)은 최종적으로는 루터보다도 많은 지지를 얻게 되었다. 북부 독일이나 스칸디나비아 지역은 압도적으로 루터파가 차지하고 있었으나 스위스, 네덜란드는 칼뱅파가 차지하게 되었다. 또 폴란드, 헝가리, 독일에는 소수이지만 칼뱅 소수파가 있었다. 스코틀랜드의 장로교회파, 프랑스의 위그노파, 잉글랜드의 청교도는 모두 칼뱅파이고, 미국에서의 청교도파의 여행은 장기간에 걸쳐 강대했었다.

칼뱅이 체재한 제네바는 데모크라시라기보다도 세오크라시〔神政〕라고 말하는 편이 좋을지도 모른다. 그러나 칼뱅주의의 효과가 틀림없이 있었음에도 불구하고 데모크라시 사상은 차차 증대되어갔다.

아마도 대부분의 나라에서 칼뱅파는 소수였기 때문에 기성세력에 대한 제약을 기뻐하는 경향이 있었는지, 또는 칼뱅파 교회의 내부구조가 비교적 민주화되어 있는 것이 원인이었는지는 알 수 없다. 이유야 어쨌든 간에 칼뱅파의 처음부터의 거점(스위스, 네덜란드, 영국)은 동시에 민주주의의 거점이 되기도 한 것이다.

칼뱅의 교의는 소위 '프로테스탄트의 근로윤리'의 창조와 자본주의의 발달에 커다란 요인이 되었다고 한다. 그런데 칼뱅의 순위는 어떤가.

프로테스탄트 혁명은 역사상의 중대한 사건이었다고는 하더라도 이 격변의 주역은 루터임이 명백하다. 칼뱅 자신은 루터 후에 나타난 몇 사람의 가장 영향력이 있었던 프로테스탄트 지도자 중 한 사람에 지나지 않는다. 따라서 칼뱅은 루터보다 상당히 낮은 곳에 위치해야 함은 당연하다.

그러나 칼뱅은 볼테르나 루소 같은 철학자보다 상위에 두어야 할 것이다. 왜냐하면 칼뱅의 영향은 그 장기성에 있어서 그들 철학자들보다 2배나 오래 영향을 미쳤으며, 또한 칼뱅의 사상은 후계자에게 막대한 영향을 미치고 있기 때문이다.

56 모 턴

William T. G. Morton (1819~1868)

 대부분의 독자들은 모턴이라는 이름만 가지고는 누구인지 잘 모를 것이다. 그러나 모턴은 많은 유명인들 중에서도 중요한 인물이다. 그는 수술에 마취제를 도입한 인물이기 때문이다.
 역사상에는 많은 발명이 있지만 마취제만큼 개개 인간에게 있어서 가치있는 경우는 적다. 또 인간의 건강상태에 이만큼 뿌리 깊은 변화를 가져온 경우도 적다. 당시의 환자는 뼈의 절단수술 중에도 깨어나 있지 않으면 안 된다는 잔인함은 차마 바로 볼 수 없을 만큼 무서운 일이었다. 이런 종류의 고통을 없게 했다는 것은 확실히 인류에게 가져온 최고의 선물 중 하나라고 할 수 있는 것이다.
 모턴은 1819년에 미국 메사추세츠 주 찰턴에서 태어났다. 볼티모어 대학 치과의학부 수술과에서 공부했다. 1842년에 치과의사로 개업했다. 1862년~1863년 사이는 자기보다 연상의 치과의사인 웰즈(Horace Wells)의 파트너가 되었는데 웰즈는 마취에 흥미를 가지고 있었다. 그렇지만 그다지 수입이 오르지 않았기 때문에 폐업하고 말았다.
 그로부터 1년 후에 웰즈는 소기(笑氣)가스 마취제 실험을 시작했다. 그리고 코네티컷 주에서 실제 이 수술에 사용해 효과를 올렸다. 그러나 불운하게도 보스턴에서 한 수술은 실패로 끝났다.
 한편 모턴은 환자의 이에 틀니를 넣는 것을 전문으로 하고 있었는데, 그러기 위해서는 오래되어 썩은 이는 뿌리부터 뽑을 필요가 있다. 그러나 마취제가 없는 당시의 이 뽑기는 매우 고통이 따르는 것으로, 마취에 의한 방법이 요구되는 것은 당연했다. 모턴은 그 목적을 달성하기 위해서는 소기가스로는 충분한 효과를 올릴 수 없다고 판단하고 더 강

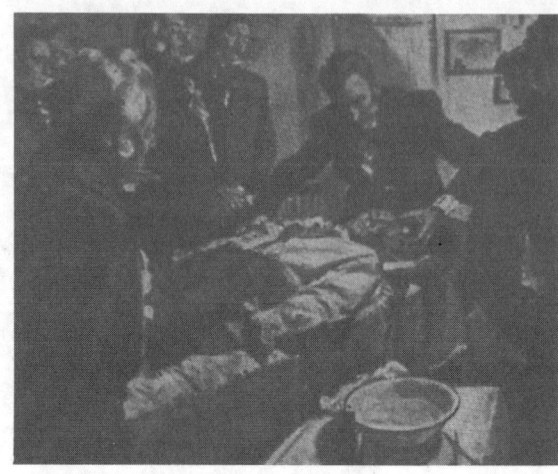

환자에게
마취를 하는
모턴

력한 마취제를 연구하고 있었다.

　모턴은 하버드의 잭슨이라는 유명한 의사이며 과학자에게서 에테르를 이용한 마취법을 수강했다. 에테르에 마취 특성이 있다는 것은 3백년 이상이나 전에 스위스의 유명한 의사이며 연금술사이기도 했던 파라켈수스*(Paracelsus)에 의해서 발견되었다. 또 같은 리포트는 19세기 초에 인쇄물로 되어 있었다. 그러나 이 에테르에 대해서 쓴 잭슨이나 그 밖의 학자도 실제로 에테르를 수술에 쓴 일이 없었다.

　모턴은 에테르가 마취에 가장 유망하고 가능성이 있다고 보고, 우선 동물실험(자기집의 애완동물인 개도 포함해서)을 하고 다음에 자기 몸으로 실험했다. 1846년 9월 30일에 마침내 환자에게 에테르를 실험적으로 쓸 기회가 생겼다. 어느 날 한 남자환자가 찾아와 모턴에게 지독한 통증을 호소하면서 이를 뽑는 통증을 면할 수 있는 것이라면 무엇을 해도 좋다고 말했다. 그는 이 남자에게 에테르를 투약해서 이를 뽑았다. 환자는 의식이 돌아온 다음 아무런 통증도 느끼지 않았다고 말했

---

*파라켈수스 : 1493~1541. 외과학을 라틴 어가 아니라 독일어로 강의하여, 의학의 중세적 성격을 타파하려고 하다가 추방당했다. 물질계는 수은, 유황, 안티몬, 납, 구리, 비소 등의 금속화합물을 의약으로서 사용한 의화학의 창시자라고 불리고 있다.

다. 그는 좋은 결과를 얻을 수 있다는 일말의 기대를 가지고 있다가 이 대성공으로 일약 유명해졌다.

이 수술에는 입회인도 있어 이튿날의 보스턴 신문에도 보도되었지만 일반의 관심을 끌지는 못했다. 그래서 더 극적인 공개수술이 필요하다고 해서 보스턴의 메사추세츠 종합병원에 있던 그의 선배이자 치과의사인 J.C. 월렌 박사에게 이 통증방지의 수술 실연을 많은 의사들 앞에서 할 수 있는 기회를 만들어 달라고 의뢰했다.

월렌 박사는 이에 동의하고 1846년 10월 16일에 많은 의학자와 의과대학생 앞에서 외과환자 길버트 아보트에게 에테르를 투약하고, 월렌 박사는 환자의 내부에서 혹을 잘라냈다. 결국 이 마취가 완전히 효과가 있다고 실증되었다. 이 극적인 상황은 많은 신문에 크게 보도되었으며 그 후 몇 년 사이에 외과수술에는 이 마취약이 널리 사용되게 되었다.

아보트에 대한 공개수술 후 며칠이 지나서 환자에 대한 적용상황을 모턴과 잭슨의 두 사람이 정리하여 적었다. 특허는 이튿날에 용인되었지만 발생사정 때문에 일련의 우선권 싸움을 막을 수 없었다. 마취약 도입의 크레디트는 대부분이 자기에게 있다고 하는 모턴의 주장은 다른 많은 사람들 특히 잭슨에 의해 고소당했다.

그리고 이 기술혁신으로 부자가 될 수 있다는 모턴의 기대는 어긋났다. 에테르를 사용하고 있는 어떤 의사나 병원도 아무런 로얄티를 지불하지 않았다. 반대로 이 우선권을 지키기 위한 법적 투쟁과 소송에 드는 경비는 그가 이 발명으로 얻는 돈을 훨씬 넘겼다. 그리고 좌절과 가난 속에서 그는 1868년 40세도 되기 전에 뉴욕에서 사망했다.

치과 수술이나 일반외과 수술에 마취가 효과가 있다는 것은 명백하다. 모턴을 전반적으로 평가할 경우, 마취제의 개발에 있어서 모턴과 그 밖의 많은 관계자들 사이에 어느 정도의 크레디트를 나누어 가져야 하느냐를 결정하는 것은 매우 곤란한 일이다.

다른 관계자로서는 웰즈, 잭슨과 조지아 주의 의사 롱(Crawford W. Long) 등을 들 수 있으나 사실을 고려에 넣으면 모턴의 공헌은 다른 누구보다도 중요도가 높다고 생각하기 때문에 리스트에 올리기로 했다.

모턴이 에테르를 써서 성공하기 약 2년 전에 웰즈가 치과 치료에 마취약을 쓰기 시작하고 있었던 것은 틀림없다. 그러나 웰즈가 사용한 마취약은 소기(笑氣)가스였으며, 또한 수술의 혁신을 한 것이 아니고 할 수도 없었다. 소기가스에도 마취 성질이 있었지만 수술할 수 있을 만큼 충분한 마취성을 가지고 있는 것이라고는 할 수 없었다(오늘날에도 다른 약제와 복잡한 약과의 복합제로서 특수한 치과 치료에 사용되고 있다).

이에 반해서 에테르는 놀랄 만큼 효과가 있으며 더구나 융통성이 있는 약제로, 그 이용은 수술에 명확한 혁신을 가져왔다. 오늘날 개개의 케이스에 대해서 보더라도 에테르만큼 기대를 가질 수 있고, 다른 약제와의 변용에 적합한 것은 없다. 에테르가 도입된 후 약 1세기 동안은 가장 많이 사용된 마취제였다.

여러 가지 불리한 점, 예를 들면 가연성(可燃性)이고, 사용 후 부작용으로 구역질이 나는 등 지금까지 발견된 것 중에서 가장 유용성이 있는 단일 마취제이다. 게다가 운반이나 투약도 편하며 가장 중요한 것은 안전성과 효능성이 양립되고 있다는 것이다.

롱(1815~1878)은 조지아 주의 의사로 모턴이 공개수술을 하기 4년이나 전인 1842년에 일찌감치 외과 수술에 에테르를 쓰고 있었다. 그러나 롱은 그 성과를 1849년까지 발표하지 않았다. 롱이 발표했을 때는 이미 모턴의 공개수술 후 그 유효성이 의학계에서는 널리 실증된 상태였다. 롱은 극소수의 환자에게 이익을 주었을 뿐이지만 모턴은 전 세계의 환자에게 이익을 준 셈이 되었다.

잭슨은 모턴에게 에테르의 사용을 암시하고 환자에게 투약하는 방법을 친절하게 조언하곤 했다. 그러나 잭슨 자신은 외과 수술에 에테르를 사용한 일이 없다. 또 에테르에 대한 지식을 전세계의 의학계에 알리려고도 하지 않았다. 공개수술을 해서 명성에 위험을 건 것은 잭슨이 아니라 모턴이었다. 만약 실험대가 된 아보트가 수술 중 사망한다면 잭슨

1846년에 모턴이 특허를 딴 에테르 마취제는 이 유리 용기로 행해졌다.

은 이 공개수술의 책임을 질 수 없다고 했다.

그런데 모턴은 이 리스트 순위의 어디에 두어야 할까? 모턴과 리스터 사이에서 적절한 비교를 할 수 있다. 두 사람 다 의사이고, 두 사람 다 수술과 분만에 혁명을 가져오는 신기술, 신처방법을 도입한 점에서 유명하다. 두 사람의 기술혁신은 확실히 혁신적이며 두 사람 다 자기 노력으로 공표했다. 그렇지만 유명해진 신기술이나 신처방법을 실제로는 최초로 채용한 사람은 아니다. 게다가 두 사람 다 발명을 다른 사람과 크레디트를 나누어 갖지 않으면 안 되었다.

다만 리스터보다도 모턴을 약간 높은 순위에 놓은 이유는 종국적으로 방부(防腐) 수술의 도입보다 마취의 도입이 더 중요한 개발이라고 믿기 때문이다. 결국 현대의 항생물질은 어느 정도 수술 중의 방부법에 결함이 있더라도 그 대용이 된다. 그러나 마취가 없었더라면 복잡하고 장시간을 요하는 수술은 거의 불가능하게 되고, 간단한 수술도 싫어하게 되어 수술 시기를 놓침으로써 생명을 구할 수 없게 되는 수도 있다.

1846년 10월의 어느 날 아침에 모턴이 한 마취제에 의한 공개수술은 인간의 역사상 큰 분기점의 하나였다. 아마도 모턴의 기념비에 씌어진 비문만큼 그의 업적을 집약시킨 것은 없을 것이다.

〈비문〉
윌리엄 T. G. 모턴
마취 취입(吹入)의 발명자・계시자

그의 덕택으로 수술의 통증을 막을 수 있게 되었다. 그가 나타나기 전에 수술은 항상 고통으로 시달렸다. 그가 나타난 이래 과학은 통증을 컨트롤할 수 있게 되었다.

57 하비
William Harvey (1578~1657)

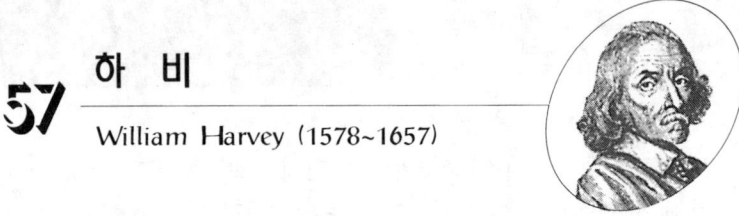

하비는 위대한 영국의 의학자로 혈액순환과 심장기능을 발견한 사람이다. 1578년 잉글랜드의 포크스턴에서 태어났다. 하비의 대역작《동물의 심장운동에 관한 해부학적 연구》는 1628년에 출판되어 생리학사상 가장 중요한 문헌이 되고 있다.

사실 이 저서가 현대생리학의 출발점이다. 가장 중요한 포인트는 그것은 직접 응용하는 것에 있는 것이 아니라 인간의 육체가 어떻게 활동하고 있느냐 하는 것이 기본을 이해시키는 점에 있다.

현재의 우리들에게 있어서 혈액순환에 대해 배우고 있기 때문에 하비의 이론은 자명(自明)한 것으로 되어 있다. 그러나 현대에서는 단순하고 명백해 보이는 것도 옛날의 생물학자에게는 명백한 것이 아니었다. 당시의 지도적인 생물학자의 저작물에서는 다음과 같이 해설하고 있었다.

(1) 음식물은 심장 속에서 혈액으로 변환한다.
(2) 심장은 혈액을 따뜻하게 한다.
(3) 동맥에는 공기가 충만되어 있다.
(4) 심장이 '생기'를 제조한다.
(5) 정맥도 동맥도 속에 있는 혈액에는 간만(干滿)이 있어 때로는 심장으로 향해서 흐르고, 때로는 심장에서 밖으로 흐른다.

찰스 1세에게
자기 아이디어를
설명하는 하비

　고대의 유명한 의사 갈레노스*(Galenos)는 개인적으로 많은 해부를 하여 심장이나 혈관을 세심하게 고찰한 사람이지만 혈액순환은 깨닫지 못했던 것 같다. 또 생물학이 주요한 연구대상의 하나였던 아리스토텔레스만 하더라도 그것을 깨닫지 못하고 있었다. 그렇기는커녕 하비의 저서가 출판된 후에도 인체 내의 혈액은 심장이 혈액을 내보는 힘을 보급하면서 혈관이라는 폐쇄된 시스템을 끊임없이 순환하고 있다는 그의 생각을 기분좋게 받아들이려고는 하지 않았다.

　하비가 처음에 혈액순환에 대한 이론을 정리하게 된 것은 단순한 산술계산에 의해서였다. 맥박이 뛸 때마다 심장으로부터 방출하는 혈액량은 약 578cc라고 예상하고 있었다. 그리고 1분간 약 72회의 맥박이 뛰기 때문에 간단한 곱셈으로 매시간 심장으로부터 대동맥으로 유출하는 혈액양은 약 246kg이라는 계산이 된다.

　그렇지만 246kg이라는 무게는 정상인의 체중에 비해서 훨씬 무거운 것이다. 그래서 하비는 같은 혈액이 심장을 통해서 끊임없이 순환하고 있다는 것을 깨달은 것 같다. 이 가설을 체계화하기 위해 9년간이나 실험을 계속했다. 혈액순환을 세부에 걸쳐 결론짓기 위해 주의 깊은 관찰

---

* 갈레노스 : 129∼199. 영어로는 갈렌((Galen). 페르가몬에서 태어나 150편의 의학서적을 집대성했다. 원숭이로 실험생리학의 단서를 열었다. 7개의 뇌신경을 구별했다.

을 계속했다.

하비는 자기 저서에서, 동맥은 심장에서 나오는 혈액을 운반하고, 정맥은 혈액을 심장을 돌려주는 것이라고 명확하게 말하고 있다. 당시는 현미경이 없었기 때문에 혈액을 동맥에서 정맥으로 보내는 매우 가는 혈관, 다시 말해서 모세혈관의 존재를 미처 알지 못했지만 그 존재는 추론(推論)하고 있었다(모세혈관은 하비가 죽은 지 몇 년 후에 이탈리아의 생물학자 말피기(Malpighi)가 발견했다).

하비는 또 심장의 기능은 혈액을 동맥으로 보내는 펌프라고 했다. 이것은 다른 중요한 포인트와 마찬가지로 그의 이론은 본질적으로 옳았다. 게다가 그 이론을 지지하기 위한 조심스러운 논거(論據)와 함께 풍부한 실험적 증거를 제시하고 있다. 당초 이 이론은 강렬한 반대에 부딪쳤지만 만년에는 일반에게 용인되게 되었다.

하비는 발생학에서도 연구업적을 남기고 있다. 이것은 혈액순환의 연구만큼 중요성은 없지만 결코 의미가 없는 것이 아니다. 그는 세심한 관찰자였다. 저서 《동물의 발생에 관한 연구》는 1651년에 출판되었는데, 그것이 현대의 발생학을 진정으로 창시하게 되었다.

그가 강한 영향을 받은 아리스토텔레스와 마찬가지로 태아(胎兒)는 초기단계에서도 모양은 작지만 어른과 전반적으로 같은 구조를 가지고 있다고 하는 가설, 다시 말해서 전성설(前成說)에 반대했다. 하비는 태아의 최종 구조는 차차 발달해서 만들어진다고 주장했다.

하비는 장수를 했으며, 즐겁고 무엇을 해도 잘 되는 평생을 보냈다. 10대에 케임브리지 대학에 입학하고, 1600년에는 당시 의과대학으로서 최고의 권위를 자랑하고 있던 이탈리아 파도바 대학에 들어가 의학을 연구했다(마침 갈릴레오가 파도바 대학 교수 때의 일이지만, 두 사람이 만났는지 어떤지는 알 수 없다).

1602년에 파도바 대학으로부터 의학박사 학위를 받았다. 그는 곧 잉글랜드로 돌아와 의사로서 장기간 지냈으며, 더구나 행운과 성공이 넘쳐흐르는 생애를 보냈다. 그가 담당한 환자에는 2명의 영국 국왕(제임

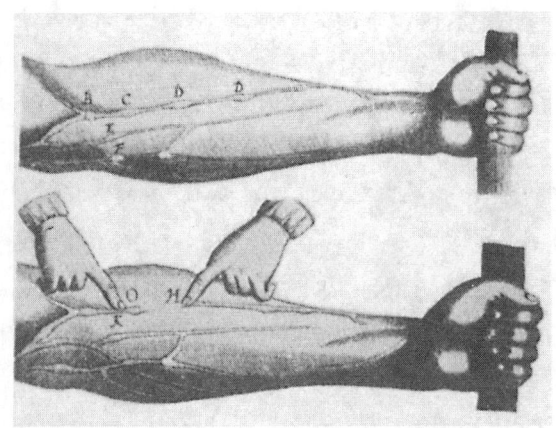

하비의 저서
《동물의 심장운동에 관한
해부학적 연구》의 삽화.

스 1세와 찰스 1세)과 유명한 철학자 베이컨도 들어 있다.

하비는 런던의 의과대학 총장으로 뽑힌 일도 있다(그러나 그는 사퇴했다). 그는 개업의와 런던의 성(聖) 바르톨로뮤(St. Bartholomew)의 주치의를 오래 맡았다. 혈액순환에 대한 책이 1628년에 출판되자 그의 명성은 전유럽에 떨쳐졌다. 하비는 결혼했지만 아이가 없었으며 1657년 79세로 사망했다.

58 베크렐
Antoine Henri Becquerel (1852~1908)

방사선의 발견자 베크렐은 1852년에 파리에서 태어났다. 그는 충분한 교육을 받고 1888년에 박사 학위를 받았다. 1892년에 파리의 자연사 박물관에서 응용물리학 교수가 되었다. 할아버지도 아버지도 물리학자이며, 더구나 같은 직장에서 일했다는 것은 흥미가 있다(따라서 그의 아들도 그렇게 되었다).

1895년에 베크렐은 파리 에콜 공업대학의 물리학과 교수가 되고, 1896년에 그를 일약 유명하게 만든 대발견을 했다.

그 전년에 뢴트겐이 X선을 발견하여, 이 발견은 과학계에 커다란 자극을 주었다. 뢴트겐은 음극선관(陰極線管)을 써서 X선을 만들어냈다. 그래서 베크렐은 인광성(燐光性) 물질 위에 보통의 태양광선을 작용시켜서도 X선을 만들 수 있지 않을까 하고 생각하고 있었다.

어느 날, 그는 자기 연구실로 황산우란칼륨──인광성 물질로서 그가 알고 있던 화합물──을 가지고 왔다. 그것으로 다음과 같은 실험을 했다. 우선 감광성 플레이트에 두꺼운 검은 종이를 감아서 가시광선(可視光線)이 그 플레이트에 닿지 않는 것을 확인했다. 다음에 그 플레이트 위에 인광성 결정체를 올려놓고 그것을 햇빛에 노출시켜보았다. 그랬더니 그 후 그가 사진용 감광필름을 개발했을 때와 같은 결정의 화상이 그 표면에 나타났다.

당초 베크렐은 새로운 X선원(線源)의 발견에 성공했다고 믿고 있었다. 그러나 우연하게도 가시광선에 당초 노출되지 않았을 때도 우라늄 화합물은 침투성 방사선을 내고 있다는 것을 발견했다.

어느 날 베크렐은 날씨가 흐려 있어서 여느때와 같은 실험을 하지 못한 일이 있었다. 그리고 실험재료 다시 말해서 결정체와 꼼꼼하게 감은 감광성 플레이트를 서랍에 넣은 채 잊어버리고 항상 최초에 하는 태양광선에 노출하는 것을 잊어버렸다. 몇 개월이 지나서 쓰지 않는 감광성 플레이트를 꺼내보니 놀랍게도 있을 턱이 없는 결정체의 화상이 명확하게 나와 있었던 것이다.

실제로 이것은 보통 인광(燐光)이 아니었다. 베크렐은 현명하게도 종래의 프로젝트를 중지하기로 결정하고, 그 결과 기이한 현상을 조사하기로 했다. 그리고 우라늄염(鹽)에서 방출하는 방사선은 X선이 아니라는 것을 깨달았다(그것을 당분간 베크렐선이라고 부르고 있었다). 또 베크렐은 이 신형 방사선은 어느 우라늄염으로부터도 방출하고 있는 것을 발견했다. 그리고 그것은 그가 처음으로 발견한 것이 아니라는 것도

자석으로
실험 중인
베크렐.

알았다.

사실, 금속우라늄에도 방사능이 있다는 것을 알았다. 그는 방사능은 전부가 우라늄의 화학적 형태에서 오는 것이 아니기 때문에 방사능은 화학적 기원에서가 아니라 우라늄의 원자 그 자체의 성질에서 오는 것이라고 이해하고 있었다.

1896년에 베크렐은 그가 발견한 현상에 대해 7권의 과학논문을 출판했다. 이 논문을 읽는 독자 중에는 마리 퀴리처럼 이 문제에 흥미를 가지고 더욱 깊이 연구하는 사람도 있었다.

퀴리는 당장 토륨원소에도 방사성이 있음을 알았다. 그녀는 남편인 피에르와 함께 연구해서 지금까지 알려져 있지 않았던 2개의 방사성 원소 폴로늄과 라듐을 발견했다(이런 현상을 처음으로 라디오액티비티라는 말로 표현한 사람은 퀴리이다).

다른 과학자들 즉 러더퍼드*(Rutherford)와 소디*(Soddy) 등도 이

---

* 러더퍼드 : 1871~1937. X선에 의한 기체의 전리(電離), 우란방사선의 연구를 했다. 캐나다의 맥길 대학 교수. 방사능연구를 시작하여 보어와 함께 태양계와 비슷한 러더퍼드-보어 모형을 제출했다. 중성자의 존재를 예측했다.
* 소디 : 1877~1956. 러더퍼드 밑에서 램지와 함께 방사성 원소의 붕괴를 연구했다. β방사성 원소의 변위법칙(變位法則) 발견과 동위원소의 존재를 나타냈다.

현상을 연구했다. 곧 베크렐은 3가지 형의 방사선으로 구성되고 있는 것을 발견했다. 과학자들은 그 방사선을 α선, β선, γ선이라고 명명하고, 하나하나의 특성에 대해 연구를 시작했다.

방사선에 대해서 가장 흥미있는 점은 그것 자체가 가지고 있는 에너지이다. 방사성 물질은 분명히 대량의 에너지를 방출하고 있으며, 그 에너지는 원자 내부로밖에 올 데가 없다고 생각되었다. 이것은 놀라운 일이었다. 왜냐하면 방사능을 발견하기 앞서서 원자에는 당연히 대량의 에너지가 포함되고 있다고 믿고 있었다는 것이다.

1903년에 베크렐은 퀴리 부부와 함께 노벨 물리학상을 받았고 1908년에 죽었다.

방사능은 두세 가지 이유 때문에 매우 중요하다. 첫째로, 몇 가지 직접적인 실제 응용을 할 수 있다. 예를 들면 암의 치료에 쓸 수 있다. 둘째로는 과학연구상 매우 유용한 도구이기도 하다. 방사능 덕택으로 원자구조의 지식을 얻을 수 있고, 또 방사능의 트레이서는 생화학 연구에 도움이 되고, 방사능 데이팅은 고고학이나 지질학의 연구상 중요한 도구이다.

그러나 여기서 방사능이 뛰어나게 중요한 점은 방사능이 존재하는 곳에는 거대한 에너지량이 그 원자 속에 갇혀 있다는 것을 명확히 나타내고 있다. 베크렐의 발견으로부터 50년 이내에 거대한 원자 에너지를 꺼내는 기술이 발견되었다(히로시마의 원자폭탄은 우라늄). 원자로는 이 원자 에너지를 서서히 제어하면서 꺼내고 있다.

그런데 베크렐은 이 책의 어느 위치에 두어야 할까. 원자력과 핵무기 개발 일체의 크레디트를 그에게만 주는 것은 분명히 불합리하다. 왜냐하면 이 개발에는 더 많은 사람들이 관여하고 있기 때문이다.

그러나 그렇다 하더라도 그의 방사능 발견은 과학사상 생산적이고 장래성이 있는 발견이다. 레벤후크와 아주 비슷한 점이 있다. 레벤후크가 한 방울의 물 속에서 미크로 세계의 생명이라는 예기치 않은 신세계를 발견한 것처럼, 베크렐은 원자 속에서 예기치 않은 신세계를 발견했

플레이트에
우라늄염을 쬐는
베크렐.

다. 다시 말해서 두 사람 다 이 발견에 우연히 부딪쳤지만 두 사람 다 평소에 진지한 연구를 하지 않고 있었더라면 이 발견은 불가능했을 것이다. 다만 미생물과학은 원자에너지, 방사능보다 인간사회에 보다 큰 역할을 하고 있기 때문에 베크렐을 레벤후크보다 밑에 두었다.

한편 원자폭탄 제조에 직접 참가한 페르미보다 베크렐을 상당히 높게 평가한 것은 1895년까지는 방사선 현상의 존재를 조금이라도 이론적으로 나타내는 것이 없었으나 일단 이 발견으로 이 분야에서 다음 개발이 무엇이든간에 용이해졌기 때문이다.

59 멘델

Gregor Johann Mendel (1822~1884)

멘델은 유전의 기본원리를 발견한 인물로서 오늘날까지도 유명하다. 그러나 무명의 오스트리아 인 수도사(修道士)이자 아마추어 과학자였기 때문에 그의 빛나는 연구 성과도 당시의 과학계로부터는 무시당하고 있

었다.

　멘델은 1822년에 하이젠돌프에서 태어났다. 그 도시는 당시 오스트리아제국의 영토였으나, 현재는 체코슬로바키아의 일부가 되어 있다. 1843년에 그는 오스트리아의 브륀(현재는 체코슬로바키아의 브르노)에 있었던 아우구스티누스파의 수도원에 들어갔다. 그리고 1847년에 성직자가 되었다. 1850년에 교사 자격시험을 치렀으나 생물학과 지질학에서 최저점을 받아 이 시험을 실패로 끝냈다.

　그러나 이 수도원을 맡고 있던 대수도원장은 멘델을 빈 대학으로 파견하여 1851년에서 1853년까지 그 대학에서 수학과 과학 공부를 시켰다. 멘델은 끝까지 정식 교사자격을 얻지 못하고, 1854년에서 1868년까지 브륀 국립실과학교에서 자연과학 임시교원을 하고 있었다.

　한편 그는 1856년부터 그 유명한 식물번식에 대한 실험을 시작했다. 그리고 1865년에는 유명한 유전의 법칙을 끌어내어 그것을 논문으로서 브륀 자연과학사학회에 제출했다. 1866년에 그 논문은 이 학회의 회보에 게재되었다. 그 논문의 제목은 '식물의 잡종에 대한 실험'이었다. 그리고 다음 논문은 그로부터 3년 후에 같은 학회지에 게재되었다.

　그러나 이 브륀 자연과학사학회의 기관지는 그다지 유명한 잡지가 아니며 주요 도서관에 배포하고 있는 정도의 것이었다. 그래서 멘델은 논문을 복사해서 당시 유전학의 권위자였던 네겔리*(Karl Nägeli)에게 보냈다. 네겔리는 그 논문을 읽고 멘델에게 회답은 했지만 이 논문의 중요성을 이해하지는 못했던 것 같다. 이렇게 해서 멘델의 논문은 차차 무시되고, 거의 30년 이상이나 잊혀지게 되었다.

　1868년에 멘델은 수도원 총회의 원장으로 임명되었으며 원장의 바쁜 업무에 쫓기다보니 생물실험을 계속할 시간은 거의 없어지고 말았다. 1884년에 그가 사망했을 때는 그 빛나는 연구성과는 거의 잊혀져 아무도 인정하는 사람이 없었다.

＊네겔리 ; 1817~1891. 스위스의 식물학자. 뮌헨 대학 교수. 세포 내의 녹말을 발견했다. 생명의 단위를 세포보다 작은 결정상(結晶狀) 물질에 구했다.

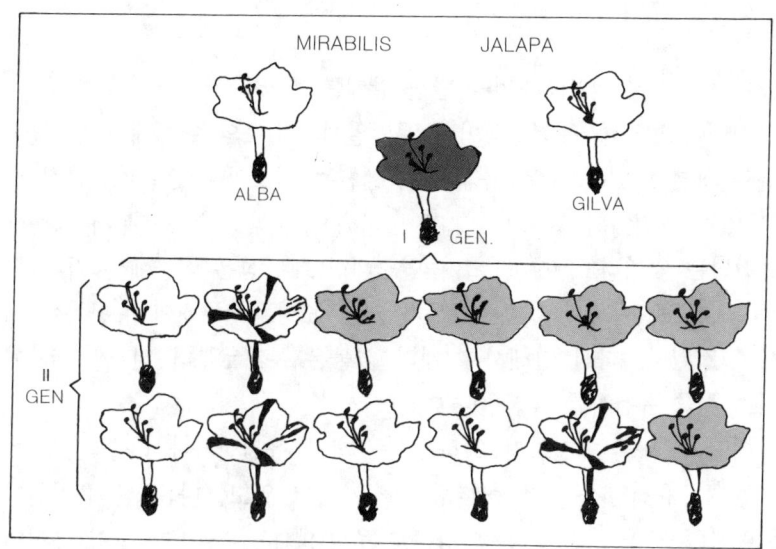

알라파 잎의 유전 패턴

　이리하여 멘델의 저서는 1900년까지 아무도 발견하지 못했다. 우연히 그 해 3명의 국적이 다른 과학자, 네덜란드 인인 드브리스*(Hugo De Vries)와 독일인인 코렌스*(Carl Correns)와 오스트리아 인인 체르마크*(Erich von Tshermak)가 독자적으로 연구하고 있는 동안에 멘델의 문헌을 볼 기회가 있었다. 이 3명의 학자는 독자적으로 식물실험을 해서 각자가 멘델의 법칙을 발견하고 있었다.

　그러나 그 결과를 공포하기 전에 한 문헌에 부딪쳤다. 그것은 멘델의 독창적인 논문이며, 각 논문이 멘델의 기술(記述)을 잘 인용하여 각자의 연구 성과가 멘델의 결론을 확증했다고 말하고 있다. 깜짝 놀랄 만한 세 가지 일이 동시에 일어난 셈이다. 왜냐하면 같은 해에 영국의 과학자 베테슨(William Bateson)은 멘델의 독창적 논문을 읽고 다른 과학자들에게 적극적으로 읽으라고 추천했다. 그 해 말에 멘델은 생존

---

*드브리스 ; 1848~1935. 암스테르담 대학 교수. 돌연변이의 발견자이다.
*코렌스 ; 1864~1933. 라이프니츠 대학 교수. 카이저 빌헬름 연구소 생물학부장. 세포질 유전의 발견자이다.
*체르마크 ; 1871~1962. 식물생리학, 원예의 연구를 했다. 아버지는 광물학자로 유명하다.

중에는 도저히 받을 수 없을 만한 갈채를 받았다.

멘델이 발견한 유전현상이란 무엇일까? 최초의 단계에서 멘델은 생명을 가지고 있는 모든 유기체(有機體)는 최소의 기본단위, 현재 말하고 있는 유전자가 있으며, 그것에 의해서 개성이 부모로부터 자손에게 유전되는 것이라고 했다. 그가 연구대상으로 삼은 식물에는 각각의 개성, 예를 들면 종자의 색이라든가 잎의 모양은 한 쌍의 유전자에 의해서 결정된다. 다시 말해서 개개의 식물은 부모로부터 한 쌍으로 되어 있는 한쪽 유전자를 유전한다.

어떤 개성을 유전하려고 하는 두 개의 유전인자가 다를 경우(예를 들면 한 유전인자는 초록색 종자를 가지고 있고, 다른 한 유전인자는 노란색 종자를 가지고 있는 경우), 우성(優性) 유전인자(우성 유전인자가 노란색 종자라고 했을 때) 쪽이 자기실현을 한다. 그러나 멘델은 열성(劣性) 유전인자도 파괴하지 않기 때문에 그 식물의 자손에 잠재하고 있다는 것을 발견했다.

또 멘델은 재생세포 또는 배우자(配偶者)(사람으로 말하자면 난자에 정자와 같다)는 각쌍 중 한 유전자밖에 들어 있지 않는다는 것을 이해하고 있었다. 그리고 그는 한 쌍의 유전인자가 개(個)의 배우자 속에 태어나고 자손에게 유전되어가는 것은 완전히 우연한 일이라고 말하고 있다.

이 멘델의 법칙은 아주 약간 수정되었을 뿐 현대 유전학의 출발점으로서 지금도 여전히 건재하고 있다. 멘델 이전에도 탁월한 생물학자가 많이 있었는데 어째서 그들은 발견하지 못하고 아마추어인 멘델이 이런 중대한 원리원칙을 발견하였을까? 다행하게도 그는 식물의 종(種)의 연구를 특별히 하고 있었다. 이 식물의 특징은 단 한 개의 유전자에 의해서 결정되어버린다. 그렇기 때문에 만약 그가 많은 유전자에 의해서 결정되는 개개의 특징을 연구했더라면 그 연구는 매우 어려워져서 결론까지 도달하지 못했을 것이다.

몇 가지 행운이 멘델에게 일어났지만 그렇다 하더라도 그의 조심스러움과 참을성있는 실험이 없었더라면, 또한 관찰 결과를 통계적으로 분석할 필요성을 이해하지 않고 있었더라면 그러한 운도 생기지 않았을 것이다. 왜냐하면 개개의 자손이 어떤 개성을 유전하느냐 하는 것을 예측하는 것은 불가능했기 때문이다. 이것을 랜덤요인이라고 말하고 있다. 오직 방대한 수의 실험을 하고(멘델은 2만1천 건 이상의 식물의 실험 결과를 기록하고 있다), 그 결과를 분석해서 법칙화할 수가 있었던 것이다.

　유전의 법칙은 인간에게 중요한 지식을 보태주었다. 우리의 생물학 지식은 그다지 멀지 않은 미래에 있어서 아마도 더 많은 이용가치를 낳게 될 것이다. 그러므로 멘델을 어느 순위에 놓느냐 하는 것을 결정할 경우에 또 하나의 요인을 고려하게 된다. 이 발견은 발견자의 생존 중에는 무시당했으며, 그의 결론이 그 후의 과학자에 의해서 재발견되었기 때문이다. 멘델의 연구는 디딤돌이 되는 것도 부득이하다고 생각할지도 모른다. 그러나 그의 결론을 더 연장시켜 나가면 에릭슨, 아리스타르코스, 셈멜바이스(Ignaz Semmelweiss)처럼 콜럼버스, 코페르니쿠스, 리스터를 넣기 위해 제외했듯이 멘델도 넣을 수 없게 된다.

　그러나 멘델은 다른 경우와 다른 점이 있다. 그의 업적은 아주 잠깐 동안 잊혀지고 있었지만 재발견되자 급속히 확대되었다. 드브리스, 코렌스, 체르마크 등이 멘델의 법칙을 별개로 재발견하고 있지만 실제로는 멘델의 논문을 읽고 그것에 비평을 가하는 데 지나지 않는다. 따라서 멘델의 연구는 드브리스, 코렌스, 체르마크 등이 이 세상에 태어나지 않았더라도 아무런 영향을 받지 않는다는 것은 누구든지 분명히 말할 수 있다. 멘델의 논문은 유전학의 관계서적 목록으로서 세계에서 가장 잘 이용되고 있다.

　이 분야의 학생으로 다소 성실한 사람이라면 조만간에 이 목록에서 멘델의 논문을 만나게 될 것이다. 다른 3명의 과학자 중 아무도 유전의 발견에 대해서 크레디트를 요구할 수 있는 사람은 없다. 발견된 과학법칙은 '멘델의 법칙'으로서 보편적으로 알려져 있다.

멘델의 발견은 그 기원과 중요성에 있어서 하비의 혈액순환과 비교된다. 그래서 멘델을 여기에 싣기로 했다.

60 리스터
Joseph Lister (1827~1912)

리스터는 영국의 외과의사로, 1827년 잉글랜드의 업턴 태생이며 수술에 방부소독법을 도입한 인물이다. 그는 1852년 런던 대학에서 의학박사 학위를 받고 동 대학에서는 우수한 학생이었다. 1861년에는 글래스고 왕립 진료소의 외과의사가 되었으며 여기서 8년간 일하면서 소독방부 수술법을 개발해냈다.

글래스고 왕립 진료소의 새로운 수술실 실장이 된 그는 그 수술실에서 행해진 수술 후에는 사망률이 무척 높다는 것에 놀랐다. 보통의 가벼운 수술을 해도 괴저(壞疽)병과 같은 무서운 병을 일으켰다. 그래서 리스터는 그의 감독하에 병실을 철저히 청소하게 했다. 하지만 그래도 여전히 사망률은 낮아지지 않았다. 많은 의사들은 병원 주변에 있는 독기(유해한 증기)가 이러한 감염의 원인이라고 주장했으나 리스터는 이 주장을 믿지 않았다.

1865년 어느 날, 그는 질병의 세균론이 소개된 파스퇴르의 논문을 읽을 기회가 있었다. 그 논문을 읽고 리스터는 새로운 발상을 하게 되었다. 만약 공기 감염이 세균에 의해 행해진다면 수술시 메스를 가하기 전에 주변의 세균을 모두 죽인다면 수술 후 감염을 방지할 수 있을 것이다. 리스터는 소독제로 석탄산을 사용해 새로운 소독용 기기를 갖추고 수술 전에 손을 깨끗이 닦는 것뿐만 아니라 옷과 수술 도구 등을 완전히 소독한 후 사용하도록 했다. 또 잠시 동안 수술실 내에 석탄산 가스를 뿌리게 한 적도 있다. 그 결과 수술 후 사망률이 극적으로 줄어들게 되었다. 1861년에서 1865년 사이 남자의 경우 그 문제의 병실에서 수술시 사망률이 45%였던 것이 1869년에는 15%까지 감소했다.

리스터의 방부소독 수술법에 관한 논문은 1867년 출판되었으나 그 내용은 바로 인정받지 못했다. 그러다가 그가 에든버러 대학 진료 수술과의 교수로 채용되어 7년간 재직하면서 명성을 얻게 되었다. 1875년 독일로 돌아와 그의 생각이나 수술법에 대한 순회강연을 했다. 그러나 여전히 많은 의사들에게 확신을 주지는 못했다.

1877년 리스터는 런던의 왕립대학 진료수술과 교수로 임명되어 15년간을 재직했다. 그 사이 런던에서 행해진 소독수술의 견본이 의학계의 커다란 관심을 모았고 그의 생각을 인정하는 사람들도 늘어났다. 그리고 만년에는 소독수술 원리가 의사들 간에 보편적인 공통 이론이 되었다.

리스터는 수많은 선각자적인 업적에 대해 상을 받았으며, 5년간 로얄 소사이어티의 프레지던트로 임명되어 빅토리아 여왕의 주치의가 되었다. 결혼은 했으나 슬하에 자식은 없었으며 85세인 1912년에 잉글랜드의 월마에서 사망했다.

리스터의 기술혁신은 외과계에 완전한 혁명을 가져온 것으로 이것에 의해 수백, 수천만의 인명이 구원을 받게 되었다. 오늘날은 수술 후 감염으로 사망하는 사람이 매우 적어졌을 뿐만 아니라 1세기 전부터 감염의 위험이 커 수술을 못 받았던 많은 사람들도 오늘날의 외과의학으로 구원받고 있다. 또한 불가능할 것 같았던 복잡한 수술이 가능해졌다. 1세기 전만 해도 가슴을 절개해 열어보는 수술은 생각도 못 했었다. 물론 현재 사용되고 있는 무균수술은 리스터가 채용했던 소독수술과는 다르다. 그러나 그 발상은 같은 것이므로 리스터의 사상을 다시 발전시킨 것에 지나지 않는다.

리스터의 사상은 파스퇴르의 사상에서 얻은 결과이므로 리스터 자신에게는 무엇 하나 크레디트를 줄 자격이 없다고 주장하는 사람이 있을

지도 모른다. 그러나 파스퇴르의 저서를 읽고 그것을 발전시켜 소독수술로 개발, 보급할 사람이 있어야 한다. 이 책에 파스퇴르와 리스터 두 사람 모두를 실은 것은 똑같은 발명을 2배로 계산하려는 것은 아니다. 하지만 병에 세균론을 응용한 것은 매우 중요한 사실이며 이 크레디트는 파스퇴르, 레벤후크, 플레밍, 리스터가 서로 나누어야 할 것이다. 그러므로 이 4명 모두 본서에 실릴 자격이 충분히 있다.

다만 그래도 리스터의 랭크 순위가 너무 높은 게 아니냐는 반대론도 있을지 모른다. 리스터가 이 연구를 완수하기 20년이나 전에 셈멜바이스가 빈의 종합병원에 근무하면서 출산의학과 수술에 모두 소독수술법을 실연하고 있었다. 그러나 셈멜바이스는 대학 교수가 되었고 그의 생각을 추진시키는 훌륭한 책도 출판했으나 완전히 무시당하고 말았다. 그러나 리스터는 쓰고 말하고 실제로 해보임으로써 의학 실무면에 종사하는 의사들에게 소독의 필요성을 점차로 확신시킬 수 있게 되었다.

61 오토

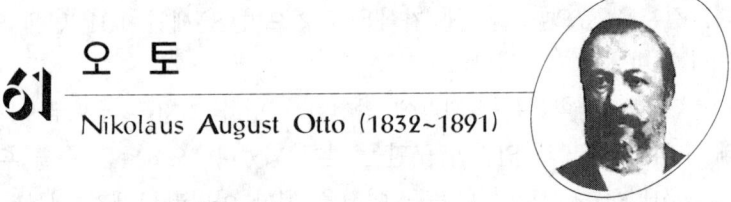

Nikolaus August Otto (1832~1891)

오토는 독일의 발명가로 1876년에 최초의 4기통 내연기관차를 제작했다. 그 후 그것은 오늘날까지 만들어진 수천만 대를 넘은 내연기관의 원형이다.

내연기관은 다방면에 걸친 기계장치로 모터보트의 동력과 오토바이의 원동기, 기타 많은 산업면에서의 이용 그리고 항공기의 발명, 개량에 결정적으로 공헌했다(1939년에 처음으로 제트기가 비행하게 될 때까지 사실상 모든 항공기는 오토 사이클을 기초로 한 내연기관 등을 원동기로 하고 있었다). 그러나 이 내연기관의 이용으로 가장 중요한 면

오토의 엔진은
자동차의 선각자
다임러와 벤츠에 의해
채용되었다

은 자동차의 원동기가 되었다는 것이다.

 오토가 이 엔진을 개발하기 전에도 자동차를 제작할 기회는 몇 가지나 있었다. 그 중에는 마르쿠제(Siegfried Marcuse, 1875), 르누아르*(Etinne Lenoir, 1862), 퀴뇨*(Nicolas J. Cugnot, 1769)라는 발명가들은 주행(走行)보다도 모델을 만드는데 성공했다고 할 수 있을 것이다. 그러나 적당한 엔진이 없었다. 다시 말해서 가볍고 강한 출력을 함께 갖춘 엔진이 없다는 점에서 어느 모델도 실용적인 것이 아니었다.

 그러나 오토가 4기통 사이클엔진을 발명한 지 15년 이내에 2명의 발명자 벤츠*(Benz)와 다임러*(Daimler) 두 사람이 실용적이고 시장성이 있는 자동차를 만들었다. 여러 가지 종류의 엔진이 자동차의 동력원으로 사용되고 장래의 차는 증기 또는 전지 또는 그 밖의 연구가 동력으로서 최종적으로 우수하다고 할 수 있게 될 것이다.

---

* 르누아르 : 1822~1900. 프랑스의 기술자로 가스기관의 실용화에 성공했다. 무압축, 전기점화식으로 원활하게 작동했으나 열효율은 낮았다고 한다.

* 퀴뇨 : 1725~1804. 프랑스의 기술자. 독일에서 육군 공병사관으로 복무했고 1869년에 세계 최초의 증기기관을 장치한 3륜차를 발명했다. 시속 약 4km로 파리 시내를 달렸다.

* 벤츠 : 1844~1929. 독일의 기계기술자. 1878년에 2사이클 가스기관을 제작했다. 1885년에는 다임러와는 독립적으로 4사이클 휘발유기관에 의한 자동 3륜차의 제작에 성공했다. 1926년에 자기 공장을 다임러와 합병하고 다임러-벤츠 공장을 창립했다.

* 다임러 : 1834~1900. 독일의 기술자. 슈투트가르트 공과대학 졸업. W. 마이바흐와 협력하여 1883년에 고속회전 내연기관을 완성했다.
오토의 엔진은 자동차의 선각자인 다임러와 벤츠에 의해 채용되었다. 최초의 로얄 다임러는 6마력이며 웨일즈 황태자에게 납품했다.

그러나 과거 1세기에 수십억 대의 차가 생산되었겠지만 그 99%는 이 4기통 사이클 내연기관을 쓰고 있다(디젤도 독창적인 내연기관이며, 트럭, 버스, 선박 등에 많이 쓰이고 있지만 그것은 오토의 엔진과 기본적으로는 같은 4기통 사이클이며, 다만 연료는 다른 것을 넣는다).

대부분의 과학상의 발명(무기나 폭발물과 같은 예외가 있지만)은 인류에게 유익하다고 일반적으로 생각되고 있다. 예를 들면 전기냉장고나 페니실린을 폐기하거나 사용을 제한하자고 제의하는 것은 생각할 수 없다. 자동차의 개인적인 사용이 너무나도 확대되었기 때문에 그 결함이 명백해지기 시작했다. 다시 말해서 소음원(騷音源)이고 대기오염원이고 부족한 연료자원을 소비하며 매년 많은 사람들을 치어 죽이고 상처입히는 도구로 되어 있다.

마찬가지로 숱한 이점을 우리들에게 가져다주는 것이라면 도저히 참을 수가 없는 존재이다. 개인용 자동차는 공공용 자동차에 비해서 훨씬 유연성이 있다. 예를 들면 보통 전차나 지하철 등과 달라서 개인용 자동차는 시간적으로도 장소적으로도 자유가 있으며, 문에서 문으로 서비스를 할 수 있다. 빠르고 승차감이 좋고 더구나 짐도 간단히 싣고 달릴 수 있다. 우리가 사는 공간과 우리가 지내는 시간에 대해서 그 선택의 자유를 더 많이 준다고 한다면 역시 개인의 자유가 증대되는 셈이 될 것이다.

자동차의 이점은 차가 인간사회에 미친 가치만이냐 아니냐 하는 것은 토론의 대상이 될지도 모르지만 적어도 자동차가 현대의 우리들 문명에 큰 충격을 주고 있음은 아무도 부정할 수 없다. 미국에서만 1억 대 이상의 차가 사용되고 있다. 이것을 기초로 계산하면 1년당 2조 좌석 마일(여객 1인 1마일의 수송단위)이 되며 도보, 항공기, 열차, 선박 기타 수송기관으로 여행자들의 수송기관으로 여행한 사람들의 총주행 마일수를 웃돌고 있다.

자동차 사용의 편의를 도모하기 위해 우리는 몇 에이커라는 넓은 주차장과 길고 긴 고속도로를 건설하여 주변의 경관이 일변하게 되었다.

'벤진배기'의 최초의 것
1895년 특허
스미소니안 박물관

 반면 이 자동차는 옛날 사람들은 꿈에도 생각하지 않았던 가동성(可動性)을 우리들에게 주었다. 자동차를 가지고 있는 사람은 자가용차를 가지고 있지 않았던 시대에 비해 이용할 수 있는 활동범위와 여러 가지 시설에 큰 차이가 있다.
 다시 말해서 어디서 일하고, 어디서 생활하느냐 하는 선택범위가 넓어진 셈이 된다. 자동차에 감사해야 할 것이다. 종래는 도시 주민만이 이용할 수 있었던 수많은 여러 가지 시설들이 지금은 교외 주민들도 사용할 수 있게 되었다(이것이 주원인이 되어서 미국에서는 근래 도시 교외의 발전에 따라 도심지대의 쇠퇴 경향이 강해지고 있다).
 오토는 1832년에 독일의 홀츠하우젠에서 태어났다. 아버지는 어릴 때 죽었다. 성실한 학생이었지만 고교 입시에 떨어지자 실업 분야에서 경험을 쌓기로 했다. 얼마 동안은 식료품점에서 일하다가 그 후 프랑크푸르트에서 여행을 하며 방문 세일즈맨이 되었다.
 1860년경에 오토는 르누아르가 최초의 가동(可動) 내연기관으로서 개발한 가스 엔진 이야기를 듣고, 르누아르 엔진을 액체연료로 하면 이용범위는 더 확대될 것이라고 생각했다. 그래서 가스 출구에 뭔가 연결장치가 필요하다고 생각한다. 오토는 곧 기화기(氣化器)를 고안했지만 이 특허는 특허국에서 불인되고 말았다.
 실망한 오토는 르누아르 엔진의 개량에 전력을 다했다. 1861년에 그는 기본적으로 새로운 엔진을 문득 생각해냈다. 그것은 4기통 사이클을 하나의 오퍼레이션으로서 움직이는(다시 말해서 2충정(衝程) 사이클을 채용하고 있는 르누아르 엔진과는 전혀 다른 것) 것이었다.

1862년에 오토는 마침내 4기통 엔진의 운전용 모델을 완성했다. 그러나 이 신형 엔진의 실용화에 있어서는 특히 점화가 곤란해서 곧 실용화 계획은 채택되지 않았다. 그 대신 그는 2기통 사이클 엔진을 개량하여 가스로 달리게 하는 '공기엔진'이라는 것을 개발했다. 이것은 1863년에 특허가 나와 곧 파트너로서 랑겐(Eugen Langen)을 발견하여 융자를 받아 조그만 공장을 세웠다. 그리고 엔진의 개량을 계속했다.

1867년에 이 2기통 엔진은 파리의 세계박람회에 출품되어 금메달을 받았다. 그래서 날개 돋힌 듯이 팔려 수익은 자꾸 올라갔다. 1872년에 오토와 랑겐 두 사람은 다임러라는 우수한 기술을 가지고 있으며 공장경험이 많은 인물을 채용하여 엔진 생산을 거들게 했다.

이 2사이클 엔진의 수익은 상당히 좋은 성적이었으나, 오토는 처음에 생각해낸 4기통 스트로크 엔진이 머리에 달라붙어서 떨어지지 않았다. 그리고 마침내 4기통 사이클도 점화하기 전에 연료와 공기의 혼합 가스에 압축을 가하면 르누아르의 2기통 사이클의 어떤 개량형보다도 고성능이 될 수 있을 것이라고 확신하게 되었다.

이리하여 최초의 모델은 1876년 5월에 달성하고, 특허는 그 이듬해에 나왔다. 4기통 스트로크 엔진의 뛰어난 효율과 성능은 당연하기 때문에 금세 상업적으로도 성공했다. 그 후 약 10년간 3만 대 이상의 자동차가 팔리고 르누아르 엔진의 개량형은 진부한 것이 되고 말았던 것이다. 이 4기통 스트로크 엔진에 대한 오토의 독일 특허는 1886년의 특허계쟁(特許繫爭)으로 뒤집혀지고 말았다.

왜냐하면 드로샤(Alphonse Beau de Rochas)라는 프랑스 인이 1862년에 기본적으로 오토와 같은 장치를 생각하고 특허를 따고 있었다. 그러나 누구나가 이 사람의 이름을 알 정도로 유명한 사람도 아니고, 그의 발명품이 하나도 시장에 모습을 나타낸 일도 없었다. 실제로 한 대의 모델 엔진도 만든 일이 없었다. 따라서 오토의 발상은 그로부터 얻은 것은 하나도 없었다.

귀중한 특허를 잃었음에도 불구하고 오토의 회사는 수익을 계속 올렸다. 그리고 1891년에 오토가 죽었을 때는 유복한 성공자였다.

한편 다임러는 1882년에 회사를 그만두고 오토 엔진을 탈것에 사용할 결심을 했다. 1883년에 그는 뛰어난 점화 시스템(현재 사용하고 있는 것과는 다르다)을 개발하여 이것으로 엔진을 매분 7백에서 9백 회전시킬 수가 있게 되었다(오토의 모델로는 최고 1백80에서 2백 회전이었다).

그리고 다임러는 가벼운 엔진의 제작에 노력했다. 1885년에 다임러는 그 가벼운 엔진을 자전거에 장치해보았다. 이것이 세계 최초의 모터 사이클의 제작이었다. 그 이듬해에는 그 자신으로는 최초의 4륜차를 만들었다.

그러나 벤츠가 기선을 잡은 것은 확실하다. 벤츠는 그의 첫 번째 자동차──3륜차이기는 하지만 틀림없는 자동차──를 2,3개월 먼저 만들기 시작했었다. 벤츠의 차는 다임러의 차와 마찬가지로 오토의 4스트로크 엔진을 고쳐 만들어서 동력으로 한 것으로 벤츠의 엔진은 4백 rpm이 최적속도이며 자동차의 실용상 충분한 속도였다.

벤츠는 서서히 자동차를 개량하여 2,3년 후에는 시장에 판매하는 데 성공했다. 다임러는 벤츠에 다소 뒤떨어져서 자기 회사에서 만든 자동차를 시장에 내놓았는데, 이것 역시 성공했다(벤츠와 다임러는 합병하여 유명한 메르세데스 벤츠 자동차회사로 제조를 계속했다).

자동차의 개발에 있어 또 한 사람의 중요한 인물에 대해서 말하지 않으면 안 된다. 미국의 발명가이며 공업인이기도 했던 헨리 포드가 바로 그 사람이다. 포드는 1896년까지는 자동차를 만들지 않았다. 그의 유명한 모델 T형은 1908년까지 모습을 나타내지 않았다. 1901년의 올즈모빌(6백50달러)과 1904년의 캐딜락(7백50달러)은 모두 포드의 모델(8백50달러)보다 싸고, 그 전의 포드차보다도 쌌다.

그렇지만 T형은 디자인이 좋고 견고하며 보수하기가 편하다는 이점이 있었다. 게다가 대량생산 방식이라는 새로운 시스템을 도입한 후 T형의 가격을 인하해서 대중들도 T형을 탈 수 있도록 했다.

내연기관과 자동차는 경이적으로 중요한 발명이다. 만약 한 인물이 독점적으로 크레디트의 자격을 갖는다면 그 사람은 이 책의 선두에 두어야 할 것이다. 이 발명의 원리적인 크레디트는 몇 사람에게 분할되어야 한다. 그 몇 사람이란 르누아르, 오토, 다임러, 벤츠, 포드 등이다. 이들 인물 중에서 오토는 가장 공헌도가 높다.

르누아르의 엔진은 본래 자동차용 동력으로서는 힘이 부족하며 효율적이 아니다. 오토의 엔진은 그것을 충족시키고 있다. 1876년 다시 말해서 오토가 엔진을 개발하기 전까지는 실용적인 자동차의 개발은 거의 불가능했다. 1876년 이후는 사실상 필연적인 개발이었다. 오토는 그 점에서 보더라도 현대 세계의 진짜 메이커이다.

62 다게르
Louis Daguerre (1787~1851)

다게르는 1830년 후반에 사진의 구체적 방법을 최초로 개발한 인물이다.

다게르는 북부 프랑스의 코르메유에서 태어났다. 젊을 때는 예술가였으며, 30세 중반에 디오라마(투시화)를 디자인했다. 이 디오라마라는 것은 파노라마식 그림에 특수한 광선효과를 준 큰 광고탑과 같은 것이다. 이런 일을 하면서도 그는 붓도 그림물감도 쓰지 않고 이 세상의 광경을 그대로 자동적으로 찍어내는 기구의 개발에 흥미를 갖게 되었다. 다시 말해서 카메라에 흥미를 갖기 시작한 것이다.

처음부터 실용적 카메라를 고안하려고 했지만 실패했다. 1827년에 니에프스*(Nicéphore Niépce)와 만났다. 이 사람도 마찬가지로 카메라의 발명에 손을 대고 있었는데 결국(그때까지는 이 사람이 약간 성공도가 컸었다) 2년 후에 이 두 사람은 파트너가 되었다. 1833년에 니에프스가 죽었지만 다게르는 연구를 계속했다. 그리고 1837년에 은판사진법(銀板寫眞法)이라는 촬영기술 시스템의 개발에 성공했다.

1839년에 다게르는 특허를 따지 않고 그 기법을 공개했다. 그 보상으로 프랑스 정부는 다게르와 니에프스의 아들에게 종신연금을 주기로 했다. 다게르의 이 발명은 대단히 큰 센세이션을 일으켰다. 다게르는 그 당시의 영웅이 되어 영광을 듬뿍 받았다. 한편 은판사진법은 급속히 보급되었다. 다게르는 곧 은퇴하고 파리 근교의 그의 고향에서 1851년에 사망했다.

사진만큼 다양한 이용면을 가지고 있는 것도 흔하지 않다. 사진은 과학연구의 모든 분야에서 반드시 사용되고 있다고 해도 좋다. 또 산업용이나 군사용에도 광범하게 이용되고 있다. 또 사람에 따라서는 진지한 예술의 양식이며, 또 수백만의 사람들에게 있어서는 즐거운 오락이기도 하다. 사진은 교육, 저널리즘, 선전으로서 정보를 전한다(경우에 따라서는 오보(誤報)도 있지만).

또 사진은 가장 생생한 형태로 과거를 상기시키기 때문에 기념으로서, 추억으로서 가장 일반화되고 있다. 물론 영사기도 중요한 개발이며 ── 주로 오락매체로서 도움이 되었지만 ── 여전히 사진으로서의 다양한 응용면이 실제로 있다.

다만 한 사람의 연구에 의해서만 발명이 생기는 일은 없다. 옛날부터 많은 사람들의 연구 성과가 다게르의 업적에 길을 열어주었던 것이다. 옵스큐어 카메라(필름을 사용하지 않는 핀홀 카메라와 비슷한 장치)는 다게르보다 적어도 8세기나 전에 발명되어 있었다.

16세기에 카르다노*(Girolamo Cardano)는 옵스큐어 카메라의 개

---

*니에프스 ; 1765~1833. 감광성 역청(歷青)을 유리판에 발라 사진제판에 성공했다.
*카르다노 ; 1501~1575. 이탈리아의 의사, 수학자, 자연과학자.

방부에 렌즈를 장치한다는 중요한 한 단계를 밟고 있다. 그것이 현대의 카메라에 대한 준비가 되었지만 그 영상은 연속성이 없기 때문에 사진의 한 형이라고 간주할 수가 없었다. 그리고 또 하나의 준비적 발명을 1727년에 슐츠(Johann Shulze)가 하였다. 그것은 감광성(感光性) 은염(銀鹽)의 발명이었다. 그는 이 발명을 일시적인 영상을 만드는 데 쓰고 그 이상 발전시키려고는 하지 않았다.

다게르의 업적과 가장 긴밀한 관계를 가지고 있는 것은 선배격인 니에프스였다. 그는 나중에 다게르의 파트너가 되었다. 1820년경에 니에프스는 감광성이 있는 일종의 아스팔트를 발견하고, 그것을 "유태의 아스팔트"라고 부르고 있었다. 이 감광물질과 카메라 옵스큐어를 합쳐서 니에프스는 세계 최초의 사진기를 만드는 데 성공했다(1826년에 니에프스가 찍은 것은 지금도 남아 있다).

그런 의미에서 니에프스야말로 사진술의 발명자라고 해야 한다고 하는 사람도 있을 것이다. 그렇지만 니에프스의 사진술은 전체적으로 실용적이 아니다. 약 8시간이나 노출할 필요가 있으며, 더구나 흐려진 영상밖에 찍을 수가 없었다.

다게르의 방법은 옥화은(沃化銀)으로 표면을 코팅한 플레이트 위에 화상이 기록된다. 노출시간은 15분이나 20분이면 충분하다. 역시 귀찮기는 하지만 일단은 실용적 방법으로 되고 있었다. 다게르는 이 방법을 발견하고 2년 내에 다른 사람으로부터 아주 약간의 수정 제안을 받았다. 그것은 옥화은에 취화은(臭化銀)을 첨가해서 감광제로 쓰는 것이 있다. 이 약간의 수정은 노출시간을 대폭 줄이는 효과가 있고 매우 중요했다. 이것으로 인물사진이 비로소 실용적이 되었다.

1839년에 다게르가 자기 사진 발명을 공표한 지 얼마 되지 않았을 때, 영국의 자연과학자인 톨벗*(William Henry Fox Talbot)은 다른 방법으로 사진술을 발표했다. 그것은 오늘날 하고 있는 것처럼 처음에

---

*톨벗 : 1800~1877. 사진기술의 기초인 카로 타입의 발명자이다.

네가 프린트를 만들어두는 것이었다. 톨벗은 은판사진법이 나왔을 때보다 2년이나 전인 1835년에 최초의 사진을 촬영을 했다는 것은 주목할 가치가 있다.

톨벗은 그 밖에도 몇 가지 프로젝트를 진행하고 있었기 때문인지, 그의 촬영 실험은 생각하는 대로 추진되지 않았다. 만약 계속 추진하고 있었더라면 아마도 다게르보다 먼저 상업적으로 실행 가능한 사진을 개발하고 있었을 것이다. 그리고 오늘날 사진의 발명가로 간주되고 있었을 것이다.

다게르나 톨벗에 이어 몇 년 동안에 수많은 개량이 사진기술상에 나타났다. 습판(濕板) 프로세스, 건판(乾板) 프로세스, 현대의 롤 필름, 컬러, 영화, 폴라로이드 카메라, 전자사진 등이다. 사진기술의 개발에는 많은 사람들이 종사하고 있지만 나는 역시 다게르가 가장 중요한 공헌을 하고 있는 것처럼 느낀다.

다게르 이전에는 사진의 시스템으로서 가능성이 있는 것이 없었다. 그가 고안한 기술이 실용적이었기 때문에 곧 보급되기 시작했다. 게다가 그의 능숙한 발명선전에 의해서 후속되는 개발에 큰 자극을 주었다.

우리가 오늘날 쓰고 있는 카메라는 은판사진법과는 전혀 다른 것이라는 것은 사실이지만, 그 후의 기술개발이 만약 없었더라도 은판사진법은 실제로 쓸 수 있는 사진기술을 우리들에게 제공해주었을 것이다.

스탈린

Joseph Stalin (1879~1953)

러시아의 독재자였던 스탈린의 본명은 주가슈빌리(Iosif Vissrionovich Dzhugashvili)라고 하며, 1879년에 코카서스 지구의 그루지야

주의 고리라는 곳에서 태어났다. 따라서 그의 모국어는 그루지야 어이며 러시아 어와는 전혀 다르다. 그는 어른이 된 다음에 러시아 어를 배웠기 때문에 그루지야 사투리의 악센트를 가지고 있는 러시아 어를 말했다.

스탈린은 대단히 가난한 집에서 자랐다. 아버지는 구두수선공인 술꾼으로 자주 아들을 심하게 때리곤 하고 있었다. 스탈린이 11세 때 아버지가 죽었다. 어릴 때 스탈린은 티플리스(Tiflis) 신학교에 다녔는데 1899년에 파괴사상적 글을 배포했다는 이유로 퇴학을 당했다.

곧 그는 지하조직인 마르크스운동에 참가하여 1903년에 파벌간의 불화로 볼셰비키당파 쪽에 붙었다. 그리고 운명의 1917년이 다가옴에 따라 그는 지하로부터 나와서 실제로 정치활동을 하는 일파의 멤버가 되어 적어도 6회는 체포당했다(그의 범행은 실제로는 두 가지 이상이 되더라도 한 가지는 면하도록 하고 있었기 때문에 판결은 항상 가볍게 넘겼다). 이 사이에 그는 '강철의 사나이(Stalin)'이라는 별명을 쓰기 시작했다.

1917년의 공산혁명 때 스탈린은 결코 주역을 맡고 있지 않았다. 그러나 그 후 2년간은 활발하게 움직여, 1922년에는 공산당의 서기장이 되었다. 이 자리에 앉고부터 그는 행정관리상 큰 영향력을 갖게 되었고 레닌이 죽은 후에 발생한 내부의 세력싸움에 성공하는 주원인이 되었다.

레닌이 트로츠키*(Leon Trotsky)를 후계자로 삼고 싶어하고 있었던 것은 명백하다. 사실 레닌의 정치상 유서 속에서 스탈린은 너무 냉혹하다. 서기장의 자리에서 이동시켜야 한다고 말하고 있다. 그러나 레닌이 죽은 후인 1924년초 스탈린은 레닌의 유서를 삭제하는 데 성공했다. 게다가 공산당 정치국의 2명의 중요한 멤버인 카메네프*(Lev Kamenev)와 지노비예프*(Grigori Zinoviev)와 함께 트로이카 방식, 다

---

*트로츠키 ; 1879~1940. 크리미아 반도 출신의 유태계 농민으로 혁명가가 되었다.
*카메네프 ; 1881~1936. 유태계. 〈프라우다〉지 편집장을 역임했다.
*지노비예프 ; 1883~1936. 레닌의 비서. 스탈린 노선에 반대했다.

스탈린이 독재자라는 평판을 듣은 원인이 되었던 반역회 재판의 한 장면.

시 말해서 삼두정치(三頭政治)로 끌고 갔다.
　이 세 사람이 단결해서 트로츠키와 그 일파를 이기는 데 성공했다. 정치상의 내부항쟁에 비범한 재능을 가지고 있는 스탈린의 다음 공격 목표는 지노비예프스키와 카메네프의 두 사람이었으며 그들을 쳐부수었다. '반좌익파'(다시 말해서 트로츠키, 카메네프, 지노비예프와 그 지지자)와의 세력싸움에서 이긴 스탈린은 이 반좌익파의 정치적 공약 중에서 몇 가지를 채택하기 시작했다. 그리고 얼마쯤 지나자 그는 옛날의 맹우(盟友), 공산당의 우파 지도자를 공격 목표로 삼고 이들도 역시 이겼다. 이렇게 해서 1930년대에 그는 러시아에 있어서의 오직 한 사람의 독재자가 되어 있었던 것이다.
　이렇게 해서 절대적 권위의 자리에 오르게 되자, 1934년부터 격렬한 숙청공작을 잇따라 실시했다. 숙청이라는 명목으로 그는 1934년 12월 1일에 공산당의 고위간부이며 스탈린의 조언자이기도 했던 세르게이 키로프*(Sergei Kirov)를 암살했다. 이 키로프의 암살을 명령한 것은 스탈린 자신인 것 같으며, 그 목적은 그 후 계속되는 숙청의 구실을 만

＊세르게이키로프 : 1868~1934. 스몰누이에서 암살당했다. 진상은 알 수 없다.

드는 데 있었다.

 그 후의 몇 년간을 통해서 1917년의 혁명기간 중 공산당 지도자였거나 또는 레닌 치하의 지도자의 대부분이 반역죄라는 혐의로 차례차례로 재판에 회부되어 처형당했다. 그것도 그들의 대부분을 대(大)인민재판에 걸어 공중 앞에서 스스로 죄를 자백(자기비판)하게 했다.

 제퍼슨이 미국 대통령 때 독립선언과 헌법에 서명한 자 전원을 반역죄 혐의로 재판에 회부, 인민재판에서 자기 죄를 고백하게 한 후 처형한 것과 똑같다. 1938년에 최초의 숙청자인 야고다(Genrikh Yagoda)는 스스로 재판을 받아 반역죄를 고백하고 처형을 받았다. 마찬가지로 그의 후계자인 니콜라이 예츠호프(Nicolai Yezhov)도 숙청당했다.

 1930년대 중반의 숙청은 공산당과 적군 군부대 전체로 확대되었다. 숙청은 처음부터 반공산주의자나 반혁명주의자에게 돌려진 것은 아니었다(더구나 그런 사람들은 레닌 치하에서 거의 전멸되고 있었다). 따라서 숙청은 바로 공산당 그 자체로 돌려지고 있었다. 스탈린은 황제 지지자들이 전에 했던 것보다도 공산주의자를 죽이는 데 있어서 보다 큰 성공(?)을 거두었다고 할 수 있다.

 예를 들면 1934년의 공산당 전국대회에서 뽑힌 중앙집행위원의 3분의 2는 그 후의 숙청에서 살해당했다. 이 사실로 보아서 스탈린의 본래의 동기는 국내에 자기 이외에 독립된 권력을 확립하는 것을 배제하는 것에 있었음이 명백하다. 얄궂게도 스탈린이 러시아의 새로운 명목상의 민주헌법을 공포했을 때에는 이 숙청이 최고조에 이르렀을 때였다.

 스탈린이 제도화한 경제정책 중에는 농업의 강제 공영화(共營化)가 있다. 이 정책은 농민들에게 대단히 인기가 없었으며, 많은 농민들이 이것에 저항했다. 그렇지만 1930년대 초기부터 스탈린의 명령에 의해 수백만 명의 농민이 처형당했으며, 용서되더라도 굶어 죽었다. 그리고 결국 그는 정책을 힘으로 밀어부쳤다.

 이것은 몇 차례의 '5개년 계획'으로 실시되었다. 이 방식은 러시아 이외의 나라에서도 자주 모방했다. 확실히 비능률적이긴 하지만 스탈린의

1923~1946년
러시아의 대통령이었던
칼리닌과 만나는 스탈린

공업화정책은 전반적으로 보면 성공했다고 할 수 있다. 제2차 대전에서 방대한 양의 자원을 상실했음에도 불구하고 러시아는 그 전쟁으로부터 세계 제2위라는 공업력을 가지고 부상했다.

1939년 8월에 히틀러와 스탈린은 그 유명한 불가침조약이란 것을 맺었다. 그리고 2주일도 되기 전에 히틀러는 서쪽으로부터 폴란드로 침입하고, 또 2,3주일 후에는 러시아가 동쪽으로부터 폴란드로 침입하여 폴란드 국토의 동쪽 절반을 지배했다.

그 해 연말에는 라트비아, 리투아니아, 에스토니아 등 3개 독립국에 무력으로 침입하겠다고 협박했다. 이 3개국은 싸우지도 않고 항복하여 사실상 러시아에 합병당하고 말았다. 마찬가지로 루마니아의 일부도 협박을 받고 합병당했다. 핀란드는 이 협박을 거부했기 때문에 러시아는 무력으로 침략했다.

이런 합병 때 자주 쓰는 변명은 예기되는 독일의 공격으로부터 방해하는 데 있어 소련에 필요한 영토이기 때문이라는 것이 있다. 그러나 전쟁도 끝나고 독일군이 완전히 패배했는데도 불구하고 스탈린은 한 번 점령한 영토 중 한 군데도 반환하겠다고 제창한 일이 없다(이 문제에 대해서는 스탈린의 후계자도 마찬가지이다).

제2차대전이 종결되어도 러시아군은 그대로 동구 대륙을 점령하고,

그 지역을 철저하게 러시아에 도움이 되는 공산주의 정부를 수립할 기회라고 스탈린은 생각하고 있었다. 유고슬라비아에는 마르크시스트의 정부가 나타났지만, 그 나라에는 러시아군이 침입하지 않았기 때문에 러시아의 위성국이 되지는 않았다. 그것을 방지하기 위해 스탈린은 동구 여러 나라에 숙청제도를 만들었다.

미국과 소련 사이에 냉전이 시작된 것은 전쟁 직후의 일이었다. 이 냉전을 일으킨 책임의 일단(一端)은 트루만 대통령과 서구 지도자들에게 있다고 말하고 있지만 그 책임은 스탈린에게 약간 더 비중이 많이 있음은 부정할 수 없다.

1953년 1월에 러시아 정부는 어떤 의사집단을 러시아 정부 고관의 암살을 계획했다는 혐의로 체포했다고 발표했다. 이것은 스탈린이 더욱 철저한 숙청을 계획하고 있는 것처럼 느끼게 했다. 1953년 3월 5일에 모스크바의 크레믈린에서 73세의 늙은 수장(首長)이 죽었다. 그 시체는 붉은 광장에 있는 크고 장려(壯麗)한 무덤에 레닌과 나란히 매장되었다. 그로부터 몇 년이 지나자 스탈린의 명성은 갑자기 떨어졌다(특히 1956년 2월의 흐루시초프의 연설 이후의 일이다).

스탈린은 가정생활이 그다지 행복하지 못했다. 1904년에 결혼했지만 3년 후에 아내는 결핵으로 죽었다. 외아들인 야코브는 제2차대전에서 독일군에게 붙잡혔다. 독일군은 교환하자고 제의했으나 스탈린은 그것을 거절했으며, 야코브는 독일군의 포로수용소에서 사망했다.

스탈린은 1919년에 두 번째 결혼을 했지만 이 두 번째 아내도 1932년에 죽었다. 그러자 스탈린이 죽였다느니 자살을 강요했다느니 하는 여러 가지 소문이 퍼졌다. 두 번째 결혼에서 두 아이가 태어났는데, 아들은 러시아 공군의 조종사가 되었지만 나중에 알코올 중독자가 되어 1962년에 죽었다. 딸인 스베틀라나(Svetlana)는 러시아로부터 도망쳐 1967년에 미국으로 귀화(歸化)했다.

스탈린의 인품에 대해서 가장 현저한 특징은 철저한 냉혹함이다. 애정이라든가 동정, 연민(憐憫)이 그에게 영향을 주는 일은 없었다. 그리고 편집광(偏執狂)에 가까울 정도로 의심이 많은 성질을 가지고 있었다. 반면 정력적, 완고함, 날카로운 통찰력, 비상한 정신력을 가지고 있는 대단히 유능한 인물이었다.

그는 약 4분의 1세기 동안 러시아 연방의 지도자로서 수많은 인명을 빼앗았다. 만약 한 지도자가 그 세대에 미친 모든 영향이 그 지도자가 지배한 인원수에 비례하고 또 지도자 지배 정도에 비례한다고 본다면 스탈린은 역사상 최대의 지도자라고 할 수 있다(하긴 이 점에 있어서는 모택동이 위다라고 하는 사람도 있을지 모르지만).

스탈린은 살아 있는 동안에 수백만 명의 생명을 빼앗고 강제노동 캠프로 보냈다. 스탈린이 숙청한 결과 몇 명이 살해되었는지 지금에 와서는 알 수가 없지만 아마도 2천만 명 정도라고 한다.

스탈린이 통치한 아주 짧은 기간에 그의 영향이 얼마나 강대한 것이었는가는 의심할 여지가 없다. 만약 이것이 장기에 걸쳤더라면 얼마만큼 강대한 것이 될지 알 수 없다. 예를 들면 스탈린이 죽은 후 러시아 국민에 대한 비밀경찰의 철석 같은 지배력은 매우 경감되고 관대해졌다. 그렇다고 해도 미국이나 서구 민주주의국가와 같은 시민으로서의 자유는 없다.

스탈린은 흔히 소련의 공업화에 공헌했다고들 하지만 이 주장에는 과장(誇張)이 있다. 우선 첫째로, 스탈린이 없더라도 러시아는 산업화 되었을 것이 틀림없다. 둘째로, 확실히 그는 공업화에 과정을 촉진하기는 했지만 공업화를 창조한 것은 아니다(1914년에 차르 황제의 러시아는 이미 세계 제5위의 공업국이 되어 있었다).

이에 반해서 러시아 농업의 공영집산화(共營集産化)는 스탈린이 과한 강제적 방법이 없었다면 불가능했을 것이다. 이 점은 그의 시책 중 영속적 영향이라고 할 수 있을 것이다.

스탈린은 전세계에 공산세력을 확대한 점에서 중대한 역할을 했다는 점에 크레디트가 있다. 확실히 동구 위성국에 공산주의 체제를 확립하고, 중국 대륙에도 모택동과 그 후계자의 노력에 의해 공산세력은 확대되었다.

전반적으로 보아서 마르크스와 레닌이 전세계에 공산주의를 일으킨 책임자이다. 그러나 스탈린은 그 점에 있어서는 마르크스나 레닌, 모택동만큼 중요한 인물이 아니며, 또 역사상의 거인도 아니다. 다만 금방 잊어버릴 수 없을 만큼 냉혹한 천재였다.

데카르트
René Descartes (1596~1650)

데카르트는 프랑스의 철학자, 과학자, 수학자로서 유명하다. 1596년 태생으로 젊을 때 훌륭한 예수회 학교인 라 프레슈 대학에 다녔으며, 20세 때 푸아티에 대학에서 법학박사 학위를 받았으나 그 법학지식은 실제로 쓰이지 않았다.

그는 고도의 학문과 교육을 받았지만 어느 분야에 있어서도 수학을 제외하고는 신뢰할 수 있는 지식이 아니었다. 이런 공식적인 학문을 계속하기보다는 전 유럽을 여행하고 스스로 이 세계를 보기로 결심했다. 가정이 유복했기 때문에 데카르트의 호주머니는 어디로든지 여행을 할 수 있을 정도로 풍족했다.

1616년부터 1628년까지 넓은 범위에 걸쳐 여행을 했다. 또 3개의 다른 군대에 입대했으나(네덜란드, 바바리아, 헝가리) 전쟁에는 말려들지 않았다. 그리고 이탈리아, 폴란드, 덴마크 기타 나라도 방문했다. 그 동안에 진리를 발견하기 위한 일반법칙을 생각하고 그것을 체계화했다. 32세 때 그 체계방식을 기초로 해서 포괄적인 세계의 그림을 그려 보려고 결심했다.

곧 네덜란드에 정주(定住)하고, 그 후 21년간은 그곳에서 살게 되었다. 그가 네덜란드를 택한 것은 네덜란드에는 아직 지적 자유가 있었기 때문이며, 또 한 가지 이유는 파리의 사회적 혼란으로부터 멀어지고 싶다는 것도 있었기 때문이다.

1629년 《정신지도의 규칙(Rules of for the Direction of Mind)》이라는 책을 저술했는데, 여기에 그의 방법에 대한 개념이 나와 있다. (그러나 이 책은 미완성이며, 아마도 출판할 의도는 없었던 모양이다. 죽은 후 50년 이상이나 지난 다음에 비로소 출판되었다)

1630년부터 1634년에 걸쳐서 그는 자기가 고안한 방법을 과학의 연구에 응용해보았다. 해부학이나 생리학의 연구에는 절개(切開)를 하고 광학, 기상학, 수학, 기타 여러 가지 과학 분야에도 각각 독립된 연구방법을 직접 해보았다.

그는 〈르몽드〉라는 잡지에 연구성과를 발표할 생각이었으나 1633년, 그 〈르몽드〉에 실을 원고가 끝나갈 무렵에 이탈리아의 교회 권위자는 지구가 태양 주위를 돈다는 코페르니쿠스의 이론을 지지했다는 이유로 갈릴레오를 유죄라고 판결했다. 네덜란드에 있던 그는 교회 권위에 복종하고 있지는 않았지만 조심스럽게 코페르니쿠스의 이론을 지지한 그의 사상이 게재된 책의 출판을 보류했다. 그 대신 1637년에 《이성을 이끌어 진리를 발견하는 방법서설(敍說)》(줄여서 《방법서설》)이라는 유명한 책을 출판했다.

이 《방법서설》은 라틴 어가 아니라 프랑스 어로 썼기 때문에 고전 교육을 받지 않은 사람들을 포함해서 많은 사람들이 읽었다. 이 서설의 부록으로서 3편의 수필 소품이 들어 있으며 거기에 그의 방법을 써서 발견한 예를 몇 가지 들고 있다.

그 부록의 첫 번째에는 빛의 굴절법칙이 나와 있다(그러나 이것은 데카르트보다 훨씬 이전에 스넬*(Willebrord Snell)이라는 사람이 발견

---

* 스넬 ; 1591~1626. 네덜란드의 수학자, 물리학자. 레이덴 대학 교수. 실험으로 두 매질(媒質)의 경계면에 있어서의 빛의 굴절에 대해서 스넬의 법칙을 발견했다. 또 천문, 물리, 삼각법을 연구하고, 지구의 크기를 측정했다.

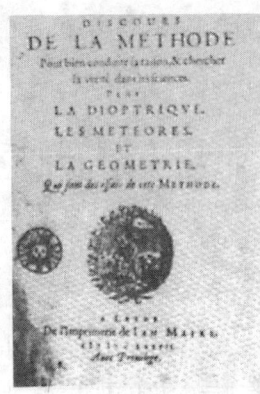
1637년에 출판한
《방법서설》 초판본의 표지

하고 있었다). 그 밖에 렌즈와 여러 가지 광학기기에 대해 논하고, 눈의 기능과 여러 가지 상태가 나쁜 것에 대해서 말하고, 그 뒤에 호이겐스*(Christiaan Huygens)가 체계화한 파동의 이론의 예비 수정이기도 한 빛의 이론을 제시했다.

둘째 부록에는 현대의 기상학 논의의 문제가 들어 있다. 또 구름, 비, 바람을 논하고, 무지개에 대해서 정확한 설명을 하고 있다. 또 열은 눈으로 볼 수 없는 유체(流體)로 구성되고 있다는 생각에 반대하고 열은 일종의 내부운동의 패턴이라는 정당한 결론을 내렸다(그러나 이 생각은 베이컨을 비롯한 기타 사람들로부터 그 전에 제시되고 있었다).

셋째 부록은 분석기하학의 발견이라는 기하학상에서 가장 중요한 공헌을 하고 있다. 이것은 수학상의 커다란 진보인 동시에 뉴턴의 미적분학 발견에 대한 사전준비가 되었던 것이다.

아마도 데카르트의 철학에서 가장 흥미가 있는 점은 그가 개발한 방법이다. 무수히 잘못된 생각을 그대로 받아들이고 진리에 도달하기 위해 전혀 새로운 출발을 하지 않으면 안 된다고 결심했다. 그러기 위해서는 무슨 일이든지 의심한 다음에 시작했다. 교사로부터 배운 일 전

---

* 호이겐스 : 1629~1695. 라이덴 대학 졸업. 유럽 각지를 유학. 데카르트와 친교가 있어 영향을 받았다. 스스로 만든 망원경으로 토성의 고리를 발견했다. 탄성체(彈性體)의 충돌법칙 등 진자(振子)의 역할 등을 발견했다.

부, 자기가 가장 소중히 하고 있는 신조의 전부, 또 자기가 가지고 있는 상식적인 사고(思考)의 전부, 외계의 존재물 일체, 자기 자신의 존재까지도, 그리고 '전부'라는 말까지 의심한 다음에 시작했다.

물론 이렇게 해 나가다보면 한 가지 문제에 부딪친다. 이런 보편적인 의심을 어떻게 해서 극복할 수 있을까. 또 뭔가 신뢰할 수 있는 지식을 얻을 수 있을까. 그러나 데카르트는 이 정교(精巧)한 형이상학적인 일련의 논의에 의해서 그 자신은 존재(나는 생각한다, 고로 나는 존재한다)한다는 독자적인 만족을 검증할 수가 있었다.

데카르트의 이런 방법에 대한 중요성은 두 가지 부분으로 이루어져 있다. 하나는 자기 철학체계의 중심에 기본적이고 인식론적인 '도대체 인간의 지식의 근원은 무엇일까'라는 것에 의문을 두고 있다는 것이다. 고대의 철학자는 이 세계의 본질을 말로 표현하려고 했다. 데카르트는 이런 의문은 '나는 어떻게 해서 아느냐'라는 의문으로 결부시키지 않으면 충분히 대답할 수 없는 것이라고 우리들에게 가르쳐주었다.

두 번째로, 데카르트는 사람은 신앙으로써 시작해서는 안되며 오히려 의심으로부터 시작해야 한다고 가르치고 있다(이것은 아우구스티누스의 태도와는 정반대이며, 게다가 중세의 신학은 신앙이 맨 먼저 오지 않으면 안 된다고 하고 있었다). 그래도 데카르트는 정당한 신학적 결론에 도달하도록 연구를 계속했음은 틀림없다. 그러나 독자들은 그가 도달한 결론보다도 그가 제창하는 방법에 대해 큰 관심을 가지고 있다(데카르트의 저서는 최종적으로는 파괴적인 것이 되지나 않을까 하는 교회의 의심은 옳다).

데카르트의 철학에서는 정신과 물질을 명확하게 구별할 것을 강조하고, 이 점에서 철저한 이원론(二元論)을 주장하고 있다. 이 구분은 전부터 있었지만 그의 저작물에서 이 문제의 철학적 토론을 더욱 촉진시켰다. 그가 던진 의문은 그 후의 철학자들의 관심의 대상이 되었으며, 그리고 지금도 여전히 풀 수 없는 문제이기도 한 것이다.

물적(物的) 우주라는 데카르트의 개념은 또한 큰 영향력을 가지고 있다. 이 전세계 —— 신과 인간의 영혼은 별도로 하고 —— 는 기계적으로 조작되고 있기 때문에 모든 자연현상은 기계적인 원인으로 설명할 수가 있다. 그런 이유 때문에 그는 점성술(占星術), 마술, 기타 일련의 미신적인 입장의 주장을 전부 거부했다. 마찬가지로 사상(事象)을 신학적으로 해석하는 것도 일체 거절했다(다시 말해서 직접적인 기계적 원인을 구했으며, 사상이 뭔가 먼 곳에 있는 최종 목적을 섬기기 위해 일어났다고 하는 생각을 거부했다).

데카르트의 사상 개요는 동물은 본질적으로 복잡한 기계이고, 인간의 육체도 마찬가지로 보통의 기계학 법칙에 따르고 있다고 하고 있다. 이것이 현대 철학의 기본적인 하나의 이념이다.

데카르트는 과학적 연구를 좋아하고, 그것을 실제로 응용하는 것은 사회에 이익을 가져오는 것이라고 믿고 있었다. 그리고 과학자는 막연한 개념을 피하고, 이 세계를 수학적인 방정식으로 설명하도록 시도해야 한다고 생각하고 있었다. 이런 생각은 완전히 현대적인 느낌을 가지고 있다. 데카르트는 스스로 여러 가지 관찰을 했지만 과학적인 방법으로서 실험이 결정적으로 중요하다는 것을 실제로는 강조하지 않고 있었다.

영국의 철학자 프란시스 베이컨은 데카르트보다 몇 년 전에 과학적 조사의 필요성과 그것에서 기대할 수 있는 이점을 선언했다. 데카르트의 유명한 "나는 생각한다, 고로 나는 존재한다"는 말은 결코 독창적인 것이 아니다. 그보다 1200년이나 전에 성(聖) 아우구스티누스가 말했다(물론 표현은 다르지만). 마찬가지로 데카르트의 신의 존재에 대한 설명은 성 안셀무스*(St. Anselmus)가 처음으로 제창한 존재론적인 논법을 수정한 것에 지나지 않는다.

1641년에 데카르트는 또 하나의 유명한 책 《명상(瞑想)》을 출판하고, 1644년에는 《철학원리》를 출판했다. 두 책 다 원서는 라틴어로

---

*안셀무스 : 1033~1109. 영국의 성직자, 신학자. 이탈리아 태생. 베크 수도원의 원장. 신의 본체론적 증명을 창시하여 스콜라 철학의 시조라고 불린다.

되어 있지만 1647년에 프랑스 어로 번역되었다.

데카르트는 세련된 문장을 썼으며 매력적인 산문조(散文調)이지만 문장 투는 아주 진부한 것이었다. 그래서 그는 중세의 스콜라 철학자처럼 생각되었다(아마도 그의 순이론적, 합리주의적 접근 때문일 것이다). 이것에 대해서 데카르트보다 35년이나 전에 태어난 베이컨은 완전히 현대적 문장 투이다.

데카르트는 자기 저서 속에서 명시하고 있는 것처럼 신에 대해서는 굳은 신념을 가지고 있었다. 그는 자기가 착한 카톨릭 신자라고 믿고 있었다. 그러나 교회 권위는 그의 견해를 좋아하지 않았다. 그래서 카톨릭에서 금지된 책의 목록 속에 그의 저서가 자주 나오고 있었다. 프로테스탄트인 네덜란드(당시의 유럽에서는 가장 관대한 나라였다)였기 때문에 데카르트는 무신론자라고 책망당해 교회 권위와의 분쟁이 끊이지 않았다.

1649년에 데카르트는 스웨덴의 크리스티나 여왕으로부터 재정 원조를 해주겠다는 제언을 받아들이고, 스톡홀름으로 건너가 그녀의 개인교사가 되었다. 데카르트는 따뜻한 방을 좋아해서 항상 늦게까지 자고 있었다. 그러나 여왕이 이른 아침 5시에 레슨을 받고 싶어한다는 것을 알고 당황했다. 이른 아침의 공기는 그에게 있어서는 바로 죽음이었으며, 그것을 무서워했다. 아니나 다를까 그는 곧 폐렴에 걸려, 1650년 2월에 스웨덴에 온 지 불과 4개월 만에 죽고 말았다.

데카르트는 독신이었지만 딸이 하나 있었다. 그러나 그녀는 불운하게도 요절(夭折)했다.

데카르트의 철학은 같은 시대의 사람들로부터 냉혹하게 비판을 받았는데 그 이유는 그의 철학 일부가 순환적인 추론이 있기 때문이었다. 그 후 데카르트의 사고(思考) 방식에 많은 결함이 지적되어 오늘날에도 그를 전면적으로 지지하는 사람은 적다. 그러나 철학자의 중요성은 그 학자의 사고 방식이 옳으냐에 따라서만 결정되는 것이 아니다. 그 사람의 아이디어, 또는 다른 사람이 그 학자로부터 추출(抽出)한 아이디어가 광범위하게 영향을 미쳤느냐 어떠냐에 큰 의의가 있다. 그런 근거에 입각하면 데카르트가 위대한 인물이라는 것은 의문의 여지가 없다.

적어도 데카르트의 사상 중에서 5가지는 유럽 사상계에 중대한 영향을 미치고 있다. (1) 우주의 기계적 견해, (2) 과학적 관찰에 대한 적극적 태도, (3) 과학에 대한 수학의 응용을 강조한 점, (4) 최초의 회의주의 지지, (5) 인식론에 초점을 맞춘 유의(留意) 등이다.

데카르트의 전면적 중요성을 평가하면 나는 그의 인상적인 과학상의 업적, 특히 분석기하학의 발명을 계산에 넣지 않을 수가 없다. 그런 요인 때문에 볼테르, 루소, 베이컨 등 탁월한 철학자들보다도 데카르트를 상위에 놓게 되었다.

65 카이사르
Gaius Julius Caesar (B.C. 100~44)

카이사르(별칭 줄리어스 시저)는 유명한 고대 로마의 군사·정치상의 지도자이다. 그는 정치적으로 동란기였던 기원전 100년에 로마에서 태어났다.

기원전 2세기, 제2차 포에니 전쟁에서 카르타고와의 싸움에 이기고 로마는 대제국을 건설했다. 이 정복으로 로마인은 경제적으로 풍부해졌지만 전쟁은 로마의 사회적, 경제적 조직구조에 심한 붕괴를 초래했다. 많은 소작농은 떠나야 했으며 재산을 빼앗겼다. 본래 소도시의 평의회였던 로마 원로원은 이 대제국을 바르게 능률적으로 통치할 수가 없다는 것을 알게 되었다.

정치적 부패는 몹시 만연되었고, 지중해 세계 전체는 로마의 실정(失政)으로 참혹한 꼴을 당했으며, 기원전 133년부터 시작된 로마는 무질

서한 시대가 계속되었다. 정치가, 고관, 장군, 악랄한 선동가들이 세력 싸움을 계속하고, 별동대가 로마 시내를 행진했다(기원전 87년의 마리우스(Marius) 때와 기원전 82년의 술라(Sulla) 때 등).

실정한 사실이 모든 면에서 명백해지고 대부분의 로마 시민은 공화정체로 국가를 유지해줄 것을 바랐다. 카이사르는 아마도 로마는 민주정치로는 이미 구할 수 없다고 판단한 최초의 정치가일 것이다.

카이사르 자신은 오래된 귀족의 자손이었다. 따라서 교육도 충분히 받고 젊을 때부터 정치생활에 입문해 있었다. 그가 이룩한 여러 일, 여러 가지 동맹, 정치상의 출세는 매우 복잡한 것이지만 여기서 그것을 열거할 생각은 없다. 그러나 기원전 58년, 카이사르가 42세 때, 로마가 지배하고 있는 3개의 외국 영토의 통치자로 임명되었다. 즉 Cisalpine Gaul(북부 이탈리아), Illyricum(현재의 유고슬라비아 해안지대), Narbonese Gaul(프랑스 해안)이다. 당시 그의 지휘하에는 4군단, 총 2만의 병력을 보유하고 있었다.

기원전 58~51년 사이에 카이사르는 이 군세를 가지고 갈리아 인이 사는 골 지역을 침략했다. 정복한 이 지역은 대충 말해서 현재의 프랑스, 벨기에 전부와 독일, 네덜란드 일부를 합친 것이다. 카이사르의 군대는 수적으로도 우세했기 때문에 갈리아 인을 완전히 패배시키는 데 성공했다. 그리고 영토를 라인 강까지 넓혀서 로마의 통치하에 두게 되었다. 카이사르는 영국 원정을 두 번 시도했으나 정복은 영속되지 않았다.

골의 정복에 의해서 이미 지도적인 정치가가 되어 있었던 카이사르는 한층 유명한 영웅적 존재가 되어서 로마로 돌아왔다. 그의 정치상 대립자들이 볼 때 그는 너무나도 유명하고 세력이 너무 컸다. 그는 군의 지휘에 지나친 점이 있다고 하여 로마 원로원은 그에게 한 시민으로 돌아오도록 명령했다. 다시 말해서 군대를 이끌지 말고 단독으로 귀환하라는 것이었다.

카이사르는 불안을 느꼈다. 만약 군대를 지휘하지 않고 돌아가면 그의 정적(政敵)들은 그 기회를 이용해서 그를 죽일 것이 틀림없다고 생

3월 15일. 카이사르의 암살

각했다. 그래서 기원전 49년 1월 10일부터 11일에 걸쳐서 로마 원로원의 노골적이고 도전적인 분위기 속에 군대를 지휘하여 북이탈리아의 루비콘 강을 건너 로마로 진군했다. 이 명백한 불법행위로 카이사르군과 원로원에 충성을 바치는 군대 사이에 내전이 시작되었다.

이 싸움은 4년이나 계속되었으나 최종적으로는 카이사르가 압승하게 되었다. 그 최후의 싸움은 기원전 45년 3월 7일에 스페인의 문디(Mundi)에서의 싸움이었다.

카이사르는 로마 시민이 바라고 있는 효율적이고 계발(啓發)된 독재정치는 그 자신이 할 방법밖에 없다고 결심했다. 기원전 54년 10월에 로마로 귀환하여, 즉각 평생을 건 독재자가 되었다. 기원전 44년 2월에 그에게 왕관이 주어졌으나 반납했다. 왜냐하면 그는 이미 군의 최고지휘자이며 그 위에 왕관까지 쓰게 된다면 공화정파인 그의 정적들이 불안해할 것이기 때문이었다. 기원전 44년 3월 15일(유명한 'Ides of March' 즉 '3월 15일을 경계하라'는 나쁜 일을 경고할 때 쓴다)에 카이사르는 공모자인 한 그룹(브루투스(Brutus) 등)에 의해 원로원의 집회에서 암살을 당했다.

카이사르는 만년에 활발한 개선계획(改善計劃)에 나섰다. 우선 재향군인단의 편성을 계획한다든가, 또 로마 시내의 빈민들을 로마제국 내의 새 지역사회에 살게 할 계획을 세웠다. 또 로마시민권을 다른 몇 개의 인간집단으로까지 확대하려고 했다. 또 이탈리아 내의 각 도시에 지방자치로서 통일된 시스템의 제도화를 꾀하기도 하고, 방대한 건축계획을 세워서 로마법의 성문화도 계획했다. 그러나 로마정부의 충분히 만족할 만한 구조적 시스템의 설정까지는 이르지 않았다. 그것은 아마도 그의 몰락이 주된 원인이었을 것이다.

문디에서 카이사르가 승리하고 로마에서 암살당할 때까지 겨우 1년도 채 되지 않았기 때문에 그의 계획은 거의 실현되지 않았다. 만약 카이사르가 오래 살 수 있었더라면 그의 행정이 얼마나 효율적이고 개발적인가를 확인할 수가 있겠지만 실제로는 가정하는 것도 곤란하다. 그의 개혁에서 가장 연속적이고 큰 것은 새 달력의 채용으로 이것은 아주 조금만 수정하면 현재 쓰고 있는 것과 같다.

카이사르는 사상 최대의 카리스마적인 정치가의 한 사람일 것이며, 폭넓은 재능을 가지고 있는 사람이기도 했다. 정치가로서도 성공하고 장군으로서도 빛나는 무공을 세웠다. 뛰어난 웅변가이며 저술가이기도 했다. 곧 정복의 기록을 쓴 《갈리아 전기(轉記)(Debello Gallico)》는 오랫동안에 걸쳐 문학상의 고전으로서, 라틴 어의 고전 중에서 가장 자주 읽히고 흥미있는 책이다.

카이사르는 대담하고 원기가 넘치는 미남자였다. 따라서 유명한 돈환으로 당시의 허용된 관념으로 보더라도 상당히 문란했다(그의 가장 유명한 사건은 물론 클레오파트라와의 축복받은 로맨스가 있었다).

카이사르의 성격은 자주 비판받는다. 그는 권력에 대한 야심이 강하고 또 그 정치적 입장을 이용해서 개인적인 욕심을 채웠던 것임에 틀림없다. 그러나 대부분의 야심적 정치가와는 다르며, 일반적으로 보아 카이사르는 사악하지 않고 사기적(詐欺的) 인물도 아니다. 그는 고트 인과 싸울 때는 비정하고 잔인하기도 했다. 이에 반해서 로마의 구적(舊

敵)에 대해서는 매우 아량이 있는 취급을 하였다.

　독일제국의 카이저(Kaiser)도 러시아제국의 차르(Czar)도 모두 카이사르(Caesar)에서 딴 명칭이다. 이것으로도 그의 이름이 얼마나 위신이 있는 것인가를 알 수 있다. 그는 로마제국의 진짜 창시자인 아우구스투스(Augustus Caesar)보다 항상 유명하다. 그러나 줄리어스 시저의 역사상 실제의 영향은 그 명성만큼 크지는 않다. 로마공화국의 멸망에 큰 역할을 한 것은 틀림없다. 그러나 그 점에서의 중요성은 강조할 만한 것이 못 된다. 왜냐하면 로마의 공화제는 쓰러지기 시작하고 비틀거리고 있었던 것이다.

　카이사르의 가장 큰 업적은 고트 인을 정복하여 지배한 영토를 그 후 6세기 동안이나 로마의 지배하에 머물러 있게 한 일이다. 그 사이에 이들 지역은 완전히 로마화되었다. 로마의 법률, 습관, 언어가 채용되고 로마 기독교도 포교되었다. 현재 사용되고 있는 프랑스 어는 대부분이 당시의 라틴 어 구어체(口語體)에서 온 것이다.

　카이사르가 고트 인을 정복한 것은 로마 그 자체에 중대한 영향을 가져왔다. 다시 말해서 그 후 몇 세기 동안 이탈리아는 북부로부터의 공격에 대해서 안전을 확보했기 때문이다. 사실 고트 인의 정복은 전체 로마제국의 안전에 있어서 하나의 요인이었다.

　카이사르가 없더라도 로마 인은 조만간에 고트 인을 정복했을 것이 아닐까? 로마 인은 고트 인보다 기술적·숫자적으로 뛰어난 이점을 가지고 있지 않다. 오히려 로마는 카이사르의 고트 정복 이전에 급속한 확장을 하고 그 후에도 계속했다. 어쨌든 간에 카이사르는 대켈트군을 멸망시키고 고트를 정복한 장군으로서 이 순위에 두었다.

66 피사로

Francisco Pizarro (1475?~1541)

프란시스코 피사로는 페루의 잉카제국을 정복한 무한문맹(無限文盲)의 스페인 모험가로, 1475년경 스페인의 트루질로(trujillo)에서 태어났다. 헤르난도 코르테스와 많은 점에서 비슷하다.

피사로는 명성과 부(富)를 찾아서 신세계(아메리카 대륙)로 왔다. 1502년부터 1509년까지 현재의 카리브 섬의 히스파니올라(Hispaniola)에 살고 있었다. 1513년에 태평양을 발견한 발보아*(Vasco Nunez de Balboa)가 지휘하는 탐험대의 일원이 되었다.

1519년에는 자리잡고 정주생활(定住生活)로 들어갔다. 1522년 피사로가 47세 때 잉카에 한 번 들어간 일이 있는 안다고야(Pascual de Andagoya)라는 탐험가로부터 잉카제국의 이야기를 들었다. 마치 코르테스가 멕시코 정복 이야기를 듣고 의심도 하지 않고 흥분하고 있던 피사로는 곧 잉카제국의 정복을 결심했다.

첫 번째 기도(企圖)는 1524에서 1525년에 걸쳐 실시되었으나 실패로 끝나고 그의 2척의 배는 페루에 도착하기 전에 돌아오지 않을 수가 없었다. 두 번째는 1526년에서 1528년에 걸쳐서 이루어졌다. 페루 해안에 도착한 그는 금과 라마(미국 낙타)와 인디언 몇 명을 데리고 귀국했다.

1528년에 스페인으로 돌아왔다. 이듬해에 찰스 5세 황제는 스페인을 위해 페루를 정복하라고 인정하고, 원정에 필요한 기금을 그에게 주었다. 피사로는 파나마로 돌아가 원정대원을 모집했다. 파나마를 출항(出航)한 것은 1531년으로, 피사로는 이미 56세가 되어 있었다. 그가

---

* 발보아 : 1475~1517. 히스파니올라 섬에서 다리엔 총독으로 파나마 지역을 횡단하던 중 처음으로 태평양을 본 유럽인.

끌어모은 병력은 겨우 2백 명도 안 되었다. 한편 그가 정복하려고 하는 잉카제국은 인구 6백만을 넘고 있었다.

이듬해에 피사로는 페루 해안에 도착했다. 1532년 9월에 그와 행동을 함께 한 부하병력은 177명과 말 62마리였는데 그는 그것을 지휘해서 내륙으로 진격했다. 이 소부대를 이끌고 안데스산의 고지로 들어가 카자마르카(Cajamarca)에 도착했다. 이 카자마르카에는 잉카제국의 지배자인 아타우알파*(Atahualpa) 황제의 4만 명이나 되는 군사들이 있었다. 피사로군은 1532년 11월 15일에 카자마르카에 도착했다. 그 이튿날 피사로의 요구로 아타우알파는 대군을 뒤에 남겨두고 겨우 5천 명의 가신(家臣)들만을 데리고 피사로와 회견하러 왔다.

피사로 부대는 해안에 상륙했을 때부터 적개심을 드러내고 분명히 극단적인 잔인성을 과시하고 있었다. 그런데도 아타우알파 황제가 어째서 피사로군을 카자마르카까지 아무런 방해나 저항도 하지 않고 접근시켰는지 이해하기 곤란하다.

만약 잉카의 인디언군이 좁은 산길 위에서 덮치면 피사로군은 말을 사용하지 못해 쉽게 전멸할 수 있었을 것이다. 피사로가 카자마르카에 도착한 이후의 아타우알파 황제의 행동은 더 놀랄 만한 것이다. 적의를 가지고 있는 적군이 접근해온다고 하는데도 황제 스스로가 비무장으로 있다는 것은 믿을 수 없을 만큼 어리석은 일이다. 매복(埋伏)하는 것은 잉카군이 일상 쓰는 수법이었다는 사실로 보더라도 이 미스터리는 한층 신비하게 느껴진다.

피사로가 이 황금의 행운을 놓칠 턱이 없었다. 그는 아타우알파 황제와 비무장의 그 호위대에 대한 공격을 명령했다. 싸움이라기보다도 대량 학살이 시작되었다.

그것도 불과 30분으로 끝났다. 스페인군은 한 명의 사망자도 내지

---

*아타우알파 ; 1500~1533. 잉카제국 황제. 아버지인 와이나 카파크가 죽은 후 형인 와스카르와 함께 잉카제국을 양분하고 쿠스코 쪽을 다스리게 되었으나, 형을 쓰러뜨리고 제국 황제를 자칭했다.

페루로 향하는 배에 타기 전에
찰스 5세를 알현하는 피사로

않았으며, 유일한 부상자는 피사로 자신이었다. 피사로는 황제를 생포하기 위해 황제를 지키려고 하다가 가벼운 부상을 입었던 것이다.

피사로의 전략은 멋지게 적중했다. 잉카제국은 중앙집권 기구로 되어 있어서, 모든 권위는 반신(半神)이라고 믿고 있는 잉카 또는 황제로부터 나오고 있었다. 그 황제가 포로가 되었으니, 인디언군도 침입자인 스페인군에 반격을 가할 수가 없게 되었다. 황제는 자기의 석방을 바라고 피사로에게 금은으로 막대한 몸값을 지불했다. 그 금액은 아마도 2천8백만 달러 이상이 된다고 보고 있다. 그런데도 불구하고 2,3개월 후에 피사로는 황제를 처형해버렸다.

1533년 11월에 아타우알파를 생포한 지 1년 후에 피사로는 한번도 싸우지 않고 잉카의 수도 쿠스코(Cusco)에 입성했다. 거기에 피사로는 자기의 꼭두각시로서 새 잉카를 두고, 1533년에 리마 시(Lima)를 만들었다. 그것이 현재 페루의 수도가 되었다.

그러나 1536년에 잉카는 꼭두각시로 도망쳐서 스페인군에 대한 반란을 지휘했다. 잠시 동안 스페인군은 리마와 쿠스코에서 포위당했지만, 그 이듬해에는 전지역을 다시 지배하에 두게 되었다. 이 반란은 1572년에 완전히 진압되었다. 그런 일을 하고 있는 사이에 피사로 자신도 사망하고 말았다.

피사로가 부재중(不在中)에 비리의 분쟁이 일어났다. 피사로의 가장 친한 협력자였던 알마그로*(Diego de Almagro)는 1537년에 반란군을 일으키고, 피사로는 전리품의 배당을 정당하게 자기에게 주지 않았다고 하면서 배당을 요구했으나, 체포되어서 처형당했다. 그렇지만 아직 문제는 해결되지 않고 있었다.

1541년에 알마그로를 지지하는 한 집단이 리마에 있었던 피사로의 궁전으로 난입하여 66세의 늙은 지도자를 살해했다. 피사로가 전승(戰勝) 기분으로 당당하게 쿠스코 시로 입성한 지 불과 8년 후의 일이었다.

너무나도 잔인한 피사로의 성격 때문에 그의 군사적 업적의 중요성을 간과해서는 안 된다. 1967년에 이스라엘이 병력 수나 장비 등 모든 점에서 우위에 있던 아랍 여러 나라에 대해 극적인 승리를 쟁취했을 때 많은 사람들이 놀랐다. 확실히 인상적인 승리였지만 역사상 전쟁에서 수적으로 큰 차이가 있으면서 열세한 편이 우세한 편을 이긴 예는 여러 번 있다. 나폴레옹과 알렉산더 대왕은 우세한 적과 싸워서 몇 번이나 이겼다. 또 칭기즈 칸은 적어도 30배나 많은 중국 대륙을 지배하고 정복한 일도 있다.

그러나 피사로가 6백만 이상의 인구를 가지고 있는 제국을 불과 180명의 병력으로 정복했다는 것은 역사상 가장 놀랄 만한 군사상의 위업(偉業)이라고 하지 않을 수가 없다. 그가 극복한 숫자상의 격차는 코르테스가 6백 명의 병력으로 대충 5백만의 인구를 가지고 있는 멕시코 제국을 공략했을 때보다 상당히 어려웠을 것이라고 생각한다. 알렉산더 대왕이나 칭기즈 칸에게도 피사로의 업적에 필적하는 것이 있었을까. 없다고 해야 좋을 것이다. 왜냐하면 그만큼 압도적인 숫자상의 차이에 직면하면서도 감히 정복을 기도한다고 하는 무모함이 두 사람에게는 없다고 생각하기 때문이다.

그러나 사람에 따라서는 스페인의 무기 덕택으로 적에게 압도적인

---

* 알마그로 ; 1475~1538. 피사로의 잉카 정복에 참가했다. 쿠스코로부터 안데스를 넘어 칠레의 아타카마 사막을 탐험했다. 나중에 피사로와 사이가 나빠져 처형당했다.

전술상의 우위성을 주지 않았던 것이 아닐까 하는 의문을 가지고 있는 사람도 있을 것이다. 그렇지만 절대로 그런 일은 없다. 당시의 원시적인 화승총(火繩銃)은 그 유효사정(有效射程) 거리도 짧고, 재장전하는 데 많은 시간을 필요로 했다. 더구나 무섭게 큰 발사음이 나기 때문에 실전상에서는 활보다도 효과가 없었다.

피사로가 카자마르카에 침입했을 때는 항상 3명의 병사에게 화승총, 20명에게 석궁(石弓)을 갖게 했다. 인디언의 대부분은 칼과 창이라는 구식 무기로 살해당했던 것이다. 약간의 기병과 무기가 있었지만, 스페인군이 압도적으로 군사상 우위에 선 입장에서 전쟁을 한 것은 분명하다. 무기의 우열보다도 지휘관의 지도력과 결단력이 스페인이 승리한 주된 원인이었다. 물론 피사로의 행운도 있었다. 그렇지만 옛날 속담에 운은 용감한 자를 돕는다는 말이 있다.

어떤 작가의 말에 의하면 단순히 대량살육의 살인청부업자에 지나지 않느냐고 비난하는 사람도 있다. 그렇지만 어떤 살인청부업자라도 역사상 피사로만큼 사회에 영향을 미친 살인청부업자는 그다지 많지 않을 것이다. 그가 전복시킨 잉카제국은 현재 페루와 에콰도르의 대부분, 칠레의 북쪽 절반과 볼리비아의 일부이다. 그 인구는 남미 타지역의 전체 인구 전부를 합친 것보다 훨씬 많았다.

피사로의 정복으로 스페인의 종교와 문화가 전지역에 강요되었다. 게다가 잉카제국을 함락하고부터 남미의 다른 지역은 유럽인의 정복을 받을 수밖에 없었다. 수백만의 인디언들이 지금도 여전히 남미에 거주하고 있다. 그렇지만 남미대륙의 어디를 보아도 인디언이 정치적 권력을 잡고 있는 곳은 없다. 유럽의 언어, 종교, 문화가 전역을 지배하고 있다.

코르테스와 피사로는 각기 소수 부대를 지휘해서 아스텍 족과 잉카 두 제국을 단기간에 전복시키는 데 성공했다. 이것은 유럽인이 멕시코나 페루를 정복하는 것이 불가피한 일이었을까 하고 많은 사람들이 의문을 갖는 바이다. 사실 아스테카 제국은 독립을 유지할 진짜 기회가 없었던 것 같다. 그 위치(멕시코 만 부근이고 쿠바로부터는 아주 짧은 항해 거리에 있다)는 스페인의 공격에 대해서 편리한 곳에 위치하고 있었다. 만약 아스테카군이 코르테스와 싸워 이겼더라도 곧 스페인의 대군이 지원하러 올 것은 확실했다.

이것과는 반대로 잉카는 방비하는 데 매우 좋은 위치에 있었다. 국경과 접하고 있는 것이 태평양이었기 때문에 스페인의 선단(船團)이 대서양 해안에 접근하기보다 훨씬 곤란했다. 또 잉카제국은 대군을 보유하고 있고 인구는 조밀하며 잘 조직되어 있었다. 게다가 페루의 지세는 울퉁불퉁한 산악지대가 많다. 세계의 많은 지역에서 유럽의 식민지군은 산악지대의 정복이 어렵다는 것을 알고 있었다.

19세기 후반의 유럽군은 16세기 당시보다 훨씬 진보해 있었지만, 그래도 이탈리아의 에티오피아 정복계획은 실패했다. 마찬가지로 영국도 인도 북서부의 산악지대 부족과는 끊임없이 곤란한 문제에 부딪치고 있었다. 그래서 유럽인은 네팔, 아프가니스탄, 이라크 같은 산악국가를 절대로 식민지로 만들려고 하지 않았다.

그러므로 만약 피사로의 침략이 실패로 끝났더라면 잉카제국은 유럽의 무기와 전술지식을 얻을 기회가 많았으므로 나중에 더 강대한 유럽군과 싸워 격퇴했을지도 모른다. 그런 까닭으로 1536년의 반란을 진압하는데 스페인군은 36년이나 걸렸다. 더구나 인디언의 장비는 아주 약간의 소총을 가지고 있을 뿐이어서 피사로의 정복전에 소집한 소부대보다 더 적은 병사밖에 소집할 수 없었던 것이다. 스페인은 피사로가 없었더라도 잉카제국을 정복할 수 있었을지도 모른다. 그러나 그 가능성은 의심스럽다.

이렇게 해서 피사로를 리스트에서는 코르테스보다 약간 상위에 두었다. 코르테스는 역사의 속도를 촉진시켰지만 피사로는 그 역사의 방향을 변경시켰다고 할 수 있을 것이다.

67 코르테스

Hernán Cortéz (1485~1547)

코르테스는 멕시코의 정복자로 1485년에 에스트레마두라에서 태어났다. 아버지는 이류 귀족 출신이었다. 젊을 때는 사라망카 대학에서 법률 공부를 했다. 19세 때 새로 발견된 서반구(西半球)로 자기의 운(運)을 찾아서 스페인을 떠났다.

1504년에 히스파니올라 섬(서인도 제도)에 도착하여, 그곳에서 농부로서, 또한 지방의 돈환으로서 살고 있었다. 1511년에 스페인의 쿠바 정복 전쟁에 참가하여 쿠바의 총독 벨라스케스*(Diego Velasquez)의 처 조카딸과 결혼하였다.

1518년 벨라스케스 총독은 코르테스를 멕시코 원정대장으로 선임했으나 총독은 코르테스의 야망을 두려워하고 있었다. 아니나 다를까 곧 그는 총독의 명령에 반역하였다. 그러나 이미 때는 늦어 코르테스를 말릴 수가 없었다. 1519년 2월에 코르테스는 11척의 배와 110명의 수부(水夫)와 553명의 병사를 데리고 출항했다. 겨우 13명만이 권총을 가지고 있었고, 33명이 석궁을 장비하고 있었다. 그 밖에 10문(問)의 중포(重砲)와 4문의 경포(輕砲), 말 16마리를 가지고 있었다.

원정대는 지금의 베라크루스(멕시코 동부)에 성(聖) 금요일 상륙을 시작했다. 코르테스는 당분간 해안 부근에 머물러서 멕시코의 상황에 대해 정보를 수집했다. 그리고 멕시코를 지배하고 있는 아스텍 족이 내

---

*벨라스케스; 1465~1524. 스페인 군인으로 초대 쿠바 총독. 1511년 서인도 총독의 명령으로 쿠바를 정복했다. 코르도바의 유카탄 반도를 정복하고, 코르테스의 아스테카 정복을 지원했다.

코르테스와 몬테수마 2세의 회견

륙에 대도시를 가지고 있다는 것과 귀금속을 대량으로 저장하고 있다는 것, 그리고 지배당하고 있는 다른 인디언들의 호감을 사고 있다는 것 등을 알았다.

정복에 전념하고 있던 코르테스는 내륙을 행진하여 단숨에 아스테카령을 침략하려고 했다. 그러자 부하들 중에는 압도적으로 병력 수에서 우위에 있는 적을, 더구나 내륙 행진을 무서워하는 사람이 있었기 때문에 코르테스는 원정대가 타고 온 배를 파괴했다. 그리고 부하들에 대해서 자기를 따라서 승리의 길로 가겠느냐, 아니면 인디언들에게 붙잡혀서 살해당하느냐, 양자택일(兩者擇一)을 할 수밖에 없도록 만들고 말았다.

내륙을 행진하던 중 스페인군은 트락스칼란(Tlaxcalan)이라는 인디언의 한 종족으로부터 심한 저항을 받았다. 그러나 몇 번의 격렬한 전투 끝에 트락스칼란은 패배하고 코르테스군에 그들이 싫어하는 아스테카 공격군까지 참가하게 되었다. 이렇게 해서 코르테스는 출루라(Cholula)로까지 진출했다. 그 출루라에서는 아스테카의 지배자 몬테수마(Montensuma) 2세가 스페인군에게 맹공격을 가하기 위해 준비하고 있는 참이었다.

그러나 이 의도를 먼저 알고 있었던 코르테스는 기선을 제압하는 공격을 가해 출루라에서 수천 명의 적들을 죽였다. 이렇게 해서 코르테스는 수도 테노치틀란(Tenochitlan : 지금의 멕시코 시)으로 전진하여, 1519년 11월 8일에 테노치틀란에 무혈입성(無血入城)했던 것이다. 몬테수마를 즉각 감금하고 포로로 만들므로써 일단 정복을 완료한 것처럼 보였다.

그러나 다른 스페인군이 나르바에즈(Panfilo de Narvaraez)의 지휘하에 해안으로 상륙하여 코르테스를 체포하기 위해 왔다. 코르테스는 일부 병력을 테노치틀란에 남겨두고 나머지 병력을 지휘해서 서둘러 해안으로 뒤돌아왔다. 이 싸움에서 나르바에즈군을 격파하고, 살아남은 적의 병사들을 설득해서 자기 군대에 편입시켰다. 그렇지만 그가 테노치틀란으로 돌아올 때까지 아스테카와 대치(對峙)시켜두었던 부대는 이미 전투에 견딜 수 없게 되어 있었다.

1520년 6월 30일에 테노치틀란에 반란이 일어나 스페인군의 병사에게도 큰 피해가 나서 트락스칼란으로 후퇴하고 있었다. 그러나 코르테스는 증원부대가 들어왔기 때문에 그 다음 5개 항 사이에 테노치틀란으로 돌아왔다. 그리고 테노치틀란을 포위공격하여 8월 13일에 함락시켰다.

그 후 멕시코에 대한 스페인의 지배는 상당히 안정되었기 때문에 코르테스는 시간을 할애해서 중심에서 떨어져 있는 벽지의 정복을 하고 있었다. 테노치틀란 시는 재건되었고 명칭도 멕시코 시티로 고쳐 새 스페인 식민지의 수도가 되었다.

코르테스가 정복을 시작했을 당시의 소부대 병력을 생각하면 5백만의 제국을 정복했다는 것은 참으로 놀라운 군사적 위업이라고 하지 않을 수가 없다. 이와 같은 숫자상에서의 큰 열세로 정복한 역사상의 유일한 예는 피사로의 잉카 정복뿐이다.

코르테스가 어떠한 방법으로, 왜 성공했는지 기이하게 생각하는 것은 당연하다. 틀림없이 코르테스에게는 말과 화기(火器)가 있었다는 것도 승리의 원인 중 하나일 것이다. 그러나 코르테스가 소유하고 있던 적은 인원수가 방대한 수적 열세를 보충할 수 있는 것은 아니었다(멕시코 해안으로 원정한 2명의 스페인 인 탐험대가 식민지도 만들지 못하고 항구적 정복도 할 수 없다고 한다면 그 가치가 있다).

확실히 코르테스가 지휘한 리더십, 용감성, 결단력이 이 성공의 요인이었다. 또 한 가지 중요한 요인은 교묘한 외교 기술이었다. 코르테스는 인디언에 대해서 자기와 제휴(提携)하도록 권하고, 아스테카에 반항하는 자에게 행동을 함께 하자고 설득하는 데 성공했다.

코르테스를 도운 것은 케찰코아틀*(Quetzalcoatl)이라는 신화(神話)였다. 인디언의 구전(口傳)에 의하면 이 신은 농업, 야금(冶金), 정치에 종사하는 인디언을 지도해준다고 한다. 그 신은 키가 크고 피부색은 희며, 턱수염을 길게 기르고 있다. 그리고 다시 한 번 인디언을 방문하겠다고 약속하고 '동쪽 대양' 다시 말해서 멕시코 만(滿) 쪽으로 가버렸다. 몬테수마 황제에게 있어서 코르테스는 다시 돌아온 신처럼 보였을지도 모른다. 이런 두려움이 몬테수마 황제의 행동에 큰 영향을 미친 것처럼 보인다. 확실히 침입해온 스페인군에 대해 몬테수마 황제가 대응하는 태도는 약하고 결단력이 없었다.

스페인군이 성공한 마지막 요인은 그들의 종교적 열정이었다. 물론 코르테스의 침략행위는 용서할 수 없는 행동이다. 그렇지만 그는 이 침략은 도덕적으로 옳다고 믿고 있었다. 다시 말해서 근거가 옳기 때문에 이긴 것이라고 부하에게 진지하게 설득했다. 십자가의 깃발 아래 싸웠기 때문에 이길 수 있었다고 했다. 몇 번이나 인디언의 동맹병사에게 기독교로 개종하라는 서투른 기도를 하다가 원정의 성공을 위태롭게 했다.

코르테스는 인디언을 다루는데 뛰어난 외교수완이 있었지만 같은 스페인 인의 라이벌과의 내전에서는 성공하지 못했다. 스페인왕은 코르테스에게 풍부한 땅과 후작(後爵)의 직위를 주었지만 멕시코 총독의 자리

---

*케찰코아틀 : 아스테카의 신으로 달력도 가르친 신. 스페인의 정복은 그 신의 재래라고 하여 두려워했다.

는 면직되었다. 1540년에 코르테스는 스페인으로 돌아와 새 스페인에 자기의 권위를 재현하기 위해 왕에게 청원하면서 몇 년이라는 여생을 허송세월하게 되었다. 코르테스는 1547년에 스페인의 세빌리야 부근에서 사망했다. 만년은 유복하긴 했지만 비참하게 보냈다. 그의 거대한 재산은 멕시코에 남겼으며 아들이 상속하고 있었다.

코르테스는 탐욕스러운 야심가였음에는 틀림없다. 그를 개인적으로 알고 있는 숭배자들도 무자비하고 오만하고 장난기가 있으며 더구나 싸움을 좋아하는 인물이라고 말하고 있다. 그렇지만 그 반면 코르테스에게는 존경할 만한 많은 자질이 있다. 용감하고 결연(決然)하며 지성적이고 유쾌한 성질을 가지고 있다. 확고부동한 군의 지휘관이면서도 결코 변덕스러운 잔인성을 가지고 있지 않다. 일반인들이 싫어한 피사로에 비해서 코르테스는 많은 인디언들과 함께 잘 해나가고 있었다. 또 그들을 가혹하게 지배하지 않았다. 코르테스는 미남자이고 매력적인 남자였기 때문에 항상 근사한 여성을 상대로 했다.

코르테스는 유언에서 "인디언을 노예로서 사유(私有)하는 것이 도덕적으로 옳은지 어떤지 나는 알 수 없다"고 말하고 있다. 이 문제로 그는 고민했으며, 아들에게 잘 생각하라고 요청했다. 당시로서 이런 태도는 매우 보기 드문 일이며, 피사로(콜럼버스도 마찬가지였다)가 이런 일로 고민했다고는 아무도 상상할 수 없다. 총괄적으로 말하자면 누구든지 스페인 정복자들 중에서 코르테스가 가장 품위 있고 조심성이 있는 인간이라는 인상을 받는다.

코르테스와 피사로는 서로 80km도 떨어져 있지 않은 같은 나라에서, 더구나 불과 10년의 차로 태어난 동지이다. 더구나 이 두 사람의 업적도 매우 유사하다. 이 두 사람은 사실상 대륙 정도나 되는 광대한 지역을 정복하고, 그 지역 주민들에게 정복자의 언어와 종교와 문화를 남겼다. 그 지역의 대부분을 통해서 정권은 유럽 인의 자손들 손에 남아서 오늘에 이르고 있다.

코르테스와 피사로의 영향력을 합친다면 볼리바르보다 상당히 큰 것이 될 것이다. 이 두 사람의 정복으로 남미의 정치권력은 인디언으로부터 유럽 인으로 옮겨졌다. 이것에 볼리바르의 승리는 스페인 정복으로부터 남미 태생의 유럽 인 자손으로 정권을 옮긴 것에 지나지 않는다.

코르테스의 정복은 피사로보다 빠르며, 그것이 피사로를 자극했기 때문에 코르테스보다 상위에 두어야 한다고 생각된다. 게다가 페루 내의 인디언 저항은 피사로가 죽었을 때까지도 아직 끝나지 않고 있었는 데 비해 코르테스는 멕시코의 정복을 완료하고 있었다.

그러나 내 생각으로 이 점은 좀 다른 각도에서 생각하면 무게의 형평(衡平)이 좀 달라진다. 스페인 인의 정복열과 그들의 무장이 우월했다는 것은 아스테카와 잉카 두 나라에 심각한 위협을 주었음은 틀림없다. 산악지형인 페루는 수비하기가 쉬워 그 독립을 유지할 기회가 몇 번이나 있었다. 피사로의 용감하고도 멋진 공격이 있었기 때문에 역사의 방향을 바꿀 수 있었다고 생각한다.

그러나 아스테카의 영토는 페루보다 산이 없는 평원지형이고 멕시코는 페루와는 달리 대서양이 국경에 면하고 있기 때문에 비교적 스페인 군이 접근하기 쉬운 환경에 있었다. 따라서 스페인에 의한 멕시코 정복은 실제로 불가피한 것으로 보인다. 그리고 코르테스의 과감하고도 뛰어난 리더십이 그 행정(行程)을 한층 빠르게 한 것이다.

68 이사벨 1세
Isabel I (1451~1504)

오늘날 많은 사람들은 카스티야의 이사벨 1세를 대서양 횡단항해의 콜럼버스에게 자금을 준 여왕이라는 정도로밖에 알지 못하고 있다. 그녀는 정열적이고 유능한 통치자이며, 몇 세기에 걸쳐 스페인과 라틴 아

메리카에 심대(深大)한 영향을 미친 결정적 정책을 연속적으로 실시했다. 그것이 나아가서는 간접적으로 현재의 많은 사람들에게 영향을 미치고 있다.

그녀의 정책은 그녀 자신의 날카로운 통찰력과 함께, 그녀의 남편인 아라곤의 페르난도*(Fernando)와 의논한 결과에 의해 결정되었다. 남편과의 긴밀한 협력으로 이루어왔기 때문에 이 책에서는 두 사람을 함께 생각하는 것이 더 합리적일지도 모른다. 그렇지만 이사벨의 이름만을 리스트에 올린 것은 그녀의 지시가 가장 중요한 결정에 채용되는 것이 보통이었기 때문에 두 사람이 아닌 이사벨만을 올리기로 했다.

이사벨은 1451년에 카스티야(스페인 중부)의 왕국 마드리갈에서 태어났다. 어릴 때 엄격한 종교상 수업(修業)을 받고 열렬한 카톨릭 신자가 되었다. 그녀의 이복형제인 엔리케 4세가 1454년부터 1474년에 죽을 때까지 카스티야의 왕위에 있었다.

당시 스페인왕국은 아직 없었다. 현재의 스페인 영토는 카스티야라는 최대의 왕국과 현재의 스페인 북동부에 위치한 아라곤과 남부의 그라나다, 북부의 나바르 4개의 왕국으로 갈라져 있었다.

1460년대 후반 이사벨은 카스티야 왕위를 계승할 예정이었다. 그렇게 되면 유럽에서 가장 부자인 상속녀가 되기 때문에 각 왕국의 왕자들이 그녀의 남편이 되려고 찾아왔다. 그녀의 이복형제인 엔리케 4세는 그녀와 포르투갈 왕자와의 결혼을 바라고 있었다. 그러나 18세 때 몰래 집을 빠져 나온 그녀는 엔리케 왕의 반대를 무릅쓰고 아라곤의 왕위를 계승할 페르난도와 결혼해버렸다.

이사벨이 말을 듣지 않기 때문에 화가 난 엔리케 왕은 자기 딸인 주안나에게 왕위를 잇게 하기로 했다. 엔리케왕이 1474년에 사망하자 이사벨은 자기가 카스티야의 왕위를 계승하겠다고 주장했다. 주안나의 지지자는 이것에 반대했고 양편간에 대전이 벌어졌다.

---

*페르난도 : 1452~1596. 통칭 카톨릭 왕. 이사벨과의 결혼으로 스페인 국가를 실현했다. 무어 인의 아라곤을 정복했다.

결국 1479년 2월에 이사벨군이 승리를 거두었다. 같은 해에 아라곤 왕 존 2세도 사망하고, 페르난도가 아라곤 왕위에 즉위했다. 이렇게 해서 그 후는 페르난도와 이사벨이 스페인의 거의 전역을 지배하게 되었다.
　논리상으로 아라곤과 카스티야는 아직 분리되고 있으며, 양국의 행정기관은 그대로 분리해서 존속하고 있었다. 그러나 실제로는 페르난도와 이사벨은 함께 모든 일을 결정했으며 이 두 사람은 최선을 다해서 스페인 전역의 지배자로서 행동했다. 이 두 사람이 결합하여 지배한 25년간을 일관해서 두 사람의 기본 정책은 강력한 군주에 의해 지배되는 통일 스페인 왕국의 건국에 있었다.
　우선 최초의 프로젝트는 당시 여전히 이슬람교의 지배하에 있던 이베리아 반도의 그라나다 정복이었다. 이 전쟁은 1481년에 시작되어 1492년에 이사벨과 페르난도군의 완전승리로 끝났다. 그라나다의 정복으로 오늘날의 스페인과 거의 같은 국경이 되었다. 소왕국인 나바르 왕국은 이사벨이 죽은 후 페르난도에 의해 병합되었다.
　이 두 사람이 통치하게 되자 곧 스페인 종교재판소를 창설했다. 이것은 성직자의 재판소로 재판관, 배심원, 검찰관과 행정조사관 등 모든 권력을 결집한 곳이었다. 그러나 그 절차에서의 부정(不正)이 심했으며 그 처벌은 아주 무서웠다. 혐의를 받은 사람은 고소 내용에 대해서 일체 반론하는 것이 허용되지 않았으며 논할 기회도 주어지지 않았다. 또 증거나 증언도 충분히 제출하지 못하게 하고, 고소인의 이름조차 알리지 않고 재판을 했다. 고소장을 부인하는 용의자는 자백할 때까지 심한 고문을 당했다. 스페인 종교재판소가 생기고 처음 20년간에 적어도 2천 명은 화형에 처해지고 그 숫자의 몇 배나 되는 사람들이 화형 이하의 처형을 받았다.
　이 스페인 종교재판소는 그 후 초광신자(超狂信者)인 신부로 이사벨 여왕의 개인적인 참회자(懺悔者) 토르케마다*(Tomas de Torquema-

---

*토르케마다 : 1420~1498 ? 스페인의 종교심문관, 도미니코회 수도사, 세고비아 수도원장을 지냈다. 광신적 종교재판을 실시했다.

da)가 소장이 되었다. 이 종교재판소는 로마교황에 의해 권위가 부여되고 있었다고는 하더라도 실제로 스페인 군주의 지배하에 있었다. 이 종교재판소는 한쪽으로는 종교적 일치의 확립에 그 목적이 있었으나 다른 한쪽으로 군주에게 정치적으로 반항하는 자를 진압하는 데 이용되었다.

영국에서는 지방 영주가 국왕의 세력을 체크할 만한 힘을 항상 가지고 있었지만 스페인의 지방 영주도 한때는 세력을 가지고 있었다. 그러나 스페인의 군주는 종교재판소를 이용해서 지방 영주 중에서 도전적인 자를 억압하고 그것에 의해 중앙집권화, 나아가서는 절대군주제를 확립할 수가 있게 되었다. 그리고 스페인 전국의 성직자들에게 아주 큰 지배권을 얻기 위해 이것을 이용했다.

당초 종교재판소는 고발 중인 유태교도는 대상으로 삼지 않았다. 그러나 1492년에 그 광신적 신부인 토르케마다의 주장을 이사벨이 받아들여 스페인 전국의 유태교도를 기독교로 개종시키되 그것이 싫다면 4개월 이내에 재산을 놓아두고 스페인으로부터 출국한다는 조령(條令)에 서명했다. 약 20만 명이나 되는 스페인계 유태인들에게 있어서 이 폭탄선언은 대참사였다.

많은 사람들이 안전한 곳까지 도착하기 전에 사망했다. 이것은 스페인으로서도 근면하고 솜씨가 좋은 무역상인이나 예술가들을 잃게 되어, 경제적으로 어려운 나라로 되는 것을 의미했다.

그라나다가 항복했을 때의 평화협정에서는 스페인에 사는 이슬람교도는 그대로 이슬람교의 행사를 계속해도 좋은 것으로 되어 있었다. 그러나 스페인 정부는 곧 그 협정을 깨고 말았다. 그래서 무어 인이 반란을 일으켰지만 곧 진압되었다. 1502년에 스페인에 살고 있는 이슬람교도는 전부 기독교로 개종할 것을 강요당했으며 그것에 따르지 않는 자는 추방당했다. 다시 말해서 10년 전에 유태인에게 가했던 것과 같은 선택을 강제했다.

이사벨은 열렬한 카톨릭 신자였지만 스페인의 국가주의가 간섭받는 정교적(正教的) 관행은 허용하지 않았다. 그녀와 페르난도는 필사적인 노력을 계속해서 스페인의 카톨릭교회는 로마교황에 의해 관리되는 것이 아니라 스페인 군주에 의해 관리된다고 하는 보장을 획득했던 것이다. 이것이 16세기의 프로테스탄트 혁명이 스페인으로 들어오지 않는 원인의 하나로 되어 있다.

이사벨의 재위 중에 있었던 주목할 만한 사건은 두말할 것도 없이 콜럼버스의 신대륙 발견이다. 그것은 1492년이라는 운명의 해에 일어났다. 콜럼버스의 원정은 카스티야 왕국의 지원에 의해 이루어졌다(이사벨은 이 원정대의 자금을 지불하기 위해 자기 보석을 저당잡혔다는 이야기가 있지만 그것은 진실이 아니다).

이사벨은 1504년에 사망했는데 평생 아들 하나와 딸을 넷 낳았다. 아들인 주안나는 1497년에 죽었다. 자녀 중에서 가장 유명한 아이가 주안나이다. 페르난도와 이사벨은 주안나와 오스트리아의 찰스부르크 황제의 아들인 펠리페 1세와의 결혼을 결정했다. 이 왕조간의 결혼에 의해 이사벨의 외손자가 되는 찰스 5세 황제는 유럽사상 최대의 제국 황제로 뽑혔으며 이 시대에서는 가장 풍부하고 최대의 힘을 가지는 유럽 군주가 되었다.

그가 명실공히 지배하고 있는 경계선은 스페인, 독일, 네덜란드, 벨기에, 오스트리아, 스위스와 이탈리아의 대부분, 프랑스의 일부, 체코슬로바키아, 폴란드, 헝가리, 유고 등 서반구(西半球)의 대부분이 된다. 찰스 5세와 펠리페 2세는 모두 열렬한 카톨릭 신자였다. 각기 긴 통치 기간에 걸쳐 이 신세계의 부(富)를 써서 북유럽의 프로테스탄트 여러 나라와의 전비(戰費)에 충당하고 있었다. 페르난도와 이사벨이 꾸민 왕조간의 결혼은 두 사람이 죽은 후에도 1세기 이상이나 유럽의 역사에 영향을 미치고 있다.

그럼 이 두 사람의 업적과 영향에 대해서 요약해보기로 한다. 우선 두 사람의 노력으로 5세기 동안이나 유지한 스페인 연방왕국의 건설에 성공했다. 또 이 두 사람은 스페인이 중앙 집권적인 절대군주국을 창설했다. 무어 인과 유태인의 추방은 추방한 스페인에게도 또한 추방당한 쪽에도 중대한 결과를 가져왔다.

이 점은 다소 논할 가치가 있다. 간단히 말해서 종교재판소는 스페인으로 하여금 지적(知的)인 구속을 가한 것과 같다고 할 수 있다. 1492년 이후 몇 세기에 걸쳐 서양 여러 나라의 대부분은 매우 지적인 과학의 개화기를 맞고 있었다. 그러나 스페인은 그렇지가 않다. 한 사회에 있어서 다소 기준에서 벗어난 사상의 표현이 있었다고 해서 당장 종교재판소에 붙잡히는 따위의 위험이 있을 경우 독창성을 잃게 되는 것은 놀랄 것이 못 된다.

다른 유럽 여러 나라에서는 의견의 다양성이 허용되고 있다. 그러나 스페인은 종교재판소가 완고하게 정통적인 카톨릭주의만을 허용하고 있었다. 1700년까지의 스페인은 다른 서양 여러 나라에 비하면 그야말로 지적 역류(逆流)의 고인 물이었다. 사실상 페르난도와 이사벨이 종교재판소를 설치한 지 이미 4세기나 되고, 그 재판소가 소멸된 지 140년 이상이나 경과하고 있지만 스페인은 지금 여전히 그 영향에서 회복되지 못하고 있다.

이사벨을 이 책에서 어느 순위에 놓느냐 하는 것을 생각했을 경우 고려해야 할 것은, 같은 일이 그녀가 없어도 일어났을 것이냐를 생각하는 것일 것이다. 스페인에는 십자군 정신이 강하게 있었음이 사실이며, 이베리아 반도를 이슬람교로부터 다시 되찾는데 7백 년 동안이나 싸움이 계속되었다. 그러나 1492년에 이 싸움이 승리로 끝나자 스페인은 어느 길인가를 택할 기회가 있었다. 그런데 타협성이 없는 종교적 정통성의 방향을 택하게 한 것은 페르난도와 이사벨 특히 이사벨이었다. 그녀의 영향이 없었다면 스페인은 더 합리적이고 다원적(多元的)인 사회로서 남을 수가 있었을 것이다.

이사벨은 영국의 엘리자베스 여왕과 비교된다. 엘리자베스는 이사벨과 마찬가지로 유능한 사람들에게 더욱 인간적이고 아량이 있는 정책을 폈기 때문에 보다 많이 칭찬을 받고 있다. 그러나 그녀는 이사벨 정도의 혁신가가 아니며, 또한 행동면에서도 종교재판소와 같은 일을 하지 않았다. 이사벨의 시책에는 완전히 선악(善惡)이 상반되는 것이 있지만 어쨌든 역사상 영향력을 이만큼 멀리까지 미친 군주는 적다.

69 윌리엄 1세
William The Conqueror (1027~1087)

1066년에 노르망디 가(家)의 윌리엄 공작은 겨우 수천 명의 병사를 지휘해 영국 해협을 넘어서 영국의 지배자가 될 계획을 추진하였고 결국 이 대담한 계획에 성공했다. 이것은 외국 부대가 영국으로 침입해서 성공한 마지막 예이다.

노르만의 잉글랜드 정복은 윌리엄과 그 자손들에게 있어서 잉글랜드의 왕위를 획득하는 이상의 것이었다. 아마도 그 후의 영국사상 가장 심대한 영향이며 윌리엄 자신도 미처 상상하지 못할 정도의 것이었을 것이다.

윌리엄은 1027년에 프랑스 노르망디의 파라이스라는 조그만 도시에서 태어났다. 사생아였지만 노르망디 가의 로베르 1세 공작의 외아들이었다. 로베르 공작은 예루살렘 순례에서 돌아와 1035년에 사망했다. 로베르는 죽기 전부터 후계자를 윌리엄으로 지명했기 때문에 8세 때 노르망디 가의 공작이 되었다.

이 공작의 작위를 상속함으로써 풍족함과 권력에 의한 기분좋은 지위에 앉게 되었으리라 생각하겠지만 사실은 그것과는 거리가 멀었다. 윌리엄은 다른 사람에 의해 좌우되는 매우 불안정한 환경에 몸을 두게 되었다. 그는 겨우 한 사람의 소년이었고 주위는 성인이 된 남자들뿐이었다. 그를 둘러싼 봉건적 남작(男爵)들의 야심은 공작에 대한 충성심 따위는 안중에도 없었다.

무질서한 난세가 계속되고 그 사이에 그의 호위관은 3명이나 폭력으로 살해당하고, 또 개인교수까지 살해당했다. 프랑스 헨리 1세의 원조가 있었다고는 하더라도 명목상의 군주에 지나지 않는 윌리엄이 초기의 이 위험한 시기를 살아남을 수 있었던 것은 행운이었다.

　1042년 윌리엄은 10대 중반에 기사*(Knight)가 되었다. 따라서 정치적 행사에 대해서도 개인적 역할을 갖게 되었다. 노르망디의 봉건적 남작들과의 싸움이 계속되었기 때문에 윌리엄은 마침내 자기의 공작 영토 관리를 엄하게 하기로 했다(그는 사생아였기 때문에 정치상의 핸디캡이 되어 정적들로부터는 '애비없는 자식'이라고 불렸다.)

　1063년에 이웃 마을인 마인(Maine) 정복에 성공하고 1064년에는 브리타니(Brittany)라는 이웃 마을의 군주가 되는 것을 인정케 했다.

　1042~1066년 사이의 잉글랜드 왕은 참회왕 에드워드*(Edward the Conffessor)였다. 그러나 에드워드에게는 아이가 없었기 때문에 영국왕 상속을 위한 책략이 여러 가지 나타났다. 혈통이라는 점에서 보면 윌리엄이 에드워드의 뒤를 잇겠다는 요구는 조금 근거가 약했다. 다시 말해서 에드워드의 어머니는 윌리엄의 할아버지의 자매였다. 그렇지만 1051년에 에드워드는 윌리엄의 로비활동 때문인지 윌리엄에게 후계자로 삼겠다고 약속하고 말았다.

　1064년에 영국 귀족들 중에서 가장 유력한 해럴드 고드윈*(Harold Godwin)이라는 에드워드 황제와 긴밀한 친척이 윌리엄의 수중에 들어

---

* 기사(knight) : 봉건시대에 명문의 자제가 페이지(page ; 수습기사)로부터 스콰이어(squire)로 승진하여, 무공을 세워서 기사(Knight)가 된다. 기사 서임식을 accolade라고 한다. 황금 박차(拍車)가 하사된다.
* 참회왕(懺悔王) 에드워드 : 1002~1065. 잉글랜드왕, 에설레드 2세의 아들 노르망디 공작의 궁전에서 자랐으며, 하르데카뉴트 왕이 죽은 후 왕으로 뽑혔다. 신앙심이 두터웠으며 웨스트민스터 사원을 건립했다.
* 고드윈 : ?~1053. 앵글로색슨의 호족(豪族). 웨섹스 백작인 크누드 2세의 신뢰를 얻어 백작으로 임명되었으며, 딸이 에드워드 왕의 왕비였기 때문에 왕에 필적하는 큰 세력을 쌓았다.

'헤이스팅스 싸움'에서의 윌리엄의 분전

왔다. 윌리엄은 고드윈을 후대했지만 고드윈이 자기의 영국왕 즉위를 지지한다고 정식으로 맹세할 때까지는 잡아두기로 했다. 그러나 법적으로나 도덕적으로도 어긋나는 방법으로 구속해서 강요하는 것에 대해 고드윈은 끝내 서약을 하지 않았다.

1068년에 에드워드 황제가 사망하자 고드윈은 스스로 영국왕임을 주장하고, 위탄(Witan : 왕위 계승을 다루는 영국의 귀족평의회)도 그를 새 왕으로 뽑았다. 영토를 확대하겠다는 야심을 가지고 있는 윌리엄은 고드윈이 맹세를 이행하지 않은 것에 화를 내고 즉각 잉글랜드를 침략하여 무력으로 자기 요구를 강요할 결심을 했다.

윌리엄은 함대와 육군을 프랑스 해안에 집결시켜 1066년 8월에 출항(出航) 준비를 완료했다. 그러나 때마침 무자비하게도 북풍이 불어 원정은 몇 주일 연기하지 않을 수 없게 되었다. 그러나 때마침 노르웨이 왕인 하랄 3세*(Harald Hardraad)가 북해를 넘어서 잉글랜드 침

---

* 하랄 3세 : 1015~1066. 열왕(烈王)이라고도 한다. 노르웨이왕. 성 오라스 2세의 이복형제. 젊을 때 러시아, 콘스탄티노플에서 무장(武將)이 되어, 잉글랜드 북부로 침입했다가 전사했다.

략부대를 발진시키고 있었다.
 그래서 고드윈은 윌리엄의 침공에 대비해서 잉글랜드 남부에 배치하고 있었던 군대를 당장 북부로 이동시켜서 노르웨이군의 공격에 대응하지 않으면 안 되게 되었다. 9월 25일에 스탠포드 다리의 싸움(Battle of Standford Bridge)에서 노르웨이 왕인 하랄이 살해되고 노르웨이군은 패배했다.
 그로부터 꼭 2일 후에 영국해협의 풍향(風向)이 바뀌어 윌리엄군은 신속하게 군세를 잉글랜드로 수송할 수가 있었다. 고드윈은 윌리엄군을 자기 쪽으로 전격 행진시켰어야 했다. 그렇지 않으면 전투하기 전에 윌리엄군은 충분한 휴식을 취할 수 있게 된다. 그러나 고드윈은 즉각 윌리엄군과 싸우기 위해 군을 다시 남하시키기로 했다.
 1066년 10월 14일에 양군은 유명한 헤이스팅의 싸움(Battle of Hastings)에서 조우전(遭遇戰)을 벌이게 되었다. 그리고 그날 하루 만에 윌리엄군의 기병대와 궁술대(弓術隊)는 앵글로색슨군을 격파하고, 해질 무렵에 고드윈은 자살하고 그의 형제들은 전사했다. 이젠 영국의 지도자 중에는 윌리엄의 왕위 요구에 반항해서 싸울 만한 사람은 없었다. 이렇게 해서 크리스마스날에 윌리엄은 런던에서 왕위에 즉위했던 것이다.
 그 후 5년쯤은 산만한 반란이 연속적으로 발생했지만 윌리엄은 그것을 전부 진압했다. 더구나 그는 이 반란을 구실로 삼아서 잉글랜드 전국의 토지를 몰수하고 자기의 개인 재산이라고 선언했다. 그리고 그 토지의 대부분은 노르만의 동료들에게 분배하여, 윌리엄의 가신으로서 영지를 갖는 것이 허용되었다.
 그 결과 사실상 앵글로색슨 귀족은 토지를 포기하게 되고, 그 대신 노르만 인의 손으로 넘어갔다. 이것은 대단히 극적인 일로 보일지도 모르지만 이 권리 이동에 직접 관계되는 자는 불과 수천 명이며 토지를 경작하는 농민에게 있어서는 단순히 군주의 교체에 지나지 않았다.
 윌리엄은 자기가 영국의 정당한 군주라는 것을 끊임없이 강조했지만

유명한 '헤이스팅스 싸움'의 최초 그림

생존기간 중에는 영국의 구제도를 그대로 보존하고 있었다. 왜냐하면 윌리엄은 새로 자기 소유물이 된 것에 관한 정보를 얻는 데 흥미를 가졌기 때문이다. 즉 인구의 면밀한 조사와 영국의 재산 조사를 명령했다. 그 결과 중세 영국의 거대한 토지조사부(Domesday Book)에 기록되고 이 대장은 역사적 정보원(情報源)으로서 귀중하고 가치있는 자료가 되어 있다(이 원본은 지금까지 보존되어 현재 런던의 공식기록 보존소에 보관되어 있다).

윌리엄은 결혼해서 네 아들과 다섯 딸을 두고 있었다. 1087년에 북 프랑스의 로엔 시에서 죽었다.

그 이래 역대 영국 황제는 그의 직계 자손들이 되었다. 그러나 이상하게도 윌리엄은 영국의 역대 황제 중에서 가장 중요한 인물인데도 그는 영국인이 아니라 프랑스 인이며, 태어난 것이나 죽은 것도 프랑스 국내였다. 더구나 생애의 대부분을 영국에서 지냈는데도 일상어는 프랑스어를 쓰고 있었다(그는 문맹(文盲)이었다).

윌리엄이 역사에 미친 영향력 평가에서 가장 중요하다고 생각되는 것은 노르망디의 영국 정복은 그가 없었더라면 일어나지 않았을 것이라는 것이다. 윌리엄은 영국 왕위의 당연한 후계자가 아니다. 그리고 그의 개인적 야심이라든가 재능을 소중히 간직하고만 있었다면 노르만의 정복이라는 역사적 필연성이나 이유도 없다.

천 년이나 전에 있었던 로마 정복 이래로 영국은 프랑스로부터 침략당한 일이 없다. 윌리엄 시대부터 9세기 이내에는 프랑스(그 밖의 나라로부터도)로부터의 침략은 성공하지 못했다.

그런데 문제는 노르만 정복의 영향은 어느 정도로 큰 것일까 하는 일이다. 그것은 숫자적으로는 비교적 적지만 영국사상 큰 영향을 미치고 있다. 노르만 정복의 5,6세기 전에 영국은 앵글로색슨이나 스칸디나비아 인에게 여러 번 침략당했다. 그리고 그들 문화의 기초는 튜튼문화였다. 노르망디는 바이킹의 자손이긴 하지만 그들의 언어와 문화는 프랑스 어이고 프랑스적이다. 그러므로 노르만 정복은 영국 문화에 프랑스 문화를 접촉시키는 결과가 되었다(현재는 당연한 것으로 생각되지만 윌리엄 정복 이전의 세기에서는 영국의 문화적 접촉의 상대는 대부분이 북유럽이었다). 그러므로 영국에서 일어난 일은 프랑스 문화와 앵글로색슨 문화의 혼합이며 이 정복이 없었더라면 이 혼합은 일어나지 않았을 일이다.

윌리엄은 고도로 진보한 봉건주의를 영국으로 도입했다. 다른 앵글로색슨 계의 전임자들과는 달라서 무장한 수천 명의 기사를 자기 지휘하에 두었다. 중세적 기준으로 본다면 강력한 군을 지휘하에 가지고 있었다. 또 노르만 인은 행정관리 기술에 뛰어나 영국 정부는 유럽에서 최강이고 최고 효율의 국가의 하나가 되었다.

노르만 정복에서 파생된 또 한 가지 흥미있는 결과는 새로운 영어의 발전이다. 노르만 정복의 결과로서 영국 내에 새로운 언어가 많이 주입되었다. 그것이 얼마나 많았느냐 하는 것은 현재 영어사전에는 앵글로색슨 어원(語源)보다도 프랑스 어, 라틴 어를 어원으로 하는 말이 많다는 것으로도 알 수 있다. 게다가 노르만 정복 직후부터 2,3세기 사이에 영어 문법은 급속히 변화하여 매우 단순해졌다.

만약 노르만 정복이 없었더라면 현대 영어를 저지(低地) 독일어와 네덜란드 어와 아주 조금 다른 정도의 것으로 되어 있을지도 모른다. 그리고 주요한 언어는 현재의 것과는 전혀 다른 것으로 되어 남았을지도 모른다. 이것이 단 한 사람의 생애에 달려 있었다(영어는 현재 세계에서 가장 많이 사용되는 것으로 되어 있지만 그 가치까지 없어졌을지도 모르게 될 뻔했다).

어떤 사람은 노르만 정복이 프랑스에 미친 효과에 대해서 말했는데 대략적으로 말해서, 당시 4세기간은 영국왕(노르만 태생이고 사실상 프랑스에 토지를 소유하고 있는)과 프랑스왕 사이에는 긴 싸움이 있었다. 이 전쟁은 직접적으로 노르만 정복까지 그 자취를 더듬을 수가 있다. 다시 말해서 1066년 이전에는 양국간에 전쟁이 없었다.

많은 점에서 영국은 유럽대륙의 여러 나라와 본질적으로 다른 바가 있다. 대제국을 수중에 넣었다는 것과 민주적 제도라는 두 가지 면에서, 영국은 다른 세계에 대해서 큰 영향력을 가지고 있었다. 그것은 영국의 크기와는 전혀 관계가 없는 것이다. 그런데 윌리엄의 활약 결과가 영국정치사의 국면에 어떻게 영향을 미쳤을까?

역사가는 현대 민주주의 덕택으로 영국이 발전했다고는 보지 않고 있다. 그렇지만 영국의 문화와 제도는 앵글로색슨과 노르만의 혼합이며, 이 혼합은 노르만 정복에 유래하고 있다. 그 반면 영국 민주주의의 그 후의 발전에 대해서 너무 많은 크레디트를 독재자 윌리엄에게 주는 것은 비합리적이라고 생각한다. 노르만 정복 후의 영국에는 약간이지만 귀중한 민주주의의 싹이 트고 있었다는 것은 확실하다.

대영제국을 형성함에 있어서의 윌리엄의 영향은 매우 명확하다. 1066년까지의 영국이 침략목표가 되는 것은 피할 수 없었다. 그러나 1066년 이후에는 입장이 반대가 되었다. 윌리엄과 그 자손들이 설립한 강대한 중앙정부와 그 정부가 관리하는 군사력 자원 덕택으로 영국은 두 번 다시 침략당하지 않게 되었다.

그 대신 영국은 연속적으로 해외에서 군사작전을 전개했다. 유럽 여러 나라가 해외로 확장하고 있었을 때는 당연한 일이었지만 그렇다 하더라도 영국은 다른 열강국보다도 많은 식민지를 획득했다.

그러나 영국사상 그 후의 발전에 대한 모든 크레디트를 윌리엄 황제에게 줄 수는 없다. 다만 노르만 정복은 나중에 영국에서 일어난 많은 사건에 간접적인 요인이 되었다는 것은 확실하다. 따라서 장기적으로 보면 윌리엄의 영향이 매우 크다고 할 수 있다.

70 제퍼슨
Thomas Jefferson (1743~1826)

미국의 제3대 대통령이며《독립선언》의 작자인 제퍼슨은 1743년에 버지니아 주의 새드웰에서 태어났다. 아버지는 측량사로 성공해서 아들에게는 많은 유산을 남겼다.

제퍼슨은 윌리엄 앤드 메리 대학에서 법률을 2년간 공부하다가 학위를 따지 않고 퇴학했다. 그 후에도 몇 년 법률 공부를 하다가 1767년에 버지니아의 변호사회에 들어갔다. 그 후 7년간은 변호사와 농경(農耕)을 하고 지냈다. 그리고 하원의원(독립전쟁 전)이 되었다.

그의 첫 번째 유명한 저서《영국령 미국의 제권리 개관(A Summary View of the Rights of British American)》은 1774년에 썼다. 그 이듬해에 제2회 대륙회의에 버지니아 의회의원의 한 사람으로 뽑혔으며 1776년에 독립선언을 기초(起草)했다.

그 해 늦게 그는 버지니아 입법부로 돌아와 몇 가지 개혁안 채택에서 주역을 맡게 되었다. 그의 중요한 두 가지 제안은 (1) 버지니아에 있어서의 종교자유의 법제화와 (2) 지식 보급의 법제화였는데, 그것에는 공공교육에 관한 것도 포함되었다.

교육에 대한 제언은 학교 초등교육은 국민 전원에게 실시하고 주립 대학을 설치한다든가 고도의 교육을 받을 수 있게 하는 학위제도 등도 포함되어 있었다. 이 제언은 당시의 버지니아 주에서는 채택되지 않았지만 그 후 모든 주에서 같은 계획이 발표되어 사실상 제도화되었다.

종교자유의 법률은 주목할 만한 것으로 완전한 신교(信敎)의 자유를 보장하며 국가와 교회를 완전히 분리하는 것이었다(그 전에 버지니아에는 영국교회가 설치되고 있었다). 그의 '이 제언에는 상당한 반대가 있었지만 실제로는 버지니아 입법부에서 통과했다(1786년). 마찬가지로 다른 주에서도 권리의 법령으로서 채택되었다. 이것이 머지않아 미합중국 헌법의 채택으로 이어졌다.

그는 1779년부터 1781년까지 버지니아 주지사를 맡고부터 정계를 은퇴했다. 은퇴 중에 《버지니아 주 노트(Notes on the State of Virginia)》라는 책을 냈다. 이 책에는 다른 사람과 함께 노예제도의 반대론이 명확히 기술되어 있다.

1782년에 부인이 사망했다. 두 부부는 10년간의 결혼생활에서 6명의 아이들을 낳았다. 그는 젊었지만 재혼하지 않고 지냈다.

곧 그는 은퇴생활에서 다시 사회로 나와 국회에 나가게 되었다. 그리고 화폐제도의 십진법(十進法)이라는 그의 제언이 채택되었다. 그렇지만 도량형(度量衡)에 대한 십진법은 채택되지 않았다(이것은 미터법이 고안되기 전의 일이다). 또 새 주에서는 노예제도를 금지하는 제언을 했지만 불과 한 표 차로 패배했다.

1784년에 그는 외교사절로서 프랑스로 건너가 프랭클린의 뒤를 이어서 미국 대사가 되었다. 5년간 프랑스에 체재하면서 미합중국 헌법이 기안되고 가결되는 동안 미국을 비운 셈이 된다. 그는 헌법의 재가를 열심히 지지하였으며, 다른 많은 사람들과 마찬가지로 여러 가지 권리의 법령이 헌법에 포함되어야 한다고 굳게 믿고 있었다.

1789년 후반에 귀국하여 곧 미국 초대 국무장관에 임명되었다. 내각 내에서 그는 재무장관인 알렉산더 해밀턴과 정치적 견해가 전혀 다르기

버지니아의 제퍼슨이 직접 설계한 자택. 국유기념물.

때문에 두 사람 사이에서는 의견충돌이 자주 있었다. 해밀턴의 정책을 지지하는 사람들은 결속해서 연방당(聯邦黨)을 결성하고 제퍼슨을 지지하는 사람들은 민주공산당(이것이 민중당이 된다)을 결성해서 국내에 두 개의 정당이 생겼다.

1796년에 대통령에 입후보했지만 아담스의 뒤를 이어 제2위가 되어 당시 실시되고 있던 헌법 규정에 의거하여 그는 부통령이 되었다. 1800년에 다시 대통령 선거에 입후보하여 아담스를 물리치고 당선했다.

대통령으로서의 제퍼슨은 온건했으며 기존의 정적(政敵)에 대해서는 회유적이었다. 그것이 미국의 가치있는 전례가 되었다. 영속적 효과라는 관점에서 보면 그의 대통령 재임 중의 사건은 루이지애나 구입이다. 이것으로 미국의 영토는 약 2배가 되었다. 루이지애나 구입은 사상 최대의 평화적인 영토 이전이며 이것으로 미국은 강대국이 될 수 있었다.

만약 그가 이 구입에 있어 개인적인 책임자라고 생각했다면 그를 더 높은 순위에 두었을 것이다. 그러나 사실은 나폴레옹이 이 영토를 미국에 팔겠다고 결단을 내렸던 것이다. 다시 말해서 이 광대한 영토 이전(移轉)의 책임자는 나폴레옹이었다. 만약 미국의 일개인이 이 구입에 특별한 크레디트가 있다고 하더라도 그것은 제퍼슨이 아니다. 그는 이런 거액을 주고 살 인물이 아니다. 오히려 파리 주재 미국 공사인 리빙스턴*(Robert Livingston)과 몬로*(James Monroe)라고 할 수 있다. 그들은 당시 외교상의 훈령을 넘어서 이상한 거래를 계약할 기회에 직면하여 광대한 영토 취득에 대해 협의하는 입장이 되었던 것이다(제퍼슨은 자기 비문(碑文)에 자기의 주요 업적으로서 루이지애나의 구입에 대해 일체 언급하지 않고 있다).

1804년에 대통령에 재선되었지만 1808년의 세 번째 임기에는 입후보하지 않고 워싱턴이 남긴 전례를 따르기로 되었다. 제퍼슨은 1809년에 정계를 은퇴하고 버지니아 대학 창립에 관계하였다(이 대학은 1819년에 공인되었다). 이로써 43년이나 전에 버지니아 입법부에 제언했던 교육계획을 마침내 스스로 실현할 수가 있었다. 1826년 7월 4일, 독립선언 50주년 기념일에 그는 만 83세의 훌륭한 생애를 마쳤다.

그는 정치적 재능 이외에도 몇 가지 재능이 있었다. 우선 5개 국어 또는 6개 국어에 대한 지식이 있었다. 또 자연과학과 수학에 흥미를 가지고 과학적 농경을 실시해서 농경자로서도 성공했다. 또 제조업자이기도 하고 작은 발명가이기도 했고 건축기술도 뛰어났다.

그의 재능과 개성이 너무나도 현저했기 때문에 역사상에 남긴 실제 영향을 과대평가하기 쉽다. 그의 진짜 중요성을 평가할 경우 우선 독립선언에 대한 것을 생각하고 출발했어야 했다. 왜냐하면 독립선언이 그의 현저한 업적이라고 일반인에게 인정되고 있기 때문이다. 주의해야 할 것은 독립선언은 미국 국법의 일부가 아니라 미국인의 이상의 선언인 것이다. 게다가 표현되고 있는 이상은 제퍼슨이 창시자가 아니라 존

---

*리빙스턴 : 1746~1813. 대륙회의의 멤버. 독립선언 기초위원. 독립 후 주프랑스 대사. 루이지애나 구입의 직접적인 공로자.
*몬로 : 1758~1839. 독립전쟁 참가 후 제퍼슨에게 법률을 배우고 연방 상원의원, 주프랑스 대사, 국무장관을 거쳐서 제6대 대통령이 되었다. 외교상 유럽과 신대륙 여러 나라와의 상호 불간섭을 주장하여 몬로주의를 선언했다.

로크의 저서에서 주로 유래하고 있다. 선언문은 본래 철학이 아니다. 또한 그것을 의도하고 있지 않다. 오히려 많은 미국인이 이미 지지하고 있는 신조를 간결한 선언으로 만든 데 지나지 않는다.

제퍼슨이 쓴 선언문의 멋진 어법(語法)은 독립을 선언하기 위한 미국의 결정에 아무런 책임도 있지 않다. 혁명전쟁은 1775년 4월에 이미 렉싱턴과 콩코드의 싸움에서 시작되었고(독립선언의 1년 전부터), 그 다음 달에 미국 식민지는 중대한 결정에 직면했다. 완전한 독립을 요구해야 하느냐, 영국 정부와 어느 선에서 타협해야 하느냐 하는 것이었다.

1776년 봄에 대륙회의(大陸會議)에서는 완전독립의 선택으로 대세는 흐르고 있었다. 대영국제국으로부터의 완전독립 선언을 제언한 것은 제퍼슨이 아니라 버지니아 선출의 리차드 헨리 리*(Richard Henry Lee)라는 사람으로, 6월 7일에 동의안을 제출했다. 의회는 회의 결의문 채택 여부를 몇 주일 연기하기로 했다. 그리고 제퍼슨을 위원장으로 하는 위원회를 임명하는 한편 독립선언의 논거가 될 공식 성명문의 준비에 착수했다.

위원 일동은 성명문의 초안을 제퍼슨 단독으로 작성할 것을 허가했다. 의회는 7월 1일에 리 의원의 동의를 채택하고, 이튿날 만장일치로 가결했다. 이 독립을 위한 중대한 결정은 7월 2일의 투표에서 결정했다. 제퍼슨의 초안문에 대한 토론은 그 후에도 거의 없었으며, 다소의 수정을 가해 2일 후인 1776년 7월 4일에 가결되었다.

그런데 만약 독립선언이 사람들이 생각하는 것만큼 중요하지 않다고 한다면 제퍼슨은 그 밖의 업적으로 비교적 높은 순위에 놓을 자격이 있을까. 그의 비문에는 두 가지 업적을 들고 있다. 하나는 버지니아 대학 창립자로서의 역할로 확실히 칭찬할 가치가 있는 일이지만, 이 책의 총괄적인 위치에 영향을 미칠 만큼 충분한 중요성은 없는 것처럼 생각된다.

또 하나는 그의 저서 《신교의 자유와 버지니아의 법규(Statute of

---

* 리 : 1732~1794. 버지니아 식민지 대표로서 대륙회의에 참석.

Virginia for Religious Freedom)》에 대한 것으로, 이것은 확실히 중요하다. 물론 종교의 자유에 대해 일반개념은 로크, 볼테르를 포함한 제퍼슨 이전의 탁월한 몇 사람의 철학자가 표명하고 있다. 그렇지만 제퍼슨의 법규는 로크가 제창한 정책보다도 더 진보된 것이다. 게다가 그는 현실 정치가였다. 자기의 제언을 법률로서 성문화하여 여러 가지 권리와 함께 다른 주에도 영향을 미쳤다.

다음 문제는 그는 연방권리장전(聯邦權利章典) 채택에 얼마만큼의 책임이 있었느냐 하는 것이다. 확실히 이 장전을 갖고 싶다는 사람들의 대표자이기는 했지만, 입장은 그 집단의 지적(知的) 리더에 지나지 않았다. 게다가 1784년부터 1789년 후반까지 외국에 있었기 때문에 그 동안에는 헌법제정위원회 직후의 중요한 기간 중에 권리장전 획득을 위한 싸움을 지도할 수 없었다. 그리고 국회에서 실제로 개정안을 통과시키는 주요한 역할을 한 것은 제임스 매디슨*(James Madison)이었다 (국회는 1789년 9월 25일에 개정안을 통과시켰다. 제퍼슨이 미국으로 돌아오기 전의 일이다).

그러나 이렇게 말할 수가 있다. 그가 미국에 가장 뿌리 깊은 영향을 미친 점은 공적인 행동이 아니라 오히려 일상생활 태도라고 생각한다. 그렇다고 해서 그의 사상을 실제로 미국인 일반이 어느 정도 받아들이고 있는지는 알 수 없다. 제퍼슨의 이름에 영광을 느끼는 사람들 중에 그의 생각과 정반대의 정책을 지지하는 사람도 있다. 예를 들면 우리가 흔히 말하는 '소정부주의'(Small government)를 그도 굳게 믿고 있다. 그 특징적 문장을 인용하면 그는 취임인사에서,

"······현명하고 검소한 정부로 사람들이 서로 상처입히지 않도록 예방하고, 산업과 개량공사 등 각자가 하는 일을 규제하지 않고 마음대로 시킨다······."

라고 했다.

---

*매디슨 : 1751~1866. 프린스턴 대학 졸업, 대륙회의·헌법제정회의 멤버. A. 해밀턴과 미국 헌법을 지켰다. 제4대 대통령. 기본적 인권을 규정한 헌법 수정을 제안했다.

확실히 그의 견해는 옳지만 후반기 40년간의 선거 결과는 미국인 대부분의 신뢰는 맡고 있지 않는 것 같다. 그리고 헌법해석에서 최고의 권위는 최고재판소에 있다는 견해에 강하게 반대하고 만약 그렇게 되면 의회를 통과해도 최고재판소는 그 법률을 위헌이라고 선언할 수 있게 되고 그것은 민주정치의 근본에 어긋난다고 말했다.

지금까지 말해온 것 때문에 제퍼슨은 그다지 영향력이 없으며, 이 리스트에 올리면 안 된다고 느낄지도 모른다. 그렇지만 너무 사소한 일에만 마음을 뺏기는 것은 꼭 나무를 보고 숲을 보지 않는 셈이 된다. 그래서 한 걸음 물러나서 그의 생애 전체를 관찰해보자. 그렇게 하면 인간 자유의 탁월한 대변자라고 하는 이유를 차차 이해할 수 있을 것이다.

그를 워싱턴보다 높은 순위로 해야 할까, 낮은 순위로 해야 할까. 미국의 독립과 민주주의적 여러 가지 제도는 많은 사람들의 사상과 행동의 노력이 결정(結晶)된 것이다. 나는 두 사람 다 불가결의 사람이라고 믿는다. 일반적으로 사상은 보다 중요한 공헌도를 가지고 있다.

그러나 사상의 크레디트는 많은 사람들에게 분할되지 않으면 안 된다. 그 중에는 제퍼슨, 매디슨과 같은 미국인부터 로크, 볼테르 기타 유럽 사람들도 포함된다. 제퍼슨이 그 훌륭한 재능과 명성에도 불구하고 이 리스트에서는 워싱턴보다 하위에 둔 것은 그만한 이유가 있기 때문이다.

 루 소
Jean Jacques Rousseau (1712~1778)

철학자 장 자크 루소는 스위스의 제네바에서 1712년에 태어났다. 어머니는 그가 태어나자 곧 사망하고, 10세가 되었을 때 아버지는 추방

당해 루소를 남겨두고 제네바를 떠나고 말았다.

루소는 1728년 16세가 될 때까지 제네바에 있었으나, 그 사이의 오랜 기간 동안의 소식은 알 수 없다. 여기저기 루소가 일정치 않은 방랑 생활을 하고 있었던 것 같다. 그 사이 몇 번인가 연애를 했으며 그 중 테레즈 르 바수르(Therese le Vasseur : 하숙집의 세탁하는 여자)와의 연애가 있었다. 그녀와의 사이에 5명의 아이를 낳고, 그 아이들을 전부 기아(棄兒) 양육원에 맡겼다(실제로는 그가 56세가 되어 테레즈와 결혼했다).

1750년에 38세가 된 루소는 아카데미의 현상 논문에 입상함으로써 일약 유명해졌다. 이 상은 주제가 예술이든 과학이든, 인간 사회와 도덕에 유익한 논문에 대해서 수여되는 것이었다. 루소의 논문은 결론적으로 자연과학과 학예의 진보는 결코 인류의 이익이 되지는 않는다는 것이었다. 이 상의 제1회 수상으로 유명해진 후 계속해서 많은 저술을 했다.

《인간불평등기원론(人間不平等起源論)》(1755),《사회계약론》(1762),《신(新)엘로이즈론》(1761),《에밀》(1762),《참회록(懺悔錄)》(1770) 등은 모두 그의 명성'을 더욱 높였다. 게다가 루소는 음악에도 강한 흥미를 가지고 레 뮤제 갈랑테(Les muses galantes)와 르 드방 드 빌라쥐(Le devin du Village)라는 2개의 오페라를 작곡했다.

루소는 처음에 프랑스 계몽주의의 자유주의자 몇 명과 친구가 되었다. 그 중에는 디드로*(Denis Diderot)나 달랑베르*(Jean Le Rond

---

* 디드로 ; 1713~1784. 프랑스의 사상가. 백과전서파의 대표적 인물. 영국의 경험론에서 많은 것을 배우고, 당시의 지식인을 동원해서《백과전서》를 완성했다. 기계적 유물론으로 문학과 과학에 정통했다. 날카로운 사회비판과 풍자소설 등을 썼다.

* 달랑베르 ; 1717~1783. 프랑스의 수학자, 철학자, 신학과 의학, 법률을 공부하여 변호사가 되었다. 나중에 수학, 물리학을 연구하여 '역학원리'로 동력학을 정역학(靜力學)으로 바꾸는 '달랑베르의 원리'를 제창했다. 디드로와《백과전서》를 편집하고 스스로 수학 항목을 집필했다. 철학적으로는 불가지론(不可知論)으로 기울어 신의 존재에 의심을 표명했다.

Naudet 작
루소의 에칭화

D′Alembert) 등이 있었으나, 곧 그의 사상은 이들 친구와 멀어지게 되었다. 볼테르가 제네바에 극장을 건설하려고 하는 계획에 반대하자 (그는 극장은 부도덕한 사람을 위한 학교라고 주장했다), 루소는 볼테르의 영원한 적이 되고 말았다.

그것과는 별도로 루소의 일반 주정주의(主情主義)는 볼테르나 백과전서파 사람들의 합리주의와는 날카롭게 대립하는 것이었다. 1762년에 루소는 정치사상의 저작으로 당시의 관권과 심한 분쟁이 있었다. 그 무렵부터 친구들은 그로부터 떨어지게 되고, 그 자신도 편집적(偏執的)인 성격으로 되어갔다.

많은 사람들이 루소의 편이 되려고 했지만 그는 의심이 많아 적대적이 되어 갔으며 결국 선의를 가진 사람들과도 헤어지게 되었다. 이렇게 해서 그의 마지막 20년간은 비참하고 불행한 사람으로 되어갔다. 1778년에 프랑스의 에르메농 빌(Ermenon ville)에서 죽었다.

루소의 저작물은 어떤 의미에서 사회주의, 국가주의, 로맨티시즘, 전체주의, 반합리주의의 발생에 중요한 요인이 된 동시에 프랑스 혁명을 준비하는 과정이 되었으며, 또 오늘날의 민주주의 평등주의에도 본질적으로 공헌하고 있으며 교육이론에도 큰 영향을 미쳤다. 또 인류는 자기 환경으로부터의 산물을 독점하고 있다는 이론도 그의 저서에서 나온 논쟁거리일 것이다.

물론 그는 현대의 기술이나 사회는 악이라는 사고방식과 관련이 있으며, 또 '고상한 야만인'(noble savage)이라는 이상에서 나왔다고 생각했다. 만약 그가 이들 모든 개념에 대해서 크레디트를 가지고 있다면, 이 리스트에서는 더 높은 순위가 될 것이다. 그러나 그것은 과장된 것이며 잘못되었다고 생각한다.

예를 들면 '고상한 야만인'이라는 개념을 생각해보자. 그는 결코 이런 말을 쓰지는 않았으며, 남해제도(南海諸島)의 원주민을 칭찬하지도 않았다. 또 아메리칸 인디언도 존경하지 않았다. '고상한 야만인'의 사상은 루소의 시대보다 전에 통용되고 있었을 것이다. 영국의 유명한 시인인 드라이든*(John Dryden)은 루소가 태어나기 1세기나 전에 이 말을 썼다. 루소는 또 사회는 필연적으로 악이라는 태도를 취하고 있는 것이 아닐까. 아니 정반대로 그는 항상 사회는 인간에게 필요하다고 주장하고 있다.

'사회계약'이라는 개념을 만든 것은 루소라고 말하는 것은 완전히 잘못이다. 이 생각은 특히 다년간 논한 것으로, 로크의 책은 루소가 태어나기 전에 출판되었다. 또 영국의 철학자 홉스는 로크보다도 더 전에 사회계약의 개념을 논하고 있다.

그럼 루소의 기술반대론은 어떨까? 루소가 죽은 후 2세기 동안에 기술은 전례가 없을 만큼 급성장을 이루었음은 확실하다. 루소가 기술에 반대한 점에 한해서 말하자면 전혀 쓸데없는 일이었다. 그렇기는커녕 현재 있는 반기술적 편향(偏向)은 결코 루소의 저서에서 유래된 것이

---

* 드라이든 ; 1631~1700. 영국의 시인, 극작가, 비평가. 캐임브리지 대학 졸업. 크롬웰 공화정부에서 벼슬을 하다 크롬웰의 죽음을 애도하는 글을 쓰고, 왕정복고(王政復古)에서 왕당으로 전신(轉身)하여 《정의의 여신의 귀환》을 썼다. 그의 무절제함은 새뮤얼 존슨에게 비난받았다. 역사시 《놀라운 해》를 발표했다. 기타 정치풍자시 등 많은 작품이 있다.

아니다. 이 2세기 동안에 무제한적인 기술의 응용이 만들어낸 바람직스럽지 못한 결과에 대한 반응이다.

많은 사상가는 환경적 요인은 인격 형성상 압도적으로 중요하다고 지적하고 있지만, 이 일반적인 공통개념만 하더라도 루소에게 크레디트를 주는 것은 불합리하다고 생각한다. 단적으로 말해서 국가주의는 프랑스 철학자가 생존하기 전부터 있었던 중요한 한 세력이며, 루소는 물론 국가주의의 발생과는 관련이 없다.

그럼 루소의 저작물은 프랑스혁명으로 가는 과정에서 뭔가 도움이 되었을까? 어느 정도 그것은 의심할 수 없는 사실일 것이다. 그리고 디드로나 달랑베르보다는 의의(意義)를 가지고 있다. 그러나 볼테르와 그의 저작의 영향이 더 많은 파급을 가져왔음이 명백하다. 이 문제에 관해서는 볼테르가 루소보다 큰 영향을 미쳤다.

루소는 체질적으로 반합리주의자다. 특히 당시의 다른 유명한 프랑스의 저술자를 비교해서 그렇게 말할 수 있음은 확실하다. 그렇지만 반합리주의는 결코 새로운 것이 아니다. 우리의 정치적, 사회적 신조라는 것은 항상 감정과 편견을 바탕으로 하고 있다. 그것을 정당화하기 위해 표면적으로 합리적인 이론으로 혼합해서 완성하는 일이 종종 있다.

그렇지만 루소의 영향은 그의 숭배자(또는 반대자)가 주장하는 것만큼 큰 것은 아니지만 그런 대로 큰 것이다. 문학상 로맨티시즘을 일으킨 중요한 요인이라는 것은 틀림없다. 또 교육이론이나 교육실천상의 영향도 매우 중요하다는 것은 증명되고 있다. 루소는 어린이의 교육에서 독성의 중요성을 최소한으로 억제하고, 그것보다 정서 쪽을 이성보다 먼저 가르쳐야 한다고 말하고, 어린이가 경험을 통해서 학습하는 것이 중요하다는 것을 강조하고 있다. 동시에 루소는 모유로 키우는 이점을 열심히 주장했다.

자기 아이를 버린 사람이 다른 사람에게 아이들을 기르는 방법에 대해서 강연한다는 것은 참으로 뻔뻔스러운 일이지만, 그렇다 하더라도 루소의 사상은 현대의 교육론에 뿌리 깊은 영향을 미쳤음은 틀림없는 일이다.

　그의 정치에 관한 저서에는 흥미있고 독창적인 생각이 많이 나와 있다. 그러나 그 전체를 지배하고 있는 것은 평등에 대한 정열적 요구이며, 또 기존의 사회구조는 참을 수 없을 만큼 부정(不正)하다고 하는 격정적인 느낌이 있다(인간은 태어날 때는 원래 자유다. 그러나 어디에 가더라도 인간은 속박의 쇠사슬 속에 걸린다). 루소는 스스로는 폭력을 요구하지 않는다. 그렇지만 다른 사람에 대해서는 서서히 하는 개혁보다 폭력혁명을 택하도록 격려하고 있다.

　루소의 사유재산제도에 관한 견해는 종종 서로 모순되고 있다. 그는 재산은 '시민의 전체 권리 중에서 가장 신성한 것'이라고 기술(記述)하고 있다. 그가 사유재산제도에 반대한 것은 그것을 찬미하기보다도 그의 독자들의 태도에 커다란 효과를 가져온다고 보았기 때문이라고 생각하는 편이 안전할지도 모른다. 어쨌든 간에 그는 사유재산제도를 심하게 반대하는 저술자의 한 사람이며, 따라서 그는 현대의 사회주의와 공산주의의 시조라고 생각할 수가 있다.

　끝으로 루소의 본래의 이론을 무시해서는 안 된다. 사회계약론의 중핵(中核)이 되는 사상은 루소가 말하는 '동아리 상호의 전소외(全疎外) 그리고 전사회(全社會)에 대한 개인의 전권리(全權利)에 있다. 이 표현에는 시민의 자유 또는 기본적 인권에 대한 여유를 그다지 남겨두지 않고 있다. 루소 자신은 권위에 대한 반역자이지만 그 후의 전체주의 정체(政体)를 정당화하는 데 그의 저서는 크게 효과가 있었다.

　루소는 극단적으로 신경증적 개성(편집증이라고까지는 하지 않더라도)이고 관심적 애국주의자로 그는 도저히 상상할 수 없는 엉터리 사상가라고 비평받기도 한다. 이 비평은 아마도 옳을 듯하다. 그러나 그의 결함 이상으로 중요한 것은 그 훌륭한 통찰력과 창조성이다. 이 영향은 2세기 이후인 현재의 사상에도 계속되고 있다.

72 제 너
Edward Jenner (1749~1823)

에드워드 제너는 영국의 의사로, 무서운 천연두의 예방법을 개발하여 보급한 인물이다.

오늘날 제너의 덕택으로 천연두를 이 지구에서 없앨 수가 있었다. 우리는 역사상 천연두가 일으킨 뜻밖의 재난이 얼마나 무서운 것이었는가를 잊는 일이 많다.

천연두의 감염성은 매우 강하기 때문에 유럽의 주민들은 대부분이 언젠가 그 병에 걸리기가 쉬웠다. 그리고 이 병에 걸리면 환자의 적어도 10~20%는 그대로 사망하는 악성의 것이었다. 그리고 살아 남는 사람 중의 10~15%는 심한 마마자국이 생겨서 영원히 보기 흉하게 되고 말았다. 이 천연두는 유럽뿐만 아니라 북미, 인도, 중국 기타 전세계에 퍼지고 있었다. 그 중에서도 가장 큰 희생자는 어린이들이었다.

오랫동안 이 천연두 예방을 위해 믿을 수 있는 방법을 발견하려는 노력이 거듭되고 있었다. 다만 한번 천연두에 걸린 사람은 면역이 생겼기 때문에 두 번 다시 그 병에 걸리지 않는다는 것은 오랫동안 알고 있었다.

동양에서는 이런 관측에서 가벼운 천연두에 걸린 환자로부터 채취한 자료를 건강한 사람들에게 접종하는 일을 하고 있었다. 이것은 접종한 사람은 만약 걸리더라도 가벼운 증상이고, 나으면 면역이 되기를 기대했기 때문이다.

이 방법은 18세기 초기에 몽타규(Lady Mary Wortley Montague)가 영국으로 도입해서, 제너 이전에 상당히 오랜 기간 이 방법이 시행되고 있었다. 제너 자신도 8세 때 천연두에 걸렸었다. 그렇지만 이

처음으로 접종하는 제너

천진난만한 예방법에는 중대한 결함이 있었다. 즉 접종받은 사람이라도 상당수의 사람들이 가벼운 천연두가 아니라 상당히 무거운 천연두에 걸리면 심한 마마자국을 남기게 된다는 것이다. 사실 접종한 사람의 약 2%는 치명적인 천연두에 걸렸으므로 유효한 예방법이 절실하게 요구되고 있었다.

제너는 1749년에 잉글랜드의 버클리라는 조그만 도시에서 태어났다. 12세 때 어떤 외과 의사의 제자가 되었다가 그 후에는 해부학을 공부한 후 병원에 근무했다. 1792년에 성(聖) 앤드로 대학에서 의학박사 학위를 받았다. 40세 중반에는 훌륭한 외과 의사로 성공했다.

제너는 자기가 살고 있는 지역의 낙농장에서 일하는 여자나 농부들 사이에서는 보통 우두(牛痘)라는 가축 소의 병(인간에도 감염된다)에 감염된 사람은 그 후 절대로 천연두에 걸리지 않는다는 신앙 비슷한 것을 알 기회가 있었다.(우두는 인간에게는 해롭지 않지만 그 징후는 가벼운 천연두와 매우 유사하다)

제너는 만약 농부들의 신앙이 옳다면 우두를 인간에게 접종하면 천연두에 대한 안전한 면역방법이 되지 않을까 하고 생각했다. 그 문제를 주의 깊게 연구하여 1796년에 이 신념이 옳다는 확신을 얻었다. 그래서 직접 그 방법을 시험했다.

　1796년에 낙농장에서 일하는 여자의 손에 우두가 생긴 혹으로부터 채취한 것을 8세가 된 제임스 핍스라는 소년에게 접종했다. 기대했던 대로 그 소년은 천연두에 걸려도 금방 나았다. 몇 주일 후에 그는 이번에는 천연두를 접종했는데, 바라던 대로 그 소년은 아무런 증상도 나타나지 않았다.

　다시 몇 가지 연구를 거듭한 후에 제너는 그 성과를 소책자로 정리하여《우두의 원인과 효과에 관한 연구》를 1798년에 자비(自費)로 출판했다. 이 책이 백신주사를 급속하게 보급시키는 기초가 되었다. 제너는 그 후 백신주사(종두)에 관한 책을 5권쯤 출판했으며, 만년의 거의 대부분은 종두기술지식의 보급과 그 실시를 위해 일했다.

　종두는 영국에서 급속히 보급되었으며, 영국 육해군에서는 즉각 강제적으로 실시되었다. 그리고 사실상 전세계에서 채용되었다. 제너는 이 기술을 무상(無償)으로 전세계에 제공하고 그것으로 이익을 얻으려고 하지 않았다.

　1802년에 영국 의회는 감사의 의미로 그에게 1만 파운드의 상금을 주고, 다시 몇 년 후에 2만 파운드를 추가했다. 이것으로 그는 세계적으로 유명해졌을 뿐만 아니라 많은 명예스러운 표창과 훈장을 받았다. 그는 결혼하여 세 아이를 가졌으며, 73세까지 살다가 버클리의 자택에서 1823년초에 죽었다.

　다 알고 있듯 제너는 우두의 감염이 천연두에 대한 면역성을 준다는 생각을 창조한 것은 아니다. 그의 연구와 실험과 저작물에 의해서 전문의사가 한 사람도 거들떠보지도 않았던 농민들의 민간신앙을 하나의 표준적인 치료법으로 확립해서 헤아릴 수 없을 만큼 많은 인명을 구했던 것이다.

　제너의 기술은 오직 한 가지 병의 예방에만 응용되고 있지만 그 한 가지 병은 매우 큰 것이었다. 제너가 영예를 받을 자격이 충분히 있다는 것은 그가 살아 있을 때부터 현세대까지 모두 일치하고 있다.

73 뢴트겐

Wilhelm Conrad Röntgen (1845~1923)

X선의 발견자 뢴트겐은 1845년에 독일의 레네프라는 곳에서 태어났다. 1869년에 취리히 대학에서 의학박사 학위를 받은 후 19년간 여러 대학에 근무하면서 차차 일류 과학자로서 명성을 얻게 되었다.

1888년에는 부르츠부르크(Wurzburg) 대학 교수 겸 물리연구소장에 임명되었다. 그곳에서 뢴트겐은 유명한 대발견을 했던 것이다.

1895년 11월 8일의 일이었다. 뢴트겐은 음극선(陰極線)으로 뭔가 실험을 하고 있었다. 음극선이라는 것은 전자의 흐름으로 구성되어 있다. 이 흐름은 진공관의 각 단말(端末)에 붙인 전극간에 고전압을 작용시켜서 만들어진다. 음극선 그 자체에는 투과력(透過力)이 없기 때문에 공중 몇 cm에서 곧 멎어버린다.

이 경우에 뢴트겐은 전류가 통해도 진공관으로부터는 빛이 보이지 않도록 두껍고 검은 종이로 음극선을 완전히 덮어버렸다. 그러나 그가 음극선관에 전류를 통하게 하자 가까운 데 있는 소파에 두었던 형광성(螢光性) 스크린에 마치 하나의 빛이 그것을 자극하고 있는 것처럼 나오고 있는 것을 보고 놀랐다. 그가 음극선의 전류를 멈추자 스크린의 발광(發光)도 꺼졌다.(이 스크린은 바륨시안화 백금이라는 형광체로 코팅되어 있었다.)

음극선관은 완전히 덮여 있기 때문에 뢴트겐은 금방 무엇인가 방사성의 불가시적(不可視的)인 것이 전류를 통하게 되면 이 관으로부터 나오는 것이 틀림없다는 것을 알았다. 이처럼 이상한 성질을 가지고 있기 때문에 그는 이 불가시 광선을 'X선'이라고 불렀다. 왜냐하면 'X'는 수학에서 미지수의 기호로서 쓰이고 있기 때문이다.

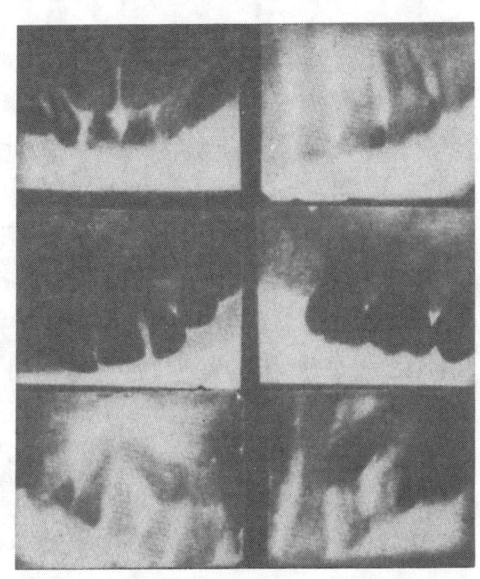

X선은 치과 치료에
큰 진보를 가져왔다

  이 우연한 발견에 자극받은 뢴트겐은 다른 일체의 연구를 그만두고 X선의 성질에 대한 연구에 집중했다. 몇 주일간의 진지한 연구를 한 결과, 다음과 같은 사실을 발견했다.
  (1) X선은 바륨시안화 백금 이외의 각종 화학물질에도 형광성을 일으킬 수가 있다.
  (2) X선은 보통광에는 불투명한 많은 물질을 꿰뚫을 수가 있다.
    그는 특히 광선이 살은 투시할 수 있지만 뼈에서 정지되는 것에 주목했다. 음극선관과 형광 스크린 사이에 자기 손을 놓고 자기 손뼈의 그림자를 스크린 위에 볼 수가 있었다.
  (3) X선은 일직선으로 진행하며 자장(磁場)이 있어도 하전입자(荷電粒子)처럼 치우치는 일이 없다.
  1895년 12월에 뢴트겐은 X선에 관한 최초의 논문을 썼다. 이 리포트는 큰 관심을 일으켜 대소동이 되었다. 2, 3개월 후에 수백 명이나 되는 과학자들이 X선의 연구를 시작하여 1년 이내에 약 천 편의 논문이 발표되었다.
  그의 발견에 직접 영향을 받은 과학자 중에 베크렐이 있었다. 베크렐은 X선의 연구를 하려고 하다가 방사능의 더 중요한 현상에 부딪칠 기회를 얻었다.

일반적으로 X선은 고(高)에너지의 전자가 있는 물체에 부딪쳤을 때 발생한다. 더구나 X선 그 자체는 전자를 구성하지 않고 있기 때문에 전자파로 구성되고 있다. 따라서 X선은 파장이 매우 짧은 것을 제외하면 원래 가시광선(다시 말해서 광파(光波))과 비슷하다.

X선은 의학, 치과 등의 진단에 응용되며 또 악성 종양(腫瘍)의 파괴 또는 그 성장을 저지하는 데 방사선 요법으로도 쓰인다. X선은 그 밖에 산업면에도 많이 이용할 수 있다. 예를 들면 공업재료의 두께 측정이라든가 숨어 있는 결함의 검출 등이다. 또 X선은 생물학에서 천문학까지 광범위한 과학연구에 이용되고 있다. 특히 X선은 원자나 분자 구조에 관한 대량의 정보를 과학자에게 제공하고 있다.

뢴트겐은 X선의 발견에 대해서 모든 크레디트를 받을 자격이 있다. 그 발견은 비록 예기치 않은 우연한 것이지만 그는 단독으로 연구했고 그것을 훌륭하게 완성시켰다. 게다가 이 발견은 베크렐 기타 과학자들에게 중대한 자극을 주었다.

그러나 뢴트겐의 중요성을 과대평가하면 안 된다. X선의 응용은 확실히 유익하지만 패러데이가 전자기 유도를 발견했을 때처럼 완전히 기술을 바꿀 정도의 것은 아니다. 또 X선의 발견이 과학이론상 진짜로 근본적인 중요성이 있는 것이라고는 할 수 없다.

자외선(이 파장은 가시광선보다 짧다)은 그보다 거의 1세기 전에 알려졌다. X선의 존재—자외선보다도 파장은 약간 짧지만 자외선과 비슷하다—는 따라서 고전물리학의 테두리 속에 들어간다. 전체를 일괄해서 나는 뢴트겐을 베크렐보다 밑의 순위에 두는 것이 합리적이라고 생각한다. 베크렐의 발견은 더 기본적인 중요성이 있다.

뢴트겐에게는 친자식이 없었으므로 딸 하나를 양녀로 삼았다. 1901년에 최초의 노벨 물리학상 수상자가 된 그는 1923년에 독일의 뮌헨에서 죽었다.

74 바흐

Johann Sebastian Bach (1685~1750)

  위대한 작곡가인 바흐는 서유럽의 여러 나라에서 다른 스타일의 음악을 훌륭하게 정리한 최초의 사람이다.
  이탈리아, 프랑스, 독일의 전통 음악 중 최고의 것을 모아서 그 어느 것보다도 음악적인 풍부함을 만들어내는 데 성공한 것이다. 생존 중에는 그다지 유명하지 않았던 바흐는 사후(死後) 50년쯤 지나는 동안에 반은 잊혀져가다가 150년 사이에 서서히 일반에게 알려져 지금은 일반적으로 두세 사람의 최고 작곡가 중의 한 사람으로 꼽히게 되었다. 사람에 따라서는 그 중에서도 최고의 작곡가라고 말하는 사람도 있다.
  바흐는 독일의 아이제나흐에서 1685년에 태어났다. 음악적 재능을 칭찬하고 음악연습을 장려하는 환경에 태어난 것은 그의 행운이었다. 바흐의 가정은 그가 태어나기 훨씬 전부터 음악분야에서는 눈에 띄는 존재였다. 아버지는 명바이올리니스트이고 두 사람의 증조부는 유능한 작곡가이며 종형제 중에도 훌륭한 음악가가 많이 있었다.
  어머니는 그가 9세 때 죽고, 10세 때 아버지까지 죽었다. 10세 때 뤼네부르크의 성(聖) 미카엘 스쿨로부터 장학자금을 받았다. 첫째는 그의 목소리가 근사하게 좋다는 것과, 또 하나는 그럴 필요가 있었기 때문이다. 1702년에 성 미카엘 스쿨을 졸업하고, 이듬해에는 어떤 실내악단의 바이올리니스트가 되었다. 그 후 20년간은 여러 가지 일을 해왔다. 그러나 생존 중에는 작곡, 음악교사, 지휘자 등도 했지만 주로 오르간 주자(奏者)로서 유명했다. 1723년 38세 때 라이프치히의 성 토마스 교회의 성가대 자리를 얻었다.
  바흐는 비교적 좋은 지위에서 항상 가정을 착실하게 지켜왔지만 모차르트나 베토벤이 생존 중에 얻은 명성 정도의 것은 얻지 못했다. 바흐의 고용주는 누구나가 그의 자질을 인정할 정도가 되지 못했다. 라이프치히의 교회 평의회에서는 일류 음악가를 고용하고 싶어했다.

그러나 1등이나 2등을 고용할 수 없었기 때문에 마지못해 그 자리를 바흐에게 제공하게 되었다. 반면 몇 년 전에 그는 바이마르 공작 궁정의 오르간 주자와 콘서트 마스터라는 직으로부터 새로운 직으로 옮기고 싶다고 신청했더니, 그 공작은 바흐를 놓치는 것을 꺼려 그를 감옥에 가두어버렸다. 바흐는 공작의 노여움이 가라앉을 때까지 3주일 이상이나 감옥에서 지냈다고 하는 에피소드가 있다.

바흐는 22세 때 재종누이동생과 결혼하여 7명의 아이를 가졌으나, 35세 때 아내가 죽었다. 이듬해에 재혼했는데, 이 후처는 7명의 아이들을 기를 뿐만 아니라 다시 13명의 아이를 낳아서 길렀다. 그 중 9명은 아버지보다 장수했고, 특히 4명은 훌륭한 음악가가 되었다. 그야말로 탤런트 일가였다.

바흐는 다작형(多作型)의 작곡가였다. 작품에는 약 3백 편의 칸타타, 48편의 푸가, 〈The Well Tempered Clavier〉를 포함한 전주곡 23편의 콘체르토, 4편의 서곡(序曲), 33편의 소나타, 5편의 미사곡, 3편의 오라토리오 등 여러 가지 소곡이 있으며, 그것을 전부 합친다면 약 8백 곡 이상을 작곡한 셈이 된다.

바흐는 루터교파 신자로 신앙심이 두터워 교회에 봉사하는 데에 뜻을 두었으므로 작품의 대부분은 종교음악이다. 그는 결코 새로운 형식의 음악을 생각해내려고는 하지 않고 오히려 기존 형식을 최고의 것으로 만들려고 했다.

사후 반세기 동안 바흐의 음악은 완전히 잊혀지고 있었다. 그러나 당시의 대음악가인 하이든, 모차르트, 베토벤 등이 바흐의 자질을 높이 평가하고 있던 점은 주목할 가치가 있다. 새로운 형식의 음악이 발전하기 시작하자, 구식인 바흐의 음악은 차차 존재가 희미해졌다. 그러나 1800년 이후 바흐 음악에 대한 흥미가 부각되어 그의 명성은 차차 높

바흐가 쓴 B단조의 악보

아졌고 생존시보다도 폭이 넓어졌다. 스타일이나 주제가 모두 2백여 년 전의 구식인 이 작곡가가 오늘날 이만큼 칭찬받은 것은 의아하다. 도대체 이 근사한 명성의 근거는 무엇일까?

우선 첫째는, 대개 기술적으로 뛰어난 작곡가 중에서도 최고의 장인(匠人)이라고 생각된다. 그리고 생존 중의 음악적 축적을 다 알고 그것을 완전히 활용한 점이다. 예를 들면 바흐의 대위법(對位法 : 두 가지 이상의 멜로디를 동시에 연주하는 기술, 수반하는 선율)을 예술적으로 완전히 구사하는 그의 능력에 대항할 수 있는 작곡가는 눈에 띄지 않는다. 게다가 그의 작품은 오케스트레이션(관현악 편곡법)의 논리와 다양성, 또한 주선율(主旋律)의 적절함, 표현력이 풍부한 멜로디라는 점에서 칭찬받고 있다.

음악을 공부하는 학생들에게는 바흐 작곡법의 깊고 복잡한 구성은 비교적 이해하기 쉬운 다른 작곡가의 작품보다도 영속적인 매력을 느끼게 한다. 음악에 무관심한 일반인에게 바흐는 비교적 이해하기 어려운 작곡가로 보일지도 모른다. 그러나 그의 레코드 판은 베토벤을 제외하면 누구보다도 많이 팔리고 있다. 바흐나 베토벤의 작품은 한때 크게 유행하다가 금세 인기가 떨어지는 대중 작가의 것보다도 훨씬 많이 들고 있다.

　그러면 바흐의 순위는 어떻게 해야 할까? 단적으로 말하자면 베토벤보다 아래 순위에 두어야 할 것이다. 베토벤의 작품은 대중적이어서 바흐보다 음악사상 영향도가 높은 과감한 혁신가이기도 하기 때문이다.

　바흐는 시각예술(視覺藝術)의 제1인자인 미켈란젤로나 문학의 대천재 셰익스피어보다 아래에 두는 것이 적당하다고 생각한다. 그러나 음악의 끊임없는 명성과 차대(次代)의 작곡가에게 미친 큰 영향이라는 견지에서 보면 다른 예술가나 문호보다 높은 순위로 하는 것이 적당한 것 같다.

75 노자
老子 (?~?)

　중국에는 만 권의 서적이 있지만 중국 이외의 나라까지 번역되어서 가장 많이 읽힌 것에, 약 2천 년 전에 쓴 소책자로《노자》또는《노자도덕경》으로 알려진 책이 있다. 이《노자도덕경》은 도교철학(道敎哲學)이 설명되어 있는 중핵이 되는 교본이다.

　이것은 매우 난해(難解)한 책으로 이상한 신비적인 스타일로 수수께끼처럼 씌어 있다. 따라서 여러 가지로 해석된다. '도(道)'라는 개념은 아무래도 명확하지 않지만 도덕경에는 '말로서의 도(Tao)는 영원한 것이 아니다. 명칭이 붙여진 것은 일체가 영원한 것이 아니다'라는 것으로부터 쓰기 시작하고 있다. 그러므로 도란 대충 말하자면 '자연' 또는 '자연의 질서'와 같은 의미라고 할 수 있을 것이다.

　도교에서는 개인은 도에 어긋나는 일이 있어서는 안 된다. 도를 따르고, 도와 함께 일해야 한다고 말하고 있다. 권력을 획득하고 그 행사를 강하게 바라는 것은 부도덕할 뿐만 아니라 어리석은 짓이며 의미가 없는 일이다. 도는 좌절되는 일이 없다. 그것보다도 사람은 도에 따라서 살도록 해야 한다.(어떤 도학자는 다음과 같이 지적하고 있다. 물은 한없이 부드럽고 거스르는 일 없이 낮은 데로 흐르며, 어떤 약한 힘에도 저항없이 반응하며, 더구나 불멸(不滅)이다. 아무리 단단한 바위라도 시간을 들여서 마멸(磨滅)시키는 힘이 있다.)

인간 개인에게 있어서 단순과 자연은 항상 정당하다. 폭력은 돈과 폭력을 바라는 노력과 마찬가지로 배제해야 한다. 인간은 자연세계를 바꾸려고 생각해서는 안 된다. 오히려 그것을 존중해야 한다. 이미 너무나도 사회적 지위나 자격이 많다. 보다 많은 법률을 통과시키고 또한 구법(舊法)을 더 엄하게 하거나 하는 것은 일반적으로 사물(事物)을 보다 나쁘게 만든다. 고액의 조세(租稅), 야심적인 국가계획, 전쟁하는 것 등 일체가 도교철학의 정신에 어긋난다.

중국의 전설에 의하면《도덕경》의 저자는 노자이며, 노자는 공자보다 더 전시대의 인물이라고 한다. 그렇지만 공자는 기원전 6세기경의 사람이고, 두 사람 다 그 스타일과 내용이라는 점에서 보았을 때 도덕경이 그렇게 일찍 씌어졌다고 믿는 학자는 적다.

그 책이 실제로 씌어진 시기에 대해서는 여러 가지 논쟁이 있다.(《도덕경》자체는 특정한 인물, 특정한 일시, 역사적인 사건 등은 일체 씌어 있지 않다.) 그러나 기원전 320년이라는 것이 가장 옳은 추정일 것이다. 진짜 일시는 그 80년 전후가 되는 것이 확실하다.

이 문제는 시대고증에서 많은 논쟁이 있었지만(사실은 실재(實在) 자체가), 어떤 권위자는 노자는 기원전 6세기에 살았으므로《도덕경》은 쓰지 않았다는 전설을 믿고 있다. 또 어떤 학자는 노자는 가공의 인물에 지나지 않는다고 제언하고 있다. 내 견해는 오히려 소수의견을 채택했다. 그것은

(1) 노자는 실재인물이며,《도덕경》의 저작자이다.

(2) 그는 기원전 4세기에 생존하고,

(3) 노자가 공자보다 전시대의 인물이라고 하는 설은 가공(架空)이
며, 후년의 도교학자가 그 인물과 그 책의 신망을 왜곡하려고
날조한 것이다.

공자(B.C 552~479), 묵자(墨子)(B.C 5세기경), 맹자(B.C 4세기 전반) 등 고대 중국의 학자들은 《도덕경》에 일체 언급하지 않고 있음은 주목할 만하다. 그렇지만 장도릉(張道陵(Chuang Tgu))이라는 도교학자는 기원전 300년경에 활약한 사람이지만 《도덕경》에 되풀이하여 언급하고 있다.

노자의 존재 자체가 논쟁 중이기 때문에 우리는 노자의 자세한 약전(略傳)에 대해서도 회의적이 되지 않을 수가 없다. 그러나 여기에 훌륭한 정보원(情報源)이 있다.

노자는 중국 북부에 태어나 살았다. 생애의 대부분은 주왕조(周王朝)의 수도였던 성주(成周 : 현재의 낙양)에 거주하고 수장당(守藏堂 : 문서보관소)의 관리로서 역사가로 지냈다. 노자는 본명이 아니며 경칭으로서 '노명장(老名匠)'이라고 불렀다. 그는 결혼해서 퉁(Tsung)이라는 아들이 있었으며, 그 아들은 위나라의 장군이 되었다.

도교는 기본적으로는 현세적 철학으로서 출발했지만 그것이 종교적으로 발전했다. 그러나 철학으로서의 도교는 《도덕경》에 나와 있는 이념을 바탕으로 해서 계속되고 있었지만, 도덕은 곧 많은 미신과 노자의 교의(敎義)와는 아무런 관계도 없는 행사 등으로 가려져버렸다.

노자가 실제로 《도덕경》의 저작자라고 한다면 그의 영향은 매우 크다. 그 책은 소책자(한자로 6천 자이기 때문에 신문의 1면에 들어간다)이지만 사상적으로는 엄청난 영향력을 갖고 있다. 도교철학자들은 전부 이 책을 사상의 원점으로 삼고 있다.

서양에서는 《도덕경》은 공자의 저서 또는 많은 유학자의 저서보다 유명하다. 따라서 적어도 40종 이상의 영역본(英譯本)이 출판되고 있으며, 성서를 제외하면 다른 어떤 책보다도 많이 출판되고 있다.

중국 자체에서는 유교가 차차 지배적인 철학이 되자 당연히 노자와

도교를 믿는 가정에서는
추석 때 산제물을 바친다

공자의 두 사상의 충돌이 일어났지만 많은 중국인은 유교를 따랐다.

그러나 차차 유학자들이 노자를 존중하고 도교의 사상은 간단히 유교철학에 동화되고, 게다가 도교신자도 아닌 많은 사람들에게 영향을 미쳤다.

마찬가지로 도교는 불교철학, 특히 선(禪)의 발전에 두드러진 영향을 미쳤다. 오늘날 스스로 도교 신자라고 말하는 사람은 적지만 노자만큼 인간의 사상에 영향을 확산시키고 영속시킨 사람은 공자를 제외하면 다른 중국의 철학자들 중에는 거의 눈에 띄지 않는다.

76 페르미
Enrico Fermi (1901~1954)

페르미는 최초의 원자로 설계자로 1901년에 이탈리아의 로마에서 태어났다. 대단한 수재로 21세가 되기 전에 피사 대학에서 물리학으로 박사학위를 받았고 26세 때 로마 대학의 정교수가 되었다.

그리고 양자통계학(量子統計學)이라는 물리학 중에서도 난해한 분야에서 최초의 논문을 출판했다. 이 논문에서 페르미는 통계이론을 전개해서 페르미 입자(粒子)라고 불리고 있는 입자의 커다란 집합체의 움직임을 기술(記述)했던 것이다.

엘렉트론(전자), 프로톤(양자)과 뉴트론(중성자)은 전부 페르미 입자이기 때문에 페르미의 이론은 과학적으로 상당히 중요한 것이다. 페르미의 방정식으로 원자핵과 변질물질의 움직임과 실용성이 있는 화제까지 누구나 이해하기 쉽게 되었다.

1933년에 페르미는 β 붕괴의 이론(일종의 방사능)을 체계화했다. 이것에는 뉴토리노(중성미자)의 최초의 양적 이론과 약한 상호작용의 이론이 포함되어 있는데, 모두 현대물리학의 중요한 화제이다. 이런 종류의 연구는 비전문가들은 너무 어렵지만 이 연구로 페르미는 세계의 정상급 물리학자의 한 사람이 되었다. 페르미의 가장 중요한 업적은 그 뒤에 온 것이다.

1932년에 영국의 물리학자인 채드윅*(James Chadwick)은 새로운 아원자(亞原子)인 뉴트론을 발견했다. 이 실험으로 많은 원자는 중성자를 흡수할 수 있다는 것을 알았으며, 더구나 대부분의 경우 이런 핵의 전이(轉移) 결과 원자에 방사능을 뒤집어쓴다는 것을 알았다. 그리고 만약 중성자가 매우 고속으로 움직인다면 중성자로 원자핵을 꿰뚫는 것은 쉬울 것이라고 상정했다.

그러나 페르미의 실험은 그 역(逆)도 또한 진(眞)이라는 것을 실증했다. 만약 고속인 중성자의 속도를 느리게 하고 파라핀 또는 물 속을 통과시키면 중성자는 곧 원자에게 흡수당하게 된다. 이 페르미의 발견은 원자로의 건설에 이용할 수 있는 중요한 포인트였다. 중성자의 속도를 느리게 하기 위해 원자로에 쓰는 물질은 감속재라고 불리고 있다.

1938년에 중성자 흡수에 관한 페르미의 중요한 연구결과로 그에게 노벨상이 수여되었다. 그러나 그는 이탈리아에서 곤란에 부딪쳤다. 왜

---

* 채드윅 : 1891~1974. 캐번디시 연구소장.

냐하면 그의 아내가 유태인이었는데, 이탈리아 정부는 일련의 가혹한 유태인 탄압법을 발표했다. 무솔리니의 지도하에서는 위험한 일상생활이었다.

1938년 12월에 그는 노벨상 수상을 위해 스톡홀름으로 갔다가 그대로 이탈리아로 돌아가지 않고 뉴욕으로 갔다. 콜롬비아 대학은 교수진에 세계 최고의 과학자가 참가하는 것을 기뻐하고 교수직을 그에게 주었고 1944년에는 미국 시민권을 획득했다.

1939년초에는 마이트너*(Lise Meitner)와 한*(Otto Hahn), 슈트라스만*(Fritz Strassmann)은 중성자의 흡수는 때에 따라 우라늄 원자를 분열시키는 수가 있다고 보고했다. 이 리포트가 발표되자 페르미(그 밖의 물리학자도 마찬가지로)는 분열 중인 우라늄 원자는 연쇄반응을 일으키기에 충분한 중성자의 해방이 있을지도 모른다고 생각했다. 페르미는 곧 이 연쇄반응에서 군사적 이용이 가능하다는 것을 예측했다.

1939년 3월에 페르미는 미국 해군과 계약하고 원자력 무기 개발과 관련시키려고 했다. 그로부터 몇 개월 후에 아인슈타인이 이 문제로 당시의 루스벨트 대통령에게 편지를 보냈으며, 미국 정부는 원자 에너지에 관심을 갖게 되었다.

미국 정부가 관심을 갖게 되고부터 과학자가 처음에 할 일은, 과연 자립하고 자기제어를 할 수 있는 연쇄반응이 가능하냐 어떠냐를 조사하기 위해 기본형의 원자로를 건설하는 일이었다. 페르미는 중성자에 대해서 최고의 권위자이며, 또한 실험과 이론 양면에 대한 재능을 가지고 있었기 때문에 이 세계 최초의 원자로 건설계획 그룹의 장(長)으로 뽑혔다.

콜롬비아 대학에서 시카고 대학으로 옮기고 그의 감독하에서 설계,

---

*마이트너 ; 1878~1968. 스웨덴의 여류 물리학자. 프로트악티늄의 발견자. 오스트리아 태생, 나치스 정권하에서 덴마크로 망명했다.
*한 ; 1879~1968. 독일의 화학자. 메소토륨의 발견자.
*슈트라스만 ; 1902~1980. 독일의 물리학자. 핵분열을 발견했다.

건설된 원자로의 첫 시운전이 성공한 것은 1942년 12월 2일, 시카고에 있을 때였다. 이것이 진짜 원자력 시대의 시작이며, 인류가 연쇄반응에 성공한 최초의 사건이었다. 시운전에 성공했다는 뉴스는 극비에 부쳐졌지만 예언적(豫言的)으로 '이탈리아의 항해자가 신세계에 돌입했다'는 말이 동부에 전해져갔다. 이 시운전이 성공한 후에는 전속력으로 맨해튼 계획으로 돌입했다. 페르미는 과학 어드바이저로서 이 계획에서도 중요한 역할을 했다.

제2차 대전 후 페르미는 시카고 대학의 교수로 있다가 1954년에 죽었다. 그에게 두 자식이 있었다. 화학원소 번호 100의 페르미움(Fm)은 그의 영예를 기린 것이다.

페르미는 여러 가지 이유로 중요하다. 우선 첫째로, 그는 논의의 여지없이 20세기 최대의 과학자 중 한 사람이며, 뛰어난 이론가, 실험가이기도 한 보기 드문 인재였다. 과학상의 중요한 업적은 여기서는 아주 조금밖에 말하지 않았지만 생존 중에 250편의 과학논문을 발표했다.

둘째로는, 그는 원자폭탄의 제조상 매우 중요한 인물이었다. 물론 그밖에도 몇 사람이 이 개발에 공헌했지만 그의 중요성의 주안점은 역시 원자로 발명에 있다. 처음에 그 기본이론에 크게 공헌을 하고 다음에 최초의 원자로 설계 건설을 실제로 감독 지휘했다.

1945년 이래 원자폭탄은 전쟁에 사용하지 않고 있지만 그 반면 많은 원자로가 평화목적인 에너지원으로서 건설되고 있다. 원자로는 장래 더욱 중요한 에너지원이 될 것이다. 그리고 의학이나 과학의 연구에 이용되는 라디오 아이소토프의 제조에도 사용된다.

원자로는 또 원자폭탄 제조에 쓸 수 있는 플루토늄원이기도 하다. 원자로는 인간성에 뭔가 우연의 위험을 제기하고 있지만 아무도 이것을 의의가 없는 발명이라고는 주장하지 않고 있다. 좋든 나쁘든 그의 업적은 금후의 세계에 큰 영향을 가져올 것이다.

77 맬서스
Thomas Malthus (1766~1834)

  맬서스는 1798년에 《미래의 사회개선에 관한 인구원리에 대한 수상(隨想)》(약해서 인구론)이라는 소책자를 출판해서 큰 영향을 미쳤다.
  맬서스의 기본 논지(論旨)는 인구증가는 식량공급의 증가량을 앞지르는 경향이 있다는 사상이다. 그는 이《인구론》에서 인구는 기하급수적으로 증가하는 경향이 있으며(즉 지수적으로는 1, 2, 4, 8, 16…처럼), 또 식량공급은 산술급수적으로밖에 증가하지 않는 경향이 있다(즉, 1, 2, 3, 4, 5……처럼)는 주장을 엄정 면밀한 형태로 제시했다.
  맬서스는 이 책의 개정판에서 다소 엄정함이 결여된 것처럼 고치고, 인구는 식량공급의 한도에 도달할 때까지 무한하게 증가하는 경향이 있다고만 논지(論旨)를 바꾸었다.
  그는 두 개의 논제(論題)로부터 많은 인류가 빈곤해지고 머지않아 기아상태에서 생활할 운명에 있다는 결론을 끌어내고 있다. 결국 기술적 진보가 없으면 이 결과를 바꿀 수가 없다. 왜냐하면 식량공급에는 한도가 있지만, '인구의 힘은 인간의 생활에 필요한 양식을 만들어내는 지구의 힘 이상으로 무한하게 커지기' 때문이다.
  그러나 인구증가를 뭔가 다른 방법으로 저지하는 방법은 없을까? 틀림없이 있다. 전쟁, 악성 유행병 기타 재해로 자주 인구가 삭감되는 일이 있다. 그러나 이 재난은 과잉인구의 위협으로부터의 일시적 구제는 되지만 분명히 불쾌한 대가를 지불하게 된다.
  맬서스는 인구의 과잉화를 억제하는 방법으로서 '도덕적 억제'를 추천하고 있다. 다시 말해서 만혼(晩婚), 결혼 전의 순결지키기, 부부간의 성교섭 빈도(頻度)를 의식적으로 자제하는 방법 등을 짜맞춘 것 같은 것이다. 그렇지만 그도 현실적으로 대부분의 사람들은 도저히 이런 자제를 할 수 없다는 것을 알고 있었다. 그러므로 실제 문제로서 인구과잉은 피할 수 없다. 따라서 빈곤은 인류에게 있어서 벗어날 수 없는 숙명이라고 맺고 있다. 참으로 비관적인 결론이다.

맬서스는 피임약이나 피임기구를 사용해서 산아제한을 하자고는 제창하지 않고 있다. 그것은 그의 기본적 사상으로부터 자연히 나온 결과이다.

과잉인구를 억제하기 위해 피임재료의 사용을 최초로 제창한 사람은 유명한 영국의 개혁주의자인 프란시스 플레이스*(Francis Place)이다. 플레이스는 맬서스의 인구론을 읽고 강하게 감동하여, 피임을 제창하는 책을 1822년에 출판했다. 또한 노동자들에게 산아제한의 지식을 보급시켰다. 미국에서는 1832년에 찰스 놀턴 박사(Dr. Charles Knowlton)가 피임에 관한 책을 냈다. 처음으로 '맬서스주의자동맹'이 설립된 것은 1860년대로, 가족계획의 제창은 지지자수가 자꾸만 늘어나갔다. 맬서스 자신은 도덕적 입장에서 피임재료의 사용에 찬성하지 않고 있기 때문에 피임에 의한 인구제한의 제창자는 보통 네오맬서스주의자라고 불렸다.

맬서스의 학설은 경제이론에 중대한 효과를 가져왔다. 그의 영향을 받은 경제학자는 정상적인 조건하에서도 과잉인구에 의해 생활수준을 높이기 위한 임금상승을 할 수 없게 된다는 결론을 내렸다. 영국의 유명한 경제학자인 리카도*(David Ricardo)는 맬서스와는 개인적으로도

---

* 플레이스 ; 1771~1854. 영국의 급진개혁자로 재봉공 출신이다. 급진파의 선거조직을 만들어 F. 러베트를 응원했으며 벤덤주의자로 열심히 활동했다. 단결금지법의 철폐를 주장하고, 전국정치동맹을 결성하여 중산계급과 공동투쟁을 주장했다.
* 리카도 ; 1772~1823. 애덤 스미스와 함께 영국 고전파경제학의 대표적인 인물이다. 스미스의 노동가치설을 철저히 믿고, 상품가치는 노동자에 의해서 결정되고, 생산물의 가치에서 임금을 공제한 것이 이익이라고 했다. 나중에 '임금의 철칙'으로서 정식화(定式化)되었다. 또 지주계급, 자본가계급, 노동자계급의 상호 이해 대립을 해명하여 마르크스에게 영향을 미쳤다.

친구인데 "노동의 자연임금이란 노동자 상호가 증가하지도 않고 감소되지도 않으면서 인간의 생계를 유지하고 영속시키는 데 필요한 가격이다"라고 말하고 있다. 이 이론은 '임금의 철칙'으로서 일반에게 알려졌으며, 맬서스가 이어받아서 잉여가치론의 중요한 골자가 되었다.

맬서스의 발상은 생물학의 연구에도 영향을 미쳤다. 다윈은 이 인구론을 읽고 자연도태에 의한 진화론을 발상할 때의 중요한 결정점이 되었다고 말하고 있다.

맬서스는 1766년에 잉글랜드에서 태어났다. 케임브리지 대학 신학과에 다녔으며 수재였다. 1788년에 대학을 졸업한 후 영국 국교의 성직자 자격을 받았다. 1791년에 석사 학위를 받고 1793년에 신학대학의 특별연구원이 되었다.

맬서스의 유명한 인구론은 처음에는 익명(匿名)으로 출판되었지만, 많은 사람에게 읽히면서 곧 그의 이름은 유명해졌다. 이 책은 몇 번이나 개정되고 판(版)을 거듭해서 1826년에 제6판이 나왔다.

그는 1804년, 38세 때 결혼했으며 1805년에 하일레이버리(Haileybury)에 있는 동인도회사의 대학에서 역사와 정치경제학 교수가 되었다. 그는 경제학에 관한 저서를 몇 권 내고 있지만, 그 중에서 중요한 것은 《정치경제학 원리》(1820년)로, 이것은 그 후의 많은 경제학자에게 영향을 미쳤다. 그 중에서도 20세기의 주요한 인물은 케인즈*(John Maynard Keynes)이다.

만년에는 많은 영예를 받았으며 1834년에 68세로 잉글랜드에서 죽었다. 3명의 자식 중 2명은 그가 죽은 후에도 살아 남았으나 손자는 없었다.

---

* 케인즈 ; 1883~1946. 영국의 경제학자. 케임브리지 대학 졸업 후 인도성에 근무. 재무부에 들어가 금융, 통화문제에 종사하고, 제1차 대전 후의 파리평화회의에 재무부 수석대표로서 참석하여, 평화조약의 가혹함에 불만을 표명하고 사임했다. 나중에 투기를 해서 성공했다. 《고용이자 및 화폐의 일반이론》을 발표했다. 케인즈 혁명이라고 일컬어지는 충격적 영향은 근대경제학 조류와 현실적 경제정책 양면에 미쳤다.

피임재료의 사용은 그가 죽은 후에도 그다지 보급되지 않았다. 이것 때문에 그의 영향이 없는 것처럼 암시하는 사람도 가끔 있었다. 그렇지만 이것은 잘못된 생각이다.

우선 첫째로, 맬서스의 사상은 19세기 최대의 사상가인 다윈과 마르크스에게 강대한 영향을 미쳤다. 둘째로는 네오맬서스주의자들의 사고방식은 즉각 많은 사람들이 채용하지는 않았지만 절대로 그들의 제언이 무시된 것이 아니며 그 사상은 결코 사라지지 않았다. 현재의 산아제한 운동은 맬서스가 생존하고 있을 때 시작되어 그대로 계속되었다.

어떤 방법으로든지 잘 관리하지 않으면 인구과잉문제에 부딪칠 가능성이 있다는 것을 최초에 주의한 것은 맬서스가 아니다. 이 문제에 대해서는 그 전부터 몇 사람의 철학자에 의해 제시되었다. 맬서스 자신도 플라톤과 아리스토텔레스가 이 문제에 대해 논한 일이 있다고 지적하고 있다.

사실 그는 아리스토텔레스가 쓴 것에서 다음과 같이 인용하고 있다.

"……일반적 상태에서 만약 각자가 낳고 싶은 대로 아이를 낳도록 방임한다면, 당연한 결과로서 빈곤해진다……"

그렇지만 맬서스의 근본사상이 완전히 창조적인 것이 아니라고 해서 그의 중요성을 과소평가해서는 안 된다. 플라톤이나 아리스토텔레스는 이 사상을 부차적(副次的)으로 말한 데 지나지 않는다. 이 문제의 주안점은 역시 깨닫지 못하고 넘어갔다.

이 발상을 고심해서 다듬고, 주제로서 광범위하게 정리해서 쓴 것은 맬서스였다. 가장 중요한 것은 맬서스가 인구과잉문제의 압도적 중요성을 강조한 최초의 사람이라는 점이다. 그리고 이 문제가 세계의 지식인들에게 강한 관심을 불러일으켰던 것이다.

78 베이컨

Francis Bacon (1561~1626)

다년간 영국의 지도적 정치가로서 생애의 대부분을 정치에 바친 베이컨은 그의 정치적 업적 때문이 아니라 그의 철학상의 저작으로써 이 책에 싣기로 했다.

그 저서를 통해서 그는 과학 신시대의 전령(傳令)이며, 과학과 기술로 이 세계를 바꿀 수 있다고 말하고 과학적 연구의 유익성을 제창한 최초의 대철학자다.

베이컨은 1561년에 엘리자베스 여왕 치하의 한 고관의 막내아들로서 런던에서 태어났다. 12세 때 케임브리지 대학의 트리니티 칼리지에 입학했으나 3학년 때 중도퇴학했다. 16세 때 잠시 동안 파리의 영국대사관 직원으로서 일했다. 그러나 18세 때 그의 아버지는 유산도 남기지 않고 급사했다. 그래서 법률을 공부하여 변호사가 된 것이 21세 때였다.

그 후 곧 정치가의 경력이 시작된다. 23세 때 영국 하원의원으로 뽑혔다. 그의 친구나 친척 중에는 높은 자리에 있는 사람이 많았으며, 그 자신도 명실공히 재기(才氣)에 뛰어났다. 그럼에도 불구하고 엘리자베스 여왕은 중요하고 수입이 많은 직장을 그에게 주지 않았다.

그 이유의 하나는 여왕이 강하게 지지하고 있던 어떤 세법(稅法)에 대해서 그가 용감하게도 반대하고 있었기 때문이다. 베이컨은 대단히 사치스러운 생활을 하고 있었기 때문에 항상 빚을 지고 있어서(한 번은 빚 때문에 체포된 일도 있다) 그도 제멋대로 생활을 하거나 행동을 할 여유가 있을 턱이 없었다.

베이컨은 당시 인기가 있고 정치적으로도 야심이 강한 젊은 귀족 에섹스 백작과 친구였다. 반대로 말하자면 에섹스는 베이컨의 친구이자 후원자이기도 했다.

에섹스는 오만한 야심 때문에 엘리자베스 여왕에 대한 반역계획을 추진하고 있었으므로 베이컨은 우선 여왕에 대한 충성을 지키라고 경고하고 있었다. 그러나 에섹스는 이 반역사건을 결국 제멋대로 해버렸고 보기 좋게 실패했다. 베이컨은 이 백작의 반역사건에 대해서 기소하는 주역이 되어 에섹스는 참수형(斬首型)에 처해졌다. 전반적인 사정 때문에 당시의 사람들은 베이컨에게 반감을 갖는 사람이 많았다.

엘리자베스 여왕이 1603년에 죽고, 베이컨은 그 후계자인 제임스 1세의 고문이 되었다. 제임스 1세는 그다지 베이컨의 조건을 들어주지 않았지만, 베이컨을 높이 평가하여 그의 재위 중에 베이컨은 차차 높은 지위에 오르게 되었다. 1607년에 법무부 차관, 1613년에 법무부 장관, 그리고 1618년에는 대법관이 되었다. 그 해에 그는 남작이 되고 1621년에는 자작이 되었다.

그렇지만 그는 큰 실수를 저질렀다. 베이컨은 재판관이면서 자기가 담당하고 있는 소송 당사자로부터 선물을 받았다. 당시로서는 이런 것쯤은 당연한 일일지도 모르지만 분명 불법이었다. 의회에는 정적들도 있어 베이컨을 실각시킬 기회를 기다리고 있는 자도 있었다. 베이컨은 죄를 자백하고 런던탑에 투옥되었다. 많은 벌금을 빼앗긴데다가 영원히 공직에서 추방당하게 되었다. 그러나 국왕은 곧 베이컨을 감옥에서 석방하고 벌금도 경감했다. 그러나 베이컨의 정치 생명은 이것으로 끝났다. 그런데 우리는 정치상의 고위고관에 있는 자로 뇌물을 받는다든가 민중의 신뢰를 배반했다고 해서 체포되었다는 예는 거의 볼 수 없다. 가끔 이런 사람이 체포되면 우는 소리를 한다든가 누구든지 이 정도의 속임수는 있는 법이라고 주장하고 자기변호를 하기 마련이다. 이런 변호를 그대로 들어준다면 부정한 정치가 전원이 처벌되지 않는 한, 한 사람의 극악정치가도 처벌할 수 없게 된다.

"······친구에게 마음을 털어놓고 싶어하는 사람은
자기 마음을 이용물로 삼는 사람이다."
《of Friendship》의 베이컨

자기의 유죄 판결에 대한 베이컨의 코멘트는 그 점에서 좀 달랐다. "나는 지난 50년간 영국의 판결 중에서 가장 옳은 판결을 받았으며 지난 2백 년간의 의회에 있어서 가장 옳은 비난이었다."

이렇게 활동적이고 다사다난한 정치가로서의 경력을 가지고 있는 그에게 다른 무엇을 할 수 있는 시간이 있을 것 같지는 않다. 그렇지만 그의 명성이 지속되고 이 책에 싣는 이유는 그의 정치적 업적 때문이 아니라 그의 철학관계의 저작에 있다.

최초의 중요한 저서는 1597년에 초판을 낸《수필집》으로, 이 책은 서서히 넓게 민중들에게 읽히게 되었다. 발랄하고 힘차며 재기가 넘치는 문체로 씌어진 이《수필집》에는 풍부한 통찰력이 배어나와서 정치상의 일뿐만 아니라 일상지의 화제도 나와 있다. 특징있는 비평문을 예로 들면 다음과 같은 것이 있다.

"젊은이는 판단하기보다 창안하는 데 적합하고, 협의보다 실행, 기성의 일보다도 새로운 계획에 적합하다. 노인은 많이 반대하고 장시간 협의하며 조금도 모험을 하지 않는다. 확실히 젊은이와 노인을 함께 채용하는 것이 좋다. 왜냐하면 연령의 장점이 양쪽의 단점을 보완하기 때문이다."(of Youth And Age)

"아내를 가지고 있다는 것은 운에 담보를 잡혔다는 것이다. (언제 잃을지 알 수 없는 덧없는 것)"(of Marriage And Single Life)

베이컨은 결혼했지만 자식은 없었다.

베이컨의 가장 중요한 저작은 과학에 관한 철학이다. 그는 《Insturation Magana》(대경신이란 뜻)라는 6편으로 이루어진 큰 책을 계획했다. 제1편은 우리 인간의 지식의 현상(現狀)을 나타내고, 제2편은 과학적 탐구의 새로운 방법을 말하고, 제3편에서는 경험적 데이타의 수집법, 제4편은 실용적인 새로운 과학적 방법의 해설, 제5편은 임시결론을 제시하고, 마지막 편에서 새로운 방법으로 얻은 지식을 통합하는 것이었다.

놀랄 것은 없다! 이 당당하고 웅대한 계획(아마도 아리스토텔레스 이래 가장 야심적인 기획)은 끝내 실현하지 못했다. 그렇지만 《학술의 진보》(1605)와 《노붐 오르가눔》은 이 대저서의 처음 2편이라고 생각하면 된다.

《노붐 오르가눔》은 아마도 베이컨의 가장 중요한 책일 것이다. 이 책은 연구조사에 경험법의 채용을 호소하는 것이 기본이 되고 있다. 아리스토텔레스의 연역적(演繹的) 논리에 완전히 의존하고 있던 방법은 무의미하게 되어, 새로운 연구조사법인 귀납법(歸納法)이 필요하게 되었다. 지식이라는 것은 그 지식에서 출발하는 것이 아니라 그것으로부터 결론을 연역해서 우리가 도달할 수 있다는 생각이다.

이 세계를 이해하기 위해서는 우선 그것을 관찰하지 않으면 안 된다. 베이컨은 말한다. 우선 사실을 모으라. 그리고 그 사실로부터 귀납 추리해서 결론을 끌어낸다. 과학자들은 세부에 걸쳐 베이컨의 귀납법에 따르고 있지는 않지만, 그가 말하고 있는 일반개념 — 관찰과 실험의 중요성 — 은 지금까지 과학자들이 채용해온 방법의 중심을 이루고 있다.

베이컨의 마지막 책은 《뉴아틀란티스(The New Atlantis)》로 이것은 태평양에 있는 가공(架空)의 섬에 있는 이상사회의 이야기다. 장면 배경은 토마스 모어가 쓴 《유토피아》를 방불케 하는 것이지만 베이컨의 책은 전체 구성이 그것과 다르다. 이 책에서는 이상적 사회의 번영이나 복지는 직접적으로 과학연구에 집중함으로써 가능하며, 그 결과일 뿐이다. 물론 베이컨은 독자에 대해서 넌지시, 과학연구의 성과를 지적으로 응용하는 것이 그의 가공적 섬에 살고 있는 사람들처럼 유럽의 민중에 번영과 행복을 가져온다고 말하고 있다.

베이컨은 진짜로 최초의 현대적 철학자라고 흔히 말하는 사람이 있다. 총괄적으로 보면 베이컨은(그는 굳게 신을 믿고 있었다고 하지만) 세속적이지 결코 종교적이 아니다. 또 그는 미신적이 아니라 합리주의적이고 논리적으로 따지는 학자 기질이 아니라 경험주의자이다. 정치에 대해서도 이론가가 아니라 현실주의자였다. 고전적이고 정통적인 학습법과 근사한 문학적 표현기법에다가 과학과 기술에 대해서 공명(共鳴)하고 있다.

충성스러운 영국인이기는 하지만, 그는 자기 나라를 초월한 하나의 비전을 가지고 있었다. 그것은 3가지 야심으로서 현저하게 나타나고 있다.

"우선 첫째로, 자기 나라의 국력을 신장시키려고 바라는 사람이 있지만, 이런 소망은 저급(低級)한 것이다. 둘째로는 자기 나라의 국력을 신장시켜 인간 속에서 지배적이 되기 위해 일하는 사람이 있다. 이런 사람은 확실히 앞의 사람보다 품위가 있다. 그러나 만약 우주를 초월해서 인간 자신의 힘과 지배력의 확립, 신장에 힘쓰는 사람이 있다면 그 사람의 야심이야말로… 틀림없이 앞의 두 사람보다 훨씬 건전하고 보다 고귀한 것이다."

베이컨은 과학의 창시자가 아니며 그 자신도 과학자가 아니다. 그 동시대의 사람들에 의해서 달성된 진보에 뒤떨어지지 않고 나아가려고 생각하지도 않고 있다. 그는 네이피어*(Napier)나 케플러, 그의 동료인

---

*네이피어 : 1550~1617. 영국의 수학자, 기술자. 프랑스에 유학하여 신교도로서 로마교회를 비판한 책을 출판했다. 수학, 점성술, 천문학을 좋아하고《놀랄 만한 로그법칙의 기술(記述)》을 제작하여 대수(對數)를 창시했다. 대수표(對數表)를 브리그즈와 공동으로 제작했으나 완성하기 전에 사망했다. 그 밖에 소수기호를 도입했다.

영국인 하비(57번 참조)까지도 무시하고 있다.

　열은 운동의 한 형태라고 한 베이컨의 암시는 옳다. 중요한 과학적 발상이지만 천문학상에서는 코페르니쿠스의 사상을 받아들이지 않았다. 베이컨은 완전 무결한 과학법칙을 제시하려고 생각하고 있지는 않다. 그 대신 무엇을 배워야 하느냐를 개관(概觀)하려고 하고 있다. 그의 과학적 추측은 최종회답으로서가 아니라 더욱 깊게 토론하기 위한 출발점으로서 도움이 될 것을 기대하고 있다.

　베이컨은 처음으로 귀납적 추리의 효용을 인정한 사람도 아니며 과학이 사회에 이익을 가져올 가능성을 처음으로 이해한 사람도 아니다. 다만 그 이전에는 그런 생각을 이만큼 광범위하게 그리고 열렬하게 공포한 사람은 없다. 게다가 베이컨은 뛰어난 저술가이며 정치가로서도 명성이 있고 또한 과학에 대한 태도는 큰 영향력이 있었다.

　과학지식을 촉진하기 위해 런던에 로얄 소사이어티가 설립된 1662년, 그 창립자들은 베이컨의 이름을 로얄 소사이어티 설립을 위해 고무(鼓舞) 격려한 사람으로서 들고 있다. 또 프랑스 계몽기에 대백과사전이 집필되고 있을 때, 주요 집필자인 디드로(Diderot)와 달랑베르(d'Alambert) 등은 그 작품을 고무 격려한 사람으로서 베이컨을 꼽고 있다. 《노붐 오르가눔》이나 《뉴아틀란티스》가 현재 옛날처럼 많이 읽히지 않고 있는 것은 이 책들의 내용이 이미 그다지 널리 용인되고 있기 때문이다.

　베이컨은 프랑스의 철학자이며 또 한 사람의 미래과학의 선각자인 데카르트와 자주 비교된다. 베이컨은 데카르트보다 1세대 전이 되며, 데카르트보다도 관찰과 실험의 중요성을 더욱 강하게 주장하고 있다. 그러나 데카르트의 중요한 수학상의 발견은 그 영향력이 베이컨보다 약간 크다고 할 수 있다.

79 볼테르
Voltaire (1694~1778)

볼테르는 필명이고 본명은 François Marie Arouet다. 그는 프랑스 계몽사 초기의 주요 인물이며, 시인, 극작가, 수필 소설가, 역사가, 철학자로서 그는 바로 자유사상을 가진 자유주의의 창시자이다.

볼테르는 1694년에 파리의 중산계급에서 태어났다. 아버지는 법률가였다. 그는 젊을 때는 파리의 루이 1세 예수회 칼리지에 다녔으며, 나중에 잠깐 법률을 공부했으나 그것도 그만두고 말았다. 그는 곧 교묘한 농담이나 풍자가 풍부한 시를 쓰면서 대단히 재치가 넘치는 인물이라는 평이 나기 시작했다.

그러나 프랑스의 구제도(절대군주를 중심으로 하는 봉건적인 구제도. Ancén régeme)하에서는 이런 재주는 위험했다. 정치를 풍자하는 시 몇 편이 원인이 되어 그는 바스티유 감옥에 투옥되어 약 1년간 옥중생활을 했다. 그 옥중의 시간을 이용해서 서사시〈Henriade〉를 창작했다. 이 시가 그 후 대갈채를 받았다. 볼테르가 출옥한 지 얼마 안 되는 1718년에 그의 극작《에디푸스 왕(Oedipe)》이 파리에서 공연되어서 대성공을 거두었다. 24세 때 이미 유명해진 그는 남은 60년간에 대문호가 되었다.

볼테르는 말에도 현명한 동시에 돈에 대해서도 현명했기 때문에 어느 사이엔가 부자가 되었다. 그렇지만 1726년에 어떤 사건에 걸려들었다. 그는 이미 당시 가장 재치가 넘치고 각광을 받은 좌담 화술가(話術家)의 명인으로서 자타가 모두 인정하고 있었다. 그렇지만 그는 흔히 프랑스 귀족이 느끼는 겸손함이 없었다. 평민에게 있어서는 적당하지만 이 때문에 우연히 볼테르와 슈발리에 드 로안(Chevalier de Rohan)

볼테르의 장례식

이라는 귀족 사이에 공개논쟁이 벌어졌다.

그러나 말 싸움에서는 볼테르의 재치가 뛰어났다. 곧 그 귀족은 깡패들을 모아서 볼테르를 뭇매질을 하고 바스티유 감옥에 처넣고 말았다. 얼마 후에 프랑스에서 떠난다는 조건부로 석방되었다. 그는 영국으로 가서 2년반쯤 지내게 되었다.

볼테르 자신에게 있어서 전환기가 되었다. 우선 영어를 읽고 이야기하는 것을 배웠다. 그리고 로크, 베이컨, 뉴턴, 셰익스피어 등 유명한 영국인의 저서를 숙독했다. 그리고 당시의 영국의 지도적인 사상가들과도 개인적으로 친해졌다. 그는 셰익스피어에 자극을 받고 또한 영국의 과학과 경험주의에도 인상을 깊게 받았지만 영국에서 얻은 가장 큰 자극은 영국의 정치제도였다. 영국의 민주주의와 그가 알고 있는 프랑스의 정치적 실정과는 현저한 대조를 나타내고 있었다. 영국에서는 귀족이라 할지라도 제멋대로 체포영장을 낼 수 없기 때문에 볼테르가 당한 것처럼 무조건 투옥할 수는 없었다. 만약 어떤 이유로 부당하게 구속이나 구금당할 경우에는 인신보호영장으로 즉각 석방되도록 되어 있었다.

볼테르가 프랑스로 돌아와서 최초로 낸 철학서적은 《철학서간(영국

서간)》으로, 이 책은 1734년에 출판되어, 프랑스 계몽운동의 진짜 시작을 알리고 있다. 이 《철학서간》에서 영국의 정치 제도, 로크와 기타 영국 사상가들에 대한 것을 호의적으로 썼다는 이유로 그는 다시 파리를 떠나도록 강제되었다.

그 후 15년간은 대부분 동부 프랑스의 실레(Cirey)에서 지내게 되었으며 교양이 높고 미인인 후작(侯爵) 샤트레 부인(Chôtelet)의 애인이 되었다. 1750년에 그녀가 죽자 프로이센 왕 프리드리히 2세의 개인적 초청으로 독일로 갔다. 그리고 포츠담의 프리드리히 궁전에서 3년 쯤 지냈다. 처음 얼마 동안은 이 총명한 프리드리히 2세와 원만히 지냈지만 곧 사이가 나빠져 싸우고 헤어졌다. 1753년에 그는 독일을 떠났다.

독일을 떠나 제네바 부근에 땅을 구해 정주하면서, 여기라면 프로이센 왕으로부터도 프랑스로부터도 안전하다고 생각하고 있었다. 그러나 그의 자유사상은 스위스에 있어도 다소의 위험이 있었다. 그래서 1758년에 다시 이동해서 스위스와 프랑스의 국경지대인 페르네(Ferney)로 이주했다.

여기라면 권위를 가진 자와 트러블이 생겼을 경우 어느 쪽으로든지 달아날 수가 있었다. 그는 여기에 20년간 정주하고, 전유럽의 지도적 지식인과 편지왕래를 하거나 방문객을 대접하면서 문학작품과 철학논문 등을 잇따라 저술했다.

여기 있는 동안에도 문학작품의 창작건수는 전혀 줄지 않았다. 그는 경이적인 다작(多作)의 저술가로, 아마도 이 책에 수록된 100명 중에서 가장 많은 책을 저술한 사람일 것이다. 그가 쓴 것을 모조리 모은다면 3천 페이지 이상이 된다. 그 중에는 서사시, 서정시, 서간문, 팜플렛, 소설, 소품집, 극작, 역사, 철학 등등 가지각색이다.

볼테르는 언제나 신교(新敎)의 자유를 굳게 믿고 있었다. 그러나 60세 후반이 되고부터 프랑스에서 프로테스탄트에 대한 무서운 박해가 끊임없이 일어났다. 이것에 격노하여 스스로 평생을 종교적 광신에 대한 지적(知的) 십자군으로서 바칠 결심을 했다.

종교적으로 도량이 좁은 것에 격렬하게 반대하는 사람으로서 정치적인 팜플렛을 많이 배포했다. 또 개인적인 편지에는 말미(末尾)에는 꼭 'Ecrasez l'infame'이라고 썼다. 그 의미는 '불길한 것을 박멸(撲滅)하라'라는 뜻이다. 그에게 있어서 불길한 것이란 종교적 완고함과 종교적 광신을 말했다.

1778년 83세의 고령이 된 그는 파리로 돌아와, 그의 신극(新劇) 〈이렌〉의 첫공연을 보러 갔다. 관중은 프랑스계몽운동의 '위대한 원로'로서 그에게 대갈채를 보냈다. 프랭클린을 비롯해 수백 명이나 되는 그의 숭배자들이 찾아왔다. 그러나 얼마 안 되어 그의 생명도 곧 끝났다. 1778년 5월 30일에 파리에서 사망했으나 그는 솔직한 교권반대자였기 때문에 파리에서는 기독교의 장례식을 거행할 수 없었지만, 13년 후에 프랑스혁명의 승리자들은 시체를 파내어 파리의 팡테온에 다시 매장했다.

그의 저서는 너무나도 많기 때문에 이 짧은 장(章) 속에 주요 저서만이라도 이름을 들기가 곤란하다. 그러나 그 책 이름보다도 더 중요한 것은 그가 평생을 통해서 추진한 기본사상이다. 그의 가장 강한 신념 중 하나는 언론과 출판의 자유의 필요성에 있다. 그것은 "나는 자네가 말하는 것을 시인하지 않는다. 그렇지만 나는 자네가 발언할 권리를 사수(死守)하는 것"이다. 그는 실제로는 그다지 명백한 말로 표현하지는 않지만, 태도에 나타나고 있다.

그의 또 하나의 주원리(主原理)는 종교의 자유에 대한 신념이다. 평생을 통해서 종교적으로 도량이 좁은 것과 종교적인 박해를 혹독하게 반대했다. 그도 신을 믿고 있었지만 종교적 독선에는 절대 반대하고 조직화, 제도화된 종교는 기본적으로 속임수라는 생각을 항상 제시했다.

따라서 칭호가 붙은 귀족이 자기보다 머리가 좋고 훌륭하다고는 결코 믿지 않고 있었으며, 그의 독자들도 소위 '왕권신수설(王權神授說)' 따위는 완전한 넌센스라는 것을 알고 있었다. 그는 현대형 민주주의와는 조금 달랐지만(오히려 계발(啓發)된 강력한 군주를 택하는 경향이 있었다), 그 사상의 날카로운 논봉(論鋒)은 주로 세습적 지배형식을 정면으로 반대하고 있다.

따라서 그의 제자들이 모두 데모크라시에 편든 것은 놀랄 것이 못 된다. 그의 정치적, 종교적 사상은 프랑스 계몽사상의 분류가 되고 그것이 곧 일어나는 프랑스 혁명에 근원적인 공헌을 했다.

그 자신은 과학자가 아니지만 과학에 관심을 가지고 있었으며, 베이컨이나 로크의 경험주의의 열렬한 지지자이고, 또한 유망한 역사가이기도 했다. 그 중에서 중요한 저서의 하나로서《국가의 행위와 정신에 관한 에세이》가 있다. 이것은 종래의 역사책과 두 가지 점에서 큰 차이가 있다.

하나는 유럽은 세계의 아주 일부분이라는 것을 인정하고, 저서의 상당 부분을 아시아의 역사에 할애하고 있다는 것이다. 둘째는 문화사가 정치사보다도 일반인에게는 훨씬 중요하다는 견해에 입각하고 있다는 점이다. 따라서 그의 책은 국왕에 대한 일이나 왕의 전쟁역사 따위보다도 사회적, 경제적 사항이나 예술적 발전 등에 더 중점을 두고 있다.

그도 이 책에 나오는 다른 철학자와 마찬가지로 결코 독창적이라고는 할 수 없다. 어느 정도는 로크나 베이컨의 발상에 영향을 받고 그것을 쉽게 바꾸어서 일반인에게 친숙하도록 했다. 또 민주주의 사상, 신앙의 자유, 지적 자유에 대해서는 프랑스는 물론 유럽 전역에 퍼진 계몽운동기에는 그 밖에도 유력한 저술가가 많이 있었다.

그러나 그 중에서도 볼테르는 뛰어났다고 말할 수 있다. 첫째로 그 신랄한 문체, 오랜 경력, 많은 저서로 누구보다도 많은 독자를 가지고 있었으며 둘째로 그의 사상은 완벽한 계몽사상적 특색을 갖추고 있다. 셋째로, 타이밍이라는 점에서 다른 누구보다도 앞서 있었다. 몽테스키외*

---

* 몽테스키외 ; Charles-Louis de Secondat, Barron de La Brède et de Montesquieu ; 1689~1755. 프랑스 계몽사상 대표자의 한 사람. 법관귀족의 집에 태어나 1714년 보르도 고등법원 판사, 1716년 동법원장. 1721년 구제도를 비판한 《페르시아의 편지》를 출판하여 명성을 높였다. 1728년에 유럽 여러 나라에 유학(遊學)하였으며, 영국에서의 견문과 로마사의 연구가 그의 정치사상의 기조가 되었다.

의 명저 《법의 정신》은 1748년까지는 출판되지 않았으며 유명한 《백과전서》는 1751년에 나왔고 루소의 첫 에세이는 1750년에 씌어졌다. 이것과 대조적으로 그의 《영국서간》은 1734년에 씌어졌으며, 그것이 출판되었을 때는 이미 유명해진 지 16년이 지나서였다.

단편소설 《캉디드》를 제외하고 그의 저서는 지금 그다지 읽히지 않고 있다. 그러나 18세기에는 많이 읽혔기 때문에 최종적으로 프랑스 혁명을 초래하도록 여론의 흐름을 변화시키는 데 커다란 역할을 했다. 제퍼슨, 매디슨, 프랭클린과 같은 미국인도 그의 책을 애독했다.

볼테르와 같은 시대 사람으로 유명한 루소와 비교하는 것은 흥미가 있다. 볼테르는, 강렬한 이성과 정열적인 루소보다는 계몽운동의 본류(本流)를 흐르고 있는 것 같으며, 18세기에서는 두 사람 중 볼테르가 더 영향력이 있었지만 반면 루소는 창조성이 뛰어났으며, 루소의 작품은 현재까지도 영향력을 가지고 있다.

80 케네디

John F. Kennedy (1917~1963)

케네디는 메사추세츠 주의 브룩클린에서 1917년에 태어났다. 1963년 1월 20일에 댈러스에서 암살당한 미국 대통령으로 그 약력에 대해서는 이미 잘 알려져 있으며, 또한 이 책에 실은 것은 그의 개인적, 정치적인 활동이 이유가 아니기 때문에 생략한다.

앞으로 천 년쯤 지나면 케네디가 한 '평화부대'(Peace Corps)나 '진보를 위한 동맹'(Alliance for Progress)이나 베이 오브 피그즈(Bay of Pigs) 등의 여러 가지 정책은 사람들에게 기억되지 않을 것이다. 세

1969년 7월 20일, 아폴로 11호 우주비행사는 달에 최초의 발자취를 남겼다. 케네디 공약대로 10년 이내에 유인 우주선을 착지시켰다.

법이나 시민권법 등 그가 실시한 정책은 그다지 중대한 것이 아니다. 그러나 단 한 가지 그를 이 책에 싣는 이유가 있다.

그것은 그가 아폴로 계획의 최고책임자였기 때문이다. 인류가 만약 앞으로 산산조각으로 부서지지 않는다면 아마도 금후 오천 년 후가 되어도 달나라 여행은 인류사상 하나의 획기적인 사건으로서 기념할 만한 일로 생각될 것이 틀림없다.

그런데 달나라 여행계획의 중요성에 대해서 조금 논하기로 한다. 우선 처음에 케네디가 진짜로 이 달나라 여행의 최고 책임자가 될 자격이 있느냐 없느냐를 생각해보자.

달나라에 처음으로 발을 내린 암스트롱(Neil Armstrong)이야말로 크레디트를 받을 자격이 있는 것이 아닐까 하는 의문이 있다. 만약 명성의 연속성을 기준으로 해서 순위를 매긴다면 또 그것이 옳은 방법이라고 생각하지만, 나는 오천 년 후가 되어서 암스트롱이 케네디보다 더 알려져 있으리라고는 생각되지 않는다.

영향력이라는 점에서 보았을 때 암스트롱과 올드린은 전연 중요하지 않다. 만약 불행한 사고로 이 두 사람이 아폴로 11호에 타기 2개월 전에 죽었다 해도 잘 훈련된 유능한 우주비행사는 얼마든지 있기 때문에 대신 누군가가 탔을 것이다.

그럼 우주여행의 과학에 가장 공헌한 브라운*(Wernher Von Braun)과 기타 과학자, 기술자들에게 크레디트를 주어야 할까? 브라운이 우주탐험의 추진에 커다란 공헌이 있었음은 틀림없다. 그렇다면 중요한 선배학자인 치올코프스키*(Konstantin Tsiolkofsky)나 고다드(Robert H. Goddard)나 오버스(Hermann Oberth)도 동격이다. 그러나 아폴로 계획을 단행한다는 정치적 결단이 내려진다면 어떤 과학자 개인이나 과학자 집단에게 있어서도 그 성공은 결정적인 것이 아니다. 달나라 여행을 결정적으로 성공시키는 것은 특정한 과학적 진보가 아니다. 오히려 그것을 실행에 옮기는 것과 그 계획을 위해 240억 달러의 지출을 정치적으로 내린 결단이다.

그런데 정치적 결단은 어떤가? 케네디가 없다면 결정할 수가 없었을까? 그런 일은 없었을 거라고 생각하지만(물론 절대적 확실성은 없지만) 사실상은 정부가 달로 유인비행을 하기 위해 예산을 결정하고 있을 것이다. 케네디는 국민의 반대를 무릅쓰고라도 아폴로 계획을 강행하는 일은 없었을 것이다.

그러나 이 계획에 대한 민중의 큰 압력은 없었다. 그러나 만약 1959년 또는 1960년에 미국 국회가 아폴로계획을 결정하고 그것을 위한 기금을 할당하는 법률을 통과시켰다 하더라도, 만약 그 법령이 아이젠하워 대통령의 거부권 행사로 금지되었다면 케네디는 여론의 방향에 맡기지 않으면 안 되었을지도 모른다. 그러나 현실은 그렇지가 않았다.

---

*브라운 ; 1912~1977. 독일의 과학자. 제2차 대전 중에 V2호를 개발 제조하여, 영국을 공중으로부터 공격했다. 전후에는 미국으로 건너가 로켓, 인공위성의 연구를 맡았다.

*치올코프스키 ; 1857~1936. 소련의 과학자, 발명가. 귀족의 아들로 태어났으나 소년 시절 병원에서 귀머거리가 되었다. 학교에는 거의 가지 못하고 독학으로 교사자격시험에 합격했다. 학교에서 기하학과 물리학을 가르치는 한편, 로켓 비행의 원리를 연구하여,《로켓에 의한 우주공간의 탐험》을 썼다. 행성간 비행의 이론과 로켓 공학의 창설자이다. 철학과 언어도 연구했다.

많은 미국인은 우주계획을 바라고 있었다. 그리고 이 거대한 계획에 대한 군중의 데모도 없었다. 실제로는 아폴로 계획이 성공한 후에, 과연 이 프로젝트는 그런 거액을 투자할 만한 가치가 있었느냐에 대해 상당한 논쟁이 민중들 사이에 일어났다. 물론 1969년 이후의 NASA 예산은 급격히 감소되었다.

아폴로 계획을 실제로 출발시킬 수 있었던 것은 케네디의 리더십이 있다는 것은 분명하다. 1961년 5월에 미국이 달나라에 유인 우주선을 착륙시킨 것은 그다. 의회로부터 정부의 자금 염출에 대한 승인을 얻은 것도 그이다. 달나라 여행계획은 조만간에 달성할 수 있다고 누구나가 확신하고 있었는지도 모른다. 그럼에도 불구하고 이것을 실제로 한 것은 그이다.

물론 사람에 따라서는, 아폴로계획은 터무니없이 커서 아무런 쓸모도 없는 일이라고 느끼는 사람도 있을 것이다. 그리고 실제로 중요한 일도 아니다. 그 증거로 1969년 7월 20일(달나라에 도착한 날)을 국경일이나 기념일로 하자는 움직임도 없다. 그것에 비하면 콜럼버스 데이는 16세기에는 축제일이 아니었지만, 지금은 신시대의 여명기(黎明期)로서 축하하고 있다.(미국에서)

아폴로계획은 그 후 계속해서 실시되는 일은 없지만 인류의 큰 업적으로서 영원히 기억될 것이다. 그러나 아폴로계획은 인계되어 나갈 것이라고 생각한다. 또 우주여행은 과거보다 미래에 있어서 중요한 역할을 할 것이라고 생각한다.

그렇게 되면 우리 자손들은 콜럼버스가 대서양 횡단 항해를 한 것처럼, 아폴로의 항행은 인류사상 완전히 새로운 시대의 출발로서 기념될 것이다.

81 핑커스
Gregory Pincus (1903~1969)

핑커스는 미국의 생물학자로 경구피임약(經口避妊藥) 필을 개발한 인물이다. 그다지 알려져 있지 않지만 세계적으로 유명한 많은 인물들보다도 훨씬 실제적 영향력이 있다.

필은 두 가지 점에서 중요성이 있다. 세계는 과잉인구에 대한 위기감이 격증되고 있으며, 인구억제 작용이 있는 약제로서의 필의 중요성은 명백하다. 필은 종래의 성적 관습을 바꾸지 않고 직접적은 아니지만 혁명적인 효과를 가져왔다.

최근 15년간 미국에서의 성에 대한 태도에 커다란 혁명이 일어났다는 것은 널리 인정되고 있다. 물론 그 밖에도 이 혁명을 가져오는 데는 정치적, 경제적, 사회적인 요인이 있었지만 가장 크고 유일한 요인은 분명히 필의 발명이다.

종전에는 많은 부인들이 바람직하지 않은 임신을 두려워한 나머지 결혼 전이나 결혼 후에도 성행위를 억제해 왔다. 그런데 갑자기 임신에 대한 두려움없이 성관계를 맺을 수 있는 기회가 여성들 앞에 나타났고 그러한 환경 변화는 태도나 행위에 하나의 변화를 낳는 결과가 되었다.

에노비드(Enovid : 최초의 산아제한용 필)의 개발이 그다지 중요하지 않다고 생각할지도 모른다. 왜냐하면 안전하고 합리적이며 신뢰할 수 있는 피임법은 종전부터 알려져 있었기 때문이다. 그러나 이것은 피임의 방법이 기술적으로 효과가 있는 것과 심리적으로 받아들이기 쉽다는 것과 구별이 있다는 것을 무시하고 있다.

필이 개발되기 전에 전문가가 가장 추천하고 있던 피임법은 페서리였다. 페서리는 확실히 안전하고 신뢰도도 있지만, 그 사용면에서 많은 여성들은 옛날에도 지금도 싫어하고 있다. 필이 처음으로 테스트되었을 때, 많은 여성들이 안전성도 높고 오랫동안 테스트된 페서리보다도 아직 그다지 테스트되지도 않은(따라서 위험성이 있는) 방법을 택했다는 것은 주의할 가치가 있다.

에노비드의 사용은 건강에 미칠 위험이 있기 때문에, 더 새롭고 더 안전한 약이나 기구가 개발되어 그것을 앞지를지도 모르기 때문에, 에노비드의 개발은 큰 승리가 아니라고 반대하는 의견도 있을 것이다. 그러나 일의 성질상 미래의 피임방법은 개량이 있다고 하더라도 그것은 별로 크지 않을 것이다. 왜냐하면 필이 이렇게 많이 사용되고 일반이 만족하고 있기 때문이다. 많은 미국 여성이 필을 규칙적으로 사용하기 시작한 과거 15년간 미국 여성의 평균 수명이 길어지고 있다는 것을 주목할 가치가 있다. 이 사실로 보아서 분명히 필만이 건강에 해가 될 리가 없다. 역사는 1950년대의 에노비드의 개발이 산아제한의 중요한 문제 해결책이라고 보게 될 것이다.

경구피임약의 개발에는 많은 사람들이 공헌하고 있다. 사실 아이디어는 상당히 장기간에 걸쳐서 이야기되어왔다. 다만 필 속에서 어떤 화학반응이 발생할지 아무도 모른다는 것이 문제였다. 이상하게도 이 문제를 푸는 열쇠가 된 발견은 1937년까지 거슬러 올라가게 된다.

그 해에 메이크피스(A. W. Makepeace)와 웨인스타인(G. L. Weinstein)과 프리드만(M. H. Friedman) 세 사람은 프로게스트론(일종의 여성호르몬)을 동물에 주입(注入)하여 배란을 억제하는 실험을 했다. 그렇지만 피하주사는 산아제한에 매력적인 방법이라고는 생각되지 않는다는 것과 또한 프로게스트론은 당시로서는 대단히 비싼 약품이었기 때문에 이 발견은 산아제한을 하려는 사람들에게 그다지 흥미를 끌지 못했다.

필이 본격적으로 개발된 것은 1950년부터이며, 미국의 생물학자인 핑커스가 이 문제에 몰두하기 시작하고부터이다. 마가렛 생거가 오랫동안에 걸쳐 가족계획을 제창하고 있었지만, 그것이 핑커스로 하여금 이 문제에 착수하게 하는 동기가 되었다. 그녀로서는 참으로 우수한 인물을 골랐다고 할 수 있다.

핑커스는 스테로이드 대사(代謝)의 전문가이며, 포유동물의 생식작용에 대한 생리학에 정통하고 있었다. 또한 메사추세추 주에 있는 우스터 실험생리학 연구소의 소장이기도 했다.

핑커스는 기술지식과 과학적 직감을 잘 결부시켜서, 거의 즉석에서 문제해결이라는 우연에 직면했다. 곧 그는 우스터재단의 연구원인 창(Min Chueh Chang)이 실험용 동물에 프로게스트론을 사용해서 입으로부터 넣기만 해도 배란을 억제할 수 있느냐 없느냐를 실험하고 있다는 것을 알았다.

창의 이 실험은 성공했다. 이것은 확실히 유망한 출발이었다. 특히 몇 년 전에 러셀 마커라는 과학자가 프로게스트론을 싼 값으로 합성하는 방법을 발명하고 있었기 때문에 더욱더 그러했다.

또 한 사람의 중요한 공헌자는 부인과 의사인 존 로크 박사이다. 그는 핑커스의 지시로 프로게스트론을 입으로부터 넣어서 여성에게 배란억제의 효과를 시험하게 하고 있었다. 그러나 로크의 연구로, 경구피임약으로서 프로게스트론을 사용할 경우에 두 가지의 중대하고 곤란한 문제가 있다는 것이 발견되었다. 우선 첫째로 85%밖에 배란을 억제하지 않는다는 것이었다. 둘째로는 엄청나게 많은 양을 복용할 필요가 있다는 것이었다.

그러나 핑커스는 자기의 생각이 옳다는 것을 믿고 절대로 포기하지 않았다. 프로게스트론과 화학적으로 유사한 화합물이 그 밖에 있을지도 모른다고 예측하고 있었다. 1953년 9월에 그는 화학회사에 프로게스트론과 화학적으로 관련이 있는 각종 합성 스테로이드 제품의 샘플을 보내 달라고 요청했다. 핑커스가 받은 약품을 닥치는 대로 테스트해본 결과 그 중의 하나인 노르에치노드렐(norethynodrel, G.D. Searle사 제품)이 특히 효과적이었다.

그가 연구를 시작한 1950년까지 노르에치노드렐은 아직 나오지 않고 있었기 때문에 이것은 그에게 있어서 행운의 돌파구였다. 실(Searle) 연구소의 생화학자 B. 콜턴 박사가 1952년에 합성에 성공하고 나중에 그의 이름으로 특허를 땄다. 그러나 이 경우 콜턴 박사는 물론 그 밖의 G.D 실사의 경영자도 경구피임약을 개발하려고 해서 한 것도 아니며 그때 그들은 독창적인 것을 만들었다는 사실도 이해하지 못하고 있었다.

다시 연구 그룹에 의한 테스트를 계속하였으며 핑커스는 그것을 모아서 메스트라놀(mestranol)이라는 또 하나의 화학품을 소량 섞어주면 더욱 효과가 있다는 것을 알았다. 이렇게 약품을 조제해서 에노비드로서 G.D. 실사로부터 발매하게 되었다.

1955년에 핑커스는 필을 대규모로 실지로 시용(試用)할 기회가 무르익었다고 보았다. 테스트는 1956년 4월에 푸에르토리코의 산주앙 교외에서 레이 박사(Dr. Edris Rice-Wray)의 감독하에 실시되었다. 9개월 이내에 이 경구피임약 필의 효능이 얼마나 현저한가를 테스트로 보이게 되었다. 이 테스트는 그 후 3년이나 계속되었으며, 1960년에 미국 식품약품성은 에노비드의 시판을 허가하게 되었다.

지금까지 말해온 것으로 보아 핑커스는 자기 힘만으로 경구피임약 필을 개발한 것이 아니라는 것은 명백하다. 실제로 노르에치노드렐을 개발한 사람은 콜턴이었다. 핑커스의 업적에 길을 개척한 콜턴과 그 밖의 화학자들에게 상당한 크레디트를 배분해주어야 한다. 마찬가지로 로크, 창, 가르시아 박사 등을 포함한 핑커스 그룹과 함께 연구한 사람들도 중요한 공헌을 했다. 마찬가지로 레이 박사, 생거 부인, 그 밖의 사람들도 전체적 업적에 큰 역할을 하고 있다.

그러나 핑커스가 이 전체 프로젝트를 배후에서 강력하게 추진시킨 주요인물이라는 것은 명백하다. 그는 자기의 모든 시간과 정력을 이 경구피임약의 개발에 바친 과학자이며, 그야말로 이 프로젝트를 성공시키는 과학자로서의 능력과 조직력을 가지고 있었다. 그는 우선 기초가 되는 아이디어를 발상하고 연구자금을 확보하는 동시에 유능한 인재를 모아서 이 프로젝트에 투입했다. 이 프로젝트를 완성시키기 위한 비전과 결의를 가지고 있었던 사람이야말로 이 업적에 대해 크레디트를 받아야 할 인물이다.

핑커스는 1903년에 뉴저지 주에서 러시아계 유태인의 부모 사이에서 태어났다. 1924년에 코넬 대학을 졸업하고 1927년에 하버드 대학으로부터 박사 학위를 받았다. 그 후 하버드, 케임브리지 등의 연구소에서 연구업무에 종사했으며, 몇 년간은 클러크에서 대학 교수로 있었다.

1944년에 실험생물학 우스터재단의 창립을 거들고, 그 후 다년간에 걸쳐 연구소장을 맡았다. 1965년에 출판한《번식의 정복》을 포함해 250권 이상의 과학 문헌을 저술했다.

생존 중에 수많은 영예를 받았지만 핑커스든 다른 사람이든 간에 필의 개발로 노벨상을 받은 사람은 없다. 1967년 핑커스가 보스턴에서 사망했을 때 그의 죽음은 일반 사람들에게 거의 알려지지 않았으며, 과학자들 사이에서도 알려지지 않았다. 현재 백과사전에조차 그의 이름은 거의 나와 있지 않다.

그렇지만 그는 인류사와 가장 중요한 개발의 하나를 성취한 중심적인 인물이다.

82 수 문제
隋 文帝 (541~604)

고대 중국의 수(隋)나라 문제〔본명은 양견(楊堅・Yang Chién)〕는 수백년간 몹시 어수선하게 분할되어 있던 중국대륙의 재통일에 성공한 인물이다. 그가 확립한 정치적 통일은 그 후 몇 세기에 걸쳐 유지되었다. 그 결과 당시의 중국은 항상 세계 최강국의 하나가 되어 있었다.

정치적 통일의 또 한 가지 중요한 성과는 전세계 인구의 약 5분의 1을 차지하고 있던 중국이 유럽이나 중동 기타 지역처럼 끊임없이 전쟁의 위험을 당하지 않았다는 것이다.

기원전 3세기에 중국을 처음으로 통일한 황제는 진시황(秦始皇)이지만, 그 진왕조(秦王朝)는 시황제(始皇帝)가 죽은 후 금방 분리되었다. 그러나 곧 그 왕조를 한왕조(漢王朝)가 이어받는 데 성공하여 기원전 206년부터 기원후 220년까지 전국을 통치해왔다. 한왕조가 붕괴된 후 중국은 오랫동안 내부분열의 시대를 경험하고, 마치 로마제국 붕괴 후의 유럽의 암흑시대와 같은 시대가 되었다.

양견(楊堅)은 541년에 중국 북부의 한 호족(豪族)의 집에서 태어났다. 겨우 14세 때 최초의 군사적 사명을 받았다. 북주왕조(北周王朝)의 황제를 섬긴 그는 뛰어난 재능이 있었으며, 주군(主君)에게 잘 봉사했기 때문에 빨리 출세했다. 중국 북부의 대부분을 그 세력하에 두게 되었는데도 보수를 받지 않았다.

573년 양견의 딸은 황태자비가 되었으며, 그 후 5년이 지나서 황제는 죽었다. 그러나 이 황태자는 정신적으로 균형을 잃고 있었기 때문에 세력싸움이 일어났다. 양견이 이 세력싸움에서 최후의 승리자가 된 것은 581년의 일이다. 그는 새로운 황제로서 승인을 받게 되었다.

그러나 그는 단지 중국 북부만의 황제로는 만족할 수 없었다. 조심스러운 준비를 한 후 588년에 중국 남부를 침략하기 시작했다. 그리고 연전연승한 결과 589년에는 중국대륙 전체의 지배자가 되었다.

그의 통치하에 재통일한 제국을 위해 웅대한 새 수도를 건설했다. 또 중국대륙의 북부를 흐르는 황하와 중부를 흐르는 양자강을 연결하는 대운하 건설에 착수했다. 이 운하는 그의 아들 때에 완성하였으며, 이것으로 중국의 북부와 남부를 연결할 수 있게 되었다.

문제의 개혁 중에서 가장 중요한 것은 문관시험에 의해 국가공무원을 뽑는 제도를 제정한 일이었다. 그 후 몇 세기를 통해서 이 제도로 천하의 수재를 모든 지역, 모든 사회계층으로부터 국가행정업무에 끊임없이 보충하기 위한 고급 관료집단을 양성하게 되었다. 이 제도는 당초 한왕조시대에 도입되었지만, 한나라가 멸망한 후 상당히 긴 공백기간을 두었으며 그 후의 국가행정은 그대로 이 제도를 이어받아왔다.

문제는 소위 '회피(回避)의 통치'를 실시했다. 다시 말해서 지방장관은 자기가 태어난 지역에는 근무시키지 않는다는 원칙이다. 이것은 편파정책을 회피하고 동시에 어떤 지방장관도 너무 큰 세력을 갖지 못하도록 하는 예방시책이 되었다.

필요한 경우에는 매우 대담한 행동을 취할 수도 있었던 수나라 문제는 평상시에는 또한 대단히 조심스러운 인물이었다. 낭비를 삼가고 가신(家臣)들에게 부과하는 세금은 가볍게 했으며, 또한 대외정책도 전반적으로 성공했었다.

수나라 문제는 지금까지 비교적 성공한 많은 지배자와 통치자가 그러했듯이 자신과잉형은 아니었던 것 같다. 수억이라는 많은 주민들을 훌륭하게 통치한 정력적인 사나이이면서도, 가정에서는 이상할 정도로 부인에게 눌려 지낸 인물이었던 모양이다. 그의 아내는 마구 뽐내고 있었지만 그녀의 재능은 크게 도움이 되어 재위 중의 세력 확대에 큰 공헌을 했다.

문제는 604년 63세로 죽었다. 이 죽음이 갑작스러웠기 때문에 그 뒤를 이은 둘째 아들(황제가 귀여워하고 있었다)이 비겁하게 희생시켰다고 많은 사람들이 의심할 정도였다.

그런데 새 황제는 외교정책에 실패를 거듭하여, 마침내 중국 각지에서 반란이 발생했다. 그리고 618년에 새 황제는 살해당하고 말았다. 그의 죽음으로써 수왕조는 멸망했지만, 그렇다고 중국 통일의 종말은 아니었다. 수왕조는 곧 당왕조(唐王朝)로 인계되었으며, 618년부터 907년까지 당왕조는 계속되었다.

당왕조는 수나라 때의 일반 국가기구를 그대로 남기고, 그것을 토대로 해서 중국의 통일을 유지했다. (당왕조는 중국의 가장 빛나는 시대라는 말을 듣고 있다. 강대한 군사력이 있었기 때문이기도 하지만 더 중요한 것은 이 시대에 학예와 문학의 꽃이 피었다는 것이다.)

그럼 수나라 문제가 중요한 인물이라고 하는 이유는 무엇일까? 이 문제를 판단할 때 유럽의 유명한 군주인 칼 1세와 비교해보면 좋다. 이 두 사람의 경력 사이에는 유사한 점이 있다. 대략적으로 말해서 칼 1세는 로마제국 붕괴 후 3세기 만에 유럽의 대부분을 재통일하는 데 성공했다. 마찬가지로 수나라 문제는 한왕조가 붕괴한 후 3세기반 만에 중국의 재통일에 성공하고 있다.

물론 칼 1세는 서유럽에서는 훨씬 유명하지만 이 두 사람 중에서 영향력이 강한 것은 문제 쪽이라고 생각한다. 우선 첫째로 그는 중국 전역의 통일에 성공했지만, 칼 1세는 서유럽에서 가장 중요한 지역(영국, 스페인, 남이탈리아) 등을 정복하지 않았다.

둘째로는, 문제가 완성한 재통일은 내구성(耐久性)이 있었지만, 칼 1세의 제국은 금방 분열되고 다시 통일되는 일이 없었다.

셋째로는, 당왕조가 성취한 문화적 업적은 적어도 일부는 중국이 정치적으로 통일이 됨으로써 가능했던 경제적 번영의 결과라고 할 수 있다. 이것과 대조적으로 카롤링왕조의 르네상스는 칼 1세의 죽음과 그 제국의 붕괴와 함께 소멸되었다.

수왕조가 남긴 문관시험제도는 그 후 장기간에 걸쳐 효과를 가져왔다. 전반적으로 유럽은 중국보다도 세계사상 중요한 역할을 했다는 것을 계산에 넣는다 하더라도 이상의 모든 이유 때문에 문제는 칼 1세보다 역사상에 큰 영향을 남기고 있다. 사실 중국이나 유럽에도 문제만큼 내구성이 있는 영향력을 가지고 있었던 군주는 없다고 생각한다.

83 마니
Mani (216~277)

   3세기의 예언자 마니는 마니교의 창시자이다. 마니교는 현재 소멸되어가고 있지만, 그 최전성기에는 대단한 수의 신자들이 있었다. 중동에서 생긴 마니교는 서쪽으로는 대서양, 동쪽으로는 태평양까지 포교가 되어 약 1천 년 정도 계속되었다.
   마니가 창시한 종교는 기존 종교 속에서 일부 사상을 끌어냈다는 점에 흥미가 있다. 마니는 조로아스터, 부처, 예수를 진짜 예언자라고 인정하고 있지만 그들보다도 더 나중에 완전한 계시를 받을 수 있다고 주장했다.
   마니의 종교에는 불교 신자적 요소와 기독교 신자적 요소가 있다고 하지만 그 교의에서 가장 충격적인 것은 조로아스터교의 이원론에서 유래하고 있다는 것이다. 마니는 이 세상은 단일신에 의해 지배되고 있는 것이 아니라, 두 개의 힘이 끊임없이 싸우고 있는 곳이라고 말하고 있다.
   하나의 힘은 선(善)의 원리로, 이것은 빛과 정신과 일체가 된다고 했다. 표면적으로는 기독교의 신과 악마의 개념과 어딘지 비슷한 것 같지만 마니교에서는 선과 악의 원리는 기본적으로는 힘은 양쪽 모두 같다고 생각한다. 이 신념에 의하면 악의 존재의 철학적 역설(逆說)은 기독교 신자와 유태계 철학자들을 곤란하게 만들지만 마니교 철학에는 아무런 문제도 없는 것 같다.
   여기서 마니교 신학을 상세하게 설명할 지면의 여유가 없지만 이것만은 말해두기로 한다. 인간의 정신을 선의 원리, 육체를 악의 원리라고 간주한 결과, 마니교 신자는 모든 성관계(출산을 목적으로 하는 성행위

예복을 입은 마니교도를 그린
8~9세기경의 소형 모형

도)를 금지한다. 또 고기를 먹는다든가 포도주를 마시는 것도 금한다.

언뜻 보아서 이런 엄격한 교의로는 많은 신자를 만든다는 것은 불가능하다고 생각된다. 이 금지사항 전부는 마니교회의 보통 신자들은 실행할 수 없지만 '엘렉트'라고 불리는 선택된 소수 신자에게는 적용되고, 보통 신자, 즉 '히어러'는 대처(帶妻) 또는 애인을 가지고, 가정을 만들고, 포도주를 마시고 고기를 먹는 것도 허용되었다.

다만, '히어러'에게는 엄수할 필요가 있는 몇 가지 종교적 의식이 있으며 우선 엘렉트를 부양해주지 않으면 안 되었다. 그러나 그들에게 과해지는 도덕적 규약은 불합리하게 어려운 것이 아니었다.(물론 다른 종교에서도 승려나 성직자는 금욕주의가 요구되지만 대중 신자에게는 그런 요구가 필요없다.)

엘렉트의 영혼은 죽은 후 극락세계로 금방 갈 수 있지만 히어러에게는 극락세계로 가는 길이 약간 먼 것으로 되어 있다. 그러나 카타리파라고 하는 마니교의 한 분파에서는, 히어러나 엘렉트도 마찬가지로 쉽게 극락에 갈 수 있다고 믿고 있다. 게다가 생존 중에 그 나름대로의 라이센스가 허용된다.

마니는 216년에 메소포타미아에서 태어났다. 당시의 메소포타미아는 페르시아 제국 영토의 일부로 되어 있었으며 아르사시드(Arsacid) 왕조와 파르티안(Parthian) 왕조 치하의 시대였다. 마니 자신은 페르시아 인을 조상으로 가지고 아르사시드 황제와 친척이 되었다.

당시의 페르시아 인은 대부분 조로아스터 교주의 어느 분파에 귀의(歸依)하고 있었는데, 마니는 기독교의 큰 영향을 받은 종파 속에서 자랐다. 12세 때 종교적 환상을 체험하고, 24세 때 새로운 종교를 전도하기 시작했다. 당초 그의 고향에서는 그다지 성공하지 못했지만, 인도 북서부로 전도여행을 해서 한 지방의 국왕을 개종시키는 데 성공했다.

242년에 페르시아로 돌아와 샤푸르 1세*(Shapur I)를 알현했다. 샤푸르 1세를 개종시키지는 못했지만 왕 스스로가 마니에게 대단히 호감을 가지고 페르시아 전역에 그 신흥종교를 보급시켜도 좋다고 허가했다. 226년에 새 왕조가 수립되어, 그 후 페르시아 제국은 가끔 사산 왕조(Sassanid)라고 불린 일도 있다. 그 후 30년쯤은 샤푸르 1세와 호르미즈드 1세(Hormizd I)의 치하에 있어서, 마니는 아무런 장애도 없이 전도하고 있었기 때문에 신자의 수는 자꾸 증가했다.

그 동안 사절단이 잇따라 파견되었다. 그러나 마니의 성공에 조로아스터교의 성직자들은 적의를 품게 되었다. 이 조로아스터교는 사산 왕조 시대 페르시아의 국교로 되어 있었기 때문에 276년에 바흐람 1세(Bahram I)가 왕위에 오르자, 마니는 체포되어 투옥되었다. 그리고 26일간의 잔혹한 체형을 받고 살해되었다.

마니는 생존 중에 몇 권의 책을 저술했는데 한 권만 페르시아 어로 쓰고, 다른 책은 전부 고대 시리아 어(셈 어는 예수시대의 아랍 어와 밀접한 관계가 있다)로 썼다. 이 책들은 마니교의 성전(聖典)으로 인정

---

* 샤푸르 1세 : 사산 왕조의 페르시아 왕. 재위 242~272년. 아버지인 아르데시르 1세로부터 왕위를 계승했다. 파르티아의 분국제도(分國制度)를 답습해서 행정조직을 중앙집권화했다. 동방의 쿠샨 왕국을 무찌르고 종주국이 되었다. 서방에서는 로마와 시리아에서 여러 번 싸웠는데 260년에는 황제를 비롯하여 7만여 명의 병사를 잡았다. 그 후 파르밀라 왕 오데나투스에게 패하여 유프라테스 이동(以東)으로 후퇴했다. 그리스와 인도의 고전, 특히 의학·천문학·철학의 번역·편집에 힘쓰고 마니교에 깊은 관심을 가졌다.

받았다. 마니교가 소멸된 후 마니교의 성전도 소멸되었다가 12세기에 재발견되었다.

마니교는 발생 초부터 개종력(改宗力)이 강한 종교였다. 교조(敎祖) 자신이 살아 있을 때 이 종교는 인도에서 유럽까지 신자를 만들었다. 마니가 죽은 후에도 계속 성장하여, 사실상 서쪽 스페인에서부터 동쪽 중국까지 퍼졌다. 서방에서는 4세기가 최전성기로 이때는 기독교가 심한 경쟁상태가 되었다. 성(聖) 아우구스티누스는 9년간이나 마니교의 신자였다. 그렇지만 기독교가 로마제국의 국교가 되자 마니교는 심한 압박을 받아 600년경에는 서방에서 철저하게 배척당했다.

그러나 메소포타미아와 이란에서는 여전히 강대한 세력을 유지하고 있었다. 거기서부터 중앙아시아, 투르키스탄, 서부 중국으로 세력을 확대했다. 8세기 후반에는 위구르 족의 공식 종교가 되었는데 이 위구르 족은 중국 서부와 몽고 지역을 지배하고 있는 민족이었다.

그리고 중국 본토로 세력을 뻗쳐 태평양 안으로까지 이르렀고 계속해서 대만까지 이르렀다. 그러나 7세기에 들어와서 이슬람교가 들어온 다음에 마니교는 반대로 쇠미해지기 시작했다.

8세기부터 시작되는 바그다드의 압바스 칼리프(Abbasid Caliphs)는 마니교에 심한 압박을 가해 잠깐 사이에 메소포타미아와 이란으로부터도 추방되어서 소멸되고 말았다. 9세기부터는 중국 본토에서도 쇠미해, 13세기의 몽고군 힘만으로 사실상 뿌리째 숨통이 끊기고 말았다. 그럼에도 불구하고 마르코폴로는 1300년에 중국 동부에서 마니교 사회를 보았다.

한편 유럽에서는 마니교에서 유래되는 여러 분파가 생겼다. 파울리시안(Paulician)은 7세기부터 시작되는 비잔틴 제국 내에 나타났다. 발칸지방에서 최강이 된 보고밀즈(Bogomils)는 10세기경에 나타났다. 그러나 이런 유럽의 분파 중에서 주목할 만한 것은 카타리파(프랑스의 도시 알리의 이름을 딴 알비파(Albigensians)로 알려지고 있으며 가장 유명하다.)였다.

12세기에는 카타리파가 유럽 전역에 걸쳐 신자를 증가시켰는데 특히 남프랑스는 강력한 세력이 되어 있었다. 카타리파의 교의는 마니교와 매우 비슷했지만 신자 자신들은 기독교라고 믿고 있었지만 교회 권위 당국은 그들을 이교도로 간주하고 있었다. 중세기의 교황 중에서 가장 강력하고 엄격했던 이노켄티우스 3세*(Innocentius Ⅲ)는 이 이교도에 대한 십자군의 파견을 요구했다.

이 십자군은 1209년에 시작되어 1244년까지 남프랑스의 넓은 지역에 걸쳐 무시무시한 살육을 행함으로써 황폐화되고 알비파는 완전히 괴멸되고 말았다. 그럼에도 불구하고 카타리파(Chatharism)는 15세기경까지 소멸되지 않고 이탈리아에 남아 있었다.

어떤 종교든 열렬한 신자의 생명과 생존에는 큰 효과를 가져오는 법이다. 그 점에서 어떤 작은 종교라도 그 교조는 상당한 영향력을 가지고 있는 인물이다. 마니교는 이제 소멸되어가고 있지만 과거에는 거대한 종교였다. 따라서 마니는 매우 영향력이 있었던 인물이다. 마니교의 불운은 그 교의 때문에 오는 당연한 귀결이 아니라, 다른 기성종교가 마니교를 근절하기 위해 많은 박해를 가했기 때문이다.

이 신흥종교를 창시함에 있어 마니의 역할은 그야말로 절대적인 것이었다. 그가 그것을 발견하고 그 신학을 고안하고, 그 도덕율을 규정했다. 그의 사상은 대부분이 선대 사상가들의 교리에서 유래하고 있다. 그러나 분리된 사상요소를 명확한 하나의 새 시스템으로 결합한 것은 마니이다.

그는 또 전도를 통해 많은 사람들을 마니교로 개종시키고, 종교상의 조직을 만들고 독자적인 경전을 저술했다. 단 한 사람의 창시자가 이만큼 대규모의 대중운동으로까지 만든 것은 매우 드문 일이다. 그가 창립

─────
* 이노켄티우스 3세 ; 1161~1216. 최절정기의 로마교황. 재위 1198~1216. 이탈리아 출신으로 파리의 로마볼로냐에서 교육을 받았다. 교회권력 우위의 실현을 꾀하며 하인리히 6세가 죽은 후에 황제 계승권 문제에 개입하는 등 교황청의 권위를 높였다. 제4차 십자군을 일으켜 라틴 왕국을 건설했다.

한 종교이기 때문에 그가 없이는 마니교가 존재하지 않는 것은 명백하다. 이 점에서 마니는 다른 많은 종교 창시자와 마찬가지로 일반 과학자나 발명가보다 중요한 것처럼 생각된다.

따라서 마니는 이 책에서 어느 순위에 두어야 할까? 물론 세계의 3대 종교(기독교, 불교, 이슬람교)의 창시자보다는 하위에 두어야 할 것이다. 이 3대 종교의 신자수를 시간적 제약을 초월해서 계산한다면 수십 억이 될 것이다. 한편 마니교는 현재는 소멸되어가고 있지만 조로아스터교와 자이나교(Jainism)는 지금도 남아 있다. 마니교의 최전성기에는 이 두 종교보다 훨씬 많은 신자를 거느리고 또한 세계적으로 커다란 영향을 미쳤다. 조로아스터나 마하비라(Mahavira)보다 마니를 상위에 놓는 이유는 여기에 있다.

84 바스코 다 가마
Vasco Da Gama (1469?~1524)

바스코 다 가마는 유럽에서 아프리카 대륙을 돌아서 인도로 가는 직접 항로를 발견한 포르투갈의 탐험가이다.

포르투갈은 항해왕 헨리 왕자 이래 이런 항로를 찾고 있었다. 1488년에 디아스*(Bartholomeu Dias)를 우두머리로 하는 포르투갈 탐험대는 아프리카의 남단 희망봉을 넘어서 다시 포르투갈로 돌아왔다. 이 성과로 포르투갈 왕은 오랫동안 인도항로를 탐색해왔는데, 드디어 성공은 눈앞에 다가왔다고 생각했다.

---

*디아스 : 1450?~1500. 국왕 조안 2세의 명령으로 두 척의 배를 지휘해서 아프리카 서안을 남하하여 인판테 하구(河口)에 도착했다. 귀로에 희망봉과 브라질을 발견했다. 인도로 가는 도중 조난을 당해 죽었다.

그러나 여러 가지 사정으로 연기되어서 1497년에야 겨우 인도 원정 계획에 실제로 착수했다. 왕은 이 원정대장에 바스코 다 가마라는 포르투갈의 시네스(Sines) 출신 귀족을 뽑았다.

다 가마는 1497년 7월 4일에 4척의 배와 아라비아 어를 할 줄 아는 통역도 포함된 170명의 승조원들과 함께 출항했다. 이 원정대는 우선 케이프 베르데 섬(Cape Verde)으로 가서 디아스가 한 것처럼 아프리카 연안을 따라서 항해하는 코스를 취하지 않고 정남쪽으로 남하했다. 상당히 먼 거리를 남하하다가 도중에서 방향을 동쪽으로 바꾸어서 희망봉에 도착했다.

이 항로는 아프리카 연안을 따라서 항해하는 코스보다 훨씬 빠르고 잘 선택한 항로였지만 그만큼 더 용맹과 항해 기술의 솜씨가 요구되었다. 그가 택한 항로 덕택으로 다 가마의 선단은 놀랍게도 93일간이나 육지가 보이지 않는 항해가 되었다. 이것은 콜럼버스보다 두 배 반이나 긴 항해였다.

다 가마는 11월 22일에 희망봉을 넘어서 아프리카의 동해안으로 나아갔다. 북쪽으로 항해하는 도중에 현재 케냐의 몬바사와 메린다 등 이슬람교도 치하(治下)의 몇 개 도시에 정박하면서 나아갔다. 메린다에서는 인도인 안내인을 태우고 아라비아 해를 넘어서 인도로 가는 23일간의 항로를 안내케 했다.

다 가마가 남인도의 중요한 무역 센터인 캘커타에 도착한 것은 포르투갈을 출항한 지 10개월 후인 1498년 5월 20일이었다. 당시 캘커타의 인도인 수장(首長)은 자모린(Zamorin)이라고 했는데, 처음에는 다 가마를 환영했다. 그러나 자모린은 다 가마가 선물로 준 물건이 싸구려라고 불만스럽게 생각했다. 또 당시 인도양의 무역항로를 손아귀에 넣고 있던 회교도 상인들의 반감도 있었다. 이런 것들 때문에 자모린과의 통상 협정을 맺을 수가 없었다.

그렇지만 다 가마는 8월에 캘커타를 떠날 때는 많은 인도인과 국왕에게 줄 선물로 향료를 가득 싣고 출항하게 되었다.

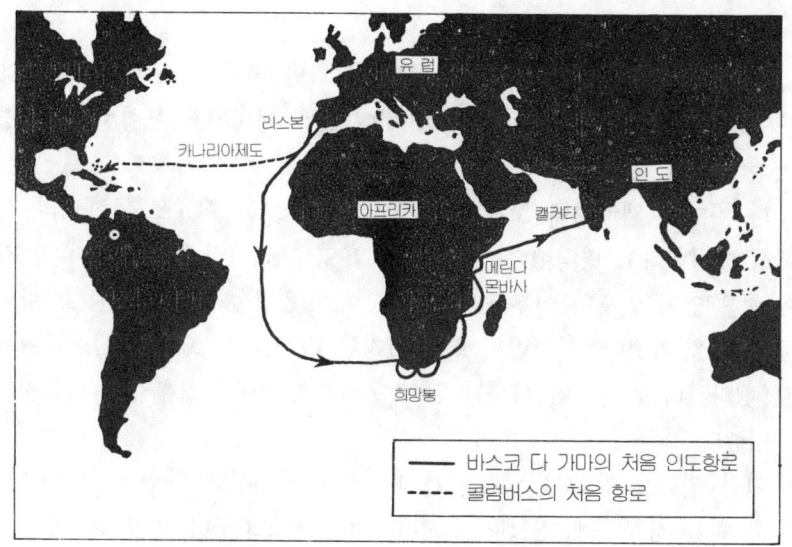

바스코 다 가마와 콜럼버스의 항로

　돌아오는 길은 갈 때보다 더욱 곤란에 부딪쳤다. 아라비아 해를 넘는 데 3개월이나 걸렸으며 그 사이에 비타민 부족으로 많은 선원이 괴혈병에 걸려 죽었다. 결국 두 척만이 무사히 돌아갈 수 있었다. 처음에 배가 도착한 때는 1499년 7월 10일이고, 다 가마의 배는 그보다 2개월 늦게 도착했다.

　이 회항항로(回航航路)에서 살아 남은 사람은 출발 때 3분의 1밖에 안 되는 55명뿐이었다. 그럼에도 불구하고 다 가마가 1499년 9월 9일에 리스본에 도착하자 그와 국왕은 이 2년간의 항해는 대성공이었다고 서로 인정했다.

　그로부터 6개월 후에 포르투갈 왕은 알바레스 카브랄(Pedro Alvares Cabral)을 대장으로 하는 제2차 탐험대를 파견했다. 카브랄은 도중에 브라질을 발견하고(그보다 전에 포르투갈 인은 브라질을 발견했다고 주장하는 역사가도 있지만), 대량의 향료를 가지고 귀국했다. 그렇지만 카브랄의 부하 몇 명이 캘커타에서 살해되었기 때문에 1502년에 다 가마는 20척의 대선단을 지휘하고 징벌할 사명을 띠고 파견되었다.

　이 원정에서의 다 가마의 행동은 정말 잔혹하기 짝이 없었다. 인도

앞바다를 통과하는 아라비아선을 붙잡아 짐만 빼앗고 승무원은 그대로 둔 채 해상에서 불태워버렸다. 이리하여 많은 아녀자를 포함한 수백 명의 현주민이 살상당했다.

다 가마는 캘커타에 도착하자 자모린에게 모든 회교도를 캘커타 시에서 쫓아내라고 명령했다. 자모린이 그 명령에 주저했기 때문에 다 가마는 38명의 인도인 어부를 즉각 체포해서 손발을 절단해 죽이고 항구에 포격을 가했다. 자모린은 화가 났지만 다 가마의 요구를 받아들이기로 했다. 다 가마는 돌아오는 길에 동아프리카에 포르투갈의 식민지를 수립했다.

이런 업적으로 그는 국왕으로부터 칭호를 비롯해 재산, 연금, 기타 사례 등을 풍부하게 받았다. 그리고 새 국왕으로부터 총독으로 임명받아 인도로 갔다. 그러나 그는 도착한 지 몇 개월 후에 병에 걸려 1524년 12월에 죽었다. 리스본 교회에 매장되었으며 7명의 자식이 있었다.

다 가마가 이룩한 항해의 근본적 의의는 유럽으로부터 인도, 다시 극동으로의 직접항로를 개설했다는 것이며 이 영향은 몇 세기에 걸쳐 미치게 되었다. 그 가운데 가장 큰 영향을 받은 사람은 포르투갈 인이다. 동양으로 가는 새로운 무역 항로를 지배함으로써, 본래 문명 세계의 변두리에 있던 가난한 나라가 금세 유럽에서 가장 풍부한 나라가 되었다. 인도, 인도네시아, 마다가스카르, 아프리카 동해안 곳곳에 식민지를 갖게 되었다.

브라질이 보유한 영토나 서아프리카의 식민지 제국은 물론 다 가마의 항해 이전부터 개발이 시작되고 있었지만, 그것에 다시 첨가되어 포르투갈은 20세기 후반까지 이들 식민지를 상당히 갖고 있었다.

다 가마의 인도 신항로 개설은 그때까지 인도양의 무역 루트를 지배하고 있던 회교상인이 패배한 셈이 되며 곧 이 지역의 무역은 전부 포르투갈 인이 하게 되었다. 게다가 인도로부터 유럽으로 갈 수 있는 육상의 무역 루트가 논의되었다. 왜냐하면 아프리카를 돌아서 항해하는 포르투갈의 해상 루트가 싸게 먹히기 때문이다. 이것은 종래부터 동방

희망봉을 돌아 항해하는 바스코 다 가마

무역을 지배하고 있던 오스만투르크나 이탈리아의 무역도시에게는 불리했다. 그러나 그것과 관계가 없는 다른 유럽 여러 나라는 종래보다 저렴한 가격에 대량으로 극동으로부터 상품을 얻을 수 있게 되었다.

그러나 최종적으로 다 가마 항해의 가장 큰 영향을 받은 쪽은 유럽이나 중동이 아니라 오히려 인도나 동남아시아였다. 오랜 역사를 통해 인도는 외국의 영향을 상당히 강하게 받긴 했지만 대체로 훌륭하게 독립한 나라였다. 그러나 다 가마의 항해에 의해 인도는 해로(海路)로 유럽문명과 직접 접촉하게 되었다.

유럽인의 영향과 세력은 인도에 보다 강해져서 19세기 후반까지 계속되었다. 그리고 머지않아 아시아 대륙 전체는 영국에게 종속되었다. (인도가 한 지배자에 의해 통일되고 있었던 것은 역사상 이때뿐이라는 사실이 주목된다.) 인도네시아에 대해서는 당초 유럽의 영향하에 있었지만 머지않아 완전한 지배하에 놓였다. 이 지역이 완전한 자치권을 획득한 것은 20세기 중반이 된 다음의 일이다.

다 가마와 콜럼버스는 자주 비교된다. 어떤 점에서는 다 가마 쪽에 더 호감을 갖는다. 예를 들면 다 가마의 항해는 매우 인상적인 업적으로 그의 항해는 거리적으로도 소요된 기간도 콜럼버스보다 약 3배나 길다. 따라서 훨씬 고도의 항해기술이 요구된다. 콜럼버스는 매우 먼

데까지 갔지만 신세계를 놓치는 일은 없었다. 그러나 다 가마는 희망봉을 놓치고 인도양을 방황하곤 했다. 그러나 콜럼버스와는 달리 다 가마는 그의 본래의 목적지에 도착하는 데 성공했다.

다 가마가 신세계를 발견한 것이 아니라 그저 유럽과 이미 원주민이 살고 있는 지역을 알아냈을 뿐이 아니냐고 말하는 사람도 있겠지만 그렇게 된다면 콜럼버스도 같은 말을 할 수 있을 것이다.

콜럼버스의 항해는 최종적으로는 서반구에 있었던 기존문명에 커다란 영향을 미쳤다. 또 다 가마의 항해는 인도네시아의 문명에 큰 변화를 가져오는 결과가 되었다. 콜럼버스가 다 가마의 상대적 중요성을 판단할 때 남북미를 합치면 지역으로는 인도보다 상당히 넓지만, 인구는 서반구의 여러 나라를 합친 것보다 훨씬 많다는 것은 유의해야 한다.

그럼에도 불구하고 콜럼버스는 다 가마보다도 막대한 영향이 있었다고 분명히 말할 수 있다. 첫째로, 아프리카 주변에서 인도로 가는 항해는 다 가마의 제창(提唱)에 의한 것이 아니다. 포르투갈은 훨씬 전부터 이 탐험대의 파견을 결심하고 국왕이 그 대장으로 다 가마를 뽑았다. 그러나 콜럼버스의 탐험은 그 스스로 선동해서 실시하여 이사벨 여왕에게 자금을 끌어낸 것으로 그의 설득력 덕택이었다. 따라서 콜럼버스가 없었다면 이 신세계(사실은 이미 발견된 거나 마찬가지였지만)의 발견은 더 늦어져서 유럽의 다른 나라가 앞질렀을지도 모른다.

이것에 반해 다 가마의 경우, 그가 없었다면 포르투갈 국왕은 다른 인물을 대장으로 뽑았을 것이다. 그리고 그 인물이 만약 부적격자로 실패했다 하더라도 성공을 눈앞에 두고 있었던 인도로 가는 직접항로 발견이라는 오랫동안의 노력은 버릴 리가 없다. 게다가 아프리카 서안을 따라서 포르투갈의 기지가 점재(点在)하고 있었기 때문에 포르투갈 이외의 유럽 여러 나라가 먼저 인도에 갈 수 있는 기회는 거의 없었을 것이다.

둘째로는, 인도와 극동에 대한 유럽의 영향은 서반구에 미친 것 같은 압도적인 힘이 아니었다. 인도 문명은 서양과 접촉함으로써 광범위하고 서서히 변화했다. 그러나 콜럼버스의 항해는 10년 사이에 신세계에 있었던 구문명(舊文明)을 완전히 파괴해버렸다. 그러나 이것은 미국이 서반구에 만들어낸 것과 인도의 그것과는 비슷하지 않다.

그 후 서반구에 일어난 일체의 사상(事象)을 콜럼버스의 업적으로 돌릴 수 없는 것과 마찬가지로 유럽과 동양의 직접 접촉을 전부 다 가마에게 돌릴 수는 없다. 다 가마는 긴 쇠사슬을 구성하고 있는 하나의 고리에 지나지 않는다.

포르투갈의 헨리 왕자를 비롯하여 아프리카 서해안을 탐험한 포르투갈의 대장 디아스(Bartholomeu Dias), 바스코 다 가마의 직접 후계자인 알메이다*(Francisco de Almeida)와 알부케르케*(Alfonso de Albuquerque)와 그 밖의 사람이 있다.

서반구의 서양화라는 일련의 쇠사슬을 형성하는 개인으로서는 콜럼버스처럼 두드러지지 않지만 다 가마는 쇠사슬 중에서 가장 중요한 한 개의 고리라고 생각한다. 그 점이 콜럼버스보다 상당히 낮은 순위에 둔 이유이다.

---

* 알메이다 : 1450?~1510. 포르투갈의 초대 인도 총독. 캘리컷, 말라카를 정복했던 후임자인 알부케르케에게 정권을 양보하지 않고 귀국 중 희망봉 부근에서 호켄토트인과 싸우다가 살해당했다.
* 알부케르케 : 1453~1515. 동양원정에 참가. 모루카 제도 암보이나에 상관(商館)을 건설하여 포르투갈의 동양 진출의 기초를 쌓았다.

85 카를 대제
Karl der Gross (742~814)

중세기의 황제 카를 대제(大帝)는 프랑크 제국의 국왕으로 작센을 정복하여 신성로마제국을 창설한 유럽사상 제1인자적인 통치가이다. 샤를마뉴 대제, 카를루스 대제라고도 한다.

카를 대제는 742년에 아헨(독일 서부) 부근에서 태어났으며 아헨은 나중에 수도가 되었다. 아버지는 피핀*(Pipin)이라고 하고, 할아버지는 칼 마르텔*(Charles Martal)이라고 한다. 732년의 투르 싸움에서 승리를 거두어 회교도가 프랑크를 정복하려고 하는 기도(企圖)의 허를 찔러 프랑크 족의 위대한 지도자가 된 인물이다. 피핀은 751년에 프랑크 국왕이 될 것을 선언하여 메로빙거 왕조는 종말을 고했다.

그리고 신생 왕조는 칼 왕조를 본떠서 카롤링거 왕조(Carolingian)를 수립했다. 768년 피핀이 죽자 프랑크 왕국은 카를과 형제인 칼만(Carloman) 사이에서 분열되었다. 그러나 카를에게 있어서나 프랑크 왕국의 통일을 위해서도 다행하게 칼만은 771년에 갑자기 죽었다. 29세의 카를은 프랑크 왕국의 유일한 지배자가 되었으며 서유럽에서 최강국을 만들었다.

---

*피핀 : 714~768. 카롤링거 왕족의 창시자이다. 칼 마르텔의 아들이며 카를 대제의 아버지이다. 메로빙거 왕조의 힐데리히 3세를 폐위시키고 교황의 묵인하에 왕위에 올랐다. 랑고바르더 족을 무찌르고 라벤나 지방을 교황에게 바쳤다. 이것이 교황령(敎皇令)의 발단이 되었다.

*칼 마르텔 : 689~741. 피핀의 아버지. 이베리아 반도로부터 북진하는 이슬람 군을 투르 포아티에의 싸움에서 이겨 서방 기독교 세계를 이교도의 침략으로부터 지켰다. 이것으로 카롤링거 왕조 성립의 토대를 만든 동시에 서방세계의 자립 발전의 길을 열었다.

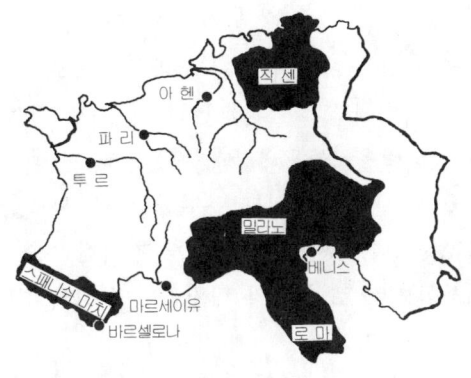

샤를마뉴 제국의 영토

　카를이 즉위했을 때의 프랑크 왕국은 현재의 프랑스, 벨기에, 스위스 전국토와 네덜란드, 독일의 일부를 포함한 넓은 영토를 보유하고 있었다. 카를은 다시 영토를 확대하기 위해 시간을 허비할 수가 없었다. 칼만의 미망인과 아이들은 북이탈리아의 롬바르디아(Lombardia) 왕국에 피난을 요청했다. 카를 대제는 롬바르디아에서 온 자기 아내와 이혼하고 군대를 북부 이탈리아로 전진시켰다. 774년에 롬바르디아 왕국은 결정적인 패배를 했다. 카를 대제의 지배를 확고하게 하기 위해서는 잦은 침략이 필요했지만 북부 이탈리아는 그의 영토로 흡수되었다. 그리고 칼만의 처자는 카를 대제의 손에 들어왔지만 두 번 다시 역사상 모습을 나타내지 않았다. 아마 가장 중요하고 가장 곤란했던 것은 북부 독일의 넓은 지역인 작센(Sachsen)의 정복이었다. 이 정복을 위해 18회 이상이나 전쟁을 했으며, 최초의 전쟁은 772년이고 끝난 것은 804년이었다. 작센 인과의 싸움이 이렇게도 오래 끌고 유혈량이 많았던 이유 중의 하나에는 종교적 요인이 있음은 틀림없다. 작센 언은 고대 그리스, 로마시대의 다신교(多神敎)를 믿는 이교도였기 때문에 카를은 작센 인인 부하 전원에게 기독교로 개종할 것을 요구했다. 그리고 세례를 거부하거나 또는 나중에 이교도로 돌아가는 자를 전부 죽였다. 이런 강제 개종 정책에 의해서 작센 사람들은 4분의 1이 죽임을 당했다고 한다.

카를은 남부 독일과 남서 프랑스로 건설을 확대해서 이들 지역에 대한 지배력을 굳혀 나갔다. 또 동부전선을 확보하기 위해 카를은 아바르(Avars)족에 대해서도 연속적으로 싸움을 계속했다. 아바르 족은 훈(Huns : 4~5세기에 유럽을 침략한 아시아 유목민)족과 관계가 있는 아시아 인으로 현재의 헝가리나 유고슬라비아를 포함한 넓은 영토를 지배한 민족이었다.

그러나 카를 대제는 아바르 족을 완전히 패배시켰다. 프랑크 왕국은 작센 동부와 바바리아는 아직 점령하지 않고 있었지만 프랑크 왕국의 종주권(宗主權)을 인정한 나라는 동독일로부터 크로아티아에 이르는 폭넓은 띠 모양으로 둘러싸인 속에 있었다.

카를 대제는 남부 국경을 확보하기 위해 778년에 스페인으로 침입했다. 그러나 이것은 실패로 끝났으며 카를 대제는 북부 스페인에 하나의 국경 국가를 수립했다. 이 나라는 스패니쉬 마치로 알려지며, 카를의 통치권을 인정했다.

이렇게 연전연승한 결과(프랑크 왕국은 카를 대제 치하인 45년간 54회의 전쟁을 했다.) 카를 대제는 서유럽의 대부분을 통일하고 그의 장악하에 두는 데 성공했다. 최성기에는 현재의 독일, 스위스, 오스트리아, 베네룩스*(Benelux)의 전역과 이탈리아의 대부분과 각지의 국경 주변 등을 넣은 일대 제국이 되었다. 로마제국의 붕괴 이래 유럽의 대부분이 한 국왕의 지배하에 들어갔다.

샤를마뉴 카를은 그 통치기간 동안 로마교황과도 긴밀한 정치적 동맹관계를 유지했다. 그러나 그의 생존 중에는 로마교황 보다 우위에 선 파트너였음은 명백하다.

샤를마뉴 치세하의 최고 전성기라고 할 수 있으며 가장 유명한 사건

---

*베네룩스 : 벨기에, 네덜란드, 룩셈부르크 3국의 총칭.

베르됭협정에서 현재의 프랑스와 독일의 국경이 생겼다.

이 800년 크리스마스 날에 로마에서 일어났다. 그날 로마교황 레오 3세는 카를의 머리 위에 왕관을 올려놓고 그를 로마황제라고 선언했다. 이것은 3세기 이상이나 전에 붕괴한 서로마제국을 재건하는 것을 뜻하며 샤를마뉴는 바로 아우구스트 시저의 정당한 후계자가 된 셈이다.

실제로는 샤를마뉴 제국을 로마제국의 재현이라고 주장하는 것은 터무니없는 일이다. 우선 첫째로, 이 두 제국이 지배한 영토는 전혀 다르다. 샤를마뉴 제국도 확실히 넓은 영토를 유지했지만 그렇다 하더라도 옛날의 서로마제국에 비한다면 약 절반이다. 두 제국이 공동으로 유지한 지역은 벨기에, 프랑스, 스위스, 북부 이탈리아이다. 그러나 잉글랜드, 스페인, 남부 이탈리아, 북아프리카는 전부 서로마제국의 영토가 되었지만 이 나라들은 샤를마뉴의 지배하에는 들어가지 않았다.

둘째로, 그는 아무리 보아도 로마 인이 아니다. 이것은 태생, 외관, 그리고 문화, 교양면에서 그렇다. 프랑크 왕국의 주민은 튜튼 민족이고, 샤를마뉴가 쓰고 있던 말은 라틴 어이지만 일상어는 고대 독일의 방언이었다. 그는 생애의 대부분을 북유럽 특히 독일에서 지내고 이탈리아에는 네 번밖에 가지 않았다. 샤를마뉴 제국의 수도는 로마가 아니라 현재 독일의 아헨이며 네덜란드, 벨기에 국경에서 그다지 멀지 않은 곳에 위치하고 있다.

 샤를마뉴는 일상의 정치상 판단은 기민한데도 왕위의 계승문제에서는 큰 실패를 했다. 서부 유럽을 통일하기 위해 평생을 전쟁에 걸었지만, 자기가 죽은 후에 세 명의 아들에게 이 제국을 분할해서 준다는 계획 이외에는 갖고 있지 못했다. 이런 처치방법은 전쟁을 일으키는 원인이 된다. 그러나 아시다시피 두 명의 아들은 아버지보다 먼저 죽었다. 그 결과 814년에 아헨에서 샤를마뉴가 죽자, 셋째 아들인 루이(Louis the Pious)가 그 제국을 통치했다.

 그러나 이 루이도 계승문제에 있어서는 아버지 이상의 좋은 계획을 갖고 있지 못했고 마찬가지로 아들들에게 영토를 분할하려 했다. 아들들은 서로 몇 번인가 싸운 결과, 버듀 협정(Treaty of Verdue : 843년)을 맺고 프랑크 왕국은 셋으로 분할되었다.

 첫 번째 분할은 현재의 프랑스 대부분이고, 두 번째 분할은 독일의 대부분, 세 번째 분할은 북부 이탈리아를 포함해 독일과 프랑스에 걸치는 폭넓은 대상지대(帶狀地帶)가 되었다.

 그런데 카를 대제의 업적을 이것보다 더 높게 평가하는 사람도 있을 것이다. 즉 로마제국의 재현, 서유럽의 통일, 작센 인을 서유럽에 포함시킨 것, 서유럽의 그 후 역사의 패턴을 새로 만들었다는 것, 외적으로부터 서유럽을 지켰다는 것, 프랑스·독일·이탈리아 3국의 국경을 나름대로 설정했다는 것, 기독교를 보급하고 로마 교황에 의한 대관식으로 몇 세기에 걸쳤던 국가와 교회의 싸움에 하나의 단계를 만들었다는 것 등등이다.

 그렇지만 이런 주장은 과장(誇張)이라고 생각한다. 우선 첫째로, 신성로마제국은 실제로는 고대 로마제국의 재현이 아니다. 오히려 샤를마뉴가 인계한 프랑크 왕국의 존속에 지나지 않는다.

 만약 그가 서유럽의 통일을 성공시켰다면 이것은 확실히 의의가 있는 일이다. 그렇지만 샤를마뉴 제국은 그가 죽은 후 30년 만에 붕괴하고 두 번 다시 재건되지 않았다.

　프랑스, 독일, 이탈리아의 현재 국경은 샤를마뉴나 루이와 관계없이 나누어져 있다. 이탈리아 북부 국경은 주로 알프스라는 지리적 경계에서 생겼다. 독일과 프랑스의 국경은 개략적으로 말하자면 언어상의 경계이며, 자세히 말하자면 고대 로마제국의 북부 국경에 해당된다.

　또 기독교를 보급시켰다는 것으로 카를 대제에게 높은 평점을 주는 것은 잘못이라고 생각한다. 기독교는 샤를마뉴 통치시대보다 몇 세기나 전부터 유럽 북서부에 보급되고, 그 후에도 몇 세기 동안 그런 움직임이 있었다. 그는 작센 인에게 개종을 강요했다고 하는데 이것은 도덕적으로 무서운 일이다. 그러나 그것은 별도로 하고라도 강요할 필요는 없었을 것이다. 잉글랜드의 앵글로 색슨 인은 아무런 살상도 없이 기독교로 개종했으며, 그 후에 스칸디나비아 사람들도 강요당하지 않고 설득에 의해 개종했다.

　그럼 샤를마뉴의 군대가 승리하고 외적으로부터 서유럽을 지키는 데 성공했다는 것은 어떨까. 9세기라는 시대는 유럽의 북부와 서부 해안은 바이킹이나 북스칸디나비아 인, 노르웨이 인에 의해 끊임없이 공격당해 황폐되어 있었다. 동시에 기마족인 마자르 인이 동쪽으로부터 유럽으로 침입하고, 또 회교도들이 유럽 남부를 침략하고 있었다. 그런 이유로 당시는 유럽사상 가장 불안한 때였다.

　국가권력과 교회 사이의 세력 싸움은 유럽사상에 계속되었다는 것은 큰 특징이며, 이것은 샤를마뉴 제국 이외의 지역에서도 마찬가지이다. 그가 로마에서 거행한 대관식은 흥미있는 사건이기는 하지만 전면적인 쟁점을 일으킬 만한 결정적인 원인이 아니다.

　카를 대제가 진시황이나 칭기즈 칸이나 아소카와 같은 정도로 중요한 인물이라는 것을 교양있는 중국인이나 인도인에게 납득시키기는 곤란하다고 생각한다. 수(隋)나라 문제와 비교한다면 역시 이 중국 황제 쪽이 더 중요하다는 것은 명백하기 때문이다. 문제의 중국통일은 장기간 지속되었지만 카를의 서유럽 통일은 겨우 1대밖에 계속되지 않았다.

카를 대제의 중요성은 일반 유럽인에게 과대평가되어 있기는 하지만 그의 영향은 크다. 그간 롬바르디아 왕국이나 아바르 족을 멸망시키고 작센을 정복했다. 그리고 이런 전쟁에서 많은 사망자를 냈다. 그러나 플러스 면에서는 그의 치세는 단기이기는 했지만 문화적인 르네상스가 있었다.(그것도 그가 죽은 후 금방 소멸되었다.)

그의 생애에서 여러 가지 결과가 오래 계속되었다. 그가 죽은 후 몇 세기 동안 독일 황제는 결과적으로는 아무런 쓸모도 없었던 이탈리아 지배의 싸움을 계속했다. 카를 대제의 선례가 없었다면 이탈리아에 대한 관심을 갖지 않고 북방 또는 동방으로 확장하려고 노력했을 것이다. 또 카를 대제가 창시한 신성로마제국은 19세기 초기까지 존재한 것도 확실하다. 그러나 그 기간의 로마제국의 세력은 매우 약한 것이고, 독일 내의 세력은 무수한 소국(小國)으로 분할되어 있었다.

그러나 샤를마뉴 카를의 가장 큰 업적은 작센 인을 종속시켰던 일일 것이다. 이것은 유럽문명의 본류에 중요한 부분을 구성하고 있다. 이것은 카이사르(줄리어스 시저)의 정복과 마찬가지로 위업(偉業)이라고 할 수 있다.

86 키루스 2세
Cyrus Ⅱ (B.C 585?~529)

키루스 2세 대제는 페르시아 제국의 창시자이다. 이란 서남부의 소영주로 시작한 그는 잇따른 승리를 거둠으로써 3대 제국을 쓰러뜨렸다.(그 속에는 메디아(Medes), 리디아(Lydian), 바빌로니아(Babylonian)가 포함된다). 그리고 인도로부터 지중해에 걸친 고대 중동의 대부분을 통일했다.

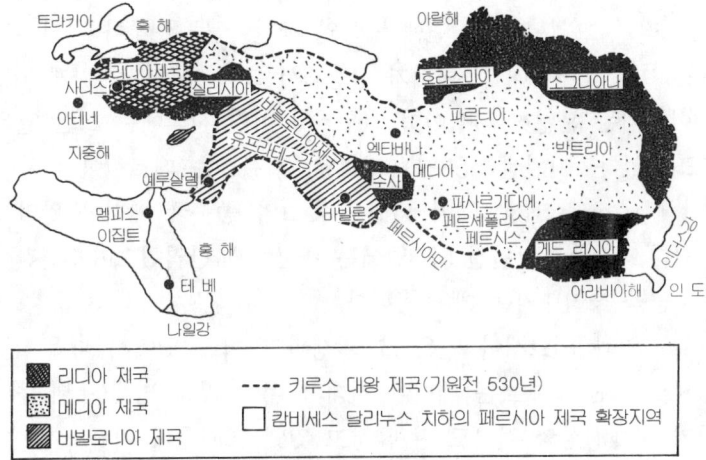

키루스 대제와 페르시아 제국

키루스(페르시아 어로는 쿠루슈(Kurush)라고 부른다)는 기원전 585 경년에 페르시아의 한 지방(현재의 파스(Fars))인 이란 남부에서 태어 났다. 당시 이 지역은 메디아 제국의 영토로 되어 있었으며, 키루스는 메디아 가(家)의 가신으로 지방족장의 자손이었다.

그 후 키루스에 대해서 재미있는 전설이 생겼다. 그리스 신화에 있는 오이디푸스(Oedipus)라는 스핑크스의 수수께끼를 풀어, 모르는 사이에 자기 아버지를 죽이고 어머니를 아내로 삼았다고 하는 영웅 이야기를 생각나게 하는 전설이 되었다. 이 전설에 의하면 키루스는 메디아 왕 아스튀아게스*(Astyages)의 손자로, 키루스가 태어나기 전에 아스튀아게스는 자기 손자가 언젠가 자기를 쳐 죽이는 꿈을 꾸었다.

그래서 왕은 그 손자가 태어나자 그 아이를 당장 죽이라고 명했다. 이 아이를 죽이라고 명령을 받은 관리는 죄도 없는 어린애를 죽이기를 거부하고 그 어린애를 어떤 양을 치는 부부에게 주어서 죽이라고 부탁

* 오이디푸스 : 그리스 신화에 나오는 테베 왕 라이오스와 왕비 이오카스테 사이에 난 아들.
* 아스튀아게스 : 기원전 6세기 중반에 메디아의 마지막 왕이 되었다. 아버지와 아크사레스의 사업을 이어 리디아와 동맹을 맺고 국내통일을 꾀했다.

했다. 그러나 그 부부도 어린애를 죽일 생각이 들지 않아 자기 아들로 길렀다. 그리고 마침내 그 아이가 성장해서 그 왕을 멸망시키게 되었다.

이 이야기는 분명한 사실이며 키루스의 어린 시절에는 그런 일은 아무것도 없었다. 기원전 558년 어느 날, 키루스는 페르시아 국왕 캄비세스 1세*(Cambyses Ⅰ)가 되었으며 그의 종주국 메디아 왕의 가신이 되었다. 그러나 기원전 553년에는 주군에게 반역했으며 3년간 싸운 끝에 주군을 쓰러뜨리는 데 성공했다.

메디아 인과 페르시아 인은 그 발생과 언어에 있어서 매우 긴밀한 관계가 있었다. 키루스는 메디아 시대의 여러 가지 법제(法制)를 그대로 남기고 행정상의 절차도 같게 하고 있었기 때문에 키루스가 승리를 해도 외국군의 정복이라기보다는 왕조의 교체 정도로밖에 느껴지지 않았다.

키루스는 곧 외국 정복에 눈을 돌리기 시작했다. 우선 첫 번째 목표는 조상 전래의 부(富)를 가지고 있던 크로이소스*(Croesos)왕이 지배하는 소아시아의 리디아 왕국이었다. 키루스의 철(鐵)은 크로이소스의 금(金)보다 한 수 위라는 것을 실증했다. 때는 기원전 541년으로 키루스는 리디아 제국을 정복하고 크로이소스를 체포했다.

키루스는 다시 관심을 동방으로 돌려 전쟁을 계속했다. 동부 이란의 전지역을 제압하고 자기 제국으로 편입했다. 그리고 기원전 540년까지는 페르시아 제국은 동방으로는 인도의 인더스 강과 중앙아시아의 자크스아르테스(현재의 시르다라(Syr Darya))까지 확대되었다.

키루스는 후위를 견고히 하면서 보고 중의 보고인 바빌로니아 제국에 관심을 집중했다. 바빌로니아 제국은 메소포타미아의 중심에 있으며 고대 중동의 '풍부한 초승달'이라는 지역을 지배하고 있었다.

---

*캄비세스 1세 ; 재위?~기원전 559. 종주인 메디아 왕 아스튀아게스의 딸과 결혼했다. 키루스 2세의 아버지.

*크로이소스 ; 기원전 560~546. 리디아 왕. 소아시아를 정복했으나 키루스에게 패하고 보호를 받았다.

파사르가다에에 있는 키루스 대제의 무덤

바빌로니아의 지배자인 나보니도스*(Nabonidos)는 키루스와 달리 부하들의 평이 나빴다. 키루스 군이 진격하자 바빌로니아 군은 무의미한 전쟁을 할 생각도 없이, 기원전 539년에 한 번도 싸우지 않고 항복해버렸다. 바빌로니아 제국에는 시리아와 팔레스티나가 포함되어 있었기 때문에 이 지역도 키루스 치하의 영토가 되었다.

키루스는 그 후 몇 년 동안 더욱 지배를 공고하게 하고 쟁취한 넓은 제국을 재편성했다. 다음에 군대를 북동부 쪽으로 이동시켜 카스피 해의 동부, 중앙 아시아에 있는 유목 민족인 마사게타이(Massagetae) 족을 정복했다. 페르시아 군은 초기의 소규모 전투에서 승리를 거두었지만 기원전 529년 두 번째 싸움에 졌다. 당시 세계 최강의 제국 지배자였던 키루스는 살해되었다.

키루스의 왕위를 아들인 캄비세스 2세*(Cambyses Ⅱ)에게 이어받았다. 캄비세스 2세는 마사게타이를 무찔러서 원수를 갚고, 아버지의 시체를 되찾았다. 그리고 고대 페르시아의 수도인 파사르가다에(Pasa-

* 나보니도스 : 재위 기원전 556~539. 바빌로니아 최후의 왕.
* 캄비세스 2세 ; 아케메네스 왕조의 페르시아 왕. 재위 528~522.

rgadae)에 매장했다. 캄비세스는 다시 이집트를 정복하여, 고대의 중동지대를 단일 제국으로 통일하게 되었다.

키루스는 확실히 군사적 능력을 가지고 있는 지도자였다. 그렇지만 그것은 그 인물의 일면에 지나지 않는다. 아마도 가장 두드러진 측면은 자비로운 지배자였다는 것일 것이다. 지방 종교나 지방 습관에 관대하며, 다른 많은 정복자들이 공통적으로 가지고 있는 특징인 야만성이나 잔인성을 싫어했다. 예를 들면 바빌로니아와 앗시리아인데 모두 수천 명을 살해하고, 폭동을 일으킬 우려가 있는 주민은 국외로 추방했다. 바빌로니아가 유태를 정복했을 때 유태 인구의 대부분을 바빌론으로 이주시켰다.

그러나 50년 후에 키루스가 바빌로니아를 정복한 후, 이들 유태인이 고향으로 돌아가는 것을 허락했다. 따라서 키루스가 없었더라면 유태인은 분리되어 고독한 집단으로 사멸했을지도 모른다. 이 키루스의 결단에는 다른 정치적 동기가 있었는지도 모르지만, 당시로서는 매우 인간성이 좋은 지배자였다. 장기간에 걸쳐서 페르시아 제국이 그리스의 독립에 대한 가장 큰 위협이라고 보아왔던 그리스 인이지만, 키루스를 칭찬할 만한 지배자로 간주하고 있었던 것이다.

그가 죽은 후에도 페르시아 제국이 발전한 것은 키루스의 업적이 좋았기 때문이다. 사실 알렉산더 대왕에게 정복당할 때까지 약 200년이나 계속되었던 것이다. 이 약 2세기 동안 페르시아에게 지배당한 지역은 내부적으로 평화롭고 번영했다.

알렉산더의 정복도 페르시아 제국의 영원한 종말이 되지는 않았다. 알렉산더가 죽은 후 그의 부하인 장군 셀레우코스 1세*(Seleucos I Nicator)는 시리아와 메소포타미아, 이란을 지배하고, 여기에 셀레우코스 제국을 수립했다.

그러나 이란에 대한 외국의 지배는 그다지 오래 계속되지 않았다. 기

---

* 셀레우코스 1세 ; 기원전 338?~280. 셀레우코스 왕조의 시리아 왕국을 건설한 사람.

원전 3세기 중반에는 아케메네스(Achaemenids 사이러스 왕조 Cyrus)의 자손이라고 주장하는 아르사시드 1세(Arsacid Ⅰ)의 지휘하에 폭동이 셀레우코스 정권에 대해서 일어났다. 아르사시드가 창설한 왕국은 파르티아(Parthian)제국으로서 알려지고 있는데, 이란과 메소포타미아에 대해 사실상의 지배력을 유지하고 있었다.

기원 224년에 아르사시드의 지배자는 새 페르시아 왕조가 사산(Sassanids)으로 바뀌고, 사산은 역시 아케메네스의 자손이라고 주장하고 있었지만, 이 사산왕조는 4세기 이상이나 계속된 제국이다. 키루스는 현재도 페르시아 국가의 창시자로서 이란 인으로부터 존경을 받고 있다.

키루스 대제의 생애는 세계사상의 일대 전환점을 나타내고 있다. 인류문명의 발생은 기원전 3000년경 수메리아(Sumeria : 고대 메소포타미아 남부지역)다. 약 5세기 동안이나 이 수메르 인과 각종 셈 족들이 그것을 이어받아 문명의 중심에 있었다. 그 기간을 통해서 메소포타미아 지방은 전세계에서 가장 풍부하고 문화적으로도 진보되어 있었다. (거의 같은 수준이었던 이집트를 제외함)

그렇지만 키루스의 생애는 세계사의 장(章)이 여기서 끝나고 있다. 다시 말해서 그 후에는 메소포타미아도 이집트도 문명세계의 중심도 아니며, 정치적으로도 문화적으로도 세계의 중심이 아니게 되고 말았다.

게다가 셈 족은 풍부한 초승달 지대에 대인구를 거느리고 있었다. 그 후 몇 세기에 걸쳐서 두 번 다시 독립할 수 없었다. 페르시아 인 시대(인도유럽 어족) 이후 마케도니아와 그리스 인의 시대가 온다. 파르티아, 로마, 사산으로 장기간에 걸쳐서 계승되어왔지만, 이것은 전부 인도유럽 어족 사람들이었다. 7세기의 회교도의 정복—키루스 대제 후 약 12세기가 지나서—까지는 이 '풍부한 초승달' 지대는 두 번 다시 셈 족이 지배하지는 못했다.

키루스가 많은 싸움에 이기고 넓은 영토를 정복했다는 것만이 중요한 것이 아니다. 가장 중요한 것은 그가 수립한 제국은 고대 세계의 정치기구를 항구적(恒久的)으로 바꾸었다는 것이다.

페르시아 제국은 영토가 넓은 지속 기간이 길었음에도 불구하고, 로마 제국이나 영국, 중국처럼 장기간 지속한 제국이 역사에 미친 것만큼 큰 영향을 남기지 않고 있다.

그러나 키루스의 영향을 평가함에 있어서 그의 업적은 그가 없었더라면 일어날 수 없었느냐 어떠냐 하는 점이다. 기원전 620년(키루스가 태어나기 1세대 전)에, 1세기 이내에 이란 남서부로부터 나온 한 부족의 지배하에·전세계가 통일되리라고는 아무도 상상조차 하지 못했다.

페르시아 제국의 발생은 잠재적인 사회적, 경제적 요인 때문에 조만간에 일어나지 않을 수가 없는 역사적 필연이라고는 생각되지 않는다. 그러므로 키루스는 역사의 흐름을 실제로 바꾼 보기 드문 인물이다.

87 오일러
Leonhard Euler (1707~1783)

오일러는 18세기 스위스의 수학자, 물리학자로 매우 찬란한 업적을 남긴 과학자다.

오일러의 수학과 과학관계의 지적 생산은 단적으로 말해서 믿을 수 없을 만큼 방대하다. 32권의 저서를 출판했고 수학과 과학에 관한 독창적 논문은 수백 편에 이르고 있다. 그의 과학논문을 모으면 전부 합쳐서 70편 이상이 된다. 오일러의 학문적 재능은 순수수학과 응용수학의 분야이지만, 특히 수리물리학(數理物理學)에 대한 공헌은 무한한 응용범위를 가지고 있다.

오일러는 뉴턴이 전세기에 공식화한 역학의 법칙을 자주 발생하는 물리현상에 어떻게 적용해서 실현하느냐 하는 점에서 매우 뛰어난 재능을 가지고 있었다. 예를 들면 뉴턴의 유체운동(流体運動)의 법칙을 응용해서 유체역학의 방정식을 개발했다. 또 마찬가지로 강체(剛体)의 여러 가지 운동을 분석한다든가, 뉴턴의 법칙을 이용한다든가 해서 강체운동을 완전히 결정짓는 일련의 방정식을 개발하는 데 성공했다.

물론 실제로는 어떤 물체라도 완전한 강체란 있을 수 없다. 그렇지만 오일러는 강체가 외부로부터 힘이 가해짐으로써 어떻게 변화하느냐 하는 탄성이론(彈性理論)에도 크게 공헌하고 있다.

오일러는 또 천문학상의 문제를 수학적으로 해석하는 것에도 재능이 있었다. 예를 들면 태양과 지구과 달이 서로의 중력, 인력 아래서 어떻게 움직이느냐 하는 문제를 다루는 삼체문제(三体問題)이다. 이 문제는 아직도 완전히 풀리지 않고 있는 21세기의 문제이다. 또 빛의 파동설을 지지한 18세기 유일의 선견지명(先見之明)이 있는 과학자이다.(그가 내가 보았듯이 파동설은 그것이 옳다는 것이 실증되어가고 있다.)

오일러의 창조성이 풍부한 지력(知力)이 다른 유명한 학자에게 수학적 새 발견의 원점을 제공하는 일이 자주 있었다. 예를 들면 프랑스의 수리물리학자인 — 라그랑주*(Joseph Louis Lagrange)는 일련의 방정식(라그랑주의 운동방정식)을 개발했는데, 그것은 이론적으로 매우 중요하다. 그리고 이것이 역학상의 여러 가지 문제를 푸는 데 널리 쓰였다. 그러나 이 기초가 되는 방정식은 오일러가 발견한 것으로 보통 오일러 — 라그랑주 방정식이라고 불리고 있었다.

또 한 사람의 프랑스 수학자인 푸리에*(Jean Beatiste Fourier)는 푸리에 해석학으로서 알려지고 있는 중요한 수학적 수법을 개발했다.

---

* 라그랑주 : 1736~1813. 이탈리아 태생. 10대 때 포병학교 교관을 지냈다. 오일러의 뒤를 이어서 베를린 학사원 물리, 수학부장을 맡았다. 루이 16세의 초청으로 프랑스 학사원으로 갔다. 프랑스 혁명 후에는 신설 학교 교수, 발명위원, 미터법 제정에 노력했다. 천체 역학, 해석학, 방정식론, 수론(數論) 등에 발자취를 남겼다.
* 푸리에 : 1772~1837. 수리물리학을 수립한 사람 중의 한 사람이다. 8세 때 고아가 되어 불우한 환경에서 지냈다. 프랑스 혁명 후 에코르 노르마르에서 공부하고 에코르 폴리테크니크에서 가르쳤다. 나폴레옹의 이집트 원정에 참가했다. 푸리에의 급수·적분을 도입했다.

이것도 역시 그 기초방정식은 처음에 오일러가 발견한 것으로, 오일러—푸리에 공식으로서 알려져 있다. 이것은 음향학과 전자이론 등 다른 많은 물리학 분야에도 널리 응용되고 있다.

오일러의 수학상 연구에서는 특히 미적분학, 미분방정식, 무한급수에 흥미를 가지고 있었다. 이 분야에 대한 그의 공헌은 매우 중요하지만 너무나도 전문적이기 때문에 여기서는 설명하지 않는다. 변분미적분(變分微積分)과 복소수이론(復素數理論)에 대한 공헌은 이 분야의 발전에 기초가 되었다. 이런 것이 모두 순수수학의 중요성을 높이는 동시에 광범위한 과학연구에 응용할 수 있게 되었다.

오일러의 $e^{i\theta}=\cos\theta+i\sin\theta$라는 공식은 삼각함수(三角函數)와 허수(虛數)의 관계를 나타내는 것으로, 부수(負數)의 대수(對數)를 발견하는 데 쓸 수 있다. 또 오일러는 해석기하학의 교본을 써서 미분 기하학과 보통 기하학에도 중요한 공헌을 하고 있다. 그러나 유감스럽게도 수학 이론에 대한 그의 많은 공헌도 너무 난해하기 때문에 여기서 해설할 수가 없다. 또 20세기가 되어서 매우 중요성이 커진 수학의 한 분파인 위상기하학(位相幾何學) 분야에서도 그는 선구적인 초기의 연구자였다.

또 한 가지 중요한 것은 오일러는 현재의 수학기호의 시스템에 큰 공헌을 하고 있다. 예를 들면 그리스 문자의 π를 직경에 대한 원주율(円周率)로서 표시하고 그것을 통용시킨 것은 그였다. 기타 수학서적에 현재 일반적으로 쓰이고 있는 많은 기호를 도입한 것도 그였다.

오일러는 스위스의 바젤에서 1707년에 태어나, 1720년에 겨우 13세로 바젤 대학에 입학했다. 처음에는 신학을 공부했으나 곧 수학으로 옮기고, 17세 때 바젤 대학의 석사 학위를 받았다. 20세 때 러시아의 에카테리나 1세*(Ekaterina Ⅰ)의 초청을 받아 성(聖) 페테르부르크의 과학 아카데미 회원이 되었다.

---

*에카테리나 1세 ; 1684~1727. 러시아의 여왕. 농민의 딸로 전쟁에서 잡혔으나 미녀이기 때문에 표트르 1세의 후처가 되었다. 두 딸이 있었다. 남편이 죽은 후 근위군의 지지로 왕위에 올랐다. 추밀원(樞密院)을 창설했다.

23세 때 수리학 교수가 되고, 26세 때 수학강좌 주임인 유명한 수학자 베르누이*(Daniel Bernoulli)의 후임을 맡았다. 2년 후에 한쪽 눈이 보이지 않게 되었으나 열심히 연구를 계속하여 잇따라 훌륭한 연구 논문을 발표했다.

　1741년에 프러시아의 프레데릭 대제는 오일러를 러시아로부터 불러서 베를린의 과학 아카데미에 들어오도록 권유했다. 그는 25년간 베를린에 머물다가, 1766년에 러시아로 돌아갔다. 얼마 후에 그는 남은 한쪽 눈도 시력을 잃었다. 그러나 이런 재난에도 불구하고 그의 연구는 잠시도 쉬지 않았다.

　또 그는 암산에 훌륭한 능력을 가지고 있었으며, 죽을 때까지(1783년에 76세로 페테르부르크에서 죽었다) 제1급의 수학상 논문을 계속 발표했다. 오일러는 두 번 결혼하여 13명의 자식을 두었으나 그 중 8명은 어릴 때 죽었다.

　오일러가 발견한 것은 전부 그가 없더라도 누군가가 했을 것이다. 그러나 이런 경우에 적용하는 기준은 다음과 같은 의문에 있다고 생각한다. 즉 이 발견이 없었다면 과학과 현대의 세계는 어떻게 변해 있었을까라는 의문이다.

　오일러의 경우는 이 해답이 매우 분명하다. 현대의 과학, 기술은 매우 뒤떨어지고, 오일러의 여러 가지 공식, 여러 가지 방정식, 여러 가지 방법이 없이는 거의 생각할 수 없다. 수학이나 물리학의 교본 속 색인난(索引欄)을 보면 알 수 있다. 오일러의 각(角)(강체의 운동), 오일러의 정수(定數)(무한급수), 오일러의 방정식(수역학), 오일러의 운동 방정식(강체의 역학), 오일러의 공식(복합변수), 오일러의 수(무한급

---

*베르누이 ; 1700~1782. 유명한 수학자의 가계(家系)로 처음에 의학을 공부했다. 수학과 물리학을 형들에게 배웠다. 25세 때 페테르부르크 대학 교수, 후에 바젤 대학 물리학 교수가 되었다. 유체 운동의 수학적 연구, 강체운동을 병진(並進)과 회전으로 나누는 것을 말한 최초의 사람이다. 베르누이의 정리와 열의 기체분자 운동론의 선구자이며, 확률론에도 연구 성과가 있다.

수), 오일러의 다각(多角) 커브(미분방정식), 오일러의 동차함수(同次函數) 정리(편미분방정식), 오일러의 변환(무한급수), 베르누이 오일러의 법칙(탄성이론), 오일러―푸리에 공식(삼각법급수), 오일러―라그랑주 공식(수학적 방법) 등 비교적 중요한 예만 들어도 이 정도이다.

 이렇게 보면 왜 그를 더 높은 순위에 두지 않느냐고 독자는 의아해 할 것이다. 그는 뉴턴의 방법을 어떻게 하면 적용할 수 있느냐를 실증하는 것에는 훌륭히 성공하고 있지만, 스스로 과학의 창조적 원리를 발견하지 않고 있다. 그것에 비하면 베크렐, 뢴트겐, 멘델은 새로운 과학 현상 혹은 과학적 원리를 발견하고 있기 때문에 당연히 오일러보다 상위에 두어야 한다. 그렇다 하더라도 오일러의 과학, 공학, 수학에 대한 공헌은 거대한 것이다.

88 마키아벨리
Niccolò Machiavelli (1469~1527)

 이탈리아의 정치사상가 마키아벨리는 자기 권력을 유지, 발전시키려고 하는 지배자는 사기, 교활, 거짓말과 자기 권력을 무자비하게 사용할 수 있는 능력을 겸비하지 않으면 안 된다고 참으로 거리낌 없는 제언을 한 것으로 유명하다. 지조가 없는 악당이라고 비난하는 사람도 많았지만, 현세를 있는 그대로 말한 실제적인 현실주의자라고 칭찬하는 사람도 많이 있었다. 어쨌든 마키아벨리만큼 철학자나 정치가들이 친근하게 연구한 학자도 적다.

 마키아벨리가 젊을 때는 피렌체는 유명한 메디치(Medici)가의 로렌초*(Lorenzo the Magnificent)가 지배하고 있었다. 그러나 로렌초가 죽은 지 2,3년 후인 1492년에 메디치 가는 피렌체로부터 추방당하고,

피렌체는 공화제로 되었다. 1498년에 29세가 된 마키아벨리는 피렌체 시청에서 고위직에 있었다. 그 후 14년간은 피렌체 공화국을 위해 프랑스, 독일, 이탈리아 국내를 여러 가지 외교적 사명을 띠고 여행을 했다.

1512년에 피렌체 공화국은 붕괴되고, 다시 메디치 가는 세력을 만회해서 돌아왔다. 마키아벨리는 곧 면직되고, 이듬해에는 새 메디치 가의 지배자에게 반역했다는 혐의로 체포되고 말았다. 게다가 고문을 당했지만 억울하다고 주장하여 그 해에 석방되었다. 그 후 피렌체에서 그다지 멀지 않은 산카시아노(San Casiano)에 은거(隱居)했다.

그로부터 14년간 그는 수많은 책을 저술했다. 그 중에서도 유명한 것이 《군주론(君主論)》(1513년 집필)과 《티투스리비우스의 최초의 10권에 대한 강연(the Discourse Upon the First Ten Books of Titus Livius)》의 2권이다. 그 밖에도 《전쟁예술론가(The Art of War)》, 《피렌체사(History of Firenze)》, 《만드라게(La Mandragola : 현재까지도 가끔 상연되고 있는 훌륭한 극)》 등이 있다. 그러나 그 중에서도 가장 유명한 것이 《군주론》이며, 이 책은 멋진 필치로 철학서적을 이만큼 독해하기 쉬운 것은 없다. 마키아벨리는 결혼하여 6명의 자식이 있었으며 1527년 58세로 사망했다.

군주론은 한 나라의 수장(首長)된 자에 대한 실무·조언 입문서로 간주된다. 그 내용의 근본은, 성공하기 위해서 군주는 도덕적 배려를 완전히 무시하고 오로지 교활해야 한다고 주장하고 있다. 마키아벨리는 특히 국가는 군비를 충분히 해두는 것이 중요하다고 강조하고 있다. 또 군대는 자국민으로부터 징병한 사람만이 신뢰할 수 있으며 돈으로 고용된 병사라든가 다른 나라 군대에 의존하는 국가는 필연적으로 약한 나라가 되어 위험하다고 말하고 있다.

---

* 로렌초 : 1449~1492. 피렌체의 상인, 은행가. 13세기말경부터 부(富)와 실력을 축적하기 시작하고 있던 메디치 가(家)의 주인으로서 피렌체의 정계, 재계에 독재적 지위를 얻었다. 문예보호자로서 유명하며 시인 폴리치아노, 화가 보티체리 등을 후원하고 스스로도 시를 지었다.

마키아벨리는 또 군주는 항상 국민의 지지를 받고 있을 필요가 있다고 조언하고 있다. 그렇지 않으면 군주가 한번 역경에 처했을 때 아무런 자원(資源)도 가지고 있지 않는 셈이 된다. 또 새 지배자는 자기 세력을 확보하기 위해 때로는 가신(家臣)의 배치전환 등도 '하지 않으면 안 된다는 것을 그는 알고 있었다.

그는 또 다음과 같이 제언하고 있다.

"……상황에 따라서는 잔인한 행위는 매일 생각해내지 않도록 하기 위해, 할 때는 일시에 해버리지 않으면 안 된다. ……그리고 은혜는 반대로 서서히 조금씩 주어서 충분히 향수(享受)할 수 있도록 해주어야 한다."

성공하기 위해서는 군주의 주변은 유능하고 충절있는 대신으로 둘러싸 두지 않으면 안 된다. 또 마키아벨리는 군주에게 아첨하는 가신은 멀리하도록 경고하고, 그런 알랑거리는 가신을 어떻게 다루어야 하는가도 가르치고 있다.

《군주론》의 17장에서 마키아벨리는 군주는 두려워하는 존재가 되어야 하느냐, 사랑받는 존재가 되어야 하느냐를 논하고 있다.

"……해답은 두려워하는 존재가 되어야 하는 동시에 사랑받는 존재가 되어야 한다는 것이다. ……그러나 사랑받는 존재이기보다는 두려워하는 존재가 훨씬 더 안전하다. 만약 둘 중의 하나를 택하지 않으면 안 된다고 한다면……, 왜냐하면 친애는 일련의 의무감의 유대(紐帶)로도 유지될 수 있다. 인간은 본래 이기주의이기 때문에 친애에 의해서 뭔가 목적을 이루면 친애는 금방 깨져버린다. 그것에 반해서 공포는 처벌의 공포로 유지되기 때문에 절대로 실패하지 않는다."

또 18장에서는 '군주는 어떤 방법으로 신뢰를 유지하지 않으면 안 되는가?'라는 타이틀로,

"사려깊은 군주는 자기 이익에 반해서까지 신뢰를 유지하려고 노력을 하면 안 된다. 또 약속을 지키지 못하는 것에 대해 설사 정당한 이유가 있더라도 그 변명을 하면 군주는 실패한다."

마키아벨리의 흉상(胸像)

"……인간은 매우 단순해서 현재의 필요에 항상 응하려고 하는 법이다. 다른 사람을 속이는 자는 항상 속는 상대를 발견하기 마련이다."

이런 생각을 가지고 있기 때문에 군주에 대해, 다른 사람과의 약속에는 회의적이 되라고 조언하고 있다.

《군주론》은 흔히 독재자용 편람(便覽)이라는 말을 듣고 있다. 마키아벨리의 생애와 그의 저서로 보면, 일반적으로 그는 독재제보다 공화제 국가를 좋다고 하고 있다. 그러나 이탈리아가 정치적, 군사적으로 약한 데 대해 불안해하고 있다. 그리고 이탈리아 국가를 통일하여, 이탈리아를 침해하는 외국군을 쫓아버릴 수 있는 강력한 군주를 바라고 있었다. 또 재미있는 것은, 그는 군주에게는 무자비한 실제성을 몸에 익히도록 주창하면서도 자기 자신은 이상가이며 애국자로, 스스로 제창한 것 같은 속임수는 일체 하지 않고 있는 것이다.

오늘날의 정치사상가 중에서 마키아벨리를 격렬하게 비난하는 사람은 적다. 그러나 다년간 그는 악마의 화신(化身)처럼 비난당하고 그의 이름은 거짓말을 하는 교활한 인간과 동의어(同義語)로 되어 있었다. (가장 강렬한 비난은 마키아벨리가 주장한 일을 실제로 실행한 사람들이 하고 있는 것이다. 사실은 그것이 그가 시인한 위선행위인 것이다.)

마키아벨리의 도덕 비판은 물론 그가 영향력이 없음을 나타내고 있는 것이 아니다. 그의 아이디어는 특별히 독창적이 아니라는 이론(異論)이 있다. 이 주장에는 수긍이 가는 점이 있다. 그는 되풀이해서, "나는 아무것도 새로운 정책을 제시하고 있는 것이 아니다. 오직 오랜 옛날부터 성공한 많은 군주가 이미 몸에 익히고 실행하고 있었던 테크닉을 지적한 데 지나지 않는다"고 말하고 있다.

사실 마키아벨리는 고대사에서, 또한 최신의 이탈리아에 있었던 사례(事例)에서 현저한 예를 들어서 설명을 가하고 있다. 보르지아*(Ceasare Borgia)가 마키아벨리로부터 테크닉을 배운 것이 아니라, 정반대로 마키아벨리가 그로부터 배운 것이다.

베니토 무솔리니는 공공연하게 마키아벨리를 칭찬한 많지 않은 정치가 중 한 사람이지만, 대정치가는 대부분 읽고 있을 것이다. 나폴레옹은 베개 밑에 《군주론》을 넣고 잤다고 한다. 히틀러나 스탈린도 같은 말을 했다.

그러나 마키아벨리류의 전술은 《군주론》이 출판되기 전의 정치정세보다도 현대의 정치상황에 더 적응성이 있다고 명언할 수는 없다. 그래서 이 책에서는 마키아벨리를 그다지 높은 순위에 두지 않았다.

그렇지만 만약 정치를 실천하는 데 있어서 마키아벨리의 영향이 어느 범위까지 확대되어 있는지 명확하지 않다면 그의 정치이론이 미친 영향을 논할 수가 없다. 성(聖) 아우구스티누스나 플라톤과 같은 옛날 학자들은 정치와 윤리, 혹은 정치와 신학을 뒤얽히게 하고 있었다. 마키아벨리는 역사와 정치를 순전한 인간의 말로 논하고, 도덕적 고려를 단적으로 무시하고 있다.

그가 의미하는 중심적 과제는 인간은 어떻게 행동해야 하느냐 하는 추상론이 아니라, 현실적으로 어떻게 행동하느냐이며, 누가 힘을 가져야 하느냐가 아니라 사람은 실제로 힘을 어떻게 쓰느냐이다.

─────────────
* 보르지아 ; 1476~1507. 이탈리아의 추기관(樞機官), 군인, 정치가. 누이동생인 루크레치아는 문화의 애호가인 페랄라 후작 본인이다.

정치적 이론을 현재는 옛날보다 사실적으로 논하게 된 것은 마키아벨리의 영향에 힘입는 바가 다소 있는 것이 아닐까. 그가 현대 정치사상의 기본적 창시자의 한 사람이라고 생각하는 것은 정당할 것이다.

89 조로아스터
Zoroaster (B.C 628?~551?)

이란의 예언자 조로아스터는 2500년 이상이나 지속되어 지금도 여전히 신자를 가지고 있는 조로아스터교의 창시자이고 《아베스타(Avesta)》라는 조로아스터교의 성전(聖典) 중에서 가장 오래된 장(章)인 '가사(Gāthā)'의 저자이다.

조로아스터에 관한 경력은 분명치 않지만, 개략적으로는 기원전 628년에 현재의 북부 이란의 어딘가에서 태어난 것 같다. 그의 어릴 때의 일은 그다지 알려져 있지 않다. 성인이 되고부터 그가 체계화한 신흥종교를 설교하기 시작했다. 처음에는 저항이 있었지만, 40세가 되었을 때 북부 이란의 어떤 지역을 지배하고 있던 왕 위슈타스파(Wishtaspa)는 그의 종교로 개종했다. 그 후 왕은 그와 친구가 되고 보호자가 되기도 했다. 이란의 전설에 의하면 조로아스터는 77세까지 살았다고 한다. 그리고 기원전 551년경에 죽은 것으로 되어 있다.

조로아스터교는 일신교(一神敎)와 다신교(多神敎)를 섞은 흥미있는 종교이다. 조로아스터에 의하면, 아후라 마즈다(Ahura Mazda : 현재의 이란에서는 오르머즈다(Ormauzda)라고 한다)라는 유일한 진짜 신이 존재한다. 이 아후라 마즈다(현명한 신)가 옳은 일, 참된 일을 장려한다. 그러나 조로아스터교에서는 앙그라 마이뉴(Angra Mainyu : 현재의 페르시아 어로는 아리만(Ahriman : 악의 신화라는 뜻))는 악과

봄베이에 있는
조로아스터교 파르시파의
사원(寺院).

허위를 나타낸다. 현세에서는 이 아후라 마즈다라는 힘과 한편으로는 아리만이라는 힘이 있으며, 그것이 항상 싸우고 있다.

그리고 개인은 아후라 마즈다에 붙느냐, 아리만에 붙느냐를 마음대로 선택할 수 있다. 그리고 이 양자(兩者)의 싸움은 현재 힘이 대항하고 있어도 머지않아 아후라 마즈다가 승리한다고 조로아스터교는 믿고 있다. 또 죽은 후의 내세(來世)도 굳게 믿고 있다.

윤리적으로는 조로아스터교는 옳은 것과 진실의 중요성을 강조하고 있다. 금욕주의는 독신생활과 마찬가지로 반대하고 있다. 이 종교의 행사에는 여러 가지 흥미있는 의식이 있다. 그 중에서도 숭배하는 것으로서 중심에 불을 태우는 일이다. 예를 들면 성스러운 불길은 조로아스터교의 사원(寺院)에서는 끊어지지 않게 계속 태우고 있다.

가장 색다른 종교행사는 시체의 처리방법이다. 시체는 매장이나 화장도 하지 않고 탑 위에 내버려둔 채 독수리에게 먹인다. 야조(野鳥)는 2시간 이내에 뼈만 남기고 살은 깨끗이 먹어버린다.

조로아스터교는 고대 이란 종교와 공통된 여러 가지 요소를 가지고 있지만, 조로아스터 자신의 생존 중에는 그다지 포교를 하지 않았다. 그러나 그가 살고 있던 지역은 기원전 6세기 중반쯤, 다시 말해서 그가 죽었을 때는 페르시아 제국은 키루스 대제의 세력하에 들어가 있었다.

그 후 2세기가 지나서 조로아스터교는 페르시아 왕에게 채용되어 많은 신자를 확보했다. 페르시아 제국이 기원전 4세기 후반에 알렉산더 대왕에게 정복당하고부터 조로아스터교는 급격히 쇠미했다. 그러나 곧 페르시아 인이 다시 정치적 독립을 손에 넣자 그리스의 영향도 약해지고 조로아스터교가 부활했다. 사산왕조 시대(226～651년)에는 조로아스터교는 페르시아의 국교가 되었다.

　7세기에 아라비아 인에게 정복당하고부터 페르시아 인의 대부분은 차차 이슬람교로 개종해갔다.(원칙적으로 이슬람교는 오래된 이교에는 관대하다고 하지만 경우에 따라서는 개종을 강제했다.) 10세기경에 잔존하는 조로아스터교도 중에 이란으로부터 페르시아만의 호르무즈 섬(Hormuz)으로 도피하는 사람이 나왔다.

　거기서부터 다시 그들과 그 자손들은 인도로 건너가 그곳에 조그만 식민지를 형성했다. 인도인들은 그들을 페르시아 만안(灣岸)의 원주민 파르시*라고 했다. 현재도 인도에는 10만 명 이상의 파르시가 있는데 대부분은 봄베이 시 근처에 살고 있으며, 그런 대로 번영된 사회를 구성하고 있다. 조로아스터교는 완전히 이란으로부터 사라지지는 않았다. 그렇지만 그 수는 겨우 2만 명 정도가 남아 있다.

　현재 조로아스터교의 신자는 몰몬교나 기독교, 정신요법교의 수보다 적어졌다. 그러나 모르몬교도 정신요법교도 극히 최근에 생긴 것이며, 역사의 흐름 속에서 조로아스터교도 수를 총합계한다면 훨씬 많다. 그래서 조세프 스미스(Joseph Smith)나 메어리 에디(Mary Baker Eddy)는 이 책에 싣지 않더라도 조로아스터를 싣는 것은 의의가 있다.

　게다가 조로아스터교 신학은 유태교와 기독교 등 다른 종교에 영향을 미치고 있다. 조로아스터교가 가장 강한 영향을 미친 것은 마니교로, 마니교는 선과 악의 영혼의 투쟁이라는 조로아스터의 사고방식을 받아들이고, 그것을 기초로 자기도 모르게 복잡한 형태로 끌려들어가도

---

* 파르시 : 회교도의 박해를 피하기 위해 8세기경에 인도로 도망친 페르시아계 조로아스터교의 한 분파이다.

록 완성한 것이다. 얼마 동안은 이 새 종교도 세계의 대종교가 되었지만 그 후 소멸되어갔다.

조로아스터교는 현존 종교 중 가장 오래된 것이지만 전세계적으로 확대된 일이 없으며 항상 국지적 종교였다. 따라서 불교나 기독교, 이슬람교와 같은 종교와 중요성을 비교할 수는 없다.

90 메네스
Menes (B.C. 3100)

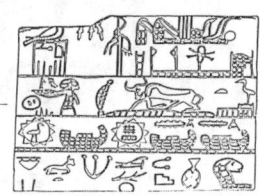

메네스는 초대 이집트 왕조의 시조이며 처음으로 이집트를 통일한 지배자다. 왕국을 건국해서 인류문명에 장기간에 걸쳐 빛나는 역할을 한 인물이다.

메네스의 탄생과 사망 날짜는 알 수 없지만 일반적으로는 기원전 3100년경에 활약한 것으로 믿고 있다. 그 전까지는 이집트는 통일되지 않고 두 개의 독립된 왕국으로 되어 있었다. 그 하나는 북방 나일 강 델타지대에 위치하고, 다른 하나는 나일강 계곡을 따라서 존재하고 있었다.(이집트 인은 북부 델타지대를 '하(下)이집트'라고 부르고, 남부 왕국은 '상(上)이집트'라고 일컫고 있었다.)

일반적으로 하이집트는 남방의 이웃보다도 문화적으로 진보되어 있었다고 한다. 그러나 북부를 정복하는 데 성공한 것은 이집트의 지배자인 메네스왕이며, 사실상 그가 전체 이집트를 통일했다.

* 앞의 그림은 흑단(黑檀)으로 만든 서판(書板)이다. 초대 왕조의 것으로 현재까지 알려져 있는 것 중에서 가장 오래된 상형문자이다. 메네스와 왕위를 나타내는 것 같은 그림이 상단에 있다.
그리고 메네스의 무덤은 1897년에 아뷰도스에서 발견되었다.

메네스(별명 나르메르(Narmer)로서 알려지고 있었다)는 이집트 남부의 시니스(Thinis)라는 조그만 도시에서 나왔다. 그리고 북쪽 왕국을 진압한 후, 자기는 수천 년 전의 파라오왕의 자손이며 '상·하 이집트의 왕'이라고 선언했다.

그리고 상·하 이집트의 국경 근처에 새 수도 멤피스(Memphis)를 건설했다. 거기가 통일국가의 중심에 위치해서 수도로서 적절했기 때문이다. 멤피스는 현재의 수도 카이로에서 그다지 멀지 않으며 유적으로서 지금도 남아 있지만, 몇 세기 동안이나 이집트의 지도적 수도로서 상당히 장기간 계속되었다.

메네스에 대해 보충해야 할 정보는 많지 않지만, 어떤 고대의 정보원(情報源)에 의하면 다소의 과장도 있는 모양이나 62년간이나 통치를 했다고 한다.

이처럼 먼 과거의 일이기 때문에 한정된 지식밖에 없지만 메네스의 업적은 매우 중요하다.

왕조 이전(다시 말해서 메네스 이전)의 이집트 문화는 현재의 이라크 부근에 있었고 수메르 문화보다도 상당히 뒤떨어져 있었다. 그러나 이집트가 정치적으로 통일되고부터는 이집트인의 잠재적 능력을 개발한 것 같다. 확실히 통일은 사회적·문화적 면에서 급속한 진보를 촉진하는 것이다.

2000년 동안이나 거의 변화도 없이 지속된 고대 왕조시대에 국가적·사회적 여러 가지 제도가 발전되었다. 상형문자(象形文字)를 비롯하여 건축 기타 기술면의 기능이 급속하게 발달했다. 그리고 2,3세기 사이에 이집트 문화는 많은 점에서 수메르 문화와 동등 혹은 앞지르는 결과가 되었다. 사실 메네스 이후 약 2000년간 부(富)와 문화라는 관점에서 보면 세계에서 1위나 2위의 선진국이 되었다. 이것이 다른 문명이 경쟁상대가 될 수 없을 만큼 업적이 오래 지속된 기록이 되었던 것이다.

그런데 메네스를 이 책에서는 어디에 두어야 하느냐 하는 것은 어려운 문제였다. 왜냐하면 메네스가 북이집트를 정복하고 이집트 전체를 통일했다는 것이 개인적인 활동으로서 얼마나 주요했느냐에 대해서 직접적인 정보를 얻을 수가 없기 때문이다. 신뢰할 수 있는 정보도 없이 오직 추측밖에 할 수 없다. 그러므로 다만 중요한 것에 대해 추측하는 데 그치는 것이 안전할 것 같다.

일반적으로 이집트의 파라오는 명목상의 수장(首長)이 아니라, 거대한 권위를 가지고 있었던 실제적인 지배자다. 역사는 가르쳐준다. 적임자가 아닌 왕의 지휘하에서는 어떤 왕국이라도 중대한 정복은 거의 할 수 없다. 또한 유능한 리더십 없이 정복한 땅을 유지하고 방어할 수도 없다. 당시의 큰 사건에는 메네스가 개인적으로 큰 요인이 되어 있었음은 틀림없는 것 같다. 그에 관한 지식이 부족함에도 불구하고, 메네스는 역사상 중요한 인물 중 한 사람이다.

91 표트르 대제
Pyotr Ⅰ(1672~1725)

표트르 대제(大帝)는 러시아 황제(차르)로서 일반에게 잘 알려진 인물이다. 그가 주장한 서구화정책(西歐化政策)이 러시아를 강국으로 만든 주요인이 되었다.

표트르는 1672년에 모스크바에서 태어났으며, 알렉세이 황제와 그 두 번째 아내인 나탈리아 나타스키나 사이의 외아들이었다. 표트르가 4세가 되기 전에 아버지가 죽었다. 알렉세이 황제는 전처와의 사이에 13명의 아이가 있었기 때문에 왕위계승권을 둘러싸고 싸움이 심했으며 때로는 폭력적 싸움으로까지 번졌다.

어떤 사건으로 표트르는 구사일생으로 달아난 일도 있었다. 그 후 몇 년 동안 표트르의 이복 누이동생이 섭정(攝政)을 했지만, 1689년에 이복 누나인 소피아가 물러났기 때문에 표트르의 지위가 상당히 확고한 것이 되었다.

1689년의 러시아는 아직 후진국으로 모든 면에서 서구보다 몇 세기나 뒤떨어져 있었다. 도시도 서구보다 적고, 농노제(農奴制)가 성했다. 실제로 농노의 인구는 증가되고 그들의 법률상의 권리는 약화될 뿐이었다. 러시아는 문예부흥이나 혁명도 처져 있었다. 승직(僧職)이나 목사는 무지하고, 문학도 거의 없었으며 과학이나 수학도 무시되든가 멸시되고 있었다. 서구와 대조하면 그때 이미 뉴턴이 유명한《원리》를 출판하고 문학이나 철학이 활발해지고 있었지만 러시아는 아직 중세기 그대로였다.

1697년에서 1698년에 걸쳐 표트르는 서구로 장기간 여행을 했다. 이 여행이 그가 황제로 재위하고 있는 동안에 실시한 정책에 독특한 색깔을 주게 되었다. 표트르는 '표트르 미하일로프'(Pyotr Mikhaylov)라는 가명(假名)을 썼으며, 가명이 아니고는 볼 수 없는 것을 관찰할 수가 있었다.

이 여행 도중에 상당한 기간을 네덜란드의 동인도회사에서 배를 만드는 목수로서 일도 하고, 또 영국에서는 왕실해군 도크에서 일하기도 하고, 프러시아에서 포술(砲術)을 공부하기도 했다. 그 밖에 공장, 학교, 박물관, 무기공장과 무기고를 방문하고 영국에서는 국회의사당까지 갔다. 단기간에 서구문화, 과학, 상업, 행정 기술 등 가능한 한 많은 것을 배웠던 것이다.

1698년에 러시아로 귀국하자, 러시아 국가를 근대화하고 서구화하기 위해 일련의 장기개혁계획에 나섰다. 서구의 과학기술, 전문기능을 도입 촉진하기 위해 많은 서구 기술자들을 러시아로 데리고 오는 한편 많은 러시아 인을 서구로 유학시켰다. 재위기간 중 상업과 공업의 발전을 촉진했다. 그의 통치하에서 도시는 확대 발전하고 중산계급층도 증가되어 영향력을 갖게 되었다.

또 그의 재위 중에 처음으로 가장 적합한 규모의 해군이 창설되었다.

폴타바의 싸움. 표트르 대제가 지휘하는 러시아군은 스웨덴군을 결정적으로 괴멸시켰다.

 게다가 육군을 서구 스타일로 개량하고 군인에게는 제복이 지급되었으며 무기도 근대화했다. 그리고 서구식의 군사훈련을 하게 되었다. 또 표트르는 종래 관리가 세습제(世襲制)로 되어 있던 것을 능력 본위로 개량하는 등 민간의 관리면에도 많은 개혁을 실시했다.
 사회적인 면에서도 서구화를 장려했다. 사람은 모두 수염을 기르면 안 된다는 포고를 낸다든가(이것은 나중에 다소 수정되었지만), 법정이나 궁중 등 공식적인 장소에서는 전부 서구식 복장을 착용하도록 명령하고, 흡연(吸煙)과 커피 음용을 장려했다. 당시 이런 제창(提唱)에 대해서는 격렬한 반대운동도 있었지만 이전 정책이 장기적 효과로서 러시아 인 귀족의 대부분이 저절로 서구의 매너와 문화를 보급하게 되었다.
 당연한 일이지만 표트르는 러시아 정통파교회(그리스 정교의 일파)는 후진적인 것이며 반동적 세력이라고 간주하고, 정통파교회를 부분적으로 개편하고 동시에 그 지배력을 상당히 빼앗게 되었다. 더욱이 종교가 없는 학교를 신설하여 과학의 진보 발달을 장려했다. 또 율리우스력(曆)(카이사르가 정한 구 태양력)을 도입하고, 러시아 어의 알파벳을 근대화했다. 그리고 러시아에서는 그의 재위 중 처음으로 신문이 발행되었다.

이와 같은 극적인 개혁을 하는 동시에, 장래에 중대한 결과를 가져오는 외교정책을 실시했다. 표트르 치하의 러시아는 남방에서는 터키, 북방에서는 스웨덴과 싸웠다. 터키에 대해서는 1696년에 아조프(Azov)항을 점령함으로써 흑해로 접근할 수 있게 되었다. 처음에는 어느 정도의 성공을 거두었다. 재위 후반이 되어서 터키는 싸움에서 우위에 섰으며 1711년에 다시 아조프 항은 터키에게 탈환당하고 말았다.

스웨덴과의 싸움은 결과가 정반대였다. 처음에는 러시아 군이 패(敗)했지만 최종적으로는 승리를 거두었다. 1700년에 러시아는 당시 우세한 육군을 보유하고 있던 스웨덴과의 싸움을 위해 덴마크와 작센(독일 북서부의 주)과 연합했다.(폴란드도 그 후에 스웨덴에 선전포고를 했다.) 1700년에 나르바(Narva)의 싸움에서 러시아 군은 참패를 당했다. 그러나 이 싸움 후에 스웨덴 국왕은 러시아 이외의 적에게 관심을 갖게 되었다.

한편 표트르는 육군의 재건에 착수했다. 그리고 스웨덴과 러시아의 전쟁이 다시 일어나 1709년에 폴타바(Poltava)에서 스웨덴 육군은 결정적인 패배를 당했던 것이다.

전쟁으로 쟁취한 영토는 에스토니아, 라트비아와 필랜드 부근의 중요한 지역이었다. 정복한 영토는 그다지 넓지는 않지만, 러시아에 발트해로 나가는 출입구, 다시 말해서 '유럽으로 가는 창구'가 생겼다는 점에서 매우 중요한 일이었다. 그리고 네바(Neva) 강 강변에서 스웨덴으로부터 쟁취한 육지에 신도시 성(聖) 페테르부르크(현재의 레닌그라드)를 창설했다. 1792년에 표트르는 수도를 모스크바로부터 이 성 페테르부르크로 옮겼다. 그 이후 이 도시는 러시아와 서구의 중요한 접합점(接合点)이 되었다.

표트르의 극적인 여러 가지 국내정책이나 외국과의 전쟁은 당연히 국비(國費)의 급격한 증대를 가져왔다. 그래서 불가피적으로 무거운 세금을 추징(追徵)하지 않으면 안 되게 되었다. 이 비싼 세금과 여러 가지 변혁은 많은 국민들을 화나게 하여 몇 번인가 반란도 발생했다. 그러나 그때마다 표트르는 냉혹하게 그것을 탄압해왔다. 따라서 동시대의 사람들 중에는 많은 적대자도 있었지만 서구의 역사가도 공산주의의 역사가도 표트르는 위대한 러시아의 황제라는 것에는 동의하고 있다.

표트르는 당당하고 훌륭한 풍채였으며, 신장도 약 2m나 되고 강대한 완력을 가지고 있었을 뿐만 아니라 미남에다가 정력적인 인물이었다. 그리고 활발하고 거칠 정도의 고양(高揚)된 의욕이 넘쳐흐르고 유머도 있었던 것 같으나 때로는 몹시 술에 취해 난폭해지는 일이 있었다.

정치적·군사적으로도 뛰어난 기술을 가지고 있는 동시에 목수, 인쇄술, 항해술, 조선기술을 배웠던 참으로 보기 드문 군주였다.

표트르는 두 번 결혼했다. 첫 번째 아내는 에우드키시아라고 하며, 그가 17세 때 결혼했으나, 동거한 것은 겨우 1주일뿐이며, 그가 26세가 되었을 때 아내를 수도원에 넣어버렸다.

1712년에 이혼하고 다른 여자와 재혼했다. 두 번째 아내는 캐서린이라고 하며 리스아니아의 가난한 집 딸이었다. 표트르에게는 첫 번째 아내와의 사이에 알렉세이라는 아들이 있었으나, 이 부자(父子)는 사이가 나빴다. 1718년에 알렉세이는 아버지에 대한 음모를 꾸몄다는 혐의로 체포되어 고문을 당한 끝에 옥중에서 죽었다.

표트르는 1725년 초에 52세로 성 페테르부르크에서 죽었다. 그 왕위는 미망인인 캐서린이었다.(캐서린 2세와 혼동하지 않기 바란다)

표트르 대제는 러시아의 서구화, 근대화에 기여한 중요한 역할 때문에 이 책에 싣기로 했다. 그러나 다른 많은 나라의 지배자도 마찬가지로 정책을 쓰고 있는데, 왜 표트르만을 이 책에 실었는지 의문을 갖는 독자도 당연히 있을 것이라고 생각한다.

20세기의 오늘날에서는 어느 나라의 원수도 특히 과학과 기술면에서 서구적 방법을 채용하는 것이 그 나라의 중요한 과제가 되어 있는 것은 당연한 것으로 생각된다. 그렇지만 1700년경에는 서구화가 바람직하다는 것이라는 것을 서구 사람들 이외는 명확히 알지 못하고 있었다. 표트르의 중요한 점은 자기 나라의 서구화, 근대화의 중요성을 2세기나 앞질렀다는 것이다. 또한 표트르의 선견지명에 의해서 즉위한 후 후진국이었던 러시아를 세계의 가장 선진국으로까지 끌어올렸기 때문이다. (그렇지만 18, 19세기의 서구는 진보가 너무나도 급속했기 때문에 러시아는 서구 여러 나라와 어깨를 나란히 하고 따라갈 수가 없었다.)

서구가 동부에서 국경을 이루고 있는 또 하나의 중요한 나라인 터키와 대비하면 그 차이는 현저하다. 터키도 러시아도 반 유럽의 나라이다. 표트르 시대 직전의 2세기 동안 터키는 군사적, 경제적, 문화적인 면에서도 러시아보다 우위에 있었다. 그러나 1700년경의 터키의 회교 군주인 술탄에는 급속한 서구화의 중요성을 인식하고 그 방향으로 나라를 이끌려고 한 군주가 없었다.

따라서 러시아는 표트르 시대부터 급속한 속도로 진보했는 데 비해 터키는 완만한 진보밖에 하지 못했다. 케말 아타투르크*(Kemal Ataturk)가 터키의 급속한 근대화를 촉진한 것은 20세기가 되고부터였다. 그때까지 러시아의 세력은 중앙아시아를 확실히 장악하고 러시아는 산업면, 교육면에서도 터키보다 훨씬 앞서 있었다.

물론 오늘날 우리는 러시아가 터키를 완전히 능가하고 있음을 인정하고 있다. 그렇지만 러시아의 표트르 대제 대신, 그때 터키에 위대한 개혁적 회교도 군주 술탄이 있었다면 어떻게 될까. 아마도 터키는 강대국이 되어서 현재 러시아 중앙아시아로 되어 있는 지역은 터키의 지배하에 들어가 있을 것이다.(이 지역의 주민은 회교도로 러시아 인보다도 터키 인과 훨씬 관계가 깊다.)

러시아는 표트르 대제 이전에 이미 시베리아의 대부분을 점령하고

---

*케말 아타투르크 ; 1881~1938. 본명은 Mustafa Kemal. 터키 공화국의 창립자, 초대 대통령. 터키민족 해방운동의 지도자로 사로니카 태생. 청년터키단 지부를 창설하여 정치활동에 참가했다. 제1차 대전 후 터키 민족의 독립을 지키기 위해 국민해방군을 조직하고 앙카라에 터키 대국민의회를 개설하고 혁명정권을 확립했다. 술탄제는 폐지하고 로잔조약에서 독립을 확보했다. 공화제를 선언하고 초대 대통령에 취임하여 국가자본주의의 채용, 비종교적인 여러 가지 개혁을 잇따라 수행했다. 국민의회로부터 아타투르크(아버지인 터키 인)라는 칭호를 받았다.

있었지만 만약 표트르의 러시아 강화책이나 근대화와 개혁의 프로그램이 없었더라면 시베리아의 일부 또는 전부는 터키 또는 중국 또는 일본의 손에 들어가 있을지도 모른다.

표트르 대제는 단순히 파도치는 대로 떠돌고 있는 것 같은 지배자가 아니라 그 시대의 선두를 달리고 있었던 인물이었다. 그의 통찰력이 역사의 흐름을 바꾸어 선택할 여지가 없는 길로 역사를 전환시키게 되었다. 이런 이유 때문에 표트르를 이 책에 싣는 것은 당연한 일이라고 생각한다.

표트르의 순위를 결정할 때 나는 영국의 엘리자베스 여왕과의 비교에서 영향을 받았다. 엘리자베스는 서구에서는 물론이겠지만 그보다 훨씬 유명하다. 그러나 표트르보다도 엘리자베스 여왕이 더 큰 영향력이 있었다고 대다수의 공정한 러시아 인들을 설득한다는 것은 곤란한 것처럼 생각된다.

표트르는 훨씬 혁신적이고 더 창조적이었다. 엘리자베스는 국민이 요망하는 바를 나타내는 데 주안을 두었지만 표트르는 국민이 지금까지 생각도 하지 않았던 방향으로 국가와 국민을 이끌었던 것이다.

이 세기를 통해서 영국은 러시아보다 훨씬 큰 역할을 했다는 사실로 본다면 이 두 사람의 차가 너무나도 큰지도 모른다.

92 맹 자
孟子 (B.C. ?~?)

중국의 철학자인 맹자는 가장 중요한 공자의 후계자이다. 맹자(孟子)의 교의(敎義)는 《맹자》라는 책에 있는 것처럼 중국에서 오랜 세기 동안 존경받아왔다. 그는 흔히 그보다 200년 전의 공자 다음으로 '제2의 성인'이라고 불려왔다.

　맹자는 기원전 371년에 현재의 산동성(山東省) 부근에 있는 조그만 마을에서 태어났다. 그 시대는 주왕조(周王朝)의 마지막 단계에 들어갔을 때로 중국에서는 전국시대라고 불리고 있다. 왜냐하면 당시의 중국은 정치적으로 아직 통일되지 않고 있었기 때문이다.

　맹자는 공자의 유교적인 전통 속에서 자라 유교의 의론과 이상을 강렬하게 지지했으며 또한 그 자신도 학자, 철학자로서 존경받고 있었다. 맹자는 성인이 된 다음의 대부분을 중국 국내여행을 하며 지냈다. 그 사이에 각지의 많은 지배자들에게 조언을 해왔다. 지배자들 중에는 그의 말을 존중하고 듣는 사람도 있었다.

　얼마 동안은 관리도 했지만 대체로 항구적인 정책, 계획이라는 국가 행정직에는 견디지 못했다. 기원전 312년 59세 때 고향으로 돌아왔으며, 그 후 죽을 때까지 그곳에 머물렀다. 사망한 때는 정확하지 않지만 기원전 289년으로 보고 있다.

　맹자는 평생을 통해서 여러 가지 수양을 했지만 중국에 미친 영향은 주로 저서 《맹자》로부터 유래하고 있다. 더구나 그의 주장은 전부 이 책에 수록되어 있다. 이 《맹자》는 제자들에 의해 여러 가지로 수정 편집된 모양이지만, 기본적으로는 맹자 자신의 사상을 제시하고 있는 것은 틀림없는 것 같다.

　맹자의 논조(論調)는 인간의 성격은 본래 선(善)이라고 하는 굳은 신념을 반영한 이상적, 낙관적인 것이다. 또 그의 정치사상은 많은 점에서 공자와 아주 비슷하다. 특히 맹자는, 군주란 권력보다도 도덕적 규범으로 통치해야 한다고 굳게 믿고 있었다. 그렇지만 맹자는 공자보다도 '인민의 사람'이라는 성격을 가지고 있다. "하늘은 인민이 보는 것처럼 보고, 하늘은 인민이 듣는 것처럼 듣는다"는 것은 맹자의 가장 유명한 일구(一句)이다.

　국가의 가장 중요한 구성요소는 그 나라의 군주보다도 국민이라고 맹자는 강조했다. 그리고 국민의 복지를 증진하는 것은 군주의 의무이며,

특히 군주는 국민을 도의적으로 이끌고, 생계를 세우는 데 적절한 환경을 준비해야 한다고 했다. 그가 제창하는 국가의 정책에는 자유무역, 가벼운 세금, 천연자원의 보존, 부(富)를 전반적으로 크게 하기보다도 부를 평등하게 분배하는 것, 그리고 노인이나 약자 등 부당하게 손해를 보고 있는 사람들의 복지에 대해서 국가가 규제하는 것 등이 있다.

군주의 권위는 하늘에서 오는 것이라고 맹자는 믿고 있었으며, 국민의 복지를 무시하는 군주는 '하늘의 위임'을 잃게 되고, 당연히 군주의 지위도 잃게 된다고 말하고 있다. 이 끝의 문구는 사실상 처음 문구를 지배하고 있기 때문에 맹자는 사실상(존 로크보다 훨씬 전에) 인민을 부정한 지배자에 대해서 반란을 일으킬 권리가 있다고 단언했다. 이것은 중국에서는 일반인에게 받아들여지는 사상이다.

일반적으로 말해서 역사적 사실로 보아, 맹자가 제창하는 일종의 정책은 상사의 비위를 맞추기보다도 부하의 인기를 얻으라는 것이 된다. 그러나 당시의 중국 지배자들이 맹자의 제언(提言)을 채용하지 않았던 것은 놀랄 것 없다. 그러나 시간이 흐름에 따라서 그의 사상은 유교학자나 중국인들에게 인기가 높아졌다. 그리고 11,12세기경의 신유교학자의 발생과 함께 중국에서는 더욱더 평판이 높아졌다.

물론 서구 여러 나라에서는 맹자의 영향을 받지 않았다. 그것은 주로 중국어로 씌어져 있기 때문일까. 그렇지만 맹자와 거의 같은 시대에 중국어로 씌어진 노자(老子)의 《도덕경(道德經)》은 몇 번이나 유럽 언어로 번역되고 있기 때문에 많은 서구인으로 흥미를 가지고 있는 사람은 그 사상의 대강 줄거리는 이해하고 있다. 그렇지만 구미인으로 맹자의 창조적인 점과 날카로움에 대해서 알고 있는 사람은 적은 것 같다.

노인이나 약자의 복지를 다루는 것은 국가행정에 있어서 뭔가 매력적인 느낌이 든다. 마찬가지로 세금의 경감에 찬성하는 것도 매력적으로 보인다. 그러나 이 두 가지 정책에 찬성하는 현재의 정치가가 있다 하더라도, 뭔가 그것을 위해 특효약을 많이 갖추고 있지 않는다면 자유주의자나 보수주의자의 두 파로부터 의심을 받을 것이 틀림없다.

마찬가지로 맹자도 한편에서는 부의 분배를 평등하게 할 것을 주장하고, 다른 한편에서는 상거래의 자유와 세금의 경감을 제언하고 있으며 더구나 두 가지 정책 사이에 생각할 수 있는 충돌이 일어나지 않도록 하라고 제언하고 있다. 그러나 의회로까지 생각이 발전하지 않고 있는 맹자에게는 다소 부당하게 생각된다.

원칙과 원칙 사이의 알력(軋轢)을 어떻게 해결하느냐를 특히 제시하지 않더라도 일련의 가치있는 일반원칙(부분적으로 모순이 있더라도)을 제시하는 철학자에게는 그것만으로도 중요성이 있다. 그러나 맹자보다도 명확하게 자기의 우위를 나타낸 마키아벨리는 인간의 사상에 더 큰 영향을 미치고 있다.

그렇지만 맹자는 확실히 중국인에게 영향을 미치고 있다. 유교에 대한 맹자의 중요성은, 성(聖) 바울의 기독교에 대한 중요성 정도의 것은 아니다. 그러나 맹자는 세계 인구의 20% 이상을 거느리고 있는 지역에서 철저히 학습되었다. 이만큼 영향력을 가지고 있는 철학자는 아무데도 없다.

93 돌 턴

John Dalton (1887~1962)

돌턴은 19세기 초기의 영국 과학자로 원자가설(原子假說)을 과학의 본류로 도입한 인물이다. 그와 동시에 급속한 화학의 진보를 가져오는 데 열쇠가 되는 발상을 제시했다.

그러나 그는 모든 물질은 그 이상 파괴할 수 없는 원자라는 미소 입자가 무수히 모여서 만들어진 것이라는 생각을 처음으로 제시한 사람은 아니다. 이 사상은 이미 고대 그리스의 철인(哲人)인 데모크리토스

*(Democritos)가 암시한 것으로, 혹은 그 전에 있었을지도 모른다.

이 가설은 에피쿠로스(Epicouros)가 이어받았다. 그리고 고대 로마의 작자 루크레티우스*(Lucretius)가 그의 유명한 시 〈물질의 본성에 대해서(De rerum natura)〉에서 멋지게 표현하고 있다.

데모크리토스의 이론은 중세기 동안 무시되고, 현재 과학에도 그다지 영향을 미치지 않고 있다. 또한 17세기의 몇 사람의 지도적 과학자들도 같은 생각을 지지하고 있었다. 그러나 그런 옛날의 원자이론은 모두 정량적(定量的)으로 제시되지 않고 있기 때문에 과학적 연구에는 활용할 수 없었다. 가장 중요한 것은, 이 원가에 관한 철학적 사고(思考)와 화학적이라는 움직일 수 없는 사실 사이의 연결에 대해서 아무도 확인하지 않고 있었다.

그래서 돌턴이 나설 차례가 되었다. 그는 명확한 정량적인 이론을 전개했으며 그 이론은 화학실험의 해석에도 쓰이고 또한 실험실 내에서 정밀한 시험도 할 수 있었다.

그가 쓴 전문용어는 오늘날 우리가 쓰는 것과는 약간 다르지만 돌턴은 원자·분자·원소·화합물의 개념을 명확하게 제시했다. 세계의 전체 원자번호를 대단히 큰 것이지만 밝히고 또한 소수이긴 하지만 다른 기형(基型)의 원자수를 제시했다.(그의 책에서는 20개의 원소 또는 원자의 종류를 리스트업했다. 현재는 약 100개 이상의 원소가 알려져 있다.)

다른 기형의 원자는 각각 중량이 다르지만 같은 종류의 2개의 원자는 그 집합체를 포함하여 성질은 같다고 했다. 또 돌턴은 저서 속에서 종류가 다른 원자의 상대적 중량을 나타냈다. 이것이 최초의 원자량 표로, 양적 원자로의 열쇠가 되었다.

---

* 데모크리토스 : 기원전 460~370?. 압델라 사람으로 각지를 돌아다녔다. 레우키포스에게 배우고 고국에 학교를 설립했다. 스승의 원자론을 이어 유물론의 철학체계를 수립했다. 원자는 동질(同質), 불가분(不可分), 불변불멸(不變不滅)의 소입자로 모양과 크기는 무한히 다르며, 무한의 공간을 영원히 운동한다고 했다.

* 루크레티우스 : 기원전 97?~55?. 로마의 시인, 철학자, 유물론자로 에피쿠로스, 데모크리토스의 원자설에 의거한 철학시 〈물질의 본성에 대해서〉를 남겼다.

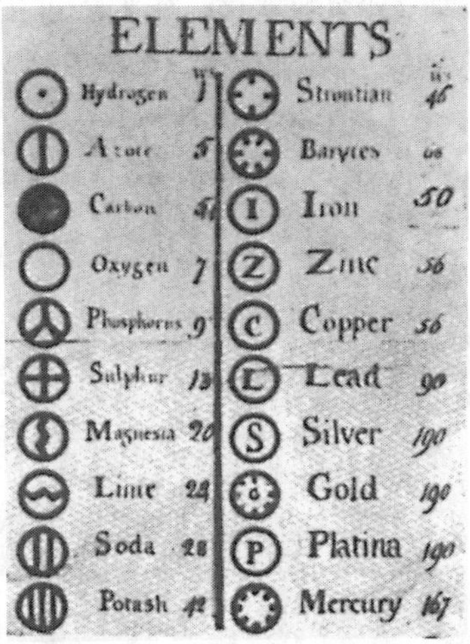

돌턴의 원자량표

돌턴은 또 하나의 화합물에 함유되는 2개의 분자는 모두 원자의 결합으로 구성되고 있다고 했다.(예를 들면 산화이질소는 질소 2원자와 산소 1원자로 이루어져 있다.) 이것으로부터 주어진 화합물은 항상 중량적으로 정확하게 같은 비율의 원소를 함유하고 있는 셈이 된다. 이것을 '정비례(定比例)의 법칙'이라고 하며, 이것은 돌턴보다 일찍 프루스트*(Joseph Louis Proust)가 실험에서 발견했다.

돌턴은 자기 이론을 납득이 가도록 제시했기 때문에 20년 동안에 많은 과학자들이 시인하게 되었다. 게다가 화학자들은 그가 저서에서 제시한 프로그램에 따르게 되었다. 다시 말해서 상대 원자중량을 명확하게 결정하고 중량에 의한 화합물의 분석, 각종 분자를 구성하는 원자의 정확한 결합을 결정하는 것이다. 물론 이 프로그램의 성과는 압도적인 것이었다.

원자가설의 중요성을 과장하는 것은 곤란하며, 그것이 우리들의 화학을 이해하는 데 있어서의 중핵적(中核的) 생각이다. 게다가 그것이 현

---

* 프루스트 : 1754~1826. 프랑스의 화학자, 약학자. 스페인의 여러 대학 교수를 지냈다. 귀국 후 정비례의 법칙을 제창하고, 이것을 인정하지 않는 베크렐과 오랫동안 논쟁을 했다.

대물리학에 대한 절대로 필요한 서문이다. 돌턴을 이 책에서는 그다지 높은 순위에 넣지 않은 것은 그 이전에 원자설은 끊임없이 논해지고 있었기 때문이다.

돌턴은 1766년에 영국 북부의 이글 필드라는 마을에서 태어났다. 정식 학교교육은 11세 때 끝나고 거의 독학으로 과학 연구를 했다. 조숙한 젊은이로 12세 때 교사가 되었다. 또 만년도 대부분 교사 또는 가정교사로 마감했다. 15세 때 켄달(Kendal)로 옮기고, 26세 때는 맨체스터로 이사하여, 1844년에 죽을 때까지 이곳에 살았으며 결혼은 하지 않았다.

1787년 21세 때 기상학(氣象學)에 흥미를 가졌다. 6년 후에 기상학 책을 출판했다. 공기나 대기의 연구에서부터 가스의 성질에 대해서 흥미를 가졌다. 일련의 실험을 하고 있는 동안에 가스의 행동 현상을 지배하는 두 가지 중요한 법칙을 발견했다.

1801년에 우선 가스가 차지하는 공간의 부피는 온도에 비례한다고 했다.(일반적으로 '샤를의 법칙'으로 유명하다.) 돌턴은 가스가 차지하는 부피는 온도에 비례한다고 했다. 두 번째는 1801년에 발표한 것으로 돌턴의 분압(分壓) 법칙으로 유명하다.

1804년에 돌턴은 원자론을 체계화하여 원자량 표를 만들었다. 그의 주저서(主著書)《화학철학의 신시스템》이 1808년에 출판되자 그는 일약 유명해졌다.

돌턴은 갑자기 색맹(色盲)이 되었다. 그는 그런 환경에서도 호기심을 불태워 이 색맹문제의 연구에 착수하여, 색맹에 관한 과학논문을 출판했다. 이것은 아마도 색맹의 분야에서는 최초의 책일 것이다.

94 호메로스

Homeros (?~?)

 몇 세기 동안 호메로스 시의 작자에 관한 논쟁이 계속되고 있다. 언제, 어디서, 어떻게 해서 일리아드*(Iliad)와 오디세이*(Odyssey)는 창작되었는가. 그 이전의 작품에 어느 정도 의거하고 있는가. 일리아드나 오디세이도 동일인물에 의해서 창작되었는가. 실제로는 둘 중의 한 작품은 단독의 작자에 의한 것인가. 호메로스는 실재(實在) 인물이 아니라, 이 두 편의 서사시는 두 사람의 시인이 서서히 부기(附記)해서 만들어진 것인가 혹은 많은 작자의 시집을 기초로 편집자가 편집한 것인가.

 이 문제의 연구에 다년간 정력을 쏟아온 전문학자들 사이에도 의견이 일치하지 않는다. 이런 불확실성에도 불구하고 호메로스를 이 책에 싣기로 결정한 것은 다음과 같은 가설에 의해서다.

 첫 번째 가설은, 일리아드의 주된 작자는 한 사람이라는 것이다.(몇 사람의 집필자가 썼다고 하기에는 너무나도 간결하고 잘 되어 있다.) 호메로스 이전의 세기에 같은 주제로 많은 단편시가 창작되고 있으며, 호메로스는 그것을 참고로 해서 창작한 것이라고 말하는 사람도 있다.

 그러나 호메로스는 기존의 단편시집에서 단순히 일리아드를 편집한

---

* 일리아드 : 트로이 전쟁을 읊은 서사시로 24권. 10년간에 걸친 트로이 전쟁 중 수십 일간의 일을 그린 것.
* 오디세이 : Odysseus라고도 쓴다. 이타카 왕 라에르테스의 아들로. 성인이 되어서 왕위를 계승하고 페넬로페이아와 결혼했다. 텔레고노스의 아버지. 트로이 전쟁에서 공을 세웠다. 유명한 목마(木馬)를 발안(發案)했다고 한다. 트로이 전쟁 후 10년간 해상을 표류하면서 여러 가지 모험을 하고 귀국했다. 아내를 괴롭히고 있던 구혼자들을 죽이고 왕위를 회복했다.

것이 아니라 그 이상의 창작성을 가미했다. 그는 수집하고, 정리하고 표현을 바꾸고 덧붙이면서 그의 독자적인 예술적 진수(眞髓)를 이 책에서 완성하고 있다. 이 대걸작을 창작한 호메로스는 기원전 8세기에 아마도 생존하고 있었을 것이다. 물론 연대를 잡는 데 있어서도 더 옛날이라고 하는 사람도 있다.

또 오디세이만 하더라도 그 주된 작자는 동일인물이라고 나는 상정(想定)하고 있다. 이 두 편의 시는 각각 다른 사람이 쓴 것이라고 하는 주장(표현 스타일도 부분적으로 다르다.)이 상당한 지지세력을 가지고 있다. 그렇지만 이 두 편의 시의 동일성은 상이성(相異性)보다 중요한 의미가 있다고 생각한다.

앞에서 말한 것처럼 호메로스 자신에 대한 정보가 매우 적은 것은 분명하며 전설적인 것조차 없다. 고대 그리스로 거슬러 올라가면 호메로스는 장님이었다는 전설이 있다. 그러나 두 편의 시에는 분명히 시각(視覺)에 호소한 상상이 나타나 있기 때문에 만약 그가 장님이었다 하더라도 태어날 때부터의 장님은 아닌 것처럼 생각된다. 이 시에 쓰이고 있는 언어로부터 그의 태생은 에게 해(海) 동쪽의 이오니아(Ionia)에서 온 사람이라고 생각된다.

이 시는 처음에 구술 전송(傳誦)된 것이라고 믿는 학자가 많았다. 이렇게도 장편이고 더구나 면밀하게 구성된 시를 문장으로 하지 않고 창작하는 것은 곤란하다고 생각한다. 그럼 이 시가 처음에 집필된 것이 몇 년경이냐 하는 것도 명확하지 않다. 길이(약 2만 개의 절로 구성)로부터 생각해서 원작이 만들어지고 금방 문장으로 씌어진 것이 아니라면, 그만큼 조리가 서게 전해진다고는 생각할 수 없다.

어쨌든 간에 기원전 6세기에 이미 이 시는 고전으로 간주되고 있으며 더구나 그에 관한 전기적(傳記的) 정보는 이미 사라지고 있었다. 따라서 그리스 인에게 있어서 이 2대 시는 국가적인 초걸작(超傑作) 문학으로 보아왔다. 놀랍게도 수십 세기의 장기간에 걸쳐 문학상의 스타일도 여러 가지로 변화가 있었음에도 불구하고 호메로스의 평가에는 변화

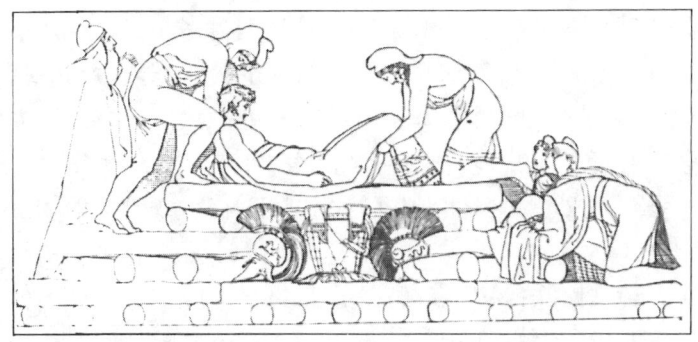
호메로스의 일리아드 중 용사 헥토르의 매장

가 없는 것이다.

호메로스의 명성, 평판이라는 견지에서 본다면 이렇게 낮은 순위로 한 것에 약간 송구하게 생각하지 않을 수가 없다. 다만 문학자, 예술가에게는 비교적 낮은 순위를 준 것과 같은 이유 때문이다. 호메로스의 경우 평판과 영향 사이의 불일치가 특히 큰 것 같다. 그의 작품은 학교에서는 흔히 교재로서 공부하지만, 고교나 대학을 나온 후에 읽는 사람은 비교적 적다. 셰익스피어의 희곡이나 시가 자주 읽히며 특히 희곡은 자주 연출되고 또한 많은 관객들이 모이는 것과 역시 대조적이다.

호메로스는 그다지 많이 인용되지 않고 있다. 일상 대화에도 그다지 쓰이고 있지 않다. 이것이 또한 셰익스피어와 현저한 대조가 있으며, 또한 오마르 카얌*(Omar Khayyam)과도 대조적이다. "1전의 절약은 1전의 이익"이라는 속담은 개인의 행동이나 정치가의 자세 등 현실적인 영향을 지니고 있다. 오늘날 널리 인용되고 있는 호메로스의 문구로 이것과 필적하는 것은 없다.

최종적으로는 호메로스를 이 책에 실은 두 가지 이유가 있다. 첫째는

---

* 오마르 카얌 : Abu al-Fath 'Umar Ibraham 'Umar Khayyam. 1048~1122. 이란의 시인, 수학자, 천문학자. 3차 방정식의 해법을 체계화했다. 페르시아 어의 4행시집 《루바이야트》가 19세기에 영국의 시인 피츠제랄드의 명역으로 소개된 이래 이란의 대표시인이 되었다.

호메로스의 명문구를 읽거나 듣거나 한 사람의 수—역사상의 수를 가산(加算)하면—는 매우 크다. 고대 세계에서는 오늘날보다 훨씬 호메로스의 시는 유명했었다. 그리스에서는 일반인들이 좋아했으며, 오랫동안 종교적, 윤리적인 생활태도에 영향을 미쳤다. 오디세이와 일리아드는 문학을 애호하는 지식인뿐만 아니라 군사상, 정치상의 지도자들도 자주 읽었다.

고대 로마의 지도자들 중에도 호메로스를 인용하는 사람이 많았다. 예를 들면 알렉산더 대왕은 전장에까지 일리아드를 몸에서 떼지 않고 있었다고 한다. 오늘날에 있어서도 일부 사람들이 좋아하는 작자이며, 우리도 학교에서 그의 작품(일부분이나마)을 읽고 있다.

더 중요한 것은 문학에 대한 영향이다. 그리스의 고전어(古典語)는 모두 호메로스의 영향을 크게 받고 있다. 소포클레스*(Sophokles), 에우리피데스*(Euripides), 아리스토텔레스와 같은 인물은 호메로스의 전승(傳承)에 물들어 그들의 뛰어난 문학적 이념은 전부 호메로스에 유래된다고 할 수 있을 것이다.

또 고대로마의 학자들에게도 큰 영향을 미치고 있다. 만인(萬人)이 호메로스의 시를 우수함의 기준으로 삼고 있었다. 고대 로마 최고의 시인인 베르길리우스*(Maro Publius Vergilius)가 걸작 《아에네이스(Aeneis)》를 썼을 때, 고의적으로 일리아드와 오디세이의 패턴을 흉내냈던 것이다.

─────────────

* 소포클레스 ; 기원전 497?~405. 고대 그리스 3대 비극 시인의 한 사람이다. 미모와 재지(才智)에 뛰어나 디오니소스 제례의 비극 경기에서 우승했다. 그 이후 123편의 작품을 써서 24회 우승했다. 현존작품에 《안티고네》, 《오이디푸스》, 《콜로노스의 오이디푸스》 등이 있다.
* 에우리피데스 ; 기원전 485~406? 고대 그리스 3대 비극시인 중 최연소자. 나중에 마케도니아 왕 아르켈라오스의 궁전의 손님이 되었다. 작품에는 《메데아》, 《트로이의 여자들》, 《아울리스의 이피게네이아》 등이 있다.
* 베르길리우스 ; 기원전 70~19 로마 제일의 시인. 공화제 말기의 내전에서 토지를 몰수당하고, 나중에 아우구스투스의 지우(知遇)를 받아서 시인이 되었다. 작품에 《전원시(田園詩)》, 《농경시(農耕詩)》 등이 있다. 로마를 건국하는 《아에네이스》는 유명하다.

또 현재에도 저명한 작가들은 실제로 호메로스 자신이나 또는 호메로스의 영향을 받은 선배 작가의 영향을 받고 있음에 틀림없다. 역사상 이만큼 광범위하고 더구나 초장기간에 걸쳐 영향을 미친 작자는 적다.

그 점이 바로 결정적인 포인트가 된다. 과거 100년 정도라면 톨스토이가 호메로스보다 더 넓은 영향이 있었다는 것은 분명하다. 그렇지만 톨스토이는 그 전의 21세기 동안에는 아무런 영향도 미치지 않았지만 호메로스는 2700년 이상이나 그 영향이 계속되고 있다. 이것이야말로 경이적인 연한(年限)이며 다른 어떤 대문학자라도 당할 수 없을 것이다. 다른 분야에 있어서도 인간의 노력이나 도전이라는 면에서 보았을 때 호메로스에게는 당할 수 없다.

95 엘리자베스 1세
Elizabeth I (1533~1603)

엘리자베스 1세는 영국사상 가장 뛰어난 군주라고 일반적으로 생각하고 있다. 그녀의 45년간의 치세(治世)는 경제적 번영과 문학의 최전성기로 영국이 세계 최강의 해군력을 소유했던 시대로서의 인상이 깊다. 영국의 황제가 단순히 명목상의 원수(元首)가 아닌 시대에 살았던 그녀는 그야말로 영국에 황금시대를 가져온 업적상의 크레디트를 당연히 받을 자격이 있다.

엘리자베스는 1533년에 잉글랜드의 그리니치(Greenwitch)에서 태어났다. 아버지는 영국에 개혁을 가져온 헨리 8세이고 어머니는 안네 브레인이라고 하며 헨리 왕의 두 번째 아내였다. 그러나 어머니인 안네는 1536년 참수형을 당했으며, 그로부터 불과 3개월 후에 의회는 3세인 엘리자베스를 사생아라고 선언했다.(이것은 헨리 왕의 첫 번째 아내와의 이혼이 정당한 것이 아니라고 생각하기 때문에 영국 카톨릭의 생각으로서는 당연시된다) 이런 의회의 거부가 있었음에도 불구하고 엘리자베스는 왕실에서 자라고 훌륭한 교육도 받게 되었다.

헨리 8세가 1547년에 사망했을 때 엘리자베스는 13세가 되었다. 그로부터 11년간 영국의 위정자(爲政者)는 그다지 성공을 거두지 못했다. 엘리자베스의 이복형제인 에드워드 6세는 1547년에서 1553년까지 통치했지만, 그 동안에 국가는 강력한 친(親) 프로테스탄트 정책을 채택했다. 그 다음의 5년간을 통치한 메리 1세 여왕은 로마교황의 강권과 로마 카톨릭주의의 부활을 지지했다.

그 동안 영국의 프로테스탄트는 박해를 받아 3백 명이나 사형을 당했다.(이것 때문에 '피비린내 나는 메어리'라는 별명이 붙였다.) 엘리자베스는 체포되어서 런던 탑으로 보내졌다. 그 후 석방은 되었지만 가끔 생명의 위험을 느꼈다. 1558년에 메어리가 사망하자 25세가 된 엘리자베스가 왕관을 쓰게 되어 영국 전체는 환영 무드였다. 그런데 젊은 여왕에게는 수많은 어려운 문제가 기다리고 있었다. 우선 프랑스와의 전쟁, 스코틀랜드와 스페인의 긴장된 국제관계, 국가재정, 그리고 무엇보다도 중대한 일은 영국 내의 심한 종교적 분열, 항쟁이었다.

우선 이 종교문제부터 해결하기로 되었다. 엘리자베스가 왕위에 오르자 즉각, 수장령(首長令)〔영국 국왕을 국교(國敎) 주권자로 하고 로마교황의 주권을 부인한 법령(1559년)〕과 기도방식 통일법령을 제정하고 공식적인 영국 국교로서의 앵글리카니즘(Anglicanism)을 수립했다.

이것으로 온건한 프로테스탄트 교도들을 만족시켰지만, 퓨리턴(청교도)은 더 엄격한 개혁을 요구했다. 한편에는 퓨리턴의 반대가 있고, 다른 한편에는 카톨릭의 반대가 있었다. 그러나 엘리자베스는 치세의 전 기간을 통해서 1559년의 타협정을 유지했다.

스코틀랜드의 메리 여왕을 둘러싼 환경은 종교적 사정이 복잡하게 되어 있었다. 메리 여왕은 스코틀랜드에서 추방당하고 잉글랜드로 피난 해왔다.

1520~1598
스페인 무적함대의 패배는
엘리자베스 1세 치하에
영국 해군의 우위성을
처음으로 보여주었다.

얼마 후에 메리는 어느 사이엔가 엘리자베스의 죄수가 되어 있는 것을 깨달았다. 엘리자베스의 행위는 결코 변덕스러운 전횡행위(專橫行爲)가 아니었다. 즉 메리는 로마 카톨릭의 신자이며 방임해두면 곧 영국왕으로서 엘리자베스의 후계자가 될 권리를 가지고 있었다. 또 반란이나 암살이 성공하는 날에는 다시 영국은 카톨릭 신자인 여왕이 재현하게 된다. 사실 19년간에 걸친 메리 여왕의 투옥 중에 몇 번이나 엘리자베스 여왕에 대한 음모가 계획되었는데, 그것에는 메리 여왕도 연좌(連坐)하고 있다는 증거가 명확해졌다. 그래서 1587년에 마침내 메리에게 사형이 선고되었다. 엘리자베스는 마지못해 사형집행장에 서명을 했다. 당시의 여러 대신과 대다수의 의원들은 될 수 있는 대로 빨리 메리를 처형하도록 바라고 있었다.

종교적 분쟁은 확실히 엘리자베스에게도 위험했었다. 1570년에 피우스 5세(Pius V) 교황은 엘리자베스를 파문(破門)하고 왕위에서 물러나도록 명령했다. 1580년에 그레고리우스 13세 교황은 엘리자베스 여왕을 죽여도 종교상의 죄가 되지 않는다고까지 선언했다. 그러나 주위의 정세는 그녀에게 있어서는 오히려 유리해지고 있었다.

이 치세기간을 통해서 영국의 프로테스탄트는 카톨릭의 재현을 두려위하고 있었지만, 엘리자베스는 그것이 재현되는 것에 대해서 스스로 방파제의 역할을 했기 때문에, 그것이 영국의 프로테스탄트 대중들의 대단한 인기를 끌었다.

엘리자베스의 외교조치는 매우 기민했다. 우선 에든버러 협정을 맺음으로써 스코틀랜드와의 화평관계를 확립하고, 프랑스와의 전쟁도 종결하여 양국관계를 개선했다. 그러나 주위의 환경은 영국과 스페인의 충돌을 불가피하게 만들었다. 엘리자베스 여왕은 전쟁을 피하려고 노력했지만, 아무튼 16세기경의 스페인은 호전적인 카톨릭 교도국이었기 때문에 스페인과 프로테스탄트인 영국은 전쟁이 불가피했다.

스페인의 지배에 반대하는 네덜란드 국내의 반란이 도화선이 되었다. 네덜란드의 반역자들은 대부분이 프로테스탄트이기 때문에 스페인은 이것을 진압하려고 했다. 엘리자베스 자신은 전쟁에 열의가 없었지만, 프로테스탄트인 네덜란드 인을 원조했다. 대신과 의원들을 포함해 영국인들은 여왕보다 훨씬 무력해결에 열의를 가지고 있었다. 따라서 1580년에 스페인과 개전하게 되자 여왕은 영국민의 강력한 후원을 기대할 수 있었다.

몇 년간 엘리자베스는 영국 해군을 착실히 개조하고 있었다. 한편 스페인의 필립 2세왕은 영국에 침입하기 위해서 급속하게 거대한 스페인 무적함대를 편성하고 있었다. 이 무적함대는 영국 함대와 거의 동수의 함선수(艦船數)로 구성되고 있었지만 수병(水兵)의 수는 약간 영국에 뒤떨어지고 있었다. 게다가 영국의 수병은 잘 훈련되고 군함의 성능도 좋을 뿐 아니라 화력도 상회하고 있었다.

1588년의 대해전에서는 스페인함대의 완패로 끝났다. 이 전승으로 영국은 세계 최강의 해군력을 확고하게 유지하고 20세기까지 그 지위를 계속 확보해왔던 것이다.

엘리자베스는 재정에 대해서 항상 신중했으며 왕위에 막 올랐을 때의 왕실의 재정상태는 대단히 좋았다. 그러나 스페인과의 전쟁으로 다액의 전비(戰費)를 써서 치세의 만년에는 국고가 빈곤해져 있었다. 왕실도 가난해졌지만 나라 전체로서는 그녀의 즉위 당시보다 훨씬 번영을 누리고 있었다.

　엘리자베스 45년간의 치세는(1588~1603년) 영국의 황금시대라고 흔히 말하고 있다. 셰익스피어를 포함해 영국의 유명한 문호는 이 시대에 배출되었다. 엘리자베스는 확실히 문학상의 발전에 기여한 점에서 크레디트를 받을 자격이 있다. 런던의 권위있는 당국의 반대를 무릅쓰고 셰익스피어극을 장려한 일도 있었다. 그러나 문학의 발전에 비해 음악이나 회화(繪畵)에는 그다지 눈부신 것이 없었다.

　엘리자베스 시대는 또한 영국인 탐험가가 급증한 시대이기도 하다. 마틴 프로비셔(Martin Frobisher)와 존 데이비스(John Davis)에 의해 러시아를 거쳐서 극동으로 나가는 북서로의 길이 발견되고, 또 프란시스 드레이크(Sir. Francis Drake)경은 세계주항(世界周航)을 실시하고(1577~1580년) 도중에 캘리포니아에도 들렀다. 또 세계주항계획은 실패로 끝났지만 월터 롤리(Sir. Walter Raleigh)경에 의해 북미에 영국 식민지를 개척했다.

　엘리자베스의 가장 큰 결함은 후계자를 준비하는 것을 싫어한 일이었다.(아마도 후계자로 지명된 사람은 누구나가 금방 그녀와 위험한 라이벌이 되는 것을 두려워했기 때문일 것이다) 그녀가 후계자를 지명하지 않았던 이유가 무엇이든 간에, 만약 그녀가 요절(夭折)했다면(스코틀랜드의 메리 여왕보다 조금이라도 먼저 죽었다면) 아마도 후계자 문제로 내란이 일어났을 것이다.

　영국으로서 다행이었던 것은 엘리자베스가 70세의 고령까지 장수했다는 것이다. 임종의 자리에서 그녀는 후계자로서 스코틀랜드의 제임스 6세(메리 여왕의 아들)를 지명했다. 이것은 한 왕실 이래 잉글랜드와 스코틀랜드를 결합시키는 것이 되지만, 말하자면 애매한 선택이었다. 제임스 왕도 그 아들인 찰스 1세도 영국인의 기질로 보아서 너무나도 권위주의적이어서 그 세기 중반에는 내란이 일어났다.

　엘리자베스는 드물게 보는 풍부한 지성과 기민성이 있는 정치가였으며, 조심스럽고 보수적인 면도 있었다. 또 전쟁이나 유혈사태에 대해 심한 혐오감을 가지고 있었다. 일단 유사시에는 단호한 태도를 취할 수가 있었다. 그녀는 아버지를 닮아서 의회와 대결하기보다는 의회와 협조하면서 자기의 정치력을 수련했다.

그녀는 평생 결혼하지 않았기 때문에 스스로 단언하고 있는 것처럼 처녀로 일관한 것 같다. 그러나 그렇다고 해서 남자를 싫어했다고 보는 것은 옳지 않다. 오히려 반대로 그녀는 남자를 좋아하고, 남성과 동반하기를 즐겼던 것은 분명하다. 엘리자베스는 대신을 고르는 방법도 능숙했다. 1558년부터 그녀가 죽은 1598년까지 중심이 되는 조언자가 되었던 윌리엄 세실*(William Cecil : Lord Burghly)에게는 그녀의 업적에 대한 크레디트의 일부를 주어도 좋다.

그런데 그녀의 업적을 집약하면, 첫째로 심각한 유혈사태도 일으키지 않고 영국의 제2차 개혁을 성취한 것이다.(독일과 비교하면 30년 전쟁(1618~1648년)으로, 인구의 25% 이상이 살해당했던 쇼킹한 참사였다.) 영국의 카톨릭과 프로테스탄트 사이의 종교적 증오심을 어느 정도 경감시켜서 국가통일을 유지할 수 있었다는 것이다. 둘째로는 45년간의 치세는 세계 최대국의 황금시대라고 일반적으로 생각하고 있다는 것이다. 셋째는 이 치세 동안에 최강국이 되고, 그 후에도 그 위치를 유지하는 기초를 쌓았다는 것이다.

엘리자베스가 이 책에 실리는 것은 분명히 변칙이다. 기본적으로 이 책은 새로운 아이디어를 도입한다든가, 정치적으로 일대 전환한 술책을 실시한 인물 등 위대한 기술혁신가의 리스트여야 하지만 엘리자베스는 결코 기술혁신가가 아니며 그녀의 정책은 대체로 조심스럽고 보수적이었다. 그런데도 불구하고 의식적으로 진보 발전을 계획한 많은 위정자들의 업적보다도 훨씬 큰 진보 발전을 성취하고 있다.

엘리자베스는 의회와 황실의 권위의 상관관계와 같은 문제에는 결코

---

*윌리엄 세실 : 1520~1598. 영국의 절대주의 정치가. 학문, 예술에도 조예가 깊었으며 그의 저택은 현존하는 르네상스 건축물의 대표라고 할 수 있다.

스스로 직접 손을 대지 않았다. 그러나 자기가 전제폭군이 되는 것만은 피해 영국 데모크라시의 발전에 조력했다. 이것은 그녀 스스로가 민주헌법을 발포(發布)했다 하더라도 그 이상의 것일 것이다.

그녀는 군사적 명예를 바라지 않고 대제국 건설에도 관심이 없었다. (실제로 엘리자베스 치하의 영국은 제왕의 영토를 보유하지 않았다.) 그러나 그녀는 영국에 세계 최강, 최대의 해군을 남기고 그것이 나중에 대영제국이 되는 토대를 만들었다.

영국의 넓은 해외 식민지는 엘리자베스가 죽은 후(그것도 상당히 후가 되어서)에 얻은 것이다. 대영제국 건설에 중대한 역할을 한 것은 그 밖에 많이 있다. 그러나 모두 유럽 전체의 확장과 영국의 특수한 지리적 환경 때문이라고 볼 수 있을지도 모른다. 대서양에 있는 유럽 여러 나라들(프랑스, 스페인, 포르투갈)이 때를 같이 해서 해외에 대식민지를 취득한 것은 주목할 만한 일이다.

또 영국을 스페인의 위협으로부터 지킨 그녀의 역할은 아무리 과장해서 말해도 좋다. 회고해보면 스페인이 영국의 독립에 있어서 실제로는 그다지 심각한 위협이라고는 생각되지 않는다. 영국 함대와 스페인 함대의 싸움은 결코 백중(伯仲)한 것이 아니었다.(영국은 군함 1척을 잃었을 뿐이다)

게다가 만약 스페인 군이 영국 본토로 상륙하는 데 성공했다 하더라도 영국을 완전히 정복할 수 있다고는 생각되지 않는다. 스페인 군은 다른 유럽지역에서도 눈에 띄는 성공을 하지 못했다. 소국인 네덜란드의 내란을 진압하지 못하는 스페인에게 영국을 정복할 기회 따위는 사실상 생각할 수 없다. 16세기경 영국의 국가주의는 매우 공고해서 도저히 스페인이 정복한다는 것은 불가능한 일이었다.

그런데 그녀의 순위에 어디에 두어야 할까? 그녀는 러시아의 표트르 대제와 대비하는 것이 좋다. 말하자면 한 지방적 인물이기 때문이다. 표트르 쪽이 훨씬 기술혁신적이고, 동시에 러시아를 완전히 새로운 발상으로 이끌었다는 점에서, 공정한 러시아 인에게 엘리자베스가 더 위라고 납득시키는 것은 곤란하다고 생각한다.

반면 그녀 이후의 영국의 한 역할로 보았을 때 표트르보다 훨씬 아래로 하는 것도 잘못일 것이다. 여하튼 간에 역사상 군주들이 각자의 업적을 쌓은 것은 확실하다.

96 유스티니아누스 1세
Justinianus Ⅰ(482?~565)

유스티니아누스 황제는 재임 중에 로마법전을 편집한 것으로 유명하다. 유스티니아누스 법전은 법학의 세계에 로마인의 창조적 자질의 산물을 제공한 셈이 되며, 그 후의 유럽 여러 나라에 법률을 발달시키는 기초를 완성하게 되었다. 아마도 다른 법전으로 세계에 이만큼 영향을 지속시킨 것은 없을 것이다.

유스티니아누스는 482년경에 현재의 유고슬라비아의 타우레시움에서 태어났다. 거의 무학문맹(無學文盲)인 농부 출신으로부터 군대에서 입신출세하고 동로마제국의 지배자가 된 유스티누스 1세*(Justinus Ⅰ)의 조카가 된다. 유스티니아누스는 조상이 농부이긴 하지만 훌륭한 교육을 받고 삼촌을 거들면서 성장했다. 527년에 아들이 없었던 유스티누스 왕은 유스티니아누스를 공동황제로 했다. 따라서 유스티누스가 죽은 후에는 유일한 황제가 되었다.

476년, 유스티니아누스가 태어나기 7년 전에 서로마 제국은 야만스

---

* 유스티누스 1세 : 452~527. 동로마 제국 황제. 아나스타시우스 1세의 근위장관이 되었다가 황제가 죽은 후, 추천되어서 황제가 되었다. 정치는 조카인 유스티니아누스와 프로쿠루스에게 맡겼다.

러운 게르만 민족의 맹공격을 받아서 마침내 붕괴했다. 그러나 동로마 제국은 수도를 콘스탄티노플에 두고 그대로 남았다. 유스티니아누스는 서로마 제국이 잃은 영토를 다시 되찾아 대로마 제국을 다시 일으킬 결심을 했다. 황제로 재위 중에 그의 에너지의 대부분을 이 목적에 쏟았다. 이 계획은 부분적으로는 성공하여 이탈리아, 북아프리카, 스페인의 일부를 탈환했다.

그러나 그를 이 책에 싣는 이유는 이 군사적 업적 때문이 아니라 로마법전의 성문화에 미친 그의 역할 때문이다. 왕위에 오른 528년에 벌써 담당한 법전을 작성하기 위해 위원회를 설정했다. 처음으로 그 성과가 발표된 것은 529년이고, 곧 개정되어 534년에는 법령으로서 제정되었다. 동시에 이 법전에 포함되지 않는 중요한 칙령(勅令)이나 포고는 일절 폐기되었다.

이 사본(寫本)이 유명한 《로마법 대전(Corpus Juris Civilis)》의 제1부가 되었다. 제2부가 《대로마법전(혹은 유스티니아누스 법전) (Pandect 또는 Digest)》이라고 불렸으며, 뛰어난 로마의 법률학자들의 견해를 한데 모은 것이다. 제3부는 《이스티튜트》라고 하며, 법률학생을 위한 교본 혹은 핸드북으로 되어 있다. 마지막으로 사본을 뜬 후에 유스티니아누스가 통과시킨 법률은 그가 죽은 후에 출판된 《노벨라에(Novellae)》에 수록되었다.

물론 유스티니아누스 자신은 전쟁과 행정상 업무가 바빠서 도저히 개인적으로 로마법 대전의 초안을 기초하지는 못했을 것이다. 그가 명령한 법전의 집대성(集大成)은 실제로는 대법률가이며 실무 전문가인 트리보니아누스*(Thribonianus)의 감독하에 법학자 열 명이 실시했다.

유스티니아누스는 매우 정력적인 인물이었던 모양이며, 관리의 부패 방지운동에서 성공하고, 행정개혁에 많은 노력을 기울였다. 또 교역과 산업을 장려하고 거대한 공공건축물의 건설계획에도 종사하고 또 요새

─────────
*트리보니아누스 ; ?~545?. 황제의 명령으로 《유스티니아누스 법전》의 편찬을 주재(主宰)했다. 《법학제요(法學提要)》와 그 밖의 법률서적을 편찬한 동로마의 법학자.

(要塞), 수도원, 교회를 건설하거나 재건했다. 이런 건설계획의 수행과 전쟁의 계속으로 대증세(大增稅)를 할 수밖에 없었으므로 민중들 중에는 불평분자도 상당히 나타났다.

532년에는 그의 왕위도 위험해질 정도의 대반란이 일어났다.(니카 (Nika), 반란이라고 한다) 유스티니아누스는 이 반란을 진압한 다음에는 일단 안정되었다. 그러나 565년에 그가 죽자 일반 시민들은 그것을 환영했던 것 같다.

그는 매우 유능한 아내 테오도라(Theodora)의 도움을 많이 받았다. 그녀에 대해서 다소 언급해두는 것도 적절한 일일 것이다. 테오도라는 500년경에 태어났으며 젊을 때는 여배우, 고급 매춘부로 사생아를 낳은 여자였다. 20세 때 유스티니아누스를 만난 기회로 정부(情婦)가 되었다. 이 두 사람이 결혼한 것은 525년으로, 그가 왕위를 계승하기 2년 전의 일이었다.

그는 이 아내의 뛰어난 재능을 인정하고, 그녀를 최고 조언자로 삼아 여러 가지 외교적 업무를 그녀에게 맡겼다. 그녀는 부인의 권리와 여성의 사회적 지위를 개선하기 위한 법률을 통과시키곤 해서 황제의 입법 업무에 커다란 영향을 미쳤다. 548년에 그녀의 죽음(암에 의함)은 그 후 17년간의 치세가 성공했다고는 할망정 황제에게 있어서는 큰 손실이었다. 테오도라는 재원(才媛)인 동시에 대단한 미인으로, 그림이나 조각의 모델이 되었을 정도였다.

이 책에서의 유스티니아누스의 순위는 주로 《로마법 대전》의 중요성에 입각하고 있다. 이 《로마법 대전》은 로마법의 권위를 높이는 데 기여했으며 이것은 몇 세기에 걸쳐서 비잔틴 제국(동로마 제국)에서는 중요한 일이었다.

한편 서로마 제국에서는 약 5세기 동안 잊혀지고 있었다. 그러나 1100년경이 되어서 로마법의 연구열이 이탈리아의 여러 대학에서 재연(再燃)하기 시작했다. 중세기 후기에는 《로마법 대전》은 유럽대륙에 법체계를 발전시켜 나가는 기준이 되었다.

산비탈레 교회의 비잔틴 모자이크에는 유스티니아누스 황제가 그려져 있다.
The Metropolitan Museum of Art Fletcher Fo Fund. 1925.

 이것을 기초로 법률을 제정한 나라는 일반적으로 여러 국가에 보급된 관습법(불문법)이 아니라, 민법제(성문법)를 가지고 있는 나라이다. 《로마법 대전》을 그대로 전부 채용한 나라는 없지만 부분적으로는 서구 여러 나라의 국내법에 포함되어 법률의 연구, 법률실습, 법률강화 등의 기초가 되었다. 또 유럽 이외의 여러 나라도 이 일부를 채용하고 있기 때문에 이 《로마법 대전》의 영향은 매우 크다고 할 수 있다.
 그러나 유스티니아누스법의 중요성을 과대평가하는 것은 잘못이다. 예를 들면 계약에 관한 법률은 로마법전보다도 상인의 실무와 상인의 법정에서의 판결례에서 유래하고 있다. 게르만법이나 교회법은 국내법(민법)에 영향을 미치고 있다.
 현재 유럽의 법률이나 법체계는 전부 개정되어 대부분이 유스티니아누스법과 그다지 비슷하지 않는 국내법, 실체법(권리의 창조, 정의, 규제의 법률)으로 되어 있다.

97 케플러

Johannes Kepler (1571~1630)

행성운동(行星運動) 법칙의 발견자인 요하네스 케플러는 1571년에 독일에서 태어났다. 코페르니쿠스가 행성은 지구 주위를 도는 것이 아니라 태양 주위를 돈다는 이론을 제시한 명저(名著) 《천체에 대해서》가 출판된 지 꼭 28년 후의 일이다.

케플러는 튀빙겐 대학에서 공부하여 1588년에 학사 학위를 따고 3년 후에 석사가 되었다. 당시 대부분의 과학자들은 코페르니쿠스의 태양중심설을 인정하지 않고 있었지만, 튀빙겐에 있던 케플러는 이해하기 쉽게 해석되고 있는 태양중심의 가설을 알고 금방 그것을 믿게 되었다.

튀빙겐을 떠나 몇 년 동안 그라츠(Graz)의 아카데미에서 교수 생활을 하며 천문학에 관한 책을 집필했다(1596년). 그러나 케플러가 이 책에서 제시한 것은 이론적으로 완전히 틀렸다는 것을 알았다. 그렇지만 그의 재능과 창조성을 유감없이 발휘한 책이었기 때문에 당시의 대문학자인 티코 브라헤의 초청을 받아 브라헤 연구소의 조수가 되었다. 그것이 1600년 1월의 일이었다.

이듬해에 브라헤가 죽은 지 몇 개월 후에 로마 제국의 루돌프 2세로부터 황실 수학자로서 브라헤의 뒤를 잇도록 하라는 영예를 받게 되었다. 그는 만년을 이 일에 걸었다.

브라헤의 후계자가 된 케플러는 다년간에 걸쳐 브라헤가 한 세부적인 천체관측 기록을 인계하게 되었다. 망원경이 발명되기 전의 최고의 천문학자였던 브라헤는 그 시대까지는 가장 정확한 관측자였으며 그 기록은 평가할 수 없을 만큼 귀중한 것이었다. 그래서 케플러는 브라헤의 기록을 수학적으로 정밀하게 분석하면 어느 행성운동 이론이 옳은지 결정적인 단정을 내릴 수 있다고 믿었다.

　당시는 코페르니쿠스의 태양중심설과 낡은 프톨레마이오스*(Ptolemaeos)의 지구중심설과 브라헤가 제시한 제3의 이론이 있었다. 그러나 케플러는 정성들인 수치계산을 몇 년 동안 해보았더니 브라헤의 방식은 이들 중의 어느 이론과도 합치하지 않는 것을 발견했다.

　그런데 그 문제는 무엇인지 케플러는 알아차렸다. 자기도 포함해서 브라헤도 코페르니쿠스도 기타 많은 고전적 천문학자들은 행성궤도는 원(円) 또는 원의 짜맞춤으로 되어 있다고 상정하고 있었으나 사실상 행성궤도는 원이 아니라 장원형(長円形)으로 되어 있었다.

　기본문제를 해결한 다음에 케플러는 자기 이론이 브라헤의 관측결과를 충족시키는지 어떤지를 확인하기 위해 복잡하고 따분한 계산을 몇 개월이나 걸려서 했다. 그리고 1609년에 출판한 명저(名著)《신천문학(新天文學)》에서 처음으로 행성운동의 두 법칙을 제시했다.

　제1법칙은 태양을 초점으로 하고 행성은 태양의 주위를 장원형의 궤도로 움직이고 있다는 것을 말했다. 제2법칙은 개개의 행성은 태양에 가까울수록 움직임은 빨라진다. 다시 말해서 행성과 태양을 잇는 동경(動經)은 같은 시간에 같은 면적을 그리는 것처럼 행성의 속도는 변화한다는 것이다.

　그로부터 10년 후에 케플러는 제3법칙을 발표했다. 그것은 행성이 태양으로부터 멀어질수록 한 번의 공전시간(公轉時間)이 길어진다. 다시 말해서 행성의 공전주기의 제곱은 태양으로부터의 평균 거리의 세제곱에 비례한다는 것이다.

　케플러의 법칙은 태양을 중심으로 도는 행성운동을 근본적으로 완전하고 정확하게 증명해서 천문학상의 기본문제 하나를 해결했다. 이 단

＊프톨레마이오스 ; 2세기경 알렉산드리아에서 활약한 그리스의 천문학자로《천문학 대계》의 저자이며 천동설을 주장했다. 정밀한 측정과 삼각법을 써서 수리천문학 책을 저술했다. 천동설 때문에 로마교황청이 공인하는 천문학이 되었으며 광학(光學)과 음향악도 연구했다.

하나의 해답을 코페르니쿠스나 갈릴레오 같은 천재도 발견하지 못했다. 물론 케플러는 행성이 왜 궤도를 공전(公轉)하고 있는지 설명하지 않고 있지만 이 문제는 그 후 같은 17세기에 뉴턴에 의해서 해결되었다.

그러나 이 케플러의 이론은 곧 나타나게 될 뉴턴의 체계에 대한 생기 넘치는 전주곡(前奏曲)이었다.

"만약 내가 다른 사람보다 앞이 잘 보인다고 한다면 그것은 내가 거인의 어깨 위에 서 있기 때문이다."
라고 뉴턴은 살아 있을 때 말했다고 하지만, 그야말로 케플러는 뉴턴이 말한 것처럼 거인의 한 사람이었다.

천문학에 대한 케플러의 공헌은 코페르니쿠스의 그것에 필적한다. 사실 어떤 점에서는 케플러의 업적이 더 인상 깊은 점이 있다. 그가 직면하고 있던 수학상의 어려운 문제는 무수하게 있었다. 수학적 기법은 당시는 오늘날처럼 발달되어 있지는 않았으며 그의 계산을 편하게 할 수 있는 계산기도 없었던 시대였다.

케플러의 업적의 중요성이라는 관점에서 보았을 때 당초 그 성과가 거의 무시되었으며, 갈릴레오와 같은 대과학자도 케플러의 법칙을 무시했다는 것은 정말로 놀라운 일이다. 왜냐하면 그들 두 사람은 서로 편지왕래도 하고 있었으며 케플러의 이론은 갈릴레오가 천동설(天動說)을 논파(論破)하는 데 크게 도움이 되었던 것이다. 그러나 자기 업적의 위대함을 평가해주는 것이 늦더라도 케플러는 납득하고 있었으며 다음과 같은 폭발적인 기쁨을 쓰고 있다.

"나는 하나님의 은총에 망아(忘我)의 경지에 빠져 있다…… 내 책이 나왔다. 나와 동시대의 사람들 혹은 그 자손들에게 읽힐 것이다. …… 여하튼 간에 나는 걱정하지 않는다. 하나님은 하나님의 일을 이해해줄 사람을 육천 년이나 기다렸던 것처럼 나는 한 사람의 독자를 얻는데 백 년을 기다리기로 하겠다."

그러나 20,30년 경과하는 동안 케플러 법칙의 의의를 과학계는 겨우 이해하게 되었다. 사실 같은 세기말에 뉴턴의 이론에 찬성하는 논의의 주된 논지(論旨)는 케플러의 법칙이 그것으로부터 추론(推論)할 수 있기 때문이었다. 반대로 말하자면 주어진 뉴턴의 법칙에서 뉴턴의 인력의 법칙으로부터 정밀하게 연역(演繹)할 수가 있다. 아무런 테크닉도 쓰지 않고 케플러는 행성운동은 태양이 발산하는 힘으로 제어되고 있다고 암시할 정도로 선견지명이 있었다.

그는 이 행성운동의 법칙 이외에 여러 가지 공헌을 천문학에 가져왔다. 즉 광학(光學)이론에도 공헌하고 있다. 그러나 만년에는 불행하게도 마음이 흐려지는 일이 있었다. 독일은 30년 전쟁의 혼란에 말려들어갔으며 그 냉엄함이나 고통으로부터 벗어나는 것은 개인의 힘으로는 어쩔 수가 없었다.

그가 직면한 한 가지 문제는 가계(家計) 수입이었다. 신성로마 제국으로부터의 송금은 늦어지는 일이 많았다. 그러다가 전쟁의 혼란으로 케플러의 월급은 완전히 밀리고 말았다. 케플러는 두 번 결혼하여 아이가 12명이나 있었기 때문에 생활난은 심각해졌다. 또 한 가지 문제는 어머니의 일이었다. 어머니는 1620년에 마녀라고 해서 체포되었다. 케플러는 어머니가 고문을 당하지 않고 석방되도록 온갖 수단을 강구했으며 그 때문에 오랜 세월을 보냈다.

케플러는 1630년에 바바리아의 레겐스부르크에서 사망했다. 30년 전쟁이 한창일 때였기 때문에 그의 무덤은 금방 전화(戰禍)로 파괴되고 말았다. 그러나 그의 행성운동의 법칙은 돌로 만들어진 어떤 것보다도 오래 계속되는 기념비가 될 것이다.

98 피카소
Pablo Ruiz Picasso (1881~1973)

　화가는 예술의 진짜 목적은 무엇이냐 하는 일반문제와 끊임없이 직면하지 않으면 안 된다. 그러나 사진기술의 발명 이래 이 문제는 명확해지는 동시에 긴급한 것이 되었다.

　간단히 말하자면 아무리 능숙한 화가라도 싸구려 카메라로 찍은 사진만큼도 정밀한 묘사를 할 수 없다. 단순히 자연을 묘사하려고 하는 화가는 이젠 의미가 없게 되었다. 따라서 1세기 동안이나 그림의 기능과 범위를 다시 한 번 정의를 내리자고 하는 일련의 시도(試圖)가 있었다. 이런 운동 속에서 순수한 구상주의(具象主義) 예술로부터 떠나서 가장 대담하게, 가장 독창적으로, 그리고 가장 영향력이 있었던 화가가 바로 파블로 피카소이다.

　피카소의 예술은 외적 세계에 대한 구상력, 생명력, 감성력이라는 점에서 칭찬받았다. 피카소는 입체파(큐비즘)를 발전시킨 중심인물이다. 따라서 일반적으로 모던아트의 세계에서 뛰어난 인물로 인정되고, 항상 가장 창조력이 있는 예술가 중 한 사람으로 손꼽힌다.

　피카소는 자기가 좋다고 느꼈을 때는 사실적(事實的)인 그림도 멋지게 그릴 수가 있었다. 그러나 대부분의 경우는 대상물의 있는 그대로의 모습을 비뚤어지게 한다든가 바꾸어놓는다든가 했다. 어느 때 그는 다음과 같이 말했다.

　"나는 컵을 그리려고 생각할 때, 이것은 둥근 물건이라고 당신에게 보여주려고 한다. 그러나 그 그림의 일반적인 리듬(상관적 조화)과 구성에서 나는 그 둥근 물건을 사각으로 만들어서 보여줄 수도 있다."

　피카소는 스페인의 말라가에서 1881년에 태어났다. 아버지도 화가로

피카소의 〈거울 앞의 소녀〉
근대화법의 흐름에 혁명을 가져온 작품.

　미술선생을 하고 있었다. 피카소의 재능은 어릴 때부터 뛰어났으며, 십대에 제구실을 하는 뛰어난 화가가 되어 있었다. 1904년에 파리에 정주(定住)하고 그 후는 프랑스에서 지냈다.

　피카소는 매우 다작형(多作型)의 화가였다. 약 4분의 3세기라는 대단히 긴 화가생활 중 2만 점 이상의 작품을 창작했다. 35년간은 1주일에 평균 5점 이상이 된다. 그 사이 그의 작품은 매우 비싸게 팔렸기 때문에 대단한 부자가 되었으며, 1973년에 프랑스에서 사망했다.

　피카소는 다재(多才)한 예술가로 본래 화가이기는 하지만 상당히 많은 조각도 창작했다. 게다가 발케 무대의 풍경을 데상한다든가, 도자기 제작을 한다든가, 수많은 석판, 데생 기타 작품을 남겼다.

　일반 예술가와 달리 그는 정치에 강한 관심을 가지고 있었다. 사실 유명한 그림 〈게르니카(Guernica 1937)〉는 스페인 내란의 한 사건에서 얻은 영감으로 그려졌다. 매우 적기는 하지만 정치적인 의미를 가진 작품이 그 밖에도 있다.

　유명한 화가는 대개 뭔가 한 가지 스타일을 가지고 있는 특징이 있는 법이지만 피카소는 다양한 스타일을 보였다.

　예술평론가는 청색의 시기, 장미색의 시기, 신고전주의의 시기 등으로 나누고 있다. 그는 입체파 창시자의 한 사람이며, 그것에 참여했다.

피카소의 〈아비뇽의 아가씨들〉은 예술가들이 최초의 입체화법 그림으로 인용하며, 모던아트의 이정표라고 한다.

또 모던 페인팅과 기타 새로운 발전에 가끔 참가하고 있다. 역사상 이만큼 다양한 매너와 스타일 속에서 이만큼 고도의 작품을 만들 수 있는 화가는 드물다.

　예술상의 경향은 그다지 장기간 영향이 계속되는 것이 아니다. 피카소도 20세기에서는 매우 칭찬을 받고 있지만, 금후의 미래도 이 높은 평가가 계속될지, 그렇지 않으면 곧 사라져갈지 의문을 품는 것은 당연하다. 간단히 말해서 이 의문에 정확하게 대답할 방법은 없다.

　그러나 동시대의 예술평론가들의 일치된 견해는 피카소의 영향이 금후 당분간 계속된다고 간주하고 있다. 명확하게 말할 수 있는 것은 우리가 과거의 예술가와 마찬가지로 피카소의 중요성이 계속된다고는 단언할 수 없다.

99 마하비라

Mahāvīra (B.C. 599?~527?)

마하비라(위대한 용사란 뜻)는 자이나교*의 발전에 선동적 역할을 한 인물인 바르다마나(Vardhamana)를 자이나교도들이 부를 때의 명칭이다.

마하비라는 기원전 599년경 인도의 북동부, 석가모니가 태어난 곳과 거의 같은 장소에서 태어났다. 다만 석가모니보다 먼저 태어났을 뿐이다. 그런데 이 두 사람의 일생에 대한 이야기는 너무나도 비슷하기 때문에 놀랄 정도이다.

마하비라는 어떤 족장(族長)의 막내아들로 석가모니처럼 상당히 부유한 가정에서 자랐다. 13세 때 재산과 가정(이미 아내와 딸이 있었다)과 살기 좋은 주변의 환경을 버리고 마음의 진리를 구하고 그것을 실현하기로 결심했다.

그는 조그만 그리고 매우 금욕주의적인 파르바나스(Parvanath) 수도원에 들어가서 수도승이 되었다. 12년간 깊은 명상(瞑想)과 내성(內省)의 수업생활로 들어갔다. 그 동안은 극도의 금욕과 빈곤을 견디어냈다. 몇 번이나 단식을 하고 어떤 종류의 물건이나 개인의 소유물도 갖지 않았는데 물을 마시기 위한 조그만 컵도 보시를 담은 접시조차도 가지고 있지 않았다.

처음에는 옷을 입고 있었으나 잠시 후에 그것도 벗어던지고 알몸으로 옥외를 걸었다. 벌레가 피부 위를 기어다녀도 털어내지 않고, 그 벌레가 물어도 그대로 방치했다. 인도에서는 순례하는 성자가 매우 눈에

---

* 자이나교 : 불교와 바라문교에 공통의 교의를 가지고 이원적 금욕주의 동물의 생명을 뺏는 것을 극단적으로 금지하는 종교.

익숙한 풍경이었지만, 그런 인도에서조차 마하비라의 몹시 지저분한 모습과 기이한 행동을 보고 비웃거나, 모욕하거나, 때로는 때리거나 했지만 그는 일체 보복을 하지 않고 그것을 참고 견디었다.

42세 때 마침내 마음의 깨달음을 얻을 수 있었다. 그 후 30년간은 그가 체험한 종교적 직관을 설교하고 전도하면서 지냈다. 기원전 527년경 죽을 때는 많은 제자들이 생기게 되었다.

어떤 점에서 마하비라의 교의는 인도교(힌두교)와 대단히 비슷하다. 자이나교에서는 인간은 죽어도 영혼은 육체와 함께 소멸되지 않고 다른 생물로 화신(化身)한다고 믿고 있다. 이 영혼의 전생(轉生)은 자이나교 사상의 기본으로 되어 있다.

또 자이나교는 현세에서 한 행위의 윤리적 결과가 죽은 후의 존재의 운명에 결과를 가져온다는 교의를 가지고 있는 카르마*(Karma)를 믿고 있다. 저지른 죄가 누적된 무거운 짐을 영혼으로부터 제거하기 위해서는 영혼을 순화(純化)하는 것이 자이나교의 첫째 목표가 되어 있다.

그러기 위해서는 감각적인 쾌락을 거부하면 달성할 수 있다고 마하비라는 가르치고 있다. 특히 자이나교의 수도승은 철저한 금욕주의 생활을 하기로 되어 있다. 무리한 단식으로 죽으면 칭찬할 가치가 있다고 할 정도이다.

자이나교의 대단히 중요한 점은 아힘사*(Ahimsa)이라는 비폭력주의를 매우 중시하고 있는 것이다. 자이나교는 이 아힘사의 비폭력주의는 대상이 인간뿐만 아니라 다른 생물 일체가 포함되고 있다는 것을 강조하고 있다. 그런 신앙 때문에 자이나교도는 채식주의자이다.

그러나 신앙심이 두터운 자이나교도는 아힘사의 교의를 극단적으로까지 실천하게 된다. 예를 들면 어떤 신도는 문자 그대로 파리를 죽이지 않고, 잘못해서 산 벌레를 삼켜서 죽이면 안 되기 때문에 어두운 장

―――――――――
*카르마 : 힌두교 갈마(竭弊), 불교의 인과응보, 인연에 해당된다.
*아힘사 : 힌두교와 불교 등에서 최고로 권하는 비폭력, 무살생(無殺生).

소에서는 음식물을 먹지 않기도 했다. 또 대단히 믿음이 깊은 큰 부자는 자기 문전의 도로를 청소할 때 사람도 고용하지 않았다. 그것은 잘못해서 노상의 벌레를 밟아 죽이면 안 되기 때문이었다.

이런 신념을 발전시키면 이치상 신앙심이 강한 자이나교도는 밭을 갈 수 없게 된다. 그리고 실제로도 자이나교도는 농업을 하지 않게 되었다. 이런 사정 때문에 근육노동을 포함한 많은 일들이 이 종교에서는 금지되었다. 이것은 종교상의 교의가 사회 전체의 생활양식에 철저하게 영향을 미치느냐 하는 것의 좋은 예를 보이고 있다.

자이나교도는 압도적으로 많은 농민들이 차지하고 있는 지방에 살고 있기 때문에 신자의 대부분은 몇 세기에 걸쳐서 상업이나 금융업을 하게 되었다. 그리고 자이나교도의 종교적 생활태도는 근면함을 칭찬하도록 되어 있기 때문에 자이나교도는 부유한 사람들의 집단이 되는 것은 당연한 일이었다. 게다가 인도인의 지적(知的)활동, 예술활동에 참여하는 자이나교도가 많아졌다.

본래 자이나교에는 카스트(세습적 계급 제도)제도가 없었다. 그러나 인도교와 끊임없이 접촉하고 있는 동안에 자이나교 속에도 일종의 카스트제도가 생기게 되었다. 그러나 그것은 인도교만큼 극단적인 것은 아니었다. 또 마하비라 스스로는 결코 신에 대한 것을 말하지 않았지만, 인도교와의 접촉으로 어떤 종류의 신을 숭배하는 움직임이 일어나기 시작했다.

마하비라는 아무것도 쓴 것이 없기 때문에 아마도 인도교로부터 교의를 흡수하는 것은 피할 수가 없었을 것이다. 마찬가지로 다른 방향으로 미치는 영향도 상당히 있었다. 즉 동물을 산 제물로 삼는다든가, 동물의 고기를 먹는 것을 금한다고 하는 자이나교의 도덕상 습관은 힌두인(인도교를 믿는 인도인)의 일상생활에 분명히 영향을 미쳤다.

그리고 자이나교의 비폭력주의 교의는 인도사상에 계속적으로 영향을 미쳤으며, 그것이 현재에까지 이르고 있다. 예를 들면 간디는 인도교의 교사 혹은 정신적 지주라고 생각되고 있는 라자찬드라(Shrimad Rajachandra 1867~1900)의 가르침의 영향을 강하게 받았다.

자이나교는 결코 큰 종파가 아니며, 현재 인도 전국에 250만 명쯤 있다. 이것은 세계 전인구의 비율로 본다면 결코 큰 부분이 아니다. 그렇지만 2500년간의 신자 수 누계(累計)는 대단한 수가 된다. 마하비라의 중요성을 판단하는데 자이나교는 다른 종교와 달리 그 신봉자의 생활에 크고 지속적인 영향을 미쳤다는 것을 계산에 넣어야 할 것이다.

100 보어
Niels Bohr (1885~1962)

원자구조 이론의 아버지, 보어(Niels Henrik David Bohr)는 1885년에 코펜하겐에서 태어났다. 1911년에 코펜하겐 대학에서 물리학 학위를 받았다. 영국의 케임브리지 대학에 가서 곧 전자의 발견자로 유명한 J. J. 톰슨*(J. J. Tompson) 밑에서 연구를 시작했다. 몇 개월 후에 보어는 맨체스터로 옮겨 러더퍼드*(Ernest Rutherford)와 함께 연구하기로 되었다.

러더퍼드는 그보다 몇 년 전에 원자핵을 발견했었다. 그때까지의 견해와 반대로 원자는 거의 텅 비어 있으며 중심에 무거운 핵이 있다. 그 주변에 엘렉트론이 있다고 제시한 것이 러더퍼드였다. 곧 보어는 원자

* 톰슨 ; 1856~1940. 케임브리지 대학 교수. 진공방전현상의 연구, 음극선(陰極線)의 입자성(粒子性)을 확인하여 전자의 존재를 확인했다. 원자모형을 제출하여 원자물리를 개척했다.
* 러더퍼드 ; 1871~1937. 톰슨 밑에서 X선에 의한 기체의 전리(電離)와 우라늄 방사선을 연구했다. $α$선, $β$선을 발견하고 방사능 연구를 시작하여 중성자의 존재를 예측했다.

구조 이론에 대해 독자적이고 급진적인 이론을 전개했다. 보어의 획기적인 논문《원자 및 분자의 구조에 대해서》는 1913년에 〈필로소피컬 매거진〉에 발표되었다.

보어의 이론에서는 무거운 핵 주위의 궤도를 회전하는 몇 개의 전자를 가지고 있는 일종의 소형 태양계로 나타냈다. 그러나 한 가지만 극단적으로 다른 점이 있었다. 즉 고전물리학에서는 아무리 큰 행성궤도도 법칙상 용인되었지만 보어는 원자 내의 전자는 일정한 크기의 궤도로밖에 회전할 수 없다고 가정했다.

다만 궤도상의 라듐만은 원자의 전각 운동량을 플랑크 상수(常數)의 2배로 하는 것이 가능해지고 중간치는 허용되지 않는다. 각각 허용된 궤도는 그것과 관련해서 일정한 에너지를 보유하고 있다. 전자가 하나의 허용된 궤도로부터 다른 궤도로 점프할 경우에 플랑크 상수로 나누어진 에너지의 변화와 같은 주파수를 가지고 있는 빛이 방출된다.

보어의 이론은 고전물리학적 사상을 철저하게 파괴하는 것이었다. 당초 많은 과학자들은 이 새 이론을 논박(論駁)해왔으나, 창조성이 풍부한 과학자(아인슈타인처럼)는 보어의 논문은 걸작이라고 하면서 격찬을 해댔다.

수소원자의 스펙트럼을 설명하기 위해 임계(臨界) 테스트가 보어의 이론으로 가능해졌다. 수소가스를 고온가열하면 빛을 발한다는 것은 상당히 전부터 알려져 있었다. 그러나 그 빛은 모든 색깔을 함유하지 않고 있으며 극히 한정된 일정한 주파수의 빛만으로 된다. 보어의 원자론의 큰 특색은 단순한 가설에서 출발해서 수소가 방출하는 모든 스펙트럼색(색깔)의 정확한 파장(波長)을 놀랄 정도의 정밀도로 증명할 수 있다는 것이다.

게다가 보어의 이론은 지금까지 관찰할 수 없었던 다른 스펙트럼선을 예측했다. 그리고 나중에 그 실재(實在)를 실험으로 확인하게 되었다. 그리고 보어의 원자구조 이론은 각 원자가 왜 그런 크기를 하고 있는가, 그 이유를 명확하게 설명하고 있다. 이런 식으로 확실한 증거에 의해서 보어의 이론은 즉시 용인되었고 1922년에 노벨 물리학상을 받았다.

1920년에 보어가 의장이 되고, 코펜하겐에서 순수물리학회 대회가 열렸다. 그의 지도 아래서 놀랄 만큼 많은 과학자들이 그에게 완전히 매료되었고, 곧 이 학회는 세계의 선도적인 과학 연구의 중심이 되었다.

동시에 보어의 원자구조 이론에는 난해(難解)한 데가 있다. 그 주된 문제는 보어의 이론에서는 단 한 개의 전자를 가지고 있는 원자(수소처럼)의 스펙트럼은 완전히 설명이 되지만 다른 원자의 스펙트럼을 정확하게 예측하지 않고 있는 것이다.

보어의 이론이 수소원자의 설명에 멋지게 성공한 것으로 황홀해진 과학자들 중에는, 마찬가지로 더 무거운 원자의 스펙트럼도 설명할 수 있도록 보어의 이론을 다소 수정할 것을 바라는 사람도 있었다. 보어 자신은 이 이론을 조금 수정해서는 쓸모가 없으며 과감한 개정이 필요하다는 것을 처음부터 이해하고 있었다. 그러나 그의 재능으로써도 이 해결책을 발견하지 못했다.

그 해결은 워너 하이젠베르크(Werner Hèisenberg)와 그 제자들이 1925년부터 시작한 연구로 마침내 발견했다. 하이젠베르크와 기타 새 이론을 전개한 많은 과학자들도 코펜하겐에서 공부했다. 그곳에서 보어와 유익한 논의를 할 수 있었으며 과학자 상호관계도 긴밀했기 때문에 서로 유익했을 것이다.

보어도 잇따라 새로운 아이디어를 내 그 전개를 촉진했다. 그는 이 새 이론에 크게 공헌을 했으며 토론과 저서를 통해서 체계화하는 것을 거들어주었던 것이다.

1930년에 보어의 연구는 원자핵 구조문제로 바꾸었다. 그는 원자핵의 중요한 '액적모형(液滴模型)'(liquid drop)을 개발했다. 또 원자핵반응에 '화합원자핵(化合原子核)'(Compound nucleus)의 이론을 제시했다. 또 핵분열에 함유되는 우라늄의 아이소토프(동위원소)는 U^{235}라고 정확하게 제시한 것도 그였으며, 이것이 나중에 원자폭탄의 개발에 매우 중요한 요인이 되었다.

1940년에 독일군은 덴마크를 점령했다. 보어는 개인적으로도 위험한 장소에 있었다. 게다가 반(反)나치스 사상이 극도에 달해 있는 상태로 그의 어머니는 유태인이었기 때문에 1943년에 보어는 점령하의 덴마크로부터 스웨덴으로 피난했다.

그는 많은 네덜란드계 유태인을 구출했다. 그렇게 하지 않으면 히틀러의 가스실에서 몰살당하고 말기 때문이었다. 다시 스웨덴으로부터 영국으로 옮기고, 전시 중에 미국에서 원자폭탄의 생산을 거들었다.

전후에는 코펜하겐으로 돌아가 1962년에 죽을 때까지 학회장을 맡았다. 전후에는 원자 에너지의 국제관리에 대해서 열심히 노력했지만 성공하지 못했다.

보어는 1912년에 마침 중대한 과학연구를 한창 하고 있을 때 결혼하여 5명의 자식이 있었다. 그 중의 한 사람인 아지 보어(Aage Bohr)는 1975년에 노벨 물리학상을 받았다. 보어는 세계에서 가장 사랑받은 과학자의 한 사람이었다. 그 안에는 그의 과학적 재능에 대한 존경뿐만 아니라 인격과 인도주의에 대한 존경도 있다.

원자구조에 대한 보어의 창조적인 이론은 50년이나 전에 그 지위를 다른 것으로 바꾸었지만 20세기 최대의 인물이었음에 틀림없다. 그것에는 몇 가지 이유가 있다. 첫째로 그의 이론의 어떤 중요한 일부는 지금도 옳다고 생각되고 있다는 것이다. 예를 들면 1개의 원자는 어떤 분리된 에너지 준위(準位)에만 존재한다고 하는 그의 아이디어는 원자구조의 파생적 이론을 통합하는 것이다.

둘째로는 보어의 원자모형은 현재의 물리학자에게는 그것이 문자 그대로 옳다고 생각하고 있지는 않지만 학습상 매우 의의가 있다. 그 중에서도 중요한 것은 보어의 사상이 현대 양자론(量子論)의 발전에 준 자극이다. 그의 사상 중에는 일부 그 지위를 상실한 것도 있지만 그의 이론이 원자의 현재의 이론과 금후의 양자역학 발전의 출발점이 된다는 것은 역사적으로 분명하다.

세계를 움직인 100인 후기

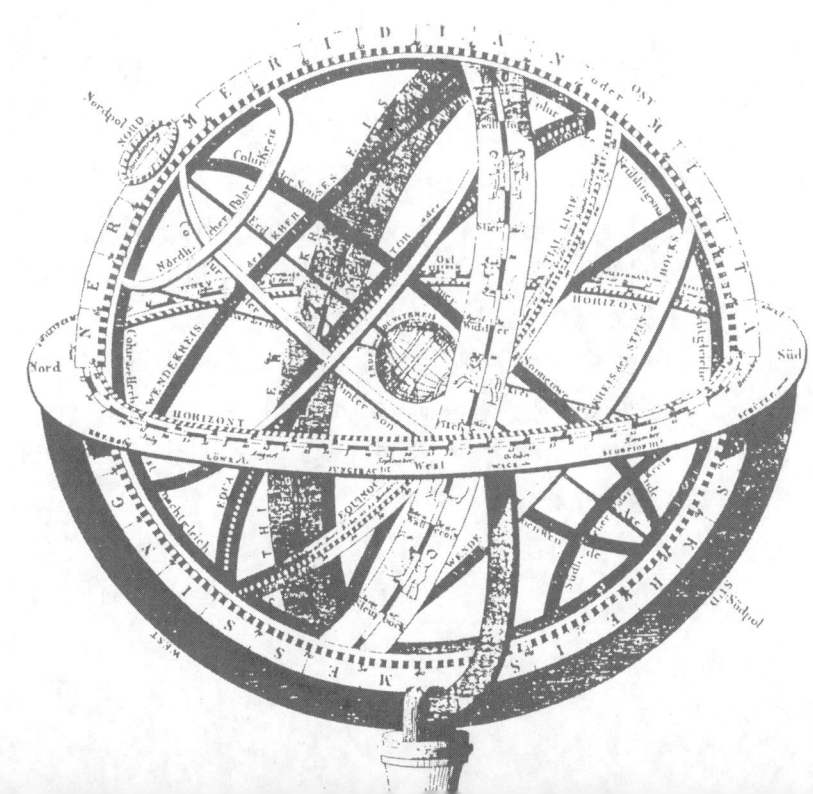

후 기

역사상 가장 영향이 있는 인물 100명에 대해서 설명해왔지만, 여기에 수록되지 않은 인물 중에도 여러 가지 이론(異論)이 나올 여지가 있다고 생각한다.

다음에 이런 인물 중에서 10명에 대해 아주 간단하게 해설하고 100명의 리스트에서 뺀 저자의 이유를 말하기로 한다. 이 10명은 순위에는 관계가 없다는 것을 이해해주기 바란다.

아퀴나스

Thomas Aquinas (1225~1274)

이탈리아의 철학자인 아퀴나스는 신학 관계의 저작자로서 유명하며, 특히 저서《신학대전(神學大全)》(Summa Theologica)은 카톨릭의 신학 교의로서 지금까지 출판된 것 중에서도 가장 권위있는 내용이라는 말을 듣고 있다.

아퀴나스처럼 상세하게, 그리고 빈틈없는 배려로 이만큼 완전한 철학 체계를 만들어낸 사람은 없다고 해도 과언이 아니다. 설사 그의 가설이나 결론에 동의하지 않는 독자라도 그의 넘칠 정도로 강한 지성에 감동하지 않을 수가 없을 것이다.

그러나 저서의 대부분은 추상적이고 형이상학적(形而上學的) 문제가 중심이며 실무나 실천상의 중요성이 부족하다. 윤리적 문제를 논하고 더욱이 옛날 카톨릭의 신조를 체계화하고 있기는 하다. 그러나 윤리사상이나 정치적 개념에는 그다지 변화가 없다. 그의 저서를 읽고 많은 사람들이 카톨릭이나 기독교로 개종했다는 것은 생각할 수 없다.

아퀴나스의 사색이 아무리 현명하고 옳더라도 역사의 흐름 속에서 인간의 행동이나 태도에 영향을 미쳤다고는 생각되지 않는다. 이 책에서 삭제한 이유는 바로 거기에 있다.

아르키메데스

Archimēdēs (B.C 287?~212)

아르키메데스는 고대세계에서 가장 빛나는 수학자, 과학자로서 일반에게 인정받고 있다. 특히 지레의 원리와 특정 중력(重力)의 개념을 발견한 사람으로서 크레디트가 주어지는 수도 있다.

그러나 실제로 지레는 아르키메데스보다 몇 세기나 전에 알려져 있었고 실생활에도 쓰이고 있었다. 지레의 효과를 공식으로 만들어서 명확하게 나타낸 사람이기는 하지만 이집트의 기술자는 아르키메데스 이전에 이것을 쓰고 있었다.

물체의 비중(용적당의 중량)의 개념은 물체의 전체 중량에 대립되는 것으로서 역시 아르키메데스 이전에 알려져 있었다. 아르키메데스와 왕관의 유명한 이야기(왕관의 순도를 알게 되었을 때의 이야기로 목욕탕에서 뛰쳐나와 거리를 달리면서 "알았다"고 외치고 끝나는 이야기)에서 그가 안 것은 새로운 개념이 아니라 특정 문제에 자기가 알고 있던 개념을 순진하게 응용해서 깨달은 일이다.

수학자로서의 아르키메데스는 틀림없이 뛰어난 인물이다. 실제로 적분(積分)에 가까운 것을 공식화한 것은 뉴턴까지 18세기 이상이나 경과하고 있다. 그러나 유감스럽지만 아르키메데스 시대에는 오늘날처럼 편리한 기호가 없었다는 것이다. 또 한 가지 유감스러운 것은 그의 제자 가운데 제1급의 수학자가 없었다는 것이다.

그의 훌륭한 수학적 통찰력으로 보면 취득해야 할 성과가 거의 전부 소멸되고 있다. 재능은 참으로 위대했지만 그가 미친 실제상의 영향은 이 책의 100명 속에 넣을 정도로 큰 것이 아니다.

배비지

Charles Babbage (1792~1871)

영국의 발명가 배비지는 현대의 대규모의 전자계산기가 개발되기 전, 그것도 1세기나 전에 범용(汎用) 디지털 컴퓨터의 원리를 발안(發案)한 사람이다.

그가 설계한 기계는 그 스스로 '분석(分析) 엔진'이라고 부르고 있었지만, 이것은 현대의 계산기로 할 수 있는 일은 무엇이든지 원리적으로는 할 수 있도록 되어 있었다.(그러나 이 분석 엔진은 아직 전자적으로 조작되도록 설계되어 있지는 않았기 때문에 속도는 엄청나게 느렸다)

유감스럽지만 19세기의 기술은 아직 발달되어 있지 않았으므로 배비지는 오랜 시간과 거액의 자금을 들였음에도 불구하고 분석 엔진의 제작을 완성하지 못했으며 그가 죽은 후 이 순진한 아이디어는 거의 잊혀지고 있었다.

그러나 1937년에 배비지의 원리는 하버드 대학의 석사과정 학생인 H.H. 에이킨(Howard H. Aiken)의 눈에 띄었다. 스스로 계산기를 설계하려고 생각하고 있던 에이킨은 배비지의 발상에 매우 자극을 받았다. IBM의 협력을 얻어서 최초의 대형 컴퓨터 마크-I(Mark-I)을 완성했다.

    그로부터 2년 후인 1946년에 마크-I은 가동하기 시작했다. 다른 기술자와 발명가 집단은 처음으로 전자를 사용한 전자계산기 에니악(ENIAC)도 완성했다. 그 후 컴퓨터 기술의 진보는 눈부신 것으로 되었다.

    계산기는 이미 큰 영향을 세계에 미치고 있으며, 장래는 더욱 그 중요성이 증대될 것으로 생각되어 배비지를 이 책에 넣고자 했다. 그러나 여러 가지를 생각해보니 컴퓨터 개발에 대한 배비지의 공헌은 에이킨보다 결정적으로 큰 것도 아니고 J. 마우칠리(J. Mauchly)나 J.P. 에커트(J.P. Eckert)(모두 ENIAC 설계의 지도자)보다도 큰 것도 아니다.

    이 문제에 관해서 배비지의 3명의 선배 — B. 파스칼(Blaise Pascal), G. 라이프니츠(Gottfried Leipniz)와 J.M. 자카드(Joseph Marie Jacquard) — 의 공헌은 배비지의 그것에 필적한다고 볼 수 있다.

    파스칼은 프랑스의 과학자, 수학자, 철학자이며, 1642년에 기계적 계산기를 발명했다. 또 라이프니츠는 철학자인 동시에 수학자이기도 하며 가감승제(加減乘除)를 할 수 있는 기계를 고안했다. 또 라이프니츠는 처음으로 2진법 시스템의 중요성을 지적한 인물이며 이 시스템은 현대의 컴퓨터에 광범하게 도입되었다.

    또 자카드는 프랑스 인으로 19세기초에 직기(織機)의 조작을 제어하기 위해 펀치카드를 짜넣은 장치를 개발했다. 자카드직기는 상업적으로도 성공했지만 배비지의 발상에 영향을 미치고 있었다.

    또 19세기 말에 미국인인 H. 홀러리스(Herman Hollerith)는 인구 조사표 작성에 쓰기 위해 펀치카드를 채용했는데 이것도 영향력을 가지고 있다.

    따라서 현재의 컴퓨터 개발에 대한 크레디트는 몇 사람에게 분할하지 않을 수가 없다. 또 여기서 말한 인물들은 각기 중요한 공헌을 하고 있지만 모두 도토리 키재기이다. 따라서 배비지도 그 밖의 인물도 이 책에 실을 가치는 없다.

쿠푸 왕

Cheops (?~?)

 이집트의 쿠푸(Khufu. Cheops는 그리스 어 명칭) 왕은 기자(Giza)에 거대한 피라미드를 건설한 왕으로서 알려져 있다. 더구나 그 피라미드는 분명히 쿠푸 왕 자신의 무덤으로서 건설했다. 왕의 정확한 생년월일이나 사망일은 알 수 없지만, 기원전 26세기에 쿠푸 왕은 대단히 번영했다고 믿어진다. 당시의 수도는 이집트의 멤피스(Memphis)에 있었고 통치기간이 길었다는 것은 알고 있지만, 그 밖의 일은 불명(不明)으로 되어 있다.

 이 큰 피라미드는 인류가 지금까지 건설한 것 중에서 가장 유명하고 놀랄 만한 구조물이라고 할 수 있을 것이다. 고대에도 세계의 7대 불가사의의 하나로 손꼽히고 있다. 다른 6개의 건조물은 오랜 옛날에 폐허가 되었는데, 대피라미드는 건설한 왕의 기념물로서 지금도 여전히 남아 있다.

 그 구조의 완벽함과 특히 두드러진 크기는 그야말로 외경심(畏敬心)을 일으키게 한다. 피라미드의 정상은 길이 9m여가 파괴되었지만 그래도 역시 137m여의 높이가 남아 있다.(거의 35층 빌딩의 높이와 같다)

 1개의 무게가 평균 2톤 반이나 되는 거대한 돌을 약 230만 개 모아서 이 건설에 사용한 것이다. 이 대피라미드의 내부는 몇 개의 방과 통로가 있기 때문에 사용하는 암석도 각종 크기와 형상의 것이 아니면 안 된다. 그만큼 건설작업은 더 복잡했다.

 약 45세기나 옛날의 이집트 인들이 현재와 같은 기계도 설비도 없는 시대에 어떻게 해서 그런 거대한 암석으로 대구조물을 건설했는지 밝혀지지 않고 있다. 다만 분명한 것은 이 거대한 작업을 위해 국내의 전체

자원을 잘 정비할 수 있도록 조심스러운 계획과 뛰어난 행정능력을 필요로 했다는 것이다.

어림잡아 피라미드의 건설에는 20년의 기간이 걸린다. 그렇다 하더라도 하루 평균 3백 개 이상의 거대한 돌을 이동시키지 않으면 안 된다. 그만한 수의 거대한 암석을 채석장에서 떠내어 건설부지까지 운반하고 다시 필요한 치수로 정확하게 잘라 정확한 장소에 놓는다는 것은 대단한 작업량이다. 그 거대한 암석을 운반하기 위해서는 훌륭한 대선단(大船團)이 필요하며 이 프로젝트에 종사하는 노동군을 기르기 위해서는 잘 계획된 보급시스템이 필요하게 될 것이다.

피라미드는 이미 4500년 이상이나 견디고 남아 있다. 그리고 앞으로도 오래 계속 서 있을 것이다. 현대의 기술로 건설된 일견 아름답게 보이는 훌륭한 빌딩들이 소멸되어서 쓰레기가 되어버린 후까지도 실제로 파괴되지 않도록 되어 있다. 원자폭탄으로 직접 폭파라도 하지 않는 한 말소할 수가 없다. 물론 현재도 서서히 자연히 마멸되고 있기는 하지만 현재의 침식속도의 비율로 한다면 아직 1백만 년 이상은 지탱할 것이라고 한다.

따라서 쿠푸는 세계에 진짜 표를 남긴 인물이며, 더구나 역사상의 어떤 인물보다도 장기간 견딜 수 있는 영원한 명성을 올린 인물이라고 할 수 있을지도 모른다. 그러나 명성은 영향과는 전혀 다른 것이며, 쿠푸는 동시대 이집트 인의 생활에는 큰 영향을 미쳤겠지만 다른 데는 미치지 않았다고 생각한다.

마리 퀴리

Marie Curie (1867~1934)

마리 퀴리(본명 마리 스클로도프스카)는 이 책에 실린 1백 명보다 어쩌면 더 유명할지도 모른다. 그러나 그것은 그녀의 과학적 업적의 중요도 그렇지만 다분히 여성이라는 점에 있다고 생각한다.

그녀의 생애와 경력으로 여자라도 고도의 과학연구를 할 수 있다는 것을 명확하게 실증하게 되었다. 그래서 그녀는 많은 사람들로부터 방사능을 발견한 사람이라는 인상으로 유명해졌다. 그러나 실제로는 방사능은 베크렐이 발견했으며, 베크렐이 우선한다는 것에는 의문의 여지가 없다. 왜냐하면 그녀(남편인 피에르도 유능한 과학자이다)가 이 테마의 연구를 시작한 것은 베크렐의 발견을 보고 읽은 다음이었다. 퀴리 부인의 가장 유명한 업적은 화학원소 라듐의 발견과 그 분리이다. 그 전에 그녀는 다른 방사성 원소를 발견하고 그녀의 고국 폴란드의 이름을 따서 '폴로늄'(Polonium)이라고 명명했다. 참으로 칭찬할 만한 업적이긴 하지만 과학이론적으로는 그다지 중요한 것이 아니다.

1903년에 퀴리 부부와 베크렐은 함께 노벨 물리학상을 수상했다. 그리고 1911년에 마리는 또 하나의 노벨 화학상을 받아 노벨상을 2개나 받은 최초의 사람이 되었다.

그녀가 가장 중요한 과학연구를 완성했을 때 마침 어린 아이가 있었다는 것은 주목된다. 장녀 이레네(Irene)도 역시 훌륭한 과학자가 되었으며 역시 유능한 과학자 J. F. 졸리오트(J.F. Joliot)와 결혼한 후 함께 연구하여 소위 인공방사능을 발견했다.

이 발견으로 졸리오트 퀴리는 1939년에 노벨상을 수상했다. 퀴리 부인의 둘째딸 에바(Eva)는 음악가로서 유명해지고 작가이기도 했던 훌류한 가계(家系)였다.

퀴리 부인은 1934년에 백혈병으로 사망했다. 아마도 연구를 위해 방사성 물질을 너무 몸에 쐬었기 때문일 것이다.

프랭클린

Benjamin Franklin (1706~1790)

프랭클린은 어떤 의미에서 다 빈치보다도 넓은 분야에 걸쳐서 주목할 만한 업적을 올렸으며 사상 가장 다재(多才)한 천재였다고 해도 옳을 것이다. 그는 전혀 서로 관계가 없고 다른 적어도 4가지 분야에서 노력을 쌓아 훌륭하게 성공한 것은 참으로 경이적이지만 사실이다.

그 4가지 분야란 실업, 과학, 문학, 정치다. 프랭클린의 실업 경력은 그야말로 맨주먹에서 큰 부자가 되었다는 옛날 이야기와 같다. 보스턴에 있던 그의 가정은 생계가 어려웠다. 필라델피아에서 젊은 시절을 보낸 그는 그야말로 무일푼이었다. 그러나 40세 때 인쇄공장, 신문 발행, 기타 사업활동으로 굉장히 번창했다. 한편 여가를 이용해서 과학을 공부하고 4개 국어를 독학으로 배웠다.

과학자로서의 프랭클린은 전기와 조명에 관한 기초연구로 가장 유명하다. 그러나 몇 가지 실용적 발견도 했다. 예를 들면 프랭클린 스토브, 2초점 렌즈, 피뢰침 등이 있다. 특히 렌즈와 피뢰침은 현재도 널리 사용되고 있다.

프랭클린의 문학상의 최초의 노력은 저널리스트로서 우선 성공했다는 것이다. 곧 《가난한 리차드의 달력》을 출판했다. 이 책에서 유머러스한 경구(警句)를 만드는 멋진 재능을 발휘했다. 만년에 자서전을 썼는데 이것은 그의 작품 중 가장 유명하며, 지금도 널리 읽히고 있다.

정치활동에서는 행정관으로서 성공했다.(그는 우정장관(郵政長官)으로서 수익을 올렸다.) 또 입법부 의원이기도 했고 외교관으로서도 활약했다. 게다가 미국 독립선언서에 사인한 인물이기도 하며, 미국 헌법제정위원으로서도 일했다.

어느 정도 이런 분야를 오버랩시키면서 그의 50대의 경력은 공공복지의 추진자이며 또한 창립조직자이기도 했다. 예를 들면 필라델피아에 최초의 공공병원을 창립했다. 또 영국식민지에 처음으로 화재 보험회사를 창립하고, 자치도시 경찰의 설립을 촉진하여 성공시켰다. 또 순회도서관과 과학 소사이어티를 설립했다.

그러나 그도 보통사람들과 마찬가지로 비탄에 잠기고 실망한 때가 있었을까? 아니다. 그의 생애는 훌륭하게 살아나온 비범(非凡)한 예로서 두드러진다. 건강이 좋아 84세까지 장수한 그는 장기간 변화도 많고 전체적으로 행복한 생애를 이 지상에서 지낸 셈이 된다.

앞에서 말한 이유로 이 책의 100명 속에 넣고 싶은 생각이 충분히 있었다. 그러나 그가 공헌한 일 중에서 어느 것을 들어보아도 역사상의 영향력이라는 점에서 이 100명보다 중요도가 높은 것은 없다. 또 개인적인 생각으로는 그의 모든 업적을 합치더라도 역시 여기에 실은 100명보다 위에 둘 수 없다.

간디

Mohandās Gāndhi (1869~1948)

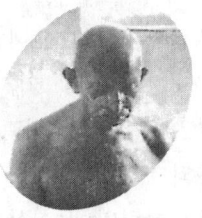

간디는 인도 독립운동 최대의 지도자였다. 그런 의미에서 이 책의 100명에 넣으라는 제언이 있었다. 그러나 인도가 영국으로부터 독립한 것은 조만간 일어나지 않을 수가 없었다는 것을 생각해야 할 것이다.

사실 탈식민지(脫植民地)의 경향은 하나의 뿌리 깊은 역사적 필연의 추세이며, 간디가 없더라도 1947년에서 2, 3년 이내에 인도가 독립할 것을 알고 있었다.

간디의 비폭력, 불복종주의의 수법이 영국을 인도에서 쫓아내는 데 최종적으로 성공했다는 것은 인정할 수 있다. 그러나 인도가 실력행사를 했더라면 독립을 촉진하지 않았을까라고도 생각된다. 따라서 간디가 독립을 오히려 지연시켰는지 아니면 촉진시켰는지를 결정하는 것은 곤란하지만 합리적으로 보아서 그의 행동의 실제 성과는 오히려 작다고 (적어도 이 관점에서는) 결론을 내리고 싶다.

또 간디는 인도 독립운동의 창시자가 아니다. 또 마침내 독립을 달성했을 때의 주요한 지도자도 아니었다는 것을 지적하고 싶다. 그래도 여전히 간디의 가장 중요한 점은 비폭력을 창도(唱導)한 것이라고 옹호하는 의견도 있을 것이다. 간디의 정책이 널리 채용되었다 하더라도 그것이 세계를 바꿀지 어떨지는 의심스럽다. 유감스럽지만 일반이 받아들일지 어떨지, 인도에서조차도 알 수 없다.

그리고 그의 수법으로 포르투갈의 고아(Goa) 지배를 포기시키려고 계획했지만 최종 목적을 달성하지 못했다. 2, 3년 후에 인도 정부는 군사력으로 공격을 가했다. 그리고 최근 30년 동안에 인도는 파키스탄이나 중국과의 국경에서 3번이나 싸웠다. 다른 여러 나라도 간디의 수법을 채용할 생각이 없다. 그가 이 수법을 도입한 이래 70년 동안에 세계는 사상 가장 유혈량이 많은 전쟁을 두 번이나 경험했다.

그럼 철인(哲人) 간디는 기본적으로 잘못되어 있었다고 결론을 내리지 않으면 안 되는 것일까. 현시점에서는 그렇게 보인다. 그러나 예수가 죽은 지 30년 후에 박식한 로마의 지식인들이 나사렛의 예수는 잘못이었다고 분명히 단정한 일을 상기할 필요가 있다.

또 기원전 450년의 공자가 이만한 영향을 미치리라고는 아무도 예언하지 못했다. 그러나 지금까지의 사실로 판단해서 간디는 이 책에서 그의 영예를 칭찬하는 것으로 그치기로 한다.

링 컨

Abraham Lincoln (1809~1865)

링컨은 미국의 16대 대통령으로, 19세기가 낳은 가장 유명하고 바람직한 정치가이다. 그럼 왜 이 책에 넣지 않는가. 350만 명의 노예 해방은 큰 업적이 아닌가.

확실히 그렇다. 그러나 회고해보면 노예제도 폐지를 주장하던 세력은 전세계 어디에서도 불가피한 것이었다. 많은 나라에서는 링컨이 대통령이 되기 전부터 노예제도를 폐지하고, 그가 죽기 65년이나 전부터 대부분의 나라는 폐지하고 있었다. 그의 업적으로서 크레디트를 줄 수 있는 가장 큰 것은 특정국에서 그 경향을 촉진했다는 것이다.

링컨의 주된 업적은 남부 여러 주의 분리에 직면하여 그것을 어떻게든지 해서 합중국으로서 통합한 일이다. 그것만으로도 이 책의 리스트에 들어갈 수 있는 자격이 있다고 하는 주장도 있을 것이다.

그러나 남부 여러 주의 분리를 유발한 것은 사실은 링컨의 선거였다. 만약 링컨 이외의 사람이 대통령이 되어 있었다면 남북전쟁의 결과는 북부의 패배라고 단언할 수 있을까. 결국 북군은 인구, 산업, 산업면에서 유리한 지반을 가지고 전쟁을 시작했던 것이다.

만약 북군이 좋은 해결책을 내어 남북전쟁을 하지 않았더라도 역사 전체의 흐름에 그다지 큰 변화는 없을 것이다. 남북간의 언어, 종교, 문화, 상거래상의 제약은 매우 컸기 때문에 사실상 통일은 할 수 없었을 것이다. 이 통일되지 않은 기간이 20년 혹은 50년 늦어졌다 하더라도 세계사상 조그만 사건에 지나지 않는다. 남부가 없더라도 합중국은 오늘날 세계 제4위의 인구과밀국이고 공업선진국이 되어 있을 것이다.

그럼 링컨은 조금도 중요하지 않은 인물이라는 의미냐. 절대로 그런 일은 없다. 그의 생애의 한 세대에 수백만의 사람들에게 큰 영향을 미쳤다. 그러나 그렇다고 해서 몇 세기 동안이나 영향이 계속된 마하비라와 같은 중요성을 그에게는 인정할 수 없다.

마젤란

Ferdinand Magellan (1480?~1521)

포르투갈의 탐험가 마젤란은 지구를 일주한 최초의 탐험대장으로서 유명하다. 이 탐험은 아마도 인류사상 가장 현저한 탐험항해였을 것이다. 탐험이 완료될 때까지 3년이나 걸렸다. 볼품없고 물이 샐 것만 같은 작은 배 5척으로 마젤란은 출항했다. 단 한 번 유럽으로 돌아왔다.

항해로 나갈 때 265명의 대원으로 출발했지만 귀국했을 때는 겨우 18명으로 되어 있었으며, 마젤란 자신도 항해 중에 죽은 한 사람이었다. 그러나 이 항해로 지구가 둥글다는 것을 실증했다.

이 항해의 성공은 주로 마젤란의 지도, 지휘력과 그의 무쇠 같은 굳은 결의 때문이라는 것은 명백하다. 대원의 대부분은 몇 개월의 항해로 돌아가고 싶어했다. 마젤란은 항해를 속행하기 위해 폭동을 진압하지 않으면 안 되었다. 그의 뛰어난 항해기술과 인내력의 결합이라는 점에서 최고의 항해자이며 탐험가라고 간주할 수 있다.

그러나 그의 업적의 실제상의 영향은 비교적 작다. 교육이 있는 유럽인이라면 지구가 둥글다는 것은 누구든지 알고 있었다. 마젤란이 택한 항로가 나중에 중요한 통상(通商) 항로로 된 것은 아니다. 바스코 다 가마의 항해와 달리 마젤란의 항해 여행은 서양에도 동양에도 큰 영향이 없다. 확실히 그의 위업은 불멸(不滅)하겠지만 영향력이란 점에서 이 책의 100명에 넣을 수가 없다.

레오나르도 다 빈치

Leonardo Da Vinci (1452~1519)

　레오나르도 다 빈치는 이탈리아의 피렌체에서 1452년에 태어나 1519년에 죽었다. 16세기부터 현재까지 가장 빛나는 비범한 창조력의 천재로서 명성이 높다. 만약 이 책이 가장 현저한 인물의 리스트라면 당연히 50번 이내에 들어갈 것이다. 그렇지만 그의 재능과 명성은 그 역사상의 실제 영향도를 크게 초과하고 있다.

　그의 노트에는 비행기나 잠수함 같은 다수의 현대 발명품 스케치가 그려져 있다. 이 노트는 그의 재능과 창조성을 입증하고 있지만 실제상 과학의 발전에는 영향이 없다.

　첫째로, 레오나르도는 이 발명의 모형을 실제로 만들지 않았다. 둘째, 발상은 대단히 기발하지만 그것을 실제로 움직이는 것을 생각하지는 않았다. 잠수함이나 비행기의 발상을 생각해내는 것도 물론 중요한 일이지만 정밀하고 상세하게 실용적으로 설계해서 그것이 실제로 움직일 수 있는 모형을 만드는 것은 더 어렵고 중요한 일이다.

　위대한 발명가는 근사한 발상과 그것을 계속 추진하는 데 실패하는 사람이 아니다. 차라리 에디슨이나 와트, 라이트 형제처럼 기계구조적 소양을 가지고 세부까지 추구하는 인내력을 갖추고 실제로 기능하는 뭔가 만들어낼 때까지 곤란을 극복하는 사람이 아니면 안 된다. 레오나르도는 그것을 하지 않았다.

　만약 그의 스케치가 모형을 만들 수 있을 만큼 상세한 설계까지 들어 있었다 하더라도 그다지 다를 것은 없다. 왜냐하면 발명이 노트 속에 묻혀 있었으며, 그것도 그가 죽은 후 몇 세기 동안에는 공포되지 않았기 때문이다.

후 기 459

　이 노트가 출판되었을 때 그의 발명의 배후에 있었던 아이디어는 이미 각각 다른 사람들에 의해 발견되고 있었다. 굳이 결론을 내린다면 과학자로서 또 발명가로서의 레오나르도는 그다지 중요한 영향력은 없었다고 할 수 있다. 따라서 이 리스트에 오르기 위한 그의 자격은 주로 예술상의 업적에 달려 있다. 레오나르도는 렘브란트(Rembrant), 라파엘로(Raphaello), 고호(Gogh), 엘 그레코(El Greco)만큼 두드러져 있지 않더라도 제1급의 예술가이다. 또 후세에 대한 예술 발전에 대한 효과라는 점에서 피카소나 미켈란젤로만큼의 영향은 없다고 생각한다.
　레오나르도는 야심적으로 시작해도 그것을 좀처럼 완성하지 않는다는 나쁜 습성이 있었다. 그 결과 그가 완성한 그림의 작품 수는 앞에서 말한 화가에 비해서 매우 적다. 앞의 계획을 완료하기 전에 새 프로젝트로 금방 옮기기 때문에 레오나르도는 모처럼의 비범한 재능을 시시한 일에 소모하는 결과가 되었다.
　모나리자를 그린 인물을 일정한 능력이 결여된 열등생처럼 다루는 것은 우스울지도 모르지만 그것이 그를 전문적으로 연구한 사람들의 결론이다.
　레오나르도는 지금까지 가장 재능이 있는 인물이지만, 내구성(耐久性)이 있는 업적은 비교적 적다고 할 수 있다. 그는 건축가로서도 유명하지만 실제로 건조되고, 빌딩을 설계한 것을 본 적이 없다. 또 조각만 하더라도 현재까지 남아 있는 것은 없다.
　그 경이적인 재능에서 나온 것으로 남아 있는 것은 상당수의 데생과 아주 적은 수이지만 장려(壯麗)한 그림(남아 있는 것은 20점 이하), 그의 비범한 창조력으로 20세기의 사람들을 놀라게 한 노트이다. 그러나 그것이 과학이나 발명에 영향을 미쳤다고 하더라도 그 정도는 매우 작은 것이다. 그는 탤런트이기는 하지만 역사상 가장 영향력이 있었던 100명 속에는 들어갈 수 없다.

부 록

이 책에 나오는 인물은 남녀를 불문하고 우리가 살고 있는 이 세계에 매우 큰 영향을 미쳤기 때문에 전체를 그룹화해서 그 특징을 조사해 보는 것도 흥미있는 일일지도 모른다.

우선 100명을 출신지역별, 활약시기별, 분야별로 나누어보았다.

출신지역별 분포

지 역	인원수	지 역	인원수
영 국	18	미 국	7
독일·오스트리아	15	남 미	1
프 랑 스	10	아 프 리 카	3
이 탈 리 아	8	중 국	7
그 리 스	5	인 도	3
스 페 인	4	몽 골	1
러 시 아	3	서 아 시 아	7
기 타 유 럽	8	합 계	100

우선 지역별로 보면 대부분의 인물이 유럽에서 나왔다. 그리고 이 표에서 인류문명에 큰 공헌을 한 것은 영국인으로 다른 여러 나라보다 많다.

활약시기별 분포

시 기	인원수	시 기	인원수
B.C 600년 이전	3	17세기	10
B.C 600~201년	13	18세기	12
B.C 200~A.D.400년	16	19세기	19
15세기	4	20세기	15
16세기	8	합 계	100

 이 표를 보면 압도적으로 많은 인재가 B.C 3세기를 중심으로 6세기 동안에 걸쳐서 배출되고 있다. 그 후 잠시 동안 정지상태가 계속되다가 15세기 이후에 급증하고 있다. 물론 20세기도 19세기와 마찬가지로 많은 인물이 나오지만 그것이 무엇을 말해주는가를 말하기에는 아직 시기가 너무 이르다.

분야별 분포

분 야 별	인원수	분 야 별	인원수
과학과 발명	37	종교상 지도자	11
정치·군사 지도자	30	예술가·문호	6
철 학 자	14	탐 험 가	2

 이 책에서는 정치가나 군인보다도 과학자나 발명가가 더 많이 나오는 것은 우연이 아니다. 과학기술상의 진보가 우리들이 살고 있는 세계를 형성하는 데 보다 크기 때문이다.
 종교의 지도자가 정치·군사 지도자보다 숫자로는 적지만 순위로는 종교가가 톱 가까이 나오고 있으며, 대부분 정치가의 순위는 후반에 들

어가 있다.
 그리고 이 리스트 속에서 19명은 결혼하지 않았다는 점이 주목된다. 또 결혼하더라도 자식이 없는 사람이 적어도 26명이나 된다.
 또 한 가지 기이한 것은 이 리스트 중 적어도 10명은 통풍(通風)으로 죽었다는 것이다. 일반인에 비해 사인(死因)의 비율이 엄청나게 많다. 위인에게 통풍으로 죽는 사람이 왜 많은지 의학 연구자의 관심을 끌게 될 것이다.

세계를
움직인 100인

발행일 : 1996년 8월 20일
저 자 : 마이클 H. 하트
역 자 : 민 병 산
발행자 : 남 용
발행소 : 일신서적출판사
주 소 : 121-110 마포구 신수동 177-3
등 록 : 1969. 9. 12. No. 10-70
전 화 : 영업부/703-3001～5, FAX/703-3009
　　　　편집부/703-3006～8, FAX/703-3008

값 10,000원